Eifel

Aachen · Trier

Petra Juling · Ulrich Berger

Gratis-Download: Updates & aktuelle Extratipps der Autoren

Unsere Autoren recherchieren auch nach Redaktionsschluss für Sie weiter. Auf unserer Homepage finden Sie Updates und persönliche Zusatztipps zu diesem Reiseführer.

Zum Ausdrucken und Mitnehmen oder als kostenloser Download für Smartphone, Tablet und E-Reader.
Besuchen Sie uns jetzt!
www.dumontreise.de/eifel

DUMONT
Reise-Taschenbuch

Reiseinfos, Adressen, Websites

Panorama – Daten, Essays, Hintergründe

Unterwegs in der Eifel

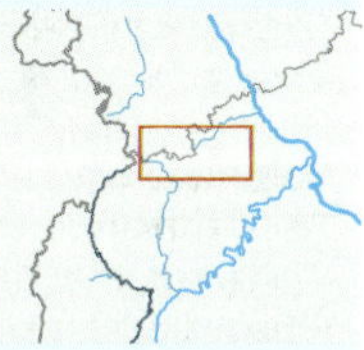

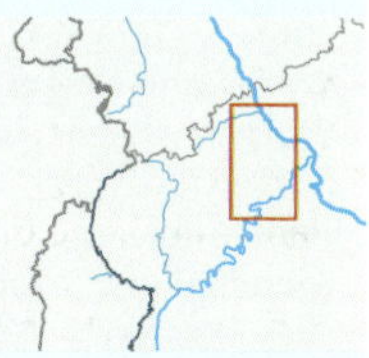

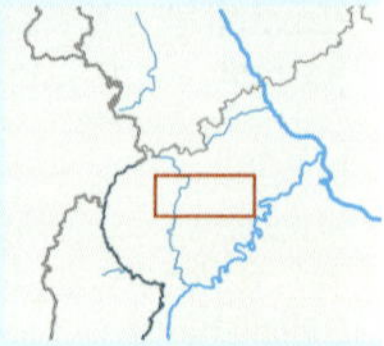

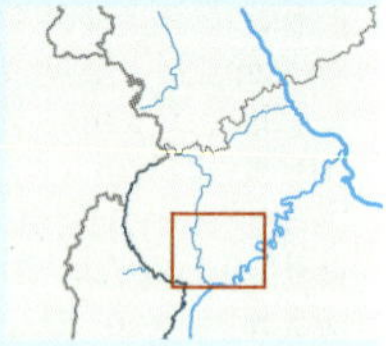

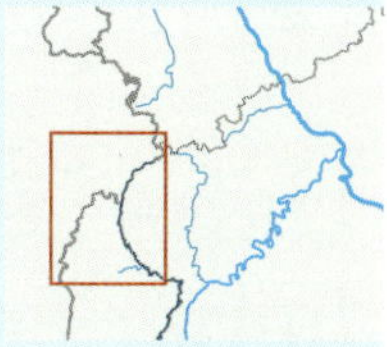

Auf Entdeckungstour

Karten und Pläne

s. hintere Umschlagklappe

▶ Dieses Symbol im Buch verweist auf die Extra-Reisekarte Eifel

Liebe Leserin, lieber Leser,

wir und die Eifel, das ist eine ganz alte Romanze. Vom Abenteuerspielplatz aus Kindertagen, als der Familienausflug vom Rhein in die Eifelberge mit ihrer wilden Natur führte, blieben Erinnerungen an raschelnde Eidechsen im Gras und an den Bau von Staudämmen am sprudelnden Elzbach. Unvergesslich auch die Wurfübungen mit dem Bumerang, der über die Baumwipfel hinweg in den Eifelhimmel flog – auf Nimmerwiedersehen.

Später kam die spannende Suche nach den Spuren der uralten Kultur und Geschichte der Region. Sie führte zu magischen Orten wie den Menhiren auf dem Ferschweiler Plateau und den bemoosten Steinen der keltischen Hügelfestungen auf den Basaltkuppen der Vulkane. Faszinierende Ziele waren und sind die Abteien und Dorfkirchen, Burgen und Schlösser mit ihren kunsthistorischen Schätzen des Mittelalters und des Barock.

Wir und die Eifeler – das ist eine noch junge Romanze. Seit wir in der Vulkaneifel leben, haben wir die Hilfsbereitschaft und Liebenswürdigkeit der Alteingesessenen schätzen gelernt. Auch wer hier nicht für immer bleibt, sondern nur einen Urlaub verbringt, wird feststellen: Hier trifft man auf offene freundliche Menschen, die gute Tipps für ihre Region parat haben. Schnell kommt man mit den Eifelern ins Gespräch, die gern erzählen von ihrem Dorf, von ihrer Familie, und auch davon, wie die Eifel früher war. Das Bild der Eifel als karges Land, dessen Bewohner verarmt und wortkarg ihr Dasein fristen, ist überholt.

Unterschätzt wird die Region aber immer noch. Wir stellen in diesem Reiseführer die Eifel-Ardennen-Region grenzüberschreitend vor. Eifeler gehören mittlerweile vielen Nationen an – sie sind Ostbelgier, Luxemburger oder Deutsche. Die Vielfalt ist das Kapital dieser Region, darunter die unglaubliche Fülle ihrer Landschaften und Naturräume, die sonst selten gewordenen Tieren und Pflanzen ein Zuhause geben – nicht nur im Nationalpark Eifel.

Wir wünschen Ihnen eine erlebnisreiche und spannende Reise!

Herrschaftlicher Empfang im Kylltal: die Bertradaburg bei Mürlenbach

Leser fragen, Autoren antworten

Die Eifel persönlich – unsere Tipps

Wohin zum ersten Kennenlernen?

Am besten gleich mitten hinein in die Eifel! Im Raum **Prüm, Gerolstein, Daun** ist man im Herzen der Vulkaneifel. Von dort aus kann man dem **Kylltal** nach Süden folgen oder nach Westen in die **Belgische Eifel.** Für die Nordeifel, besonders die **Rurseen** und den **Nationalpark,** ist **Heimbach** ein guter Ausgangsort.

Welche Sehenswürdigkeiten sollte man nicht verpassen?

Manderscheid mit seinen Burgen, dem Mosenberg-Vulkan und den Maaren ist ein Stück Eifel en miniature, das auf kleinstem Raum fast alles versammelt, was ›typisch Eifel‹ ist. Die Eifeler Burgenherrlichkeit gipfelt in der **Burg Eltz,** kunsthistorisch Interessierte besuchen außerdem **Kloster Maria Laach** und die Abteien in **Prüm** und **Echternach.** Malerische Naturlandschaften für Romantiker sind der **Laacher See** und das **Ahrgebirge,** Weinfreunde zieht es ins **Mittlere Ahrtal** mit seinen Steillagen, wo einige der besten Rotweine Deutschlands wachsen.

Kleinstädte mit Atmosphäre

Zu den Eifelstädtchen, in denen man zwischen malerischem Fachwerk oder Bruchstein gemütlich bummeln kann, zählen im Norden **Monschau** an der Rur und **Bad Münstereifel** an der Erft.

Sehenswürdigkeiten und nette Orte

Im Fachwerkstädtchen Monschau

Nicht weniger hübsch ist **Blankenheim,** wo die Ahr entspringt. Kleinstadtidyll gewürzt mit Nervenkitzel bieten Krimischauplätze wie **Monreal** und **Hillesheim.** Beliebte Ausflugsziele im Luxemburgischen sind **Klierf** und **Vianden.**

Wo ist die Eifel besonders romantisch?

In den Tälern. Die **Kyllburger Waldeifel** ist eine einsame waldreiche Ecke der Eifel und eine Entdeckung wert. Weniger einsam, mit winzigen Dörfern zwischen felsigen Schieferhängen, ist das Tal der idyllisch im Dreiländereck mäandernden **Our.** Auch das Tal der **Prüm,** vor allem zwischen **Waxweiler** und **Echtershausen,** hat einen eigenen Zauber.

Die schönsten Maare

Entdeckungen im Land der Vulkane

Absolut faszinierend sind der relativ junge Vulkanismus in der Osteifel rund um den **Laacher See** und das **Brohltal** sowie der **Mosenberg** bei Manderscheid. Aber auch die Vulkane der Westeifel haben es in sich. Einen Blick ins Innere eines Vulkans erlaubt der Vulkangarten bei **Steffeln** in einem ehemaligen Lavasteinbruch. Klein, aber fein ist das **Eichholzmaar** nebenan. Auch der **Arnulphusberg** bei Walsdorf ermöglicht einen Tiefenblick in die wild bewegte Erdgeschichte. Zu über 30 Stationen mit interessanten Aufschlüssen führt die **Deutsche Vulkanstraße** (www.deutsche-vulkanstrasse.com), die die ost- und westeifler Vulkangebiete des Geoparks Vulkaneifel verbindet.

Die schönsten Maare

Die Maare der Eifel sind eine Besonderheit, wie man sie sonst nicht oft in Europa findet (s. S. 50). Eines der geheimnisvollsten ist das **Pulvermaar,** tief, mit steilen bewaldeten Ufern und kreisrund. Besonders schön und direkt in der Dorfmitte liegt das **Ulmener Maar.** Am bekanntesten und viel besucht ist das Trio der Dauner Maare: **Weinfelder Maar (Totenmaar), Gemündener Maar** und **Schalkenmehrener Maar.**

Zeitreise in die Antike

Mitten durch die Eifel verlief die Römerstraße zwischen Trier und den Militärzentren Bonn und Köln. Außer in der Kaiserstadt **Trier** lassen sich erstaunliche Relikte der Römerzeit in der vor 2000 Jahren dicht besiedelten Region Eifel in Augenschein nehmen: u. a. die Matronenheiligtümer rund um **Nettersheim** und ein Bergwerk bei **Meurin** nahe Mendig.

Die beeindruckendsten Burgen

Hunderte von Burgen gab es in der Eifel, die meisten sind heute Ruinen. Die schönsten und romantischsten: die **Hardtburg** am nördlichen Eifelfuß, die **Kasselburg** im Kyll- und die **Burg Are** im Ahrtal. Wie Stadt und Burg zusammen funktionierten, erfährt man außer in **Nideggen** auch in **Reifferscheid.** Keine Ruinen und auch von innen sehenswert sind **Schloss Bürresheim** mit seiner im Original einzigartig erhaltenen Inneneinrichtung und **Burg Reinhardstein,** auch wegen ihrer schönen Umgebung.

Gute Aussichtspunkte

Es gibt viele schöne Aussichtspunkte in der Eifel – man muss sie nur finden! Ein hoher Gipfel ist nicht unbedingt die beste Wahl. Um einen Blick über die

Die Kaiserthermen in Trier

Burgen und Aussichtspunkte

Baumwipfel zu werfen, empfiehlt sich der Aufstieg auf einen Aussichtsturm. Maarblicke bieten der **Landesblick** bei Meerfeld und vor allem der **Dronketurm** bei Daun. Von der **Steineberger Ley,** der **Dietzenley** bei Gerolstein und der **Römerwarte** bei Mayen hatten schon Kelten und Römer die Landschaft im Visier. Im **Deutsch-Belgischen Naturpark Hohes Venn-Eifel** sind die schönsten Aussichtspunkte – meist barrierefrei und turmlos – als ›Eifel-Blicke‹ ausgeschildert (genaue Beschreibung: **www.eifel-blicke.de).**

Wo zeigt sich die Natur am spektakulärsten?

Abgesehen von den vielfältigen vulkanischen Formen sind die Top-Empfehlungen: die **Irreler Stromschnellen,** die Felsnadeln der **Gerolsteiner Dolomiten,** die **Teufelsley** an der Ahr; in der Südeifel beeindrucken die **Teufelsschlucht** sowie das gesamte **Ferschweiler Plateau** und die **Kleine Luxemburger Schweiz** mit den faszinierenden Sandsteinskulpturen, die die Natur hier geschaffen hat.

Wohin bei schlechtem Wetter?

Ein Ausflug nach **Trier** oder **Aachen** mit ihren Museen und Möglichkeiten zum Stadtbummel ist immer eine lohnende Alternative. Wer Entspannung pur sucht, kann in der Vulkaneifel-Therme **Bad Bertrich** wunderbar einen Tag lang relaxen oder auch in einer der anderen Wellnessoasen, wie dem Cascade in **Bitburg** oder der Zikkurat bei **Mechernich.**

Kommt man ohne Auto zurecht?

Mobil ohne Auto – das funktioniert in der Eifel nicht überall. Kylltal und Ahrtal sind bestens per Zug erreichbar. In Teilen der Nordeifel ist das Angebot an öffentlichen Verkehrsmitteln gut an die Bedürfnisse von Touristen angepasst, während in weiten Teilen des Vulkaneifelkreises und des Eifelkreises Bitburg-Prüm kaum Busse fahren.

Wo kann man am besten wandern?

Nahezu überall! Fast jeder Ort unterhält Wanderwege. Viele der schönsten Wandergebiete findet man in den Naturparks: im **Natur- und Geopark Vulkaneifel,** dem **Deutsch-Belgischen Naturpark Hohes Venn-Eifel** und dem **Deutsch-Luxemburgischen Naturpark.** In diesen Gebieten ist das Wegenetz besonders dicht. Aber auch die **Ahreifel** ist ein klassisches Wandergebiet und bietet mit dem **Rotweinwanderweg,** dem **Ahrtalweg** und dem **Ahrsteig** eine Fülle von Wanderwegen.

Wanderregionen und Wanderwege

Gut ausgeschildert: die Eifelwege

Der **Eifelsteig** von Kornelimünster bei Aachen durch den Nationalpark und über die Rurseen bis in die Vulkaneifel zu den Maaren sowie bis in die Südeifel bei Trier durchläuft alle Landschaftszonen und passiert die wichtigsten Sehenswürdigkeiten – der beste Weg, die Eifel zu Fuß kennenzulernen.

Sightseeing einmal anders

Hochspannung versprechen die **Wanderungen zu den Schauplätzen der Eifelkrimis** (s. S. 144, 151). Nächtliche **Fledermausführungen** sind nicht weniger aufregend und eine **Schmuggler-Tour** an der deutsch-belgischen Grenze setzt Nachkriegsgeschichte spannend in Szene (s. S. 35).

Wo kann man gut Rad fahren?

Erstaunlich, aber wahr: In den Eifelbergen finden auch Genussradler ein Terrain. Zahlreiche Fahrradstrecken verlaufen auf den ehemaligen Bahntrassen der seit preußischer Zeit mit einem dichten Streckennetz ausgestatteten Region. Viele davon wurden in den letzten Jahren zu modernen Radwegen mit moderaten Steigungen ausgebaut. Ideal zum Mountainbiken sind die **Vulkaneifel,** die Steilhänge am **Rursee** und das Gebiet rund um die **Hohe Acht.**

Welcher Radweg empfiehlt sich für Einsteiger?

Der **Kyll-Radweg** bietet die Möglichkeit, mit der Bahn zum Ausgangspunkt zurückzufahren. Er folgt der Eifelstrecke ab Jünkerath Richtung Trier und verläuft meist eben, auch wenn er kein Bahntrassenweg ist.

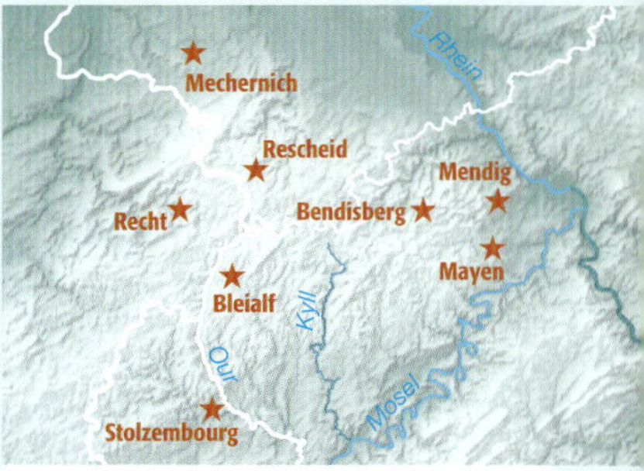

Ziele für Exkursionen unter Tage

Ungewöhnliche Exkursionen unter Tage

Eine Grubentour für Mutige ist die Dreistollentour in der **Grube Bendisberg.** Spannend ist es immer, mit erfahrenen Bergleuten auf Tour zu gehen: auch in den Gruben von **Rescheid** und **Bleialf** sowie in der **Mechernicher Bleigrube.** Mit dem Fahrstuhl in eine ehemalige Schiefergrube geht es in **Mayen** unter der Genovevaburg. In **Mendig** blickt man im Lavakeller unter der Brauerstraße von unten auf die Basaltsäulen. Bequem wandert man durch die Blausteinstollen von **Recht** in der Belgischen Eifel. Die ehemalige Kupfergrube **Stolzembourg** bei Vianden an der Our ist ebenfalls für Besucher geöffnet – Helm auf, Gummistiefel an und los geht's!

Unterwegs im Dreiländereck

Hier kann man Europa er-›fahren‹: Die grenzüberschreitende **Grüne Straße Eifel-Ardennen** verläuft von Südwesten nach Nordosten und ist allein auf deutscher Seite rund 200 km lang. Da sie meist über Nebenstraßen führt, lässt sich auf der Grünen Straße auch gut radeln: von Clerf und Vianden in Luxemburg nach Roth an der Our, über Sinspelt, Bitburg, Malberg nach Kyllburg und vorbei an Kloster Himmerod nach Manderscheid zum Weinfelder und zum Schalkenmehrener Maar sowie nach Daun und über Kelberg und Kempenich am Nürburgring vorbei bis Bad Neuenahr-Ahrweiler. Diese empfehlenswerte Route zeigt die enge Verbindung der Eifel zum belgisch-luxemburgischen Raum.

Unser Tipp: gutes Mineralwasser selbst zapfen

Eine Besonderheit sind die Dreese, die Sauerbrunnen, an denen man Mineralwasser einfach zapfen kann: in **Gerolstein** die Helenenquelle, in **Daun** der Hotzendrees, in **Birresborn** die Lindenquelle, in **Einruhr** der Heilsteinbrunnen. Auch in den Vulkangebieten der Osteifel wird man fündig: am Bur in **Niederzissen** und am Sauerbrunnen bei den **Riedener Seen.**

NOCH FRAGEN?

Die können Sie gern per E-Mail stellen, wenn Sie die von Ihnen gesuchten Infos im Buch nicht finden:

juling@dumontreise.de

info@dumontreise.de

Auch über eine Lesermail von Ihnen nach der Reise mit Hinweisen, was Ihnen gefallen hat oder welche Korrekturen Sie anbringen möchten, würden wir uns freuen.

Kontraste im Schnee – Wacholderheide bei Alendorf, S. 140

Eifelidyll mit Burg und einem Café, das viele Krimifans kennen – Kerpen, S. 148

Lieblingsorte!

Ein Museum en miniature – wArtehalle Welchenhausen, S. 282

Spiegelglatt – das Ulmener Maar vor dem alten Ortskern von Ulmen, S. 213

Wildromantische Stromschnellen – die Irreler Wasserfälle, S. 246

Fachwerk, Burgen und drei Brücken – verträumtes Monreal, S. 184

Die Reiseführer von DuMont werden von Autoren geschrieben, die ihr Buch ständig aktualisieren und daher immer wieder dieselben Orte besuchen. Irgendwann entdeckt dabei jeder Autor seine ganz persönlichen Lieblingsorte. Dörfer, die abseits des touristischen Mainstreams liegen, eine ganz besondere Strandbucht, Plätze, die zum Entspannen einladen, ein Stückchen ursprünglicher Natur, eben Wohlfühlorte, an die man immer wiederkehren möchte.

Rasten mit Weitblick, ob draußen oder drinnen – Steinerberghaus, S. 166

Unter Hochspannung – Jugendstilkraftwerk Heimbach, S. 96

Schnellüberblick

Nordeifel mit Aachen und Hohem Venn
Von Aachen – Kaiserstadt, Pilgerstadt und dank zahlreicher Quellen auch Bäderstadt – geht es auf die Höhen der Rureifel mit Fachwerk in Monschau, Fels- und Burgromantik in Nideggen und viel Natur: an den Stauseen von Urft und Rur, im Nationalpark Eifel und im Hohen Venn, der Hochmoorlandschaft zu beiden Seiten der deutsch-belgischen Grenze. Im Osten tauchen die Eifelberge ab in die flache Zülpicher Börde und die nördliche Voreifel. Hier liegt am Rand des großen Münstereifeler Waldes das hübsche historische Städtchen Bad Münstereifel. S. 76

Westeifel
Drei Länder teilen sich die Eifel im Westen, wo sich, u. a. kulinarisch, ein liebenswerter Mix aus Eifeler Bodenständigkeit und wallonischem Savoir-vivre entdecken lässt. Vom Prümer Land führt die Reise bis in die Belgische Eifel mit Amel und Sankt Vith und vom Höhenrücken der Schneifel, wo der Zweite Weltkrieg Spuren hinterließ, bis in den Islek und die Oureifel mit den pittoresken Burgstädten Vianden und Klierf im Dreiländereck Belgien-Luxemburg-Deutschland. S. 258

Die Kalkeifel
Von Nettersheim an der oberen Urft über Blankenheim mit der Ahrquelle bis ins obere Kylltal ziehen sich Kalkmulden durch die Mitte der Eifel. Zu den Schätzen dieser Region zählen Wacholderheiden mit mediterran anmutender Flora, geologische Highlights wie versteinerte Korallenriffe und malerische alte Burgorte wie Kronenburg und Kerpen. Die kriminalistisch durchdachte Infrastruktur in der Heimat der Eifelkrimis bei Hillesheim setzt all dem die Krone auf. S. 126

Ahreifel und Osteifel
Mal wildromantisch, mal weinselig präsentiert sich die Ahreifel, ein klassischer Touristenmagnet. Heiße Reifen und viel Volk gibt es rund um den Nürburgring, daneben den höchsten Eifelberg, die Hohe Acht. Die Hocheifel ist altes Vulkanland. Eindrucksvolle Zeugen des jüngeren Vulkanismus sind das Brohltal und der Laacher See sowie das Grubenfeld zwischen Mayen und Mendig. Hier wird seit Römerzeiten Stein abgebaut und bearbeitet. Die Abtei Maria Laach, Burg Eltz sowie die Orte Münstermaifeld und Monreal sind Highlights für Kulturreisende. S. 152

Die Vulkaneifel
Der Natur- und Geopark Vulkaneifel reicht von Gerolstein bis Bad Bertrich im Südosten. Besonderes Kennzeichen der Region sind die Maare, eingesunkene Trichter, von Vulkaneruptionen in die Landschaft gesprengt. Weitere Hingucker der Vulkaneifel sind die Bertradaburg bei Mürlenbach im Kylltal sowie die Burgen bei Manderscheid, wo der Lieserpfad verläuft. Vom Vulkanismus zeugen auch Mineralquellen und Thermen, z. B. Deutschlands einzige Glaubersalztherme in Bad Bertrich. S. 192

Südeifel mit Trier
Das Flair der Römerzeit durchweht nicht nur die Kaiserthermen und die Porta Nigra in Trier, sondern auch die heutige Bierstadt Bitburg im reichen Gutland. Ganz anders die stille Romantik der Kyllburger Waldeifel. Schmuckstücke sind die barocken Schlösser Malberg an der Kyll und Bollendorf im Sauertal und Klöster wie die Abtei Echternach in Luxemburg. Der Naturpark Südeifel lockt mit der Teufelsschlucht, den Irreler Wasserfällen und den Felstürmen des Ferschweiler Plateaus. S. 228

Reiseinfos, Adressen, Websites

Große Schiffe, kleine Schiffe: Auf dem Wasser der Rurtalsperre finden alle Platz

STELLA MARIS
www.becker-wassersport.de

Informationsquellen

Infos im Internet

www.eifelverein.de

Der 1888 gegründete Eifelverein kümmert sich um viele Wanderwege in der gesamten Eifel und publiziert die Zeitschrift »Die Eifel«, den »Eifelführer« sowie weitere Bücher zu Natur, Geschichte usw. Die Website mit Übersichtskarte ist eine Fundgrube für Eifelinteressierte (u. a. Veranstaltungstipps, Termine geführter Wanderungen).

www.eifel.de

Portal für die gesamte Eifel. Die datenbankgestützte Suche führt zu Adressen von Hotels und Ferienwohnungen, Gastronomiebetrieben, Attraktionen und Veranstaltungsterminen.

www.eifel.info

Die Website der Eifel Tourismus GmbH versammelt fast die ganze deutsche Eifel (Ausnahmen: Ahreifel, Verbandsgemeinde Kyllburg und Wittlich). Vertreten sind 18 Ferienregionen vom Nationalpark Eifel im Norden bis zum Trierer Land im Süden. Tipps zur Planung, Verzeichnis von Gastgebern der Regionalmarke Eifel (von Hotels über Ferienhäuser bis Camping), Ideen und Pauschalangebote für Wander- oder Wellnessurlaub u. v. m. sowie Prospektbestellung. Praktisch: die Apps zum Planen von Rad- und Wanderrouten.

www.eifelreise.de

Professionell gemachte Website des Rhein-Mosel-Verlags, eine gute, anregende Informationsquelle zum Selberweiterforschen; schön die Sortierung der möglichen touristischen Ziele nach »Burgen/Schlösser«, »Kirchen/Klöster«, »Maare/Vulkanseen« usw.

www.eifelregio.net

Informationen und ausgewählte Tipps, die Lust machen auf den Eifelurlaub.

www.rhein-eifel.tv

Die Website präsentiert u. a. die Eifel in informativen kurzen Filmen, auch gut recherchierte Texte zu Attraktionen, aktuelle Termine, nach Themen sortiert.

www.nrw-tourismus.de/region-eifel-aachen

Der touristische Dachverband für Nordrhein-Westfalen informiert über die Nordeifel und den Raum Aachen.

www.gastlandschaften.de/urlaubsregionen/eifel und /ahrtal

Die Tourismuswirtschaft des Bundeslandes Rheinland-Pfalz setzt für die Südhälfte der Eifel auf Themen wie Aktivtourismus und Genuss. Übersichtlich und benutzerfreundlich.

www.ostbelgien.eu/de

Offizielle Tourismus-Website zu Ostbelgien, von Raeren und Kelmis im Norden bis St. Vith. Sehr gut präsentierte, aktuelle Infos zu Sehenswürdigkeiten, kulinarischen Angeboten, Radwegen (Vennbahntrasse), mit Unterkunftsbuchung, Veranstaltungstipps u. v. m.

www.geopark-vulkaneifel.de

Keineswegs nur für geologisch Interessierte; die Website des Natur- und Geoparks Vulkaneifel zeigt die vielfältigen Möglichkeiten im Land der Vulkane. Tourenplaner zum Downloaden und detaillierte Wandervorschläge.

www.naturpark-eifel.de

Infos über den Deutsch-Belgischen Naturpark Hohes Venn-Eifel, Veranstaltungstipps.

www.naturpark-suedeifel.de
Wissenswertes zum Naturpark Südeifel, mit interaktiver Karte; im Downloadbereich Flyer zu den »Nat'Our-« und anderen Wanderrouten.

Informationsstellen

Das Gebiet der Eifel verteilt sich auf zwei Bundesländer und drei europäische Staaten. Eine übergreifende Informationsstelle existiert zwar nicht, doch die Eifel Tourismus GmbH in Prüm informiert z. T. auch über die grenzüberschreitenden Wander- und Radwege Richtung Belgien und Luxemburg. In den (Luft-)Kurorten der Eifel informiert ein Haus des Gastes oder sonst das Rathaus. Die lokalen Informationsstellen sind im Reiseteil ab S. 75 bei den entsprechenden Orten aufgeführt.

Eifel Tourismus GmbH

Kalvarienbergstr. 1, 54595 Prüm
Tel. 06551 96 56-0 (Mo–Fr 8.30–17 Uhr)
www.eifel.info, info@eifel.info
Für den deutschen Eifelraum außer Ahreifel, Kyllburg und Wittlich zuständig. Mit Prospektversand und Reservierung.

Haus für Tourismus Ostbelgien

Hauptstr. 54, B-4780 St. Vith
Tel. +32 80 22 76 64
www.ostbelgien.eu/de
info@ostbelgien.eu
Zentrales Verkehrsamt für Ostbelgien.

Lesetipps

Alfred Andersch: Winterspelt, München 1974, als E-Book 2013. Der Roman spielt im Winter 1944 kurz vor der Ardennenoffensive in der Umgebung von Winterspelt. Ein Kommandant erwägt angesichts der Sinnlosigkeit des Krieges die Kapitulation.
Manuel Andrack: Du musst wandern. Ohne Stock und Hut im deutschen Mittelgebirge, Köln 2005. Besonders der Lieserpfad hat es dem Guru der neuen Wanderlust angetan.
Jacques Berndorf: Eifel-Gold, Dortmund 1993. Der zweite Eifelkrimi des Autors ist eine Liebeserklärung an seine Wahlheimat (s. a. S. 144).
Ralf Kramp: Hart an der Grenze, Hillesheim 2003. Der Verleger, Krimiautor und Hausherr im Hillesheimer Kriminalhaus schreibt nach dem Vorbild englischer Whodunit-Krimis à la Agatha Christie. Wie sein Freund Jacques Berndorf geizt er nicht mit Lokalkolorit.
Michael Kuhn: Marcus, Soldat Roms, Aachen 2013. Der erste einer Reihe historischer Romane mit den fiktiven Erlebnissen eines Soldaten in spätrömischer Zeit, basierend auf bestens recherchierten Fakten – der Autor ist Archäologe. Im Anhang: ein Mini-Reiseführer zu römischen Sehenswürdigkeiten zwischen Köln, Aachen und Trier.
Norbert Scheuer: Überm Rauschen, München 2009. Der packend geschriebene Roman erzählt vom Angeln großer Fische am Flusswehr in Kall, in dessen Nähe der in Prüm geborene Autor (Jg. 1951) heute lebt. Überhaupt nicht provinziell.
Clara Viebig: Das Weiberdorf, Zell/Mosel 1993, s. S. 66.

Eifel-Infos in Printmedien

Neben Tageszeitungen (z. B. Kölner Stadtanzeiger, Trierer Volksfreund) sind auch die von den Groß- und Verbandsgemeinden herausgegebenen Mitteilungsblätter (gibt es meist im Rathaus) und die privaten Anzeigenblätter gute Informationsquellen für lokale Termine: für die Nordeifel der Wochenspiegel (www.wochenspiegellive.de), für die Süd- und Vulkaneifel das Eifeljournal (www.eifel-journal.de) oder die Eifel-Zeitung (www.eifelzeitung.de).

Wetter und Reisezeit

Klima

Das Eifel-Ardennen-Gebiet liegt im Einflussbereich atlantischer Wetterverhältnisse. Der Wind – Eifeler sagen »die Luft« – kommt meist von Westen, häufig auch Südwesten, und erreicht manchmal auf den Bergen Orkanstärke. Bei Hochdruck und klarem Himmel mit Nord- oder Nordostwinden kommen wegen der Höhenlage bis in den Juni Frostnächte vor. Bei Hitzewellen im Sommer können gelegentlich hohe Ozonwerte auftreten.

Das Wetter im Jahreslauf

Der **Frühling** kommt spät in die Eifel – an Nordhängen liegen nicht selten noch im April Schneereste. Je nach Höhenlage bis zu zwei Wochen länger als im Mosel- und Rheintal muss man hier auf die Obstbaumblüte warten. Auf den Kalkmagerwiesen öffnen die ersten Schlüsselblumen (Primeln) und Kuhschellen ihre Blüten. Im Frühsommer ab Anfang Mai ergrünt die Landschaft dann nahezu über Nacht und der blühende Ginster überzieht ganze Hänge mit seinem ›Eifelgold‹.

Im **Sommer** kann es heiß und trocken werden, aber kaum einmal wird es schwül und drückend; heftige Gewitter sind nicht selten. Es sind aber auch Tageshöchsttemperaturen im Juni um 10 °C möglich. In der Eifel weht oft ein kühles Lüftchen oder, wie man hier sagt, »es geht die Luft«, womit auch ein Orkan gemeint sein kann. Hohes Venn und Schneifelrücken sind das erste Hindernis für die vom Atlantik mit feuchter Luft aufgeladenen Wolken aus Westen, entsprechend reich fällt hier der Niederschlag.

Im **Herbst** herrscht oft noch lange angenehm temperiertes, ruhiges Wetter. Die Laubfärbung setzt erst Ende Oktober ein und hat im November den Höhepunkt erreicht.

Im **Winter** gibt es zuweilen Inversionswetterlagen: Dann herrschen über 500 oder 600 m strahlender Sonnenschein und Plusgrade, im Tal dagegen dichter Nebel und Temperaturen knapp über dem Gefrierpunkt. Oder es regnet bzw. schneit sich am Nordhang der Eifel ab, während der Süden trocken bleibt. Je nach Wind kann es auch umgekehrt sein. Im Nordstau des Mittelgebirges kann es zum ›Eifelföhn‹ kommen. Mitten im Winter erreichen dann die Temperaturen zwischen Zülpich und Nettersheim 10–14 °C. In Schneifel und Ostbelgien liegen die schneesichersten Skigebiete der Eifel; mit Lagen über 500 m gehören auch die Hohe Acht und der Ernstberg bei Hinterweiler zu Kandidaten für den Wintersport.

Klimadaten Eifel

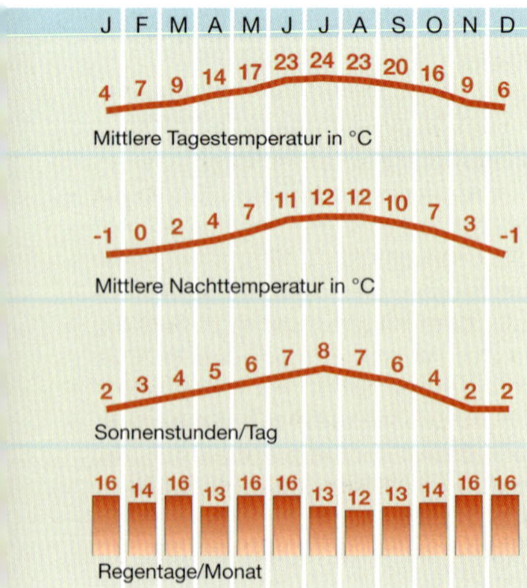

Eifelgold: Ein Bote des Frühsommers ist die Ginsterblüte

Reisezeit

Die beste Reisezeit für die Eifel? Eigentlich ist es hier das ganze Jahr über schön. Die beste Zeit für einen **Wanderausflug oder -urlaub** ist Mai/Anfang Juni und September/Oktober. Da die Natur die Hauptattraktion ist, sollte man sich vorab über das Wetter genau informieren (z. B. www.eifelwetter.de). Das kann recht unterschiedlich ausfallen, je nachdem, wo in der Eifel man sich aufhält.

Ostern sowie die Ferienmonate Juli und August sind **Hauptreisezeit.** Bei Badewetter herrscht Hochbetrieb am Laacher See, an den Dauner Maaren und an den Talsperren. Ganzjährig gilt das für die Wochenenden, denn ab Freitag strömen Wochenendhausbesitzer und Ausflügler in die Eifel. Besonders die Rureifel und die Nordeifel sind die Ziele kurz entschlossener Wochenendurlauber.

Vor der Besichtigung einer Sehenswürdigkeit sollte man die **aktuellen Öffnungszeiten** herausfinden. Viele Adressen sind außerhalb der Hauptsaison nur am Wochenende geöffnet oder im Winter ganz geschlossen. Von Ostern bis September sind die meisten Sehenswürdigkeiten zwar geöffnet, aber der Besuch eines privaten Bauernhofmuseums oder die Führung in einer Burg ist unter Umständen nur auf Anfrage oder nur einmal im Monat möglich – am besten vorher anrufen.

Kleidung und Ausrüstung

Erfahrene Eifelurlauber haben nahezu das ganze Jahr über eine Mütze in der Tasche, denn auf den Höhen ist fast immer mit einem frischen Lüftchen zu rechnen. Im Sommer ist es wegen der starken Sonneneinstrahlung in höheren Lagen ratsam, einen Sonnenschutz für die Haut (gegen hohe UV-Einstrahlung) und für die Augen dabeizuhaben. Auch wasserfeste Schuhe mit Profilsohlen, am besten Trekking- oder Wanderschuhe, sowie eine wind- und regenfeste Jacke gehören ins Gepäck – viele Sehenswürdigkeiten sind nur nach einem kurzen Fußmarsch auf ungeteerten Wegen zu erreichen.

Anreise und Verkehrsmittel

Anreise

... mit der Bahn

Die besten Ausgangspunkte für Reisen per Bahn in die Eifel sind **Köln, Bonn, Remagen, Andernach** und **Trier.** Von diesen Bahnhöfen bestehen Linienverbindungen mit der Deutschen Bahn.

... mit dem Auto oder Motorrad

Die Autobahn A 1 führt von Köln bisher nur bis Blankenheim mit den Ausfahrten Nettersheim und Bad Münstereifel/Mechernich. Bis zum Lückenschluss, dem Weiterbau durch die gesamte Eifel, geht es von Blankenheim weiter auf der B 51 (E 29) über Stadtkyll Richtung Prüm. In Prüm hat man Anschluss an das belgische Autobahnnetz Richtung St. Vith und an die A 60 nach Südosten Richtung Wittlich. Im Süden reicht die A 1 bis Anschlussstelle Kelberg.

Das Laacher-See-Gebiet und die Osteifel werden günstig von Bonn und Koblenz über die A 61 erreicht. Von Koblenz führt die A 48 direkt nach Westen und über Mayen nach Daun, wo sie auf die A 1 trifft.

Von Aachen aus nimmt man die B 258 und die B 266 Richtung Monschau. Von Bonn geht es auf der B 56 über Rheinbach und Euskirchen in die Voreifel, über die A 565 nach Meckenheim und auf der B 257 weiter an die Ahr, nach Daun und bis Echternach.

Verkehrsmittel

Auto und Motorrad

Viele Orte, Sehenswürdigkeiten, Wanderparkplätze und Aussichtspunkte erreicht man motorisiert am besten. Die Eifel hat zahlreiche landschaftlich reizvolle Strecken – Motorradfahrer lieben sie, die abwechslungsreichen, kurvigen Straßen der Eifel. Von April bis Ende Oktober, je nach Wetter auch früher oder später, sind sie jedes schöne Wochenende unterwegs. Autofahrer sollten immer auf Motorradfahrer gefasst sein und alle Verkehrsteilnehmer sollten die Kurven nicht unterschätzen.

Parken: Gebühren werden in Städten mit hohem Besucherandrang und wenig Platz erhoben, wie Monschau, Bad Münstereifel, Ahrweiler, Bad Bertrich, häufig auch an viel besuchten Sehenswürdigkeiten (Meerfelder Maar). Das am Automaten gekaufte Ticket legt man deutlich sichtbar ins Autofenster.

Tanken: Wer in der Nähe der Luxemburger Grenze unterwegs ist, wird auf der deutschen Seite kaum Tankstellen vorfinden. Zum Tanken fahren viele auf die Luxemburger Seite. Benzinkanister horten ist nicht erlaubt.

Bahn

Die Eifelstrecke **Köln–Trier** der Deutschen Bahn (DB) ist die für die Eifel wichtigste Bahnverbindung im Linienverkehr. Weitere Verbindungen: per Rurtalbahn **Düren–Heimbach,** per Pellenzbahn **Andernach–Kaisersesch,** per Ahrtalbahn **Bonn–Remagen–Ahrbrück** und – ganzjährig, aber nur am Wochenende und an Feiertagen – mit der Eifel-Bördebahn **Euskirchen–Zülpich.** Infos: www.bahn.de.

Touristische Bahnlinien: Großer Beliebtheit erfreuen sich die **Oleftalbahn** (www.oleftalbahn.de, Mai–Okt. So, Fei) zwischen Kall und Hellenthal-Blumenthal und der **Vulkan-Express** (auch **Brohltalbahn** genannt, www.vulkan-express.de, ganzj.) im Brohltal zwischen Brohl-Lützing und Kempenich-Engeln.

Im Saisonbetrieb verkehren die historischen Schienenbusse des Lokschuppens Gerolstein von Köln und Trier u.a. bis nach Schleiden in den Nationalpark Eifel. Termine der **Sonderfahrten:** www.ake-eisenbahntouristik.de.

Bus

Nachdem zahlreiche Bahnlinien in der Eifel eingestellt wurden, besorgen heute vor allem Busse den öffentlichen Nahverkehr. Hauptverbindungen wie Prüm–Gerolstein und Gerolstein–Daun werden täglich bedient, am Wochenende allerdings seltener. Viele kleinere Orte werden nur von montags bis freitags und nicht in den Schulferien angefahren.

In der Nordeifel und Teilen der Osteifel (z.B. Kreis Cochem-Zell) halten Taxibusse und Anrufsammeltaxis (AST) die Verbindungen aufrecht. Man muss die Fahrt telefonisch 30 Min. bzw. 1 Std. vorher anmelden und zahlt einen etwas höheren Preis.

Verkehrsverbünde nach Regionen

Insgesamt vier Verkehrsverbünde teilen sich die Eifel:

- **Kreis Euskirchen:** Verkehrsverbund Rhein-Sieg (**VRS**), www.vrsinfo.de.
- **Aachen/Kreis Düren:** Aachener Verkehrsverbund (**AVV**), www.avv.de.
- **Kreise Bernkastel-Wittlich, Bitburg-Prüm, Vulkaneifel, Trier-Saarburg:** Verkehrsverbund Region Trier (**VRT**), www.vrt-info.de.
- **Kreis Cochem-Zell:** Verkehrsverbund Rhein-Mosel (**VRM**), www.vrminfo.de.

Einen vorbildlichen Nahverkehr bietet übrigens das Großherzogtum Luxemburg, auch grenzüberschreitend (Einheitstarif, nach Zonen gestaffelt); www.mobiliteit.lu.

Taxi

Ist man ohne Auto in ländlichen Gebieten unterwegs, ist das Taxi oft die einzige Möglichkeit, zuverlässig zum Ziel zu kommen. Das Preisniveau ist nicht viel niedriger als in der Stadt, aber da alternativlos, kann es sich für Streckenwanderer durchaus lohnen, mit dem Taxi statt mit dem Bus zu fahren. Adressen lokaler Taxianbieter findet man im Branchenbuch (z. B. www.gelbeseiten.de). Anrufsammeltaxis s. links.

Mietwagen

Die großen Leihwagenfirmen sind nur in größeren Städten vertreten: Aachen, Trier, Bitburg, Mayen.

Fahrrad

Siehe S. 29.

Unterwegs mit Bus und Bahn

Einige Regionen der Eifel sind gut mit öffentlichen Verkehrsmitteln zu erreichen, andere weniger gut. In der Nordeifel (NRW) sowie in den stärker besiedelten Gebieten der Süd- und Osteifel (Raum Trier, Raum Mayen-Cochem) hat man noch die besten Chancen, ohne Auto mobil zu sein.

Nahverkehrsangebote der Deutschen Bahn, gültig in Bus und Bahn Mo–Fr ab 9 Uhr, Sa, So, Fei ganztägig: **SchönerTagTicket NRW:** 2. Klasse 30 € (Einzelticket), 44 € (bis 5 Pers.), auch im angrenzenden Rheinland-Pfalz bis Gerolstein und Ahrbrück. **Rheinland-Pfalz-Ticket:** 2. Klasse 24 € für 1 Person, jede weitere Person 5 €. Nahverkehrszüge und fast alle Linienbusse, auch im Saarland.

Euregioticket: s. S. 86.

Einige Hotels bieten ihren Gästen **Hol- und Bringservice,** es lohnt sich, vor der Buchung nachzufragen.

Übernachten

Hotels

Die Mehrzahl der Hotels in der Eifel sind Familienunternehmen und im mittleren bis niedrigen Preissegment angesiedelt. Noble Unterkünfte sind noch relativ rar, ebenso wie Großhotels internationaler Hotelketten. Dorint-Hotels z. B. stehen am Stausee Bitburg, am Nürburgring und in Bad Neuenahr, wo es auch ein Steigenberger Hotel gibt.

Das Gros der Hotels und Landgasthöfe ist mit drei Sternen klassifiziert. Zimmer mit Dusche/WC sind die Regel, nur noch selten trifft man auf Gasthöfe, die Zimmer mit Bad/WC über den Flur anbieten. Der Trend geht zu mehr Qualität, moderner Ausstattung (Flachbildschirm, WLAN) und zu Wellnesseinrichtungen, wie Sauna, Schwimmbad oder Fitnessraum. Speziell an Wanderer und Radfahrer wenden sich viele kleine und mittlere Familienbetriebe, indem sie z. B. abschließbare Radstellplätze anbieten.

Übernachtungspreise
Hotels und Pensionen: DZ je nach Komfort 50–250 €. **Ferienwohnungen:** 40–100 € für 2 Pers./Tag. **DJH-Jugendherbergen:** Über 27-Jährige zahlen in Rheinland-Pfalz je nach Komfort ab 22 €/Nacht im Mehrbettzimmer (DZ und EZ gegen Aufpreis). Im Landesverband Rheinland (NRW) müssen über 27-Jährige 4 € Aufschlag auf den Übernachtungspreis zahlen, Familien bekommen Rabatt. Bettwäsche und Frühstück sind inklusive. **Campingplätze:** Stellplatz inkl. Fahrzeug und 2 Pers. ca. 20 €. Viele Unterkünfte sind in der Nebensaison ca. 10–15 % günstiger.

Ferienhäuser und Ferienwohnungen

Selbstversorger-Unterkünfte, vor allem Ferienhäuser und -wohnungen, überwiegen unter den Übernachtungsmöglichkeiten. An vielen schönen Stellen mitten in der Landschaft finden sich ganze **Ferienhausdörfer:** am Fuß des Arembergs, in den Gerolsteiner Dolomiten oder über der Rurtalsperre. Zunehmend investieren niederländische Firmen in solche Großprojekte. In der Hochsaison wird nicht unter einer Woche (Sa–Sa) vermietet, sonst kommen auch kürzere Aufenthalte infrage.

Eine besondere Note hat das Wohnen in alten Gemäuern. **Bewohnbare Burgen** sind zwar nicht allzu häufig unter den Eifelfestungen des Mittelalters, aber auffallend viele Privatbesitzer haben ihre Burgen zu Domizilen für zahlende Gäste umfunktioniert: z. B. Burg Hamm (Prümtal), Oberburg Lissingen (Gerolstein) oder die Bertradaburg (Mürlenbach).

Eine gute Art, die Eifel ›von innen‹ kennenzulernen, ist **Urlaub auf dem Bauernhof,** d. h. einem noch aktiven landwirtschaftlichen Betrieb. Vor allem Familien mit Kindern erwartet ein passendes Urlaubsprogramm, zumal wenn z. B. Pferde, Esel, Ponys oder Ziegen gehalten werden. Wanderer und Radfahrer finden auf abgelegenen Höfen oft schöne Routen direkt vor der Tür.

Jugendherbergen

In Deutschland stehen Jugendherbergen nur Mitgliedern des **DJH** offen (Deutsches Jugendherbergswerk, www.jugendherberge.de; Mitgliedsbeitrag: über 27-Jährige, Familien, Paare 22,50 €/

Jahr, bis 26 Jahre 7 €) sowie Gästen aus dem Ausland mit internationalem IYHA-Ausweis. Bis auf wenige Ausnahmen bieten die Jugendherbergen in der Eifel moderne Zimmer mit eigener Dusche/WC. Sie sind im Prinzip ganzjährig geöffnet (Weihnachten geschl.). Die meisten Jugendherbergen sind auf Gruppen spezialisiert, z. T. mit Sportangebot und Tagungsräumen. Meist sind ein Restaurant oder Bistro mit warmen Mahlzeiten sowie Kochgelegenheiten für Selbstversorger vorhanden.

Camping

Auf der Homepage www.eifel.info, Stichwort ›Unterkunftssuche‹, sind auch Camping- und Wohnmobilplätze zu finden. Zunehmend bieten Campingplätze außer Zelt- und Caravanstellplätzen auch Luxusferienhäuser, Bungalows oder originelle ›Camping-Fässer‹ an. Aktivitätsangebote wie Schwimmbad oder Fahrradverleih, haben z. B. der CenterParc am Heilbachsee und der Landal-Wirfttal-Platz bei Stadtkyll. Eine ungewöhnliche Alternative zum Campingplatz und ideal für Fernwanderer ist das **naturnahe Zelten** im Naturpark Eifel-Hohes Venn; das eigene Zelt wird **auf Holzplattformen** aufgebaut, eine Komposttoilette ist in der Nähe (Infos: www.trekking-eifel.de).

Unterkünfte suchen und buchen
Ferienhäuser lassen sich u. a. auf **www.fewo-direkt.de** buchen. Angebote findet man auch im Katalog bzw. auf der Website der Eifel Tourismus GmbH, **www.eifel.info,** auf **www.eifel.de,** bei den regionalen und örtlichen Tourismusorganisationen sowie bei **www.landsichten.de.** Diese Website der Bundesarbeitsgemeinschaft für Urlaub auf dem Bauernhof und Landurlaub in Deutschland e. V. listet nach Bundesländern geordnet eine große Auswahl an Bauernhöfen auf, vor allem in der rheinland-pfälzischen Eifel.

Essen und Trinken

Bäuerliche Ursprünge

Die Eifeler Küche ist eine rheinische Küche, die früher überwiegend bäuerlich geprägt war. Gemüse aus dem eigenen Garten, Kartoffeln und Getreide standen im Vordergrund. Es gab oft Suppen und Eintöpfe, ab und an mit Fleischeinlage. Natürlich wurde in der Eifel an Festtagen geschlemmt. Ein traditionelles Festessen war beispielsweise gekochtes Rindfleisch in Senfsauce. Der katholischen Fastentradition entsprechend war Freitag Fischtag.

Aus der bäuerlichen Tradition speist sich auch heute vieles, was in den Gasthäusern angeboten wird. Es wird gut und reichlich aufgetischt. Die großen Portionen sind genau das Richtige für Aktivtouristen wie Wanderer und Radler. Anders als früher spielt Fleisch, besonders vom Schwein, eine wichtige Rolle – als Braten, am liebsten aber als Schnitzel, beispielsweise als Eifeler Krüstchen mit Spiegelei. Wenn Eifellamm auf der Karte steht, besonders um Ostern herum, sollten Sie es unbedingt probieren, ebenso wie die Wildgerichte. Während der Saison im Herbst kommen Hirschgulasch, Wildschweinwürstchen oder ein feiner Rehbraten auf den Tisch.

Auf dem Marktplatz von Ahrweiler laden gemütliche Restaurants zum Einkehren ein

Typische Speisen

Nicht wegzudenken aus der rheinischen Eifeler Küche ist **Himmel un' Ääd** (›Himmel und Erde‹): gekochte Kartoffeln und Äpfel mit Blutwurst, gerösteten Zwiebeln und Speck. Als eifeltypisch gilt **Döppekooche,** ein im Topf gebackener herzhaft-knuspriger Eier-Kartoffelkuchen mit Speck. Der traditionelle **Sauerbraten,** früher aus Pferdefleisch, wird heute aus Rindfleisch zubereitet, die dazu gereichte süßsaure Sauce erhält ihre würzige Note durch Apfelkraut, mitgekochte Printen oder Lebkuchen.

Was Fisch betrifft, sind **gekochte Muscheln** sowie **Heringsstipp** (Hering in Sahne eingelegt) typische rheinische Gerichte. Frische **Eifel-Forellen** aus Bächen oder Seen sind eine Delikatesse, die man als Forelle blau oder Müllerin Art genießt. Eine regionale Besonderheit sind **Felchen** aus dem Laacher See.

Gemüse kocht man gern ›untereinander‹: Es wird mit Kartoffeln zusammen zubereitet, dann mit Speck oder als Beilage zu Frikadellen oder Bratwurst gereicht. In der Variante ›untereinander‹ gibt es z. B. Schnippelbohnen (saure Bohnen), Möhren oder Kappes (Kohl), sogar Salat (Schlottetratsch bzw. Schla ungerenander). Im Wittlich-Trierer Raum ist Tertich oder Teerdich eine rustikale Spezialität aus (Sauer-)Kraut und Kartoffelpüree untereinander mit Zwiebeln, dazu Speck oder Eisbein. Eine Lieblingsspeise vieler Eifeler sind Saubohnen (dicke Bohnen) mit Speck.

Überaus beliebt sind **Kartoffelgerichte** – außer Döppekooche (s. S. 26) z. B. Kartoffelsuppe oder Kartoffelpuffer (Reibekuchen). Im Herbst gibt es etliche Feste rund um die *Schrompere.* Überhaupt sind Kirmes- und Dorffeste gute Gelegenheiten, die Eifeler Küche zu kosten. Mit etwas Glück können Sie auch **Buchweizengerichte** probieren: Das Heide(n)kornmehl wird als Heddelich-Kneddelle (Heidekornknödel) herzhaft mit Zwiebel-Specksauce oder als Pfannkuchen gegessen.

Süße Versuchungen sind in Eifeler Hof- und Landcafés die selbst gebackenen **Torten und Kuchen.** Eine Spezialität der Region ist deren schlichteste Variante, die Taart, Grieß- oder Reiskuchen, im Hohen Venn gibt es außerdem sehr leckeren Blaubeerkuchen (Motto: wenig Teig, viel Frucht).

Getränke

Bier bedeutet für die meisten Eifeler schlicht Bitburger. Das Pils der Bitburger gibt es fast überall, Kölsch dagegen nicht, die Kölschgrenze fällt in etwa mit der Bistumsgrenze von Köln zusammen. Im Maifeld und in der Pellenz-Eifel sind Koblenzer Biere zu haben. Das Mendiger Vulkanbräu und das Eifeler Landbier aus Gemünd sind naturtrübe Bierspezialitäten für Kenner. In der Belgischen Eifel können Bierfreunde aus Hunderten belgischer Biere wählen. Im Luxemburgischen werden gern Simonbräu und Diekirch getrunken, eine naturtrübe Spezialität ist das Ourdaller (s. Entdeckungstour S. 284).

Mit der Ahrregion gehört eines der renommiertesten deutschen Weinbaugebiete für **Rotweine** zur Eifel. In der südlichen Eifel gibt es noch das Wittlicher Weinbaugebiet für **Weißwein** sowie die nahe Mosel. In der Südeifel wird viel **Viez** getrunken, ein erfrischend saurer Apfelwein. Der Name Viez leitet sich von ›Vizewein‹ ab. Die charakteristischen Streuobstwiesen der Südeifel liefern Äpfel für die Obstpresse, aber auch ausgefallenere Früchte wie die Nelchesbirne. In den Obstbrennereien werden sorgfältig destillierte **Obstschnäpse** produziert.

Eifeler Gastronomie

Noch gibt es viele ›altmodische‹ gutbürgerliche Gasthäuser, die vor allem Braten mit dicken Saucen, Schnitzelvariationen, Steaks, Gemüsepfannen oder Nudelgerichte und Salate anbieten. Gern serviert wird auch Brauhausküche mit Sauerkraut, Haxen, Schlachtplatte usw., die am besten schmeckt, wenn das Bier dazu wirklich aus der Hausbrauerei kommt. Aber der Generationswechsel ist in vollem Gang und zunehmend stehen jüngere experimentierfreudige Köche und Köchinnen am Herd. Sie zaubern mit altbekannten und exotischen Zutaten und einer Extraportion Fantasie wahre Papillenschmeichler. Man darf gespannt auf die weitere Entwicklung sein!

Restaurantpreise: Essen im Restaurant schlägt mit 9–24 € fürs Hauptgericht zu Buche. Kleine Speisen kosten ab 7 €. Einige Restaurants bieten preiswerte Mittagsmenüs an (6,50–7,50 €).

Küchenzeiten

Warme Küche servieren die meisten Gasthäuser mittags 11.30/12–14 Uhr und abends ab 18 Uhr. Nur selten findet man durchgehend warme Küche, am ehesten in viel besuchten Orten wie Monschau, Bad Münstereifel oder Hillesheim sowie natürlich in Städten und größeren Orten wie Bitburg, Daun oder Wittlich. Montag und Dienstag sind oft Ruhetage, manche Lokale sind im Winter nur am Wochenende geöffnet.

Aktivurlaub, Sport und Wellness

Angeln

Angler benötigen in Deutschland einen **Bundesfischereischein,** der das Bestehen einer Anglerprüfung voraussetzt. Immer ist für das jeweilige Gewässer eine Angelerlaubnis des Besitzers (**Gewässerschein**) nötig. Näheres bei den Touristeninformationsstellen oder den örtlichen Angelvereinen, in Belgien auch bei der Post. Für Ausländer gelten Ausnahmeregeln, ebenso in Grenzgewässern wie Our und Sauer (s. S. 242).

Ein gutes Forellenrevier ist die **Our,** ein Eldorado der Fliegenfischer die **Kyll** zwischen Jünkerath und Birresborn. Es werden auch Kurse im Fliegenfischen angeboten (www.fliegenfischen-kyll.de). Geangelt wird die heimische Bachforelle und – eingesetzt – die Regenbogenforelle. Weitere Reviere: **Rurtalsperre Schwammenauel** oder **Obersee** (www.fischerei-rursee.de).

Die **Maare** sind ebenfalls gute Angelgründe, z. B. Jungferweiher und Ulmener Maar (April–Dez.). Das Meerfelder Maar ist bekannt für kapitale Hechte, der Laacher See für Felchen.

Baden

Das Schalkenmehrener Maar und das Pulvermaar haben **Strandbäder,** ebenso der Laacher See. Wegen der Tiefe der Seen kommt es zu Temperaturunterschieden – nicht ungefährlich für Schwimmer. In einigen Stauseen kann ebenfalls gebadet werden, u. a. dem Kronenburger See, wo mit einem **Wasserseilgarten** für Spaß und Bewegung gesorgt wird. Das Wasser in Talsperren ist aber wegen des stets ›durchlaufenden‹ Quellwassers recht frisch. Wer Temperaturen unter 20 °C als zu frostig empfindet, dem bieten sich als Alternativen für das Freiluftschwimmen neben **beheizten Freibädern** auch **Thermalbäder** (s. S. 31).

Flugsport

Die Eifel aus der Vogelperspektive zu betrachten, insbesondere die Maarelandschaft bei Daun, gehört zu den schönsten Erlebnissen. Vom nahen Sportflugplatz Senheld starten **Rundflüge über die Maare.** Auch **Utscheid** (s. S. 291) in der Südeifel hat einen Sportflugplatz und von der Dahlemer Binz (s. S. 139) werden **Rundflüge über den Nationalpark** angeboten. **Drachenflieger** und **Paraglider** starten gern in Hinterweiler (s. S. 207). Auch **Ballonfahrer** gehen in der Eifel in die Luft – ein Abenteuer für sich (s. S. 203).

Golf

In der tiefsten Eifel gibt es nur wenige Golfplätze, so den Golfplatz bei **Hillesheim** (www.golfclub-eifel.de), zwei Plätze bei **Bitburg** (www.bitgolf.de, www.golfclub-suedeifel.de) und einen weiteren in **Burbach** (Golfanlage Lietzenhof, www.golf-lietzenhof.de). Im Nordosten, im Dunstkreis der Bonner und Aachener Golfer, ist die Auswahl größer: u. a. Golfhotel Burg Zievel bei **Euskirchen,** am Stockert bei Weiler-am-Berge/Eschweiler bei **Bad Münstereifel** (www.golfbadmuenstereifel.de). Golfpaketangebote haben einige Hotels in der Südeifel im Programm (Liste s. www.golf.de).

Klettern

Nahezu alpin geht es in den Klüften und Steilwänden der Eifel zu. Als Nist-

Downhill über Stock und Stein – die Eifel ist ideales Terrain für Mountainbiker

plätze für Uhu oder Wanderfalke sind viele Naturschutzgebiete zu bestimmten Zeiten gesperrt und dürfen nur mit Genehmigung beklettert werden, etwa die Sandsteinfelsen bei Nideggen oder die Munterley in den Gerolsteiner Dolomiten. Kletterer müssen sich anmelden und erhalten gegen geringe Gebühr die Genehmigung. Beliebt und frei zugänglich sind die Basaltsteinbrüche um Mayen und Mendig (z. B. bei Ettringen). Indoor-Kletterparks und Hochseilgärten (Ahrweiler, Nettersheim) vervollständigen das Angebot.

Radfahren und Mountainbiking

Mit kleinen Einschränkungen ist die Eifel für Genussradler geeignet. Neu gebaute Radwege auf ehemaligen Bahntrassen und entlang von Flüssen erschließen die reizvollen Landschaften. Wer ›Rückenwind‹ für die bisweilen steilen Anstiege braucht, kann vielerorts **Elektrofahrräder** (E-Bikes bzw. Pedelecs) mieten. Das Movelo-Netz von Verleihern und Aufladestationen – soweit der Akku reicht meist nur etwa 40 km – hilft bei der Planung (www.movelo.com). Touristeninformationsstellen, Hotels und Fahrradgeschäfte verleihen Pedelecs.

Ideales Terrain für **Mountainbiker** sind die Waldwege in der Vulkaneifel sowie die Steilhänge in der Hocheifel und der Rureifel.

In einigen Regionen wurde ein **Zubringerservice** mit Radshuttle-Bussen eingerichtet, so im Raum Aachen (April–Okt. nur So, www.rheinland bus.de). In Rheinland-Pfalz heißen sie RegioRadler (www.regioradler.de). Besonders gut sind die Verbindungen entlang dem Maare-Mosel-Radweg. Die RegioRadler Maare-Mosel und Vulkaneifel pendeln bis zu elfmal täg-

Fahrrad-Events
Mountainbike-Marathon: am Rursee Ende Juni (www.mtb-am-rursee.de), eine sportliche Herausforderung.
Kylltal Aktiv (www.kylltalaktiv.de, am 3. So im Juli, zwischen Malberg und Lissingen) und **Tour de Ahrtal** (www.tour-de-ahrtal.de, Mitte Juni, zwischen Blankenheim und Dümpelfeld) sind **autofreie Sonntage.** Auf den für den motorisierten Verkehr gesperrten Strecken sind außer Fußgängern und Radlern auch Skater und Inliner unterwegs.

lich (März–Nov.), andere verkehren nur am Wochenende. In der Hochsaison ist Vorausbuchung – bis zu 4 Std. vor Abfahrt gegen Aufpreis möglich – ratsam, der Anhänger hat nur Platz für eine begrenzte Zahl Räder. In den Zügen der Eifelstrecke können Fahrräder mitgenommen werden, ideal für Radler auf dem parallel verlaufenden Kyll-Radweg. In Rheinland-Pfalz ist die Fahrradmitnahme Mo–Fr ab 9 Uhr und am Wochenende kostenlos, in NRW muss eine Fahrradkarte gelöst werden (zzt. 2,80 €).

Vorbildlich aufbereitete **Infos zum Radfahren,** eine Karte und Beschreibungen der Radwege bietet die alljährlich erscheinende Broschüre »Radmagazin«. Oder man informiert sich auf der Website www.eifel.info. Sehr hilfreich für die **Planung einer Radtour** ist: www.eifel.info/radfahren. Unübertroffen in der Nordeifel ist der Radroutenplaner NRW: www.radroutenplaner.nrw.de – Start und Ziel eingeben genügt.

Reiten

Für Wanderreiter mit eigenem Pferd bietet die Eifel ein dichtes Netz an **Wanderreitstationen** mit Unterkunft und Verpflegung für Ross und Reiter. Ein Teil der angeschlossenen Höfe macht erfahrenen Reitern ohne eigenes Reittier Angebote zum Wandern zu Pferd: www.eifelzupferd.de. Viele **Ponyhöfe** in der Eifel sind auf Kinder, Jugendliche und Familien eingerichtet, Adressen erhält man bei den jeweiligen Orten bzw. über die Touristeninformationen (s. auch Urlaub auf dem Bauernhof S. 24).

Wandern

Die Eifel ist ein traditionelles Wandergebiet. Die Folge: Es gibt eine geradezu verwirrende Vielfalt an Wegen: örtliche Wege, Wanderwege des Eifelvereins, Premiumwege … Der wohl berühmteste Weitwanderweg ist der **Eifelsteig** (www.eifelsteig.de), der die Eifel der Länge nach von Kornelimünster bis Trier durchquert (313 km). Bei seiner Konzipierung trug man der neuen Wanderlust Rechnung – keine breiten, geraden Forstwegen für flotte Märsche mehr, sondern naturnahe Pfade über Stock und Stein, die zu Entdeckungen am Wegesrand einladen.

Seit über 120 Jahren kümmert sich der **Eifelverein** um die Instandhaltung, Beschilderung und einheitliche Markierung von Wegen in der Eifel (Logo: auf der Seite liegendes Dreieck). Er betreut 18 eigene Hauptwanderwege, die die Eifel in Nord-Süd- oder Ost-West-Richtung durchziehen – vom Ahr-Venn-Weg bis zum Wassermühlenweg –, sowie Regionalwanderwege wie den Ahrtalweg oder den Vulkanweg (Gerolstein–Andernach). Die beste Hilfe für die Orientierung im Wanderwege-Dschungel bietet die Website des Eifelvereins (www.eifelverein.de). Sie listet mehr als 500 Vorschläge für Wanderungen der unterschiedlichsten Schwierigkeitsgrade auf, liefert kurze Wegbeschreibungen und Karten zum

Downloaden. Der Eifelverein veranstaltet zudem **geführte Wandertouren,** deren Termine auf der Website oder in den lokalen Anzeigenblättern veröffentlicht werden.

Sehr zu empfehlen ist der interaktive **Wandertourenplaner,** der als App herunterladbar ist unter: www.eifel.info/wandern.

Wassersport

Früher wurde die **Sauer** noch von der Mosel aus bis Bollendorf von Ausflugsschiffen befahren. Das ist Vergangenheit, aber für das gemütliche Flusspaddeln sind Wasserstand und Strömung des deutsch-luxemburgischen Grenzflusses ideal. Durch engere Täler und auf wilderem Wasser geht es in der Nordeifel mit Kajak oder Kanadier auf der **Mittleren Rur** zwischen Heimbach und Zerkall nördlich der Rurtalsperre. Insbesondere im Sommer reicht die vom Stausee abgelassene Wassermenge jedoch nicht immer aus. Außerdem ist das Befahren der Rur aus Naturschutzgründen erst ab dem 15. Juli erlaubt. Auch um die Wasser von **Kyll** und **Prüm** ›bezwingen‹ zu können, muss reichlich Wasser fließen, was am ehesten von Herbst bis Frühjahr der Fall ist. Etwas für sportliche Wildwasserkanuten sind die **Irreler Stromschnellen** – es finden auch Wettbewerbe statt.

Infos zum Pegelstand: www.kanu-nrw.de (unter Pegeldienst), www.hochwasser-rlp.de.

Kanufahren, Segeln, Surfen und Ruderbootfahren ist auf den kleineren Stauseen wie Freilinger See, Stausee Bitburg und Kronenburger See in der Regel möglich, ebenso am Laacher See. Oft findet sich auch ein Kanuverleih, meist an einem Campingplatz. Der Rursee ist ein äußerst beliebtes Segelrevier – an der Marina haben viele Städter ein Boot liegen. Motorboote sind nur auf der Rurtalsperre zugelassen.

Wellness

Seit Römerzeiten bewährt und noch heute beliebt sind die heißen Quellen von **Bad Bertrich** und **Aachen** sowie von **Bad Neuenahr.** Spaßbäder wie das Cascade in **Bitburg** oder das Zikkurat bei **Mechernich** bieten nicht nur Familien Kurzweil. Zunehmend verfügen auch luxuriösere Freizeitanlagen oder bessere Hotels über Saunalandschaften, Hallenbäder und Wellnesseinrichtungen, die manchmal auch Nichtgästen offenstehen.

Wintersport

Eifelhöhen über 500 m sind relativ schneesicher. Die Liste der Abfahrtsskipisten mit Schlepplift und Rodelbahn ist überschaubar: in der östlichen Vulkaneifel **Jammelshofen** an der Hohen Acht und der **Mäuseberg,** in der Schneifel der **Weiße Stein** bei Udenbreth sowie **Schwarzer Mann** und die **Wolfsschlucht** bei Prüm, wo gegebenenfalls sogar Schneekanonen eingesetzt werden. In **Monschau-Rohren** saust man die Steilhänge an der Rur hinab.

Mehr Möglichkeiten bieten sich Skilangläufern. Eine der besten Optionen zum Skiwandern ist der **Ernstberg** bei Daun (Skihütte, Verleih). Jenseits der Grenze, in Belgien, führen in **Rodt** bei St. Vith schnurgerade, meist ebene Loipen durch dichten Fichtenwald. Ähnlich sieht es rund um das Naturparkzentrum **Botrange** aus (jeweils mit Einkehrmöglichkeit und Verleih).

Kinder finden in den genannten Skigebieten Hügel oder zumindest Wiesen zum Rodeln, u. a. in höher gelegenen Ortsteilen von **Monschau.**

Feste und Unterhaltung

Traditionelle Feste

In der Eifel haben sich manche Traditionen des landwirtschaftlichen Jahreslaufs erhalten, die anderswo längst verschwunden sind. Auch wenn viele von ihnen vorchristliche Ursprünge haben, werden sie heute unter der Ägide der katholischen Kirche praktiziert. Dazu gehört das **Burgbrennen** oder **Hüttenfeuer,** bei dem ein strohumwickeltes Kreuz abgebrannt wird. Das **Radschivelle** (Radscheewen, Radscheiwen) am ersten Fastensonntag ist ursprünglich ein Fruchtbarkeitsbrauch: Brennende Strohrundballen werden unter Federführung der Freiwilligen Feuerwehr in Dorfnähe herumgefahren oder die Berge heruntergerollt, z. B. in Walsdorf bei Hillesheim, wobei sie eine Feuerspur hinterlassen.

Klapperkonner hört man zwischen Gründonnerstag- und Ostersamstagabend lautstark durch die Dörfer ziehen. Dann schweigen die Kirchenglocken, weshalb morgens um 6 Uhr und abends um 18 Uhr die ›Klapperkinder‹ – inzwischen auch Mädchen – durchs Dorf poltern, um mit Rasseln, Klappern und Geschrei die Uhrzeit kundzutun.

Die Tradition der **Eierlage** in Schönecken, seit 1764 belegt, ist ein Unikum unter den Osterbräuchen. Dabei liefert sich ein zuvor von der sog. Junggesellensodalität bestimmtes Paar einen spannenden Wettkampf: Während der Raffer im Dorf 104 Eier aufsammelt und zu einem Korb trägt, rennt der Läufer ins benachbarte Seiwerath und zurück (7,6 km). Wer schneller ist, gewinnt.

Das **Aufrichten des Maibaums** auf dem zentralen Dorfplatz in der Nacht zum 1. Mai hat ebenfalls Wettkampfcharakter. Das Nachbardorf versucht nämlich, ›den Baum zu klauen‹. Deshalb muss er die Nacht über von den jungen Männern des Dorfes bewacht und verteidigt werden. In der Eifel wird keine Birke, sondern eine mit bunten Bändern geschmückte Fichte aufgestellt.

Fronleichnamsprozessionen gehören fest in den katholischen Kirchenkalender; in den Stunden davor wird im Freien frühmorgens ein Altar aufgebaut und es werden Teppiche aus frischen Blumen ausgelegt.

Am **Krautwischtag** (15. Aug. – Mariä Himmelfahrt) sammeln Frauen und Kinder Heilkräuter und lassen die Sträuße in der Kirche segnen. Der Kräuterstrauß schützt Haus und Hof; besonders wirksam ist es, wenn man den Strauß bei Bedarf ins Feuer wirft.

Dorffeste und Kirmes

Vom Sommer bis in den Herbst ist irgendwo in der Eifel immer ein **Dorffest.** Angekündigt werden die meist von lokalen Vereinen ausgerichteten Events in den Anzeigenblättern oder auf Bannern an der Straße. Am Samstagabend gibt es Musik, am Sonntag mittags im Festzelt Schweinebraten oder Würstchen und Bier vom Fass und am Nachmittag selbst gebackene Kuchen und Kaffee. Die Feste ermöglichen auch Ortsfremden einen Blick ins Dorfleben.

Traditionsreich sind die Bräuche rund um das ›Kirmeswochenende‹: Zum Auftakt des **Kirchweihfests,** das nahe dem Tag des Heiligen stattfindet, dem die Kirche geweiht ist (Patronatsfest), wird z. B. der Kirmesknochen ausgegraben, meist ein Ochsenschädel. Die Kirmes hat oft Jahrmarktcharakter (z. B. Lukasmarkt in Mayen), berühmt ist die Säubrennerkirmes in Wittlich.

Martinszug und Martinsfeuer (11. Nov.) sind eine Freude für die Kinder

Fest- und Veranstaltungskalender

Februar/März

Geisterzug: in Blankenheim am Karnevalssamstag (www.blangem.de), s. S. 34.

Radschivelle/Radscheewen/Radscheiwen: in verschiedenen Dörfern (u. a. Walsdorf, Steffeln, Neroth) am ersten Fastensonntag, s. S. 32.

Beda-Markt: in Bitburg am dritten Wochenende im März. Landwirtschaftsmesse mit regionalen Produkten (www.beda-markt.de), s. S. 34.

März/April

Eierlage: in Schönecken am Ostermontag (www.zalditschen.de), s. S. 32.

Mai/Juni

Echternacher Springprozession: am Dienstag nach Pfingsten, s. S. 240.

Fronleichnam: Blumenschmuck und Prozessionen in vielen Dörfern, s. S. 32.

Juni

Rock am Ring: am Nürburgring Anfang Juni. Drei Tage lang Rockmusik live unter freiem Himmel (www.rock-am-ring.com).

Tour de Ahrtal: Mitte Juni. Autofreier Sonntag zwischen Blankenheim und Dümpelfeld (www.tour-de-ahrtal.de).

Juli

Seefest: in Freilingen (Freilinger See) am ersten Wochenende, mit Feuerwerk (www.wir-in-freilingen.de).

Kylltal Aktiv: dritter Sonntag. Autofreies Treiben zwischen Malberg und Lissingen (www.kylltalaktiv.de).

August

Mittelalterfest: in Vianden (L) eine Woche Ende Juli/Anfang Aug.

Wacholderfest: in Alendorf am zweiten Wochenende (www.wacholderfest.de).

Säubrennerkirmes: in Wittlich am dritten Wochenende, s. S. 257.

Historisches Burgenfest: in Manderscheid auf der Niederburg am vierten Wochenende, mit Ritterspielen (www.burgenfest.info).

Scheunen- und Kartoffelfest: in Mörz bei Münstermaifeld am vierten Sonntag im August.

Schrompersfest: Scheuern bei Gerolstein kürt am vierten Sonntag den/die Kartoffelkönig(in); Kartoffelgerichte satt, vor allem Reibekuchen (www.schrompersfest-scheuern.de).

September

Kronenburger Kulturtage: ein Wochenende Anfang September (www.kkk-kronenburg.de), s. S. 34.

Tatort Eifel: Krimifestival alle zwei Jahre (2019, ...) Mitte September in und um Daun (www.tatort-eifel.de), s. S. 34, 144.

Winzerfeste im Ahrtal: www.ahrtal.de/weinfeste, s. S. 34. Auftakt ist oft bereits Ende Aug.

Oktober

Pferdemarkt: in Prüm an einem Wochenende Ende Sept./Anf. Okt., s. S. 265.

Lukasmarkt: in Mayen am Wochenende, das dem Lukastag (18. Okt.) am nächsten liegt; der größte Jahrmarkt der Eifel, s. S. 183.

Nussmarkt: in Vianden (L) am zweiten Sonntag.

November/Dezember

Weihnachtsmarkt: in Kronenburg am ersten Adventswochenende.

Karneval einmal anders: auf dem Blankenheimer Geisterzug

mit ihren selbst gebastelten Laternen. In Ahrweiler gibt es sogar einen Wettkampf der Stadtteile um das größte Martinsfeuer. Der Umzug endet in der Kirche, wo die Kinder beschenkt werden – ›Schnörzen‹, das Einsammeln von Süßigkeiten, ist unbekannt.

Märkte und Messen

Landwirtschaftliche Leistungsschauen und Messen gehören – begleitet von Krammarkt, Traktorenrennen etc. – fest zum Jahresprogramm: angefangen vom Beda-Markt in Bitburg bis zum Pferdemarkt in Prüm.

Winzerfeste an der Ahr

Eine besondere Kategorie bilden die Winzerfeste in den Weinorten an der Ahr im September. Dann sind überall Probier- und Essensstände aufgebaut, auch am Rotweinwanderweg.

Kulturfestivals

Beim **Eifel-Literatur-Festival** (alle zwei Jahre) präsentieren sich namhafte Autoren, nicht zwangsläufig aus der Eifel, an verschiedenen Orten dem Publikum.

Im Rahmen des sehr populären Krimifestivals **Tatort Eifel** treffen sich bei Lesungen und anderen Veranstaltungen Fernseh- und Hörspielmacher, Verleger und natürlich eine wachsende Schar von Eifelkrimiautoren.

Kunstfreunde sollten die **Kronenburger Kulturtage** nicht versäumen. Dann verwandeln sich die denkmalgeschützten Häuser im mittelalterlichen Burgort in lauter kleine Galerien.

Ritterturniere und Mittelaltermärkte werden bei **Burgfesten** geboten, z. B. in Manderscheid und Satzvey.

Karneval

Mit dem Karneval am Rhein ist das, was in der Eifel abgeht, nicht vergleichbar – am Rosenmontag ist die halbe Eifel in Köln. Die meisten Dörfer feiern im Saal, besonders den Weiberfastnacht. Am Samstag, Sonntag oder Montag gibt es einen Karnevalsumzug mit bunten Wagen und Kamelle für die Kinder. Eine Besonderheit und ziemlich dämonisch ist der **Geisterzug in Blankenheim,** der viel Publikum anzieht. Auch bei den Zuschauern ist geisterhafte Verkleidung erwünscht – und sei es mittels zweckentfremdeter Bettlaken.

Reiseinfos von A bis Z

Apotheken

Apotheken (Luxemburg und Belgien: *Pharmacie*) findet man in der Eifel nur in größeren Orten. Abends, am Wochenende und an Feiertagen gibt es eine Notdienstversorgung. Infos in D: Tel. 0800 002 28 33 (vom Handy 228 33), www.aponet.de/notdienst, in B: www.pharmacie.be (französisch und flämisch) und in L: www.pharmacie.lu.

Ärztliche Versorgung

Ärzte sind nur in einigen Eifelorten zu finden (Übersichten: www.bundesaerztekammer.de, www.ordomedic.be, www.medecins-generalistes.lu). Die deutsche Gesundheitskarte gilt in Belgien und Luxemburg als Europäische Krankenversichertenkarte (EHIC). Die Behandlung muss zunächst selbst bezahlt werden. Für die Kostenerstattung wendet man sich an die deutsche Krankenkasse, die nicht immer alle Kosten übernimmt. Sind Abstecher in die Nachbarländer geplant, ist eine Reisekrankenversicherung daher empfehlenswert.

Feiertage

1. Januar, Karfreitag, Ostermontag, Pfingstmontag, 1. Mai, Fronleichnam, Christi Himmelfahrt, 3. Okt. (Tag der deutschen Einheit), 1. Nov. (Allerheiligen), 25./26. Dez. Zusätzlich in Belgien: 21. Juli (Nationalfeiertag), 11. Nov. (Waffenstillstand), 15. Nov. (Tag der Deutschsprachigen Gemeinschaft, nur dort), in Luxemburg: 23. Juni (Nationalfeiertag). In B und L ist außerdem Mariä Himmelfahrt (15. Aug.) Feiertag, dagegen entfällt dort und in B der Karfreitag, in B außerdem der 26. Dez.

Geld und Geldwechsel

Banken und Sparkassen gibt es in größeren Eifelorten. Dort finden sich auch Geldautomaten. Nicht alle Geschäfte akzeptieren die Bank-/Maestro-Karte. In Restaurants und Hotels wird sie aber häufig neben Bar- oder Kreditkartenzahlung angenommen.

Kinder

Für Kinder ist besonders in der Eifelnatur überall etwas Spannendes zu sehen oder zu entdecken: plätschernde Bäche, Moos im Wald und was sonst so kreucht und fleucht. Der Nationalpark Eifel

Geführte Touren
Kompetent und sachkundig sind die Führungen der **zertifizierten Gästeführer Eifel.** Viele bieten neben Gruppenführungen auch Touren für Individualreisende an, oft mit besonderen Schwerpunkten, etwa ›Schmuggler-Touren‹ im deutsch-belgischen Grenzgebiet oder Eifelkrimi-Touren bei Hillesheim. Angebote der einzelnen Gästeführer unter www.eifel-gast.de.
Geführte Wanderungen bietet u. a. der Eifelverein (s. S. 30) an. Wer sich besonders für die **Natur der Eifel** interessiert, kann an geführten Touren der Naturschutzverbände, z. B. des NABU (Naturschutzbund Deutschland), teilnehmen. Dabei werden häufig auch ökologische Zusammenhänge erklärt, spannende Events wie nächtliche Fledermaustouren sind ebenfalls dabei. Infos: www.nabu.de (durchklicken zu den Bundesländern Rheinland-Pfalz bzw. Nordrhein-Westfalen; hier findet man die aktuellen Termine).

Reisekosten und Spartipps

Der Eintritt in **Museen/Sehenswürdigkeiten** ist oft erstaunlich günstig: Erwachsene zahlen ca. 2–6 €. Aufwendigere Attraktionen, z. B. das Wildfreigehege Hellenthal, der Eifelpark Gondorf oder die Tageskarte für das Ringwerk am Nürburgring sind teurer. Für einige Attraktionen gibt es günstigere Familienkarten. Ein Besuch im **Freibad** kostet ab 5 €, **Thermal- und Spaßbäder** sind teurer (z. B. Cascade Bitburg mit Sauna Erw. 18 €, Vulkan-Eifel-Therme Bad Bertrich 19 €). **Übernachtungspreise** s. S. 24, **Restaurantpreise** s. S. 27, **Gästekarte** s. u.

(www.nationalpark-eifel.de) veranstaltet **Familientage** und spezielle **Familienführungen.** Ein Teil des Kyll-Radwegs bei Gerolstein ist als **Kinderradweg** (www.kinderradweg.de) ausgewiesen. Viele Sehenswürdigkeiten, besonders natürlich Bergwerke, Burgen oder Museen, sind für Kinder faszinierend und bieten sich auch bei Regenwetter an. Urlaub in der Ferienwohnung oder auf dem Campingplatz ist mit Kindern günstiger und bietet mehr Freiraum.

Kurtaxe/Gästekarte

In einigen Eifelorten wird Kurtaxe oder eine Fremdenverkehrsabgabe erhoben: 0,50–2 € pro Person und Tag. Meist wird im Gegenzug eine Gästekarte ausgegeben, die zu Vergünstigungen berechtigt (z. B. in Bad Bertrich, Gemünd, Manderscheid).

Notruf

Polizei, Feuerwehr und Notarzt: 112.
ADAC-Pannendienst: 0180 222 22 22, mobil 22 22 22, im Ausland +49 89 22 22 22.
Ärztlicher Bereitschaftsdienst: 116 117 (bei dringenden medizinischen Problemen in der Nacht, am Wochenende oder an Feiertagen).
Giftnotrufzentrale: 0551 192 40.
Bank-/Kreditkarten-Sperrnotruf: 116 116.

Öffnungszeiten

Geschäfte: In den kleinen Orten 9–12/13, 14–18 Uhr (oder durchgehend). Manche haben sogar nur an einigen Tagen und z. T. nur nachmittags auf. Supermärkte in Gewerbegebieten größerer Orte: Mo–Sa oft bis 20, z. T. bis 22 Uhr. Belgien: Viele Supermärkte öffnen auch am So vormittags. Luxemburg: Am So ist vielfach verkaufsoffen bis 18 Uhr.
Post: Mo–Fr 9–12, 14–17 Uhr, Postagenturen in Geschäften öffnen manchmal auch länger.
Restaurants: Warme Küche mittags 12–14 Uhr, abends ab 18 Uhr.
Museen: Größere Museen sind oft am Montag geschlossen. Viele kleinere Museen sowie Burgen und Bergwerke öffnen oft nur an Wochenenden und Feiertagen und z. T. nur in der Sommersaison. Meist sind für Gruppen auch Sondertermine auf Anfrage möglich.
Kirchen: Viele abgelegene Kirchen und Kapellen öffnen nur zu den Gottesdiensten, Wallfahrtskirchen sogar nur zum Patronatsfest. Pfarrkirchen in den Dörfern sind meist tagsüber geöffnet.

Post und Porto

Postämter gibt es nur noch in größeren Orten, in Fachgeschäften oder Supermärkten eingerichtete Postagenturen haben sie ersetzt. Sie sind außen mit dem Post-Logo gekennzeichnet. **Briefkästen** sind in Belgien rot, in Luxemburg und Deutschland gelb.

Rauchen

In Nordrhein-Westfalen und in Belgien gilt in Gaststätten uneingeschränktes Rauchverbot, in Rheinland-Pfalz darf in Gaststätten mit abgetrennten Räumen oder Einraumkneipen ohne Speiseangebot geraucht werden. In Luxemburg ist Rauchen in Restaurants grundsätzlich verboten, in Cafés und Bars mit Speiseangebot in der Zeit von 12 bis 14 und 19 bis 21 Uhr, in abgetrennten Nebenräumen darf geraucht werden.

Reisen mit Handicap

Für die barrierefreie Anreise mit der Deutschen Bahn gibt es Tipps unter Tel. 01805 51 25 12 und www.bahn.de/handicap. Besondere Angebote für barrierefreien Urlaub im Naturpark Hohes Venn-Eifel unter www.eifel-barrierefrei.de. Dort sind auch barrierefreie Unterkünfte aufgeführt. Für die Nordeifel bietet www.nordeifel-tourismus.de barrierefreie Arrangements und Pauschalangebote. Einige Attraktionen sind barrierearm, z. B. kann der Rechter Schieferstollen größtenteils mit Rollstuhl befahren werden. Auch die Gastgeberverzeichnisse führen behindertengerechte Unterkünfte auf. Allgemeine Infos bietet z. B. www.rollstuhl-urlaub.de.

Sicherheit

Im Krimiland Eifel ist natürlich niemand vor nichts und niemandem sicher. In Wahrheit ist die Eifel aber doch überwiegend ländlich-sittlich und vielfach noch durch die Sozialkontrolle des Dorflebens geprägt, die für eine gewisse Ordnung und Sicherheit bürgt. Man sollte dennoch, wie überall, keine Wertsachen im geparkten Auto lassen und im Gedränge bei Märkten und Volksfesten oder bei Attraktionen aufpassen.

Souvenirs

In der ländlich geprägten Region Eifel sind kulinarische Mitbringsel erste Wahl: Eifeler und Ardenner Fleisch-, Schinken- und Wurstwaren; Printen und Confiserie, Pralinen, Schnaps, Wein, Bier, Aufgesetzter, Marmeladen, Saucen und Chutneys, Honig vom Imker, Forellen, Wild, Wolle und Schafsfelle, Blaubeerkuchen (Venn), Käse, Fruchtsaft von Streuobstwiesen (Föno, www.foeno.de)! Auf Mittelalter- und Kunsthandwerkermärkten finden sich bei Töpfern, Webern, Schmieden, Glasbläsern, Korbmachern und vielen anderen Könnern z. T. sehr individuelle Souvenirs. Auch Museumsshops bieten oft außergewöhnliche Objekte.

Telefon und Internet

In der Eifel gibt es kaum noch **Telefonzellen,** meist nur noch am Postamt oder in Städten an Bahnhöfen. In tiefen Tallagen sind Löcher im **Mobilfunknetz** zu beklagen – da hilft es oft nur, den nächsten Berg zu erklimmen … **Vorwahlen:** Luxemburg 00 352, Belgien 00 32, Österreich 00 43, Schweiz 00 41.

Einen **WLAN Access Point** kann man zurzeit noch eher in Hotels als in Pensionen oder Ferienwohnungen erwarten. In vielen Büchereien (z. B. Prüm, Blankenheim) sind **öffentliche Internetzugänge** vorhanden.

Trinkgeld

Zwar ist in den Preisen für Taxis und in Restaurants der Service inbegriffen, doch ist das Personal meist über ein Trinkgeld von ca. 5–15 % hocherfreut.

Zeitungen

Siehe S. 19.

Panorama – Daten, Essays, Hintergründe

Einsam liegt in tiefem Grün Kloster Himmerod im Salmwald

Steckbrief

Daten und Fakten

Lage: Köln und Trier, Koblenz, Lüttich, Aachen und Luxemburg liegen alle 80–100 km vom Zentrum der Eifel entfernt, das sich bei Gerolstein befindet.
Fläche: ca. 17 600 km²
Einwohner: knapp 600 000
Bevölkerungsdichte: durchschnittlich 35–50 Einwohner/km²
Höchste Erhebung: Hohe Acht (747 m)

Geografie und Natur

Die Eifel ist Teil des Rheinischen Schiefergebirges und liegt zwischen Mittelrhein und Ardennen, Mosel und Euskirchener Börde. Das Mittelgebirge mit Höhen zwischen 500 und 700 m ist aus über Jahrmillionen angehäuften Ablagerungen – Sand, Ton, Kalk – entstanden. Diese wurden später zusammengeschoben, gefaltet, gepresst, erodiert und schließlich zu einer Hochebene angehoben. In das Plateau haben sich Flüsse tief eingegraben, die wichtigsten: Rur, Kyll, Prüm und Our. Die Hochebene durchstießen Vulkaneruptionen, die letzten vor rund 11 000 Jahren, als die Caldera des Laacher Sees, des größten Gewässers der Eifel, entstand.

Überwiegend Wald wächst dort, wo der Boden am ärmsten ist, wie in der Schneifel. Im Kreis Vulkaneifel beträgt der Waldanteil 45 %. Ansonsten prägt die Landwirtschaft die Eifel, bei höchst unterschiedlicher Bodenqualität: Im Bitburger Gutland, in der Voreifel und auf dem Maifeld reichen die fruchtbaren Äcker bis zum Horizont. Den größten Teil der Eifel bestimmt dagegen Grünland, d. h. Wiesen und Weiden.

Der Deutsch-Luxemburgische Naturpark, der den Naturpark Südeifel einschließt, der Deutsch-Belgische Naturpark Hohes Venn-Eifel sowie der Geo- und Naturpark Vulkaneifel und der Nationalpark Eifel helfen, die einzigartige Eifellandschaft zu bewahren.

Geschichte

Nachdem Cäsar die Gallier besiegt hatte, genossen Eifel und Ardennen 400 Jahre lang gallorömische Kultur, Trier war zeitweise Kaiserresidenz. Die fränkischen Überfälle beendeten ab dem 4./5. Jh. die Pax Romana. Den fränkischen Merowingern folgten die Karolinger. Karl der Große errichtete um 800 in Aachen das Machtzentrum seines Reichs, das unter seinen Erben wieder zerfiel. Mehr als 400 Burgen wurden gebaut und die Eifel zersplitterte in zahllose Kleinreiche, bis sich ab dem 11. Jh. vier Hauptmachtsphären herausbildeten: Jülich, Köln, Trier und Luxemburg teilten sich den Großteil der Eifel. Die Französische Revolution erreichte die Eifel 1794 und beendete die Herrschaft von Adel und Klerus – allerdings nur vorübergehend, denn 1815 auf dem Wiener Kongress wurde die Eifel Preußen zugeschlagen. In den folgenden 150 Jahren wurde sie zum Aufmarschplatz und Schlachtfeld, 1870/1871 im

Deutsch-Französischen Krieg, dann in den Weltkriegen. Seither ist sie Teil der Bundesrepublik Deutschland, Belgiens und Luxemburgs.

Politik und Verwaltung

Die Verteilung auf zwei Bundesländer und drei Staaten sorgt dafür, dass die Eifel politisch und verwaltungsmäßig stark zergliedert ist: In Deutschland ist die Eifel ein vernachlässigtes Randgebiet von Rheinland-Pfalz und Nordrhein-Westfalen, in Belgien ist sie als Deutschsprachige Gemeinschaft (DG) privilegierter Landesteil, in Luxemburg geht sie als Zone an der deutschen Grenze nahtlos ins Land über. Überall in der Eifel haben konservativ-christliche Parteien die Nase vorn.

Wirtschaft und Tourismus

Als Folge der Zersplitterung und der Randlage ist die Eifel wirtschaftlich schwächer als die Regionen der Ebenen. Da viele Eifeler zur Arbeit weite Strecken pendeln, ist die Arbeitslosenquote gering. Die Einkommen sind aber unterdurchschnittlich.

Forst- und Landwirtschaft, vor allem die Milchwirtschaft, haben mit 3–5 % einen relativ hohen Anteil an der Wertschöpfung. Neben Futterpflanzen und Getreide werden im Prümtal Hopfen, an Ahr und Mosel Wein angebaut. Der Verwaltungs- und Dienstleistungssektor kommt auf einen Anteil von 60–65 %, vorwiegend kleine und mittelständische Gewerbebetriebe auf 35 %. Eifeler Besonderheiten sind der Schiefer-, Lava- und Basaltabbau und die Getränke-Industrie. Im Energiesektor trägt die Eifel mit Windkraft zunehmend zur nachhaltigen Versorgung bei – im Kreis Euskirchen schon 13 %.

Die touristische Struktur der Eifel ist derzeit im Umbruch. Viele ältere Übernachtungsbetriebe stehen vor der Übergabe an die nächste Generation. Jährlich zählen die Eifelregionen gut 2,1 Mio. Gäste.

Bevölkerung

Die Region ist mit rund 50 Einwohnern pro Quadratkilometer nur schwach besiedelt und die Bevölkerung überaltert. Der Ausländeranteil beträgt unterdurchschnittliche 4–7 %. Wegen der deutschen Zuwanderer liegt er in der Belgischen Eifel und wegen der Luxemburger im Eifelkreis Bitburg-Prüm deutlich höher. Es gibt auch eine kleine niederländischsprachige Eifel-Community.

Religion

Katholiken sind überall in der Mehrheit, von knapp 60 % im Kreis Euskirchen bis über 80 % in der Belgischen Eifel und im Eifelkreis Bitburg-Prüm. Das wirkt sich gerade im Dorf auf das tägliche Leben aus. In der Öffentlichkeit und in den Vereinen sind viele Aktivitäten eng mit dem katholischen Gemeindeleben verknüpft. Auch die Festkultur ist überwiegend katholisch.

Sprachen

Neben Deutsch, das überall Amtssprache ist, hört man in der Belgischen Eifel häufiger Flämisch und Französisch, ebenso in Luxemburg, wo auch Französisch und zusätzlich Lëtzebuergesch (Moselfränkisch) Umgangs- und Amtssprache ist. In puncto Dialekte ist die Eifel zweigeteilt: Im Süden und Westen wird Moselfränkisch, im Norden und Osten Rheinfränkisch oder Ripuarisch gesprochen.

Geschichte im Überblick

	Steinzeit und Bronzezeit
vor ca. 8000–13 000 Jahren	Die letzten schweren Vulkanausbrüche in der Eifel begraben u. a. im Rheintal Siedlungen unter ihrem Ascheregen. Die Eruptionen erschüttern das Laacher-See-Gebiet und lassen vor etwa 10 900 Jahren als jüngstes Maar der Eifel das Ulmener Maar entstehen.
vor ca. 4000 Jahren	Nur wenige Menhire aus der Jungsteinzeit haben ›überlebt‹: u. a. auf dem Ferschweiler Plateau und bei Wallersheim.
	Kelten, Römer, Gallorömer
ca. 500 v. Chr.	Eifel-Hunsrück-Kultur: Keltische Höhenburgen und Siedlungen *(oppida)* entstehen auf den Eifelkuppen; die Menschen leben als Bauern und Handwerker und gewinnen Eisenerz. Ihre Fürsten bestatten sie in aufwendigen Wagengräbern unter Erdhügeln.
54 v. Chr.	Der römische Feldherr Gaius Julius Caesar erobert Gallien, auch die Eifel. Er trifft auf Widerstand bei den keltisch-germanischen Stämmen der Treverer und Eburonen, die jedoch unter sich zerstritten sind.
1.–4. Jh.	Gallorömische Gutshöfe *(villae rusticae)* entstehen; eine fast 100 km lange Wasserleitung versorgt Köln mit Trinkwasser aus der Eifel. Die Hauptstrecke der Römerstraße Köln–Trier führt auf den Eifelhöhen über die Lager Marcomagus, Icorigium, Ausava, Beda an die Mosel.
306–391	Kaiser Konstantin I. macht Trier zur Kaiserstadt und garantiert 313 allgemeine Religionsfreiheit. Davon profitiert die christliche Kirche. Theodosius I. bestimmt das Christentum 391 zur alleinigen Staatsreligion im Römischen Reich. Fanatische Christen zerstören Tempel.
um 407	Germanen dringen über die verwaiste Rheingrenze in Gallien ein.
	Die Franken: Merowinger und Karolinger
475	Die Franken erobern Trier endgültig; bereits seit 455 ist Köln Hauptstadt der Rheinfranken (Ripuarier).
496	Schlacht bei Zülpich: Die Merowinger vertreiben die Alemannen nach Süden; König Chlodwig tritt um 498 zum christlichen Glauben über.
7. Jh.	650: Gründung der Doppelabtei von Stablo-Malmedy. 698 gründet der Mönch und Missionar Willibrord das Kloster Echternach.
751	Pippin der Kurze beendet die Herrschaft der Merowinger im Reich der Franken und gründet das schon seit 721 bestehende Kloster Prüm als Benediktinerabtei neu, eines der reichsten Klöster der Zeit.

800 Pippins Sohn Karl, später der Große, wird vom Papst in Rom zum Kaiser gekrönt. Er herrscht über ein fränkisches Reich, das als legitimer Erbe des Römischen Reichs gilt; seine Residenz errichtet er in Aachen.

814 Nach Karls Tod wird sein Sohn Ludwig der Fromme Nachfolger auf dem Kaiserthron in Aachen.

843 Nach dem Tod Ludwigs des Frommen 840 wird das Reich im Vertrag von Verdun von seinen drei Söhnen aufgeteilt. Das Mittelreich samt Kaisertitel erbt Lothar I., zu diesem Reich gehört die Eifel.

855 Im Königshof Schüller unterzeichnet der römische Kaiser Lothar I. schwer krank die Urkunde zur Teilung von Prüm – der jahrhundertelange Kampf von Deutschen und Franzosen um Europas Mitte beginnt. Lothar I. teilt das Mittelreich unter seinen beiden Söhnen auf. Lothar II. erhält den nördlichen Teil. Seine letzten Lebenstage verbringt Lothar I. im Kloster Prüm. Er wird in der Abteikirche beigesetzt.

870 Lotharingien (das Gebiet Lothars II.) wird geteilt. Die Eifel kommt zu Lothringen, später wird sie zwischen Ober- und Niederlothringen geteilt und kommt schließlich ganz zu Niederlothringen.

Streitende Reiche im Mittelalter

936 Kaiser Otto I. aus dem sächsischen Herrscherhaus, das den fränkischen Karolingern ab 919 auf den Thron gefolgt ist, lässt sich in Aachen krönen, eine Tradition, die bis 1521 beibehalten wird.

Antike Badekultur in Zülpich: Hypokaustenheizung in den Römerthermen

1134	Bernhard von Clairvaux gründet in Himmerod das erste Zisterzienserkloster in Deutschland.
11.–13. Jh.	Vier Großmächte konkurrieren um die Eifel, die zahlreiche Adlige von ihren Burgen aus herrschend unter sich aufgeteilt haben. Wechselnde Allianzen begünstigen mal den einen, mal den anderen. Jülich und Köln dominieren im Norden, Kurtrier und Luxemburg im Süden.

Verheerende Kriege im 17. und 18. Jh.

1582	Reformation: Die Manderscheider Grafen führen die Reformation ein. Protestanten dominieren im Raum Schleiden (Monschau), Gerolstein und Kronenburg.
1576	Als die Abtei Prüm durch Manderscheider Einfluss protestantisch zu werden droht, werden Abtei und Fürstentum gegen den Willen der Mönche vom katholischen Bistum Trier übernommen. Die Gegenreformation ist in der Eifel erfolgreich. Sie wird wieder katholisch.
1618–1648	Die im Verlauf des Dreißigjährigen Krieges durch die Eifel ziehenden Heere hinterlassen die Felder verwüstet und die Dörfer verarmt, die Bewohner ausgeraubt; dazu kommt 1637 ein Ausbruch der Pest.
1679–1684, 1688–1693	Die französischen Reunionskriege Ludwigs XIV. zielen darauf, sich Gebiete des Deutschen Reichs anzueignen; das gilt auch für etliche Teile der Eifel. Im Pfälzischen Erbfolgekrieg wird die Eifel erneut geplündert, Felder und Dörfer werden verwüstet.
1748	Nach dem Ende der Erbfolgekriege setzt eine Friedens- und Blütezeit unter Maria Theresia (reg. 1740–1780) ein. In der Südeifel entstehen stattliche Höfe, Klöster und Schlösser im Stil des ›Eifelbarock‹.

Französische Revolution und Franzosenzeit

1794–1801	Französische Revolutionstruppen marschieren ein. Im Frieden von Lunéville 1801 wird auch die Eifel französisch und unter Napoleon in dem nach Oberst Tranchot benannten Kartenwerk kartiert. Die Franzosen entmachten Adel und Klerus. Im ›Klöppelkrieg‹ (Klöppel = Knüppel) wird der katholische Widerstand, getragen vor allem von Eifeler Bauern im Arzfelder Land, brutal niedergeschlagen.

Preußische Provinz und Deutsch-Französischer Krieg

1815	Die Eifel kommt im Wiener Kongress zur preußischen Rheinprovinz. Die Preußen sorgen für Infrastruktur: Straßenbau, Eisenbahnbau – jedoch zu spät. Auch wegen neuer Grenzen bleibt eine Industrialisierung aus, da die Eisenindustrie auf Lüttich ausgerichtet war.

1871 Kaiser Wilhelm eröffnet die Eisenbahnstrecke Köln–Trier, wie die anderen Strecken aus strategischen Gründen gebaut. Das Gebiet wird Aufmarschplatz der preußischen Truppen im Krieg gegen Frankreich.

1888 Gründung des Eifelvereins in Bad Bertrich.

Erster Weltkrieg, Nationalsozialismus und Zweiter Weltkrieg

1918 Nach dem Ende des Ersten Weltkriegs kommen infolge des Vertrags von Versailles Eupen, St. Vith und Malmedy zu Belgien.

1919/1920 Zur Jahreswende Gründung der Wandervogelbewegung in Neroth. Am 20. Mai 1920: Explosion im Munitionslager Espagit bei Kehr/Hallschlag; Chemiewaffen und Granaten aus dem Weltkrieg werden ins Umland verstreut.

1927 Eröffnung der Rennstrecke Nürburgring nach zwei Jahren Bauzeit.

1936 Entgegen dem Versailler Vertrag, der die Entmilitarisierung vorsah, wird das Rheinland vom deutschen Militär besetzt; Bau des Westwalls in der Eifel mit Höckerlinien als Panzersperren und Bunkern.

1934–1936 Als eine der ›Ordensburgen‹ lassen die Nationalsozialisten in der Nordeifel Vogelsang bauen. Der Gebäudekomplex dient NS-Organisationen als Kaderschmiede und ab 1939 der Wehrmacht.

1944/1945 Die Ardennenoffensive der deutschen Wehrmacht gegen die bereits zum Westwall vorgerückte US-Armee zwischen Monschau und Echternach zögert das Ende des Zweiten Weltkriegs hinaus und erhöht die Opferbilanz um einige Hunderttausend.

Von der Nachkriegszeit bis in die Gegenwart

1950er- und 1960er-Jahre Für Konrad Adenauer wird 1950–1955 bei Duppach eine Villa gebaut (heute eine Ruine im Wald). In den 1960er-Jahren entstehen atomsichere Bunker in der Eifel: an der Ahr für die Regierung der Bonner Republik und bei Urft für die Landesregierung Nordrhein-Westfalen.

2004 Der Nationalpark Eifel wird der erste Nationalpark in NRW.

2016 Auf dem Vogelsang-Gelände öffnen im Herbst die zentrale Ausstellung zum Nationalpark Eifel sowie ein NS-Dokumentationszentrum.

2018 In Trier wird der 200. Geburtstag von Karl Marx mit Ausstellungen und Veranstaltungen gefeiert, und die Volksrepublik China beschenkt die Stadt mit einer monumentalen Statue des Philosophen.

Die Erdgeschichte der Eifel – eine Wanderung über den Globus

Rund 400 Mio. Jahre hat sie auf dem Buckel, die Eifel. In dieser Zeit legte sie eine Reise zurück von den subtropischen Gefilden des Südens über den Äquator bis hoch in die gemäßigten nördlichen Breiten, wo sie sich heute befindet.

Kaum vorstellbar, aber vor rund 420 Mio. Jahren, in der Devonzeit, existierten die Kontinente, wie wir sie heute kennen, noch nicht. Als zusammenhängende Landmassen ›wanderten‹ sie über den Globus und die heutige Eifel war der Boden eines flachen subtropischen Südseemeeres. Zuweilen ragten Sandbänke aus dem Wasser und es gab zahlreiche Riffe. In dieses Flachmeer trugen Flüsse und der Wind über viele Millionen Jahre hinweg gigantische Mengen Sand und Geröll vom Alten Roten Nordkontinent, dessen Küste dort lag, wo sich heute das Hohe Venn erstreckt. Es gab noch keine Fische, sondern nur Armfüßer (Brachiopoden), Seelilien, Korallen, Schwämme und Trilobiten. Überreste dieser frühen Lebewesen sind heute als Fossilien (Versteinerungen, s. S. 48) zahlreich in den devonischen Kalkmulden der Eifel zu finden.

Flachmeer unter Druck

Am Ende der Devonzeit und während des Karbon, also vor 390 bis 310 Mio. Jahren, war das Eifelgebiet bis zum Äquator gedriftet. Damals wurde der ›Eifel-Meeresboden‹ bei der Kollision des Nordkontinents mit dem aus Süden kommenden Kontinent

Gondwana zusammen mit anderen Flachmeerzonen zu einem mächtigen, gut 5000 m hohen Gebirge zusammengeschoben und dabei gefaltet: 400 km devonischer Meeresboden zusammengepresst auf 150 km. Wenn wir heute in Steinbrüchen und an Geoaufschlüssen die Faltenstrukturen im Gestein betrachten, können wir ermessen, welch gigantische Kräfte bei dieser Gebirgsbildung wirksam waren. In Klüften und Spalten bildeten sich Erzgänge aus. Unter dem hohen Druck des Gebirges entstanden auch die Eifeler Schiefervorkommen.

Roter Sand und Wüste

Von Beginn an wurde das Gebirge durch Wind und Wetter angegriffen und letztlich abgetragen. Zu Beginn der Triaszeit, vor 290 Mio. Jahren, war vom einstigen Hochgebirge nur

Kletterpartie durch die Erdgeschichte in der Südeifel: Sandstein in der Teufelsschlucht

Chalzedon mit Achateinlagerung

Die Eifel geologisch
Die reichsten Fossiliensammlungen besitzen das **Haus der Fossilien** in Nettersheim (s. S. 129) und das **Naturkundemuseum** in Gerolstein (s. S. 220). Besucherbergwerke wie der **Schieferstollen** in Recht (s. S. 271), die **Grube Wohlfahrt** bei Rescheid (s. S. 106), die **Bleigruben Mechernich** (s. S. 112) und **Bleialf** (s. S. 260) oder das **Schiefermuseum Mayen** (s. S. 182) gestatten einen Blick unter die Erde. **Wandertipp:** Zu aufschlussreichen Einblicken ins Erdinnere führen **Geopfade** (s. Hillesheim, Gerolstein, Prüm) mit Infotafeln und Tipps für Hobbygeologen.

noch ein flacher, abgehobelter Gebirgsstumpf übrig. Stürme und Flüsse lagerten damals riesige Mengen roten Sandes im Eifelgebiet ab, das zwischenzeitlich in die Wüstenzone des nördlichen Wendekreises gedriftet war. Wir finden Überreste davon, zum typischen roten Buntsandstein verdichtet, noch in großer Mächtigkeit in der Eifeler Nord-Süd-Zone zwischen Trier und Mechernich.

Die Eifel-Insel

Im Unterjura, vor 200–175 Mio. Jahren, wäre in der Eifel sogar Inselurlaub möglich gewesen, denn das Gebiet erhob sich als Eiland aus der Ur-Nordsee. Damals drang das Meer öfter von Südwesten, aus dem Pariser Becken und der Trierer Bucht, sowie von Norden her in die noch flache Eifel vor. Daher stammen die Mergel-, Kalk-, Gips- und Tongesteine des Gutlandes und die Sandsteine aus der Luxemburger Schweiz und vom Ferschweiler Plateau. Letztere bestehen übrigens aus dem damals körnchenweise ins Meer gespülten Trias-Buntsandstein von der Eifel-Insel. In der Kreidezeit, vor 100 Mio. Jahren, überschwemmte das Meer erneut die Nordeifel und hinterließ Feuersteine und Kalksande bei Aachen und im Venn.

Aufstieg mit Folgen

Vor 50 Mio. Jahren begann sich das Eifelgebiet dann zu heben, seit 800 000 Jahren geschieht dies mit beschleunigtem Auftrieb: 0,12 mm/Jahr in den Randzonen und bis zu 0,35 mm/Jahr im Kerngebiet zwischen Kelberg und Kaisersesch, das seither kuppelartig um gut 300 m auf über 600 m Höhe aufgestiegen ist! Zeitgleich mit der Hebung durchbrachen zahlreiche Vulkane die Eifelerde, die wohl von einer großen Magmablase unter dem Erdmantel herrühren. In zwei Phasen entstanden viele Hundert Vulkanberge, Krater und Maare (s. S. 49). Wegen der Hebung mussten sich die zuvor träge und breit durch die Ebene fließenden Gewässer von den Rändern her immer steiler in das Gestein hobeln. Die Eifel ist dadurch zu einer vulkanischen Hochebene mit tief eingeschnittenen Tälern geworden.

Vulkane und Maare – explosive Eifel

Der besondere Reiz der Eifellandschaft verdankt sich vor allem dem Vulkanismus. Er begann vor Millionen von Jahren und dauert bis in die jüngste Zeit an. Erloschen sind die Eifelvulkane nicht – es gibt viele Anzeichen dafür, dass sie nur ruhen.

Vor 65 Mio. Jahren intensivierte sich die Bewegung der Kontinente auf der Erdkruste (Kontinentalverschiebung). Die afrikanische Platte begann, die adriatische in die europäische Platte hineinzudrücken. Gewaltige Kräfte schoben die Erdkruste heftig zusammen – die Alpen entstanden. Jahrmillionen später brachen Oberrheingraben und Mainzer Becken ein. Zugleich hoben sich umliegende Gebiete – auch die Eifel – als ganze Schollen. Die Erdkruste wurde erschüttert und von Vulkanen durchbrochen.

Erdkruste in Bewegung

Als erste Region war die heutige Hocheifel vom Vulkanismus betroffen. Am Ostrand einer alten Nord-Süd-Senkungszone reihen sich die Vulkane auf: Hochthürmen, Nürburg, Hochkelberg, Steineberg. Der Vulkanismus in diesem Gebiet endete vor knapp 20 Mio. Jahren. Seitdem blieb es dort ruhig.

Vor ca. 800 000 Jahren wurde es in der Eifeler Erdkruste aber erneut unruhig, diesmal in der Westeifel. Das Eifelgebiet hob sich immer schneller. Diese beschleunigte Hebung führte zu Aufschmelzungen in einer tief reichenden, von Nordwesten nach Südosten verlaufenden Bruchzone. Sie entluden sich und die Kette des Westeifel-Vulkanfeldes entstand – Hunderte von Aschevulkanen, Schlackekegeln, Maaren und Kratern. In dem

Museen zum Thema

Maarmuseum: Wittlicher Str. 11, Manderscheid, www.maarmuseum.de, s. S. 214

Vulkanhaus Strohn: Hauptstr. 38, Strohn, www.vulkanhaus-strohn.de, s. S. 199

Lava-Dome: Brauerstr. 1, Mendig, www.lavadome.de; beeindruckende Multimediashow, s. S. 190

Eifel-Vulkanmuseum/GEO-Zentrum Vulkaneifel: Leopoldstr. 9, Daun, www.eifel-vulkanmuseum.de, s. S. 202

Infos im Internet

Infos zu geologischen bzw. vulkanologischen Sehenswürdigkeiten wie Aufschlüssen und speziellen Wanderwegen findet man auf folgenden Websites:

Natur- und Geopark Vulkaneifel, www.geopark-vulkaneifel.de

Vulkanpark, www.vulkanpark.com (für die Osteifel)

Gebiet zwischen Ormont im Nordwesten und Bad Bertrich im Südosten mit Zentrum bei Daun, Hillesheim und Gerolstein ist eine Fülle vulkanischer Formen sichtbar, die wegen des relativ geringen Alters noch nicht erodiert sind. Das jüngste Maar bei Ulmen ist kaum älter als 11 000 Jahre!

Der große Knall

Auch in der Gegend des heutigen Laacher Sees begannen vor rund 50 000 Jahren neue vulkanische Aktivitäten. Sie endeten mit einem großen Knall – dem gigantischen Ausbruch des Laacher-See-Vulkans. Nach der Entleerung seiner Magmakammer brach der Krater in sich zusammen und bildete eine Caldera, die später voll Wasser lief. Der Ascheregen bedeckte die Umgebung meterdick und ist noch in Italien und Skandinavien nachzuweisen. Die starke vulkanische Aktivität in der Eifel erlebten auch die damals hier lebenden Menschen mit: Bei Weißenthurm wurden Skelettreste unter den Bimstuffen gefunden.

Und heute?

Noch immer ist die Eifel vulkanisch aktiv. Kennzeichen sind z. B. häufig austretende Gase, besonders Kohlendioxid (CO_2), z. B. im Laacher See, und Mofetten (trockene Austrittsstellen von CO_2) oder die zahlreich sprudelnden Mineralquellen der Eifel (s. Entdeckungstour S. 208). Immerhin wurde jüngst eine bis zu 1400 °C heiße Plume (eine riesige mit Magma gefüllte Blase) unter der Eifel nachgewiesen.

Was ist ein Maar?

Maare bilden sich, wenn Wasser im Spiel ist und die vulkanische Explosion unter der Erdoberfläche stattfindet. Durch den dann schlagartig binnen Sekundenbruchteilen entstehenden Wasserdampf, der keinen Ausweg findet, wird das Erdreich über dem Explosionszentrum zertrümmert und zusammen mit zerstäubter Lava hochkatapultiert. Der Auswurf fällt als Aschering nieder. Der trichterförmige Hohlraum stürzt ein und füllt sich mit Grundwasser, später mit Sedimenten. Wenn das Maar verlandet, wird es zum Trockenmaar (s. Entdeckungstour S. 216), bevor es durch Erosion ganz verschwindet – alles ist nur eine Frage der Zeit.

Die Vielfalt der Landschaften – vor lauter Bäumen nicht zu sehen?

Windzerzauste Ginsterbüsche an den Hängen des Mosenbergvulkans oder das dunkle Rund des Totenmaars – Landschaften wie diese prägen unser Bild von der rauen, spröden Schönheit der Eifel. Doch so spektakulär zeigt sie sich nicht überall: Wie kommt es, dass wir heute in der Eifel quadratkilometerweise Streichholzwälder aus Fichten sehen, obwohl hier von Natur aus Laubwälder wachsen würden?

Die Antwort: wegen der politischen Verhältnisse und wegen des Geldes. 1815 wurde die Eifel Teil der preußischen Rheinprovinz. Was die Preußen vorfanden, waren entwaldete Berge, kahle Hochflächen und bitterarme Eifeler. Der Aufforstung der Flächen gelte höchste Priorität, befand Berlin, um der ärmlichen Provinz wirtschaftlich auf die Sprünge zu helfen.

Der Preußenbaum

Die schnellwüchsige Fichte sei genau das Richtige, um die entwaldete Eifel wieder aufzuforsten, meinten die Preußen. Doch die Eifeler wollten ihre mageren Viehweiden nicht missen. Deshalb zwang die preußische Regie-

Der Ranger kennt den Wald im Nationalpark wie seine Westentasche

rung die Gemeinden ab 1856 per Verordnung, Ödland in Kultur zu nehmen, und finanzierte das Unterfangen. Die Aufforstung, erst mit der Fichte, später auch mit der amerikanischen Douglasie, schuf einen reinen Wirtschaftswald. Nadelbäume dominieren noch heute die Wälder in Privatbesitz mit einem Anteil von über 60 %.

Wie die Axt im Walde

Schon die Römer waren dem Wald zu Leibe gerückt, der zu Cäsars Zeiten als natürlicher Laubwald Berg und Tal bedeckte. Die Besiedlung reichte damals bis tief in die Wälder, wo Forstwirtschaft und Imkerei betrieben wurden. Der nach dem Abzug der Römer kräftig nachgewachsene Wald begann erneut zu schrumpfen, als in rauen Mengen Holz für die Eisenverhüttung benötigt wurde, vor allem in Form von Holzkohle. Die kreisrunden Hügel, die noch mancherorts im Wald erkennbar sind, entpuppen sich als Köhlermeiler – scharrt man im Waldboden, entdeckt man schwarze Holzkohle. Vor allem Rotbuchen- und Hainbuchenholz wurde auf ausgeklügelte Art aufgeschichtet und mehrere Tage oder Wochen lang verkohlt. Die Köhlerfamilien zogen von Meiler zu Meiler und lebten ein sehr einfaches, rußgeschwärztes Leben in Holzhütten im Wald. An den ›Schwarzen Mann‹ erinnert am gleichnamigen Wanderparkplatz auf der Schneifelhöhe ein eindrucksvolles Holzstandbild.

Schälen und Schiffeln

Bis ins frühe 20. Jh. war die Gerberei ein wichtiger Wirtschaftszweig. Sie schuf eine spezielle Waldform: die Eichenlohwälder. Man findet sie heute noch nahe früheren Gerberzentren wie Waxweiler, Monschau und Ouren. Die Gerbsäure aus Eichenrinde machte das Leder geschmeidig, wodurch es besser zu verarbeiten war. Die Eichen in diesen Wäldern wuchsen durch das Schälen krüppelig und durch das Abholzen der Stämme in halber Höhe bildete sich eine typische dicht verzweigte Wuchsform. Nach zehn Jahren waren die Bäume nachgewachsen und es konnte erneut geerntet werden – eine nachhaltige Form der Waldnutzung.

Gar nicht nachhaltig war eine übliche Rodungsmethode, das Schiffeln: Nach dem Holzeinschlag wurden die Baumwurzeln und die oberste Bodenschicht verbrannt. Die Asche war ein guter Dünger, aber der Wald war vernichtet. Nach ein paar Jahren als Getreidefeld – zunächst wurde Roggen, dann der anspruchslose Buchweizen angebaut – blieb eine Heide zurück mit dem, was Schaf und Ziege verschmähen, wie Wacholder und Ginster.

Unwirtschaftlich schön

Die althergebrachte extensive Weidewirtschaft zerstörte den Wald, schuf aber zugleich ganz spezielle Lebensräume: Auf ungedüngten Wiesen und Magertriften in der offenen Landschaft sprießen bunte Blüten, leben besondere Schmetterlinge, Heuschrecken und seltene Vögel. Im Frühjahr blühen Schlüsselblume und Kuhschelle, im Sommer Orchideen wie die winzige Ragwurz und das stattliche Knabenkraut, schließlich Enzian und Herbstzeitlose. Wird aufgeforstet, verschwinden solche Pflanzen auf Nimmerwiedersehen, ebenso nach Düngung. Sie kehren jedoch nach Entbuschung und Ausmagern des Bodens

Die Rückkehr der Narzissen – Wiederherstellung eines Biotops
Die Narzissenblüte zieht heute jedes Jahr Naturfreunde in die abgelegensten Eifeltäler. Bis die wilden Narzissen wieder blühten, war es ein langer Weg: In den 1980er-Jahren fiel auf, dass die Narzissen aus den Tälern der Westeifel verschwanden. Wo die Bewirtschaftung der Wiesen aufgegeben wurde, eroberten Sträucher und schließlich Wald die Täler. Wo sie weiter gemäht wurden, kam Dünger zum Einsatz – verlorenes Terrain für Narzissen, die auf Magerstandorte spezialisiert sind. Die Wiederherstellung eines Biotops ist mühselig: Zunächst müssen die Waldparzellen angekauft, der Fichtenwald gerodet und Wässerwiesen geschaffen werden. Eigens angelegte Staubereiche im Bachlauf sorgen dafür, dass die Wiesen nach der Schneeschmelze wieder unter Wasser stehen. So erhalten sie Mineraldünger aus den Schwebstoffen im Wasser. Auf Kunst- oder Naturdünger (Gülle) wird verzichtet und nur einmal jährlich gemäht. Der Lohn der Naturschützer: Schwarze Flockenblume, großer roter Wiesenknopf, Mädesüß, Bärwurz, Arnika, Orchideen – und nicht zuletzt blühende Narzissen.

zuverlässig wieder. Heute werden im Rahmen von Vertragsnaturschutzprogrammen Schaf- und Ziegentrupps für die Entbuschung eingesetzt.

Wald im Nationalpark

Wegen des Waldes wurde er eingerichtet, der Nationalpark Eifel – verbunden mit dem Vorhaben, den Baumbestand zu verändern. Noch dominieren Nadelwälder, doch erklärtes Ziel ist es, den Anteil an Laubwald deutlich zu erhöhen, der derzeit nur ein Drittel beträgt: ca. 13 % Buchen- und 17 % Eichenwälder. Es ist nicht leicht, aus einem Wirtschaftswald wie dem Fichtenwald wieder einen Naturwald mit einheimischen Gehölzen wie Buche, Eiche oder Birke zu machen. ›Natur Natur sein lassen‹ reicht da nicht aus. Die Rodung der Fichtenwälder tut not, denn die einseitige Bepflanzung fördert die Versäuerung des Bodens. Zudem ist Nadelwald extrem artenarm, in seinem Schatten haben allenfalls Pilze eine Chance. Windfest ist die Fichte ebenfalls nicht – kein Wunder, sie ist ja auch ein Flachwurzler. Die Stürme der letzten Jahrzehnte haben gerade in die Streichholzwälder tiefe Schneisen gerissen.

Scheue Eifeltiger und komische Vögel – heimliche Eifelbewohner

Sie ist das Aushängeschild des Nationalparks Eifel und doch sind die Chancen, eine Wildkatze zu sehen, gleich null – auf heimlichen Pfaden schleicht sie durchs Unterholz. Eher leise leben auch ein paar Dutzend Schwarzstorchpaare in den Eifelwäldern, echte Raritäten.

Erst aufwendige Wiederansiedlungsprojekte machten es möglich, dass nahezu ausgestorbene Raubtiere in den Eifelwäldern inzwischen wieder auf die Pirsch gehen: Die Wildkatze und vereinzelt sogar der Luchs sind auf leisen Sohlen auf dem Vormarsch.

Der Eifeltiger ist zurück

Die europäischen Mittelgebirge sind das angestammte Gebiet der Wildkatze, die sich diesem Lebensraum extrem gut angepasst hat. Ihre Urväter und -mütter sind nicht dieselben wie die der Hauskatze, stammen aber wie diese aus dem Süden. Als Folge der häufigen Klimawechsel der Eiszeiten, die vor etwa 20 000 Jahren einsetzten, entwickelte sich aus der Südländerin eine an die rauen Verhältnisse angepasste Unterart: die Europäische Wildkatze *(Felis silvestris silvestris)*. Mit ihrem massigen gedrungenen

Auf leisen Sohlen unterwegs: Die Wildkatze ist in der Eifel wieder heimisch

Körperbau und den kurzen Beinen friert sie nicht so schnell und der kurze, dick endende Schwanz sowie die relativ kleinen Ohren bieten der Kälte nicht viel Angriffsfläche für Erfrierungen. Vor Kälte schützen auch die langen dichten Unterhaare.

Die Wildkatze in der Eifel bevorzugt Mischwald und halb offenes Gelände, gern an Südhängen. Dagegen meidet sie raue schattige Lagen und dichten Nadelwald. Schneereiche Winter mit kargem Nahrungsangebot sind ein Problem für die Wildkatze: Ihre Hauptnahrung sind Mäuse, die Schutz unter dem Schnee finden, auf kurzen Beinen fällt die Jagd im hohen Schnee jedoch nicht leicht.

Risiko Straßenverkehr

Die Reviere von Wildkatzen sind riesig. Werden sie von vielspurigen und viel befahrenen Straßen oder Autobahnen durchschnitten, kann dies den Erfolg teurer Wiederansiedlungsprojekte gefährden. Daher sind speziell für kletterfreudige Tiere entwickelte Wildzäune und bewachsene Wildbrücken oder -korridore zum Überqueren solcher Gefahrenzonen keinesfalls Fehlinvestitionen.

Die größte Gefahr für den Bestand der Art ist allerdings die Vermischung mit der verwilderten Hauskatze. Auch wenn beide sich sehr ähnlich sind, im Verhalten unterscheiden sie sich: Anders als die Hauskatze spielt eine Wildkatze niemals mit ihrer Beute, dazu hat sie gar keine Zeit. Denn um zu überleben, muss sie pro Tag mindestens zehn Mäuse fangen, eine Katzenmutter natürlich noch mehr. Sie nimmt kein Aas zu sich, nur lebende Nahrung. Außer Nagetieren – gejagt werden auch junge Kaninchen und Vögel – frisst die Wildkatze zur Not auch größere Insekten wie Käfer und Heuschrecken.

Die Wildkatze im Netz
www.wildkatze.info: Seite des BUND (Bund für Umwelt und Naturschutz) zum Thema Wildkatze und zur Aktion »Rettungsnetz für die Wildkatze«.

Auf schwarzen Schwingen

Ist vom Storch die Rede, denkt jeder gleich an den sympathischen Weißstorch, Meister Adebar – ein Kulturfolger des Menschen –, der im feuchten Flachland auf Hausdächern oder Kirchtürmen nistet. Weniger bekannt und sehr selten ist dagegen der Schwarzstorch *(Ciconia nigra),* dessen Lebensraum auch kaum vom Menschen geteilt wird: sumpfige Auen, umgeben von dichten Laub- und Mischwäldern mit reichlich Wasser in Form von Tümpeln oder Bächen. Auf Störungen reagiert der bis auf die weiße Unterseite schwarze Vogel mit roten Beinen und rotem Schnabel sehr empfindlich. Sein Nest baut er auf hohen Bäumen im Wald. Er ernährt sich wie sein weißer Verwandter von Fröschen, Käfern und Kleingetier aus dem Wasser und von der Wiese, aber auch von Moosen und anderen Pflanzen.

Den Winter verbringt der Schwarzstorch in Afrika – wie der Weißstorch ist er ein Zugvogel –, in der Eifel brütet er dann. Man schätzt den Bestand auf etwa 50 Paare, Tendenz leicht steigend. Beobachtet wurde der Schwarzstorch u. a. im Perlbach-Fuhrtsbachtal, im Quellgebiet der Kyll sowie an der Ahr.

Cäsar bei den Galliern – Römer und Kelten in der Eifel

Man schreibt das Jahr 58 v. Chr. Noch ist nicht ganz Gallien von den Römern besetzt. Ein urwüchsiges Waldgebiet zwischen Schelde und Rhein, die Arduinna silva, der Ardenner Wald, bereitet dem Statthalter Roms, Gaius Julius Caesar, Kopfzerbrechen, dient er doch als Versteck für kriegerische keltische Stämme.

»Wo sind meine Kohorten …?«, fragte sich der vermutlich verbitterte Feldherr Cäsar im Herbst 54 v. Chr. Damals musste er eine der empfindlichsten Niederlagen seines Gallischen Krieges hinnehmen. Wie er selbst in »De Bello Gallico« berichtet, verloren 6000 bis 8000 seiner Soldaten ihr Leben, als sie aus dem Winterlager direkt in einen Hinterhalt liefen. In einem engen Tal fielen die Eburonen unter ihrem Anführer Ambiorix über sie her. Wo diese Schlacht stattfand, ist unbekannt – es kann gut in den Wäldern der Eifel gewesen sein, die die Römer Arduinna silva nannten.

Cäsar nahm blutige Rache für die Vernichtung von immerhin einem Fünftel seiner Truppen: Er verstärkte die römische Militärpräsenz massiv und ließ das Land der Eburonen zwischen Maas und Rhein plündern und verwüsten. Die ihm ergebenen Ubier waren Nutznießer der Vertreibung und erhielten das Land der Eburonen. Ambiorix' Mitregent Catuvolcus vergiftete sich mit Eibenbeeren – der Name Eburonen soll mit der ihnen heiligen Eibe zusammenhängen. Ambiorix wurde von Cäsar bis über den Rhein verfolgt, doch nie gefasst.

Keltische Höhenburgen

Die am besten erhaltenen keltischen Ringwälle der Eifel sind auf dem Barsberg bei Bongard (s. S. 174) und auf der Steineberger Ley (s. S. 205) zu finden. Viele Höhenkuppen der Eifelberge waren vor 2500 Jahren natürliche Festungen. Ihre Wehrhaftigkeit ergänzte die *murus gallicus*, eine mörtellose Mauer, die Cäsar so bemerkenswert fand, dass er ihr in »De Bello Gallico« einen Exkurs widmete. Mithilfe eines Holzgerüsts wurden die Steine in Form gebracht, die Lücken mit Erde gefüllt. Selbst wenn die Hölzer verrottet waren, hatte eine solche Festungsmauer lange Bestand.

Verrat bei den Treverern

Cäsars großer Vorteil war die Zerstrittenheit der keltischen Stämme – untereinander sowie intern. Bei den Treverern herrschte eine Doppelspitze: Indutiomarus und Cingetorix. Indutiomarus war der eigentliche Drahtzieher hinter Ambiorix' listigem Überfall auf die Römer weiter nördlich gewesen. Noch im Winter 54/53 v. Chr. griff er auch selbst die Römer an und forderte die rechtsrheinischen Germanen auf, sich dem Aufstand anzuschließen. Sein

›Legionäre‹ beim Lückenschluss zur Verteidigung der Kaiserstadt Trier

Mitregent und Schwiegersohn Cingetorix allerdings war Rom freundlich gesinnt. Als Indutiomarus, auf den Cäsar ein hohes Kopfgeld ausgesetzt hatte, bei der Belagerung eines römischen Winterlagers getötet wurde, schloss Cingetorix schnell mit Cäsar Frieden. Fortan verlegten sich die Treverer aufs Pferdezüchten und die Eifel blühte unter der ›Pax Romana‹ auf. Es dauerte über 100 Jahre, bis die Treverer 69 n. Chr. erneut rebellierten: Beim Bataveraufstand erhob sich der Treverer Julius Classicus gegen die Römer, wurde jedoch in der Schlacht von Trier besiegt.

Die Eifel alla Romana

Im 1. und 2. Jh. waren die Treverer zu Gallorömern geworden, sie lebten und wohnten wie die Römer, zumindest die reiche Oberschicht. Kaiser Konstantin machte ihre Hauptstadt Augusta Treverorum, Trier, im Jahr 300 zu seiner Residenzstadt. Bis ins 4. Jh. sprach man hier noch Keltisch. Am dichtesten besiedelt waren in der Römerzeit die fruchtbaren Kalkmulden; im Zuge des Abbaus von Blei- und Eisenerz und der Suche nach Gold schritt die römische Besiedlung der Eifel weiter voran.

Während die Treverer ihren Besitz unter römischer Herrschaft behalten durften, wurden in der Nordeifel – fast das gesamte Gebiet gehörte zur Stadt Köln, die seit 50 n. Chr. Militärhauptstadt (Colonia) war – Ländereien oft an verdiente Legionäre und Veteranen aus anderen Teilen des Imperiums vergeben, eine übliche Form der Altersversorgung. Gutshöfe *(villae rusticae)* betrieben Getreide-, Gemüse- und Obstanbau und Viehzucht. Nur Olivenöl wurde importiert und Wein, wenn die Moselhänge nicht genug hergaben. Kein Problem, es gab ja Fernverkehr: Entlang der Hauptstraße Köln–Trier, die schnurgerade über die Eifelhöhen führte, sorgten *mansiones,* Autobahnraststät-

Der Römerkanal-Wanderweg
Als 111 km langer, gut ausgeschilderter Wanderweg führt der Römerkanal-Wanderweg von den Quellen bei Nettersheim bis Köln, immer am Kanal entlang. Unterwegs gibt es gute Gelegenheiten, die Reste des Bauwerks zu inspizieren: die Quelle am Grünen Pütz, die Brunnenstuben Eiserfey und Kallmuth sowie oberhalb von Burg Dalbenden und in Kreuzweingarten, wo man einen Blick in die fast völlig versinterte Kanalrinne werfen kann. Besonders praktisch: Der Weg verläuft teilweise parallel zur Bahnstrecke und lässt sich in sieben Etappen bewältigen (www.roemerkanal-wanderweg.de).

ten vergleichbar, für Pferdewechsel und Verpflegung. In den *vici,* Dörfern mit Handwerkern und Händlern, bekam man alles Nötige für unterwegs. Gut organisiert war auch das Fernmeldewesen: Auf den höchsten Kuppen gab es Signalstationen für Feuerzeichen.

Wasser für Colonia

»Dat Wasser vun Kölle es jot«, singen die Bläck Fööss im Karneval. Vielleicht schmeckte es vor 2000 Jahren noch besser. Damals lebten 40 000 Menschen in der Colonia, deren Gebiet weit über die heutigen Stadtgrenzen hinausging. Sie mussten mit Gütern aus dem Umland versorgt werden, auch mit Trinkwasser. Für gutes Wasser war den Kölnern kein Aufwand zu gering: Die Quellen in der Sötenicher Kalkmulde waren ideal. Ein ausgeklügeltes Kanalbauwerk leitete das schmackhafte kalkhaltige Wasser stets mit leichtem Gefälle in die Rheinebene. Fast immer unterirdisch schlängelte sich die Kanalrinne von ca. 70–76 cm lichter Weite durch die Landschaft – die Wände aus sorgfältig behauener Grauwacke gemauert und wasserdicht gemacht durch ziegelsplitthaltigen Wasserputz. Verlegt wurde sie gut 1 m tief frostsicher unter der Erde.

Nahe der Quelle klärten Sammelbecken das Wasser, etwa am Grünen Pütz (s. S. 131). Die Wasserleitung querte mit Aquädukten die Täler von Veybach, Erft und Swistbach sowie die Rhein-Maas-Wasserscheide, möglichst ohne Umwege, um das leichte Gefälle beizubehalten. Das einst 12 Pfeiler umfassende Aquädukt in Vussem querte das Tal in 10 m Höhe, zwei Bögen wurden rekonstruiert und vermitteln einen Eindruck von dem Bauwerk. Der Kalk im Wasser lagerte sich mit der Zeit in der Rinne ab und hätte sie irgendwann verstopft. Heute ermöglicht die Kalksinterschicht eine Datierung: 190 Jahre war der Kanal in Gebrauch, er wird daher ins späte 1. Jh. datiert. Spätestens im 4. Jh. legten die Zerstörungen durch die Frankenüberfälle das Ingenieurbauwerk lahm. Die Menschen des Mittelalters nutzten die rätselhafte ›Teufelsader‹ gern als Baumaterial.

Vom ›Neuen Rom‹ zum Flickenteppich – das Mittelalter

In der Völkerwanderungszeit wurde das römische Imperium bis in seine Grundfesten erschüttert. Es herrschten weithin Anarchie und Willkür. Die Eifel war besonders betroffen: Trier wurde insgesamt fünfmal von Franken erobert. Auch Alemannen machten die Eifel unsicher. Wie kam es, dass Chlodwig, ein merowingischer Franke, das Imperium rettete und die Eifel vom Nabel der Welt wieder zum entlegenen Grenzgebiet wurde?

Unter den Germanen spielten die ab Mitte des 3. Jh. ins Rhein-Maas-Delta eingedrungenen Salfranken eine besondere Rolle. Sie bedrohten zunächst das Imperium, wurden aber bald befriedet. 358 erhielten sie an der unteren Maas ein Siedlungsgebiet. Bald wurden sie für die Römer als Föderaten zu den wichtigsten Verbündeten. Sie halfen, die Hunnen unter Attila zu besiegen. 460 wurde ihr König Childerich aus dem Geschlecht der Merowinger vermutlich sogar Befehlshaber der römischen Truppen in Gallien.

Was oft als Untergang Westroms gilt, war von den Merowingern eher als rettende Übernahme des römischen Imperiums denn als Gründung eines fränkischen Reichs gedacht. Die salfränkischen Föderaten fühlten sich nicht nur als Römer, sie waren es längst und bekleideten schon lange hohe Staatsämter. 487 stürzte Childerichs Sohn Chlodwig den letzten römischen General. Nun waren die Franken die Herren. Römer mussten sich fortan hochdienen. Aus der Eifel waren die meisten Bewohner geflohen. Weite Gebiete waren wüst gefallen und wurden zu fränkischem Königsgut.

Die Eifel im Frankenreich

Chlodwigs Reich wuchs schnell durch Siege über andere fränkische Kleinkönige und germanische Stämme. 496 besiegte er in der Schlacht von Zülpich die Alemannen und vertrieb sie aus der Eifel, 508 erhoben ihn die Rheinfranken (Ripuarier) in Köln zum König. Chlodwigs Bekehrung zum römischen Christentum beförderte in seinem gallorömisch-germanischen Mischreich die Verschmelzung der Kulturen zu einer neuen Identität. Das Christentum konnte sich aber vorerst nur in den Städten halten.

Die Staatsidee des römischen Imperiums blieb während der Merowingerzeit lebendig: Ostroms Kaiser hatte Chlodwig mit Ehren anerkannt. Die römische Verwaltung lebte in Bistümern und fränkischen Gauen fort. Ein Geburtsfehler war aber, dass es keine zentrale Reichsgewalt mehr gab. Der König hatte keine feste Residenz, kein eigenes Heer, nur einen riesengroßen, weit verstreuten Grundbesitz mit zahllosen Königshöfen, z. B. in Büllingen, Schüller, Aachen und Heimbach. Das in Gaue eingeteilte Land verwalteten seine Grafen (d. h. Schreiber), die aber auch ihre eigenen Ziele verfolgten. Das fränkische Reich bestand aus Teilkönigreichen. Es herrschte aber dauernder Bruderzwist unter den Merowingern: Mal waren die Teilkönigreiche unter einem Herrscher vereint, mal wurden sie unter diversen Nachkommen und Verwandten der Merowinger noch weiter aufgeteilt.

Das Gebiet der Eifel lag nun im Zentrum des Frankenreichs in Austrasien im Herzogtum Ripuarien mit der Hauptstadt Köln und in den Bistümern Trier, Lüttich und Köln. Es umfasste den Ahr- und den Mayengau, den Bidgau um Bitburg, den Karosgau bei Prüm, hauptsächlich aber den Eifelgau, der von Iversheim bis Ulmen und von Udenbreth bis Kaltenborn reichte. Vom Eifelgau ging der Name Eifel auf die übrigen Gebiete über.

Die Franken bevorzugten Weideland in waldfreien, fruchtbaren Tallagen und hielten an der Holzbauweise fest. In Sippenverbänden gründeten sie ihre Dörfer zuerst in verkehrsgünstigen alten Siedlungszonen, z. B. in den Eifeler Kalkmulden und im Umfeld der Römerstraßen. Die Namen ihrer Dörfer enden oft auf -ler, -heim, -dorf, -bach, -hof(v)en oder -ingen. War eine römische Villa übernommen worden, endete der Ortsname gern auf -weiler. Ab dem 8. Jh. begann die Besiedlung der Waldgebiete. Die Namen der Rodungssiedlungen dieser Phase enden auf -rath, -ro(d)t, -har(d)t oder -feld.

Das Lehnswesen

Bei den Franken besaß traditionell der König das gesamte Reichsgut, das er nach Verdienst oder Gutdünken an seine Gefolgschaft verteilte. Unter Kaiser Karl wurde die Praxis der Schenkung von Königsgut beibehalten. Hinzu kam aber das Lehnswesen, ein System rechtlicher und sozialer Beziehungen, das vom König aus pyramidal nach unten aufgebaut war. Der König verlieh Land und Ämter an Kronvasallen, die das Lehen, aufgeteilt als Unterlehen, wiederum an Untervasallen vergaben. Am untersten Ende standen als Leibeigene die Bauern, die das Land bearbeiteten. Der Lehnsherr war dem Vasallen gegenüber zu Schutz verpflichtet.

Echternach und Prüm – eine Familiensaga

Ende des 7. Jh. kamen beim Übergang der Königswürde von den Merowingern auf die fränkischen Hausmeier auch Familien aus dem Eifelgebiet an die Macht. Irmina, Äbtissin des Trierer Klosters Oeren, steinreich – mit vielen Besitzungen in der Eifel, im Rheinland und an der Mosel –, konnte nämlich ihre Tochter Bertrada die Ältere mit Frankens Hausmeier Pippin dem Mittleren vermählen, eine besonders gute Partie: Geld kam zu Geld.

Nun wurde gezielt im Sinne und zum Vorteil des künftigen Herrscherclans in fromme Stiftungen investiert. Irmina stiftete 698 ihren Anteil an der römischen ›Villa Epternacum‹ im heutigen Echternach einem iroschottischen Wandermönch namens Willibrord, der zuvor vom Papst als Bischof von Utrecht mit der Bekehrung der Friesen beauftragt worden war. Die andere Hälfte bekam Willibrord von Irminas Schwiegersohn Pippin dazu. Willibrord baute in Echternach Kirchen und ein großes Kloster. Von hier aus unternahm er jeweils nach fränkischen Siegen über Friesen und Thüringer erfolgreiche Missionsreisen zu diesen Völkern: Das Kreuz folg-

Kaiser Karl verkörperte immer die römische Reichsidee: Karlsschrein im Aachener Dom

te treu immer dem Schwert. Auch Irminas Tochter, Bertrada die Ältere, hatte Besitz, u. a. in Mürlenbach. Im Prümtal stiftete sie 721 eine kleine Kirche mit einigen Mönchszellen. Wie Echternach stand dieses erste Prümer Klösterchen anfangs noch in der papstfernen iroschottischen Tradition Willibrords.

Die Eifel – im Brennpunkt der Geschichte

Die Familiensaga geht erfolgreich weiter. Bertradas Enkelin, Bertrada die Jüngere, war mit Pippin dem Jüngeren, Sohn des berühmt-berüchtigten Karl Martell, verheiratet. Pippin setzte 751 kurzerhand den letzten Merowingerkönig ab und verbannte ihn ins Kloster Prüm. Mit päpstlicher Unterstützung ließ er sich dann als erster Karolinger zum gesamtfränkischen König wählen. Pippin setzte auf enge Beziehungen zum Papst. Deshalb gründete er das Kloster Prüm 752 neu, besetzte es aber mit Mönchen des streng auf Rom ausgerichteten Ordens der Benediktiner, denen von da an die Rolle als religiöse Elite und Stütze des expandierenden Reichs zugedacht war.

Unter Pippins und Bertradas Sohn Karl I., der trotz seiner extremen Grausamkeit und Kriegslüsternheit später heiliggesprochen wurde und bis heute als Karl ›der Große‹ verehrt wird, kam Echternach und Prüm als Hausklöstern der Karolinger immer größere Bedeutung zu. Sie wurden immer reicher von ihren Gönnern beschenkt und besaßen riesige Güter. Für weltliche Geschäfte brauchten sie zwar einen Vogt, konnten aber wie das Kloster Prüm auch ein großes Gebiet als ›Fürstabtei‹ beherrschen.

Der Karlspreis
Der Preis wird seit 1949 an eine Person verliehen, die sich um die Einheit Europas verdient gemacht hat, u. a. bekamen ihn Konrad Adenauer, Robert Schuman, Bill Clinton und Emmanuel Macron.

Das neue Rom

So wurde durch die Karolinger und ihr Bündnis mit dem Papst die römische Reichsidee erneuert: 800 krönte Papst Leo III. Karl I. zum weströmischen Kaiser. Seine Regierung erneuerte die antike Tradition nicht nur in Kunst, Literatur und Architektur. Grundlage fränkischer Verwaltung und Wirtschaftsordnung wurde das aus dem römischen Patronats- und Klientelverhältnis entwickelte Lehnswesen (s. S. 60).

Zum Regieren war auch Kaiser Karl ständig auf Reisen. Dazu nutzte er wie die Merowinger die im ganzen Reich verstreuten, von Pfalzgrafen verwalteten Königspfalzen, gutsähnliche Königshöfe. Im Alter zog sich Karl I. immer öfter nach Aachen zurück, wo die Familie einen Hof besaß. Er machte Aachen zu seiner Residenz und ließ die Kaiserpfalz mit Palast und Kapelle errichten, aus der später der Aachener Dom wurde.

Spielball der Geschichte

Eigentlich hatte es also gut angefangen: 814, im Todesjahr Karls I., galt das Karolingerreich als würdiger Nachfolger Roms, das Europa vereint und Grenzen und Einzelinteressen überwunden hatte – so bringen wir es heute ja auch mit Kaiser Karl und dem Aachener Karlspreis in Verbindung. Aber Karls Reich hatte nicht lange Bestand. Schon 843 wurde es im Vertrag von Verdun aufgeteilt und zerfiel sehr bald. Die Eifel gehörte zunächst zum Mittelreich Kaiser Lothars, dann zu Lothringen, wurde später geteilt zwischen Ober- und Niederlothringen und zuletzt komplett Niederlothringen zugeschlagen. Dann zerfiel die Eifel-Region im Kleinkrieg der Lokalmächte um regionale Vorherrschaft vollends in Hunderte kleinster Territorien.

Der rasche Zerfall ist wohl auf die starke, selbst durch Kaiser Karl kaum eingeschränkte Macht des fränkischen Adels und die Zerstrittenheit der Karolinger untereinander zurückzuführen. Auch wurde das Lehnswesen unterlaufen: Lehen wurden erst vereinzelt, ab 1037 dann offiziell erblich. Entscheidend war aber, dass sich die Gaugrafen, eigentlich nur Amtsträger des Königs vor Ort, untereinander und mit den Kirchenfürsten erbitterte Kämpfe um möglichst große zusammenhängende Machtsphären lieferten. Sie versuchten z. B., in so vielen Gauen wie möglich Gaugraf zu sein und so viele Klöster wie möglich als Vögte zu vertreten. Pfalzgraf Ezzo war beispielsweise Gaugraf im Bonn-, Auel-, Eifel- und Zülpichgau. Weitere für die Eifel wichtige Geschlechter waren die Arenberger, die von Are-Hochstaden, die Jülicher, Virneburger, Viandener, Luxemburger, Blankenheimer, Wildenburger und Reifferscheider, die Manderscheider und Gerolsteiner, die Häuser Salm, Bassenheim usw. Erst allmählich kristallisierten sich die vier großen, bestimmenden Machtpole für die Eifel heraus: die Kurfürstentümer Köln und Trier und die Herzogtümer Jülich und Luxemburg. Dazwischen lagen ein paar kleine, mehr oder minder abhängige Pufferstaaten.

Eifelmaler – oder Maler der Eifel?

Die wilde Landschaft westlich des Rheins rückte Mitte des 19. Jh. ins Blickfeld der Romantiker. Sie kamen auch der Ruinen wegen. 100 Jahre später suchten Künstler in der Abgeschiedenheit der Eifel Zuflucht vor Verfolgung. Heute zieht es viele Künstler auf der Suche nach Inspiration in der Natur und Ruhe vor dem Kulturbetrieb in die Eifel.

Vor dem 19. Jh. waren Landschaften nur als Staffage, als Hintergrund für heroische Szenen der Historienmalerei auf Gemälden zu sehen gewesen. Das änderte sich, als die romantische Empfindsamkeit auf den Plan trat. Die Täler von Rhein und Mosel mit ihren Burgruinen, steilen Tälern und schroffen Felsen waren wie geschaffen für die romantischen Reisenden des frühen 19. Jh. und wurden zu Touristenmagneten. Auch der berühmte englische Maler Joseph Mallord William Turner (1775–1851) bereiste die Region in den Jahren zwischen 1824 und 1839 mehrmals. Er gelangte von der Mosel bis in die Eifeltäler und porträtierte u. a. im Jahr 1842 die Burg Eltz.

Burg Are bei Altenahr mit den Augen Johann Wilhelm Schirmers gesehen (1831/1833, Öl auf Leinen, Museum Zitadelle Jülich)

Die Düsseldorfer Malerschule

Als junge Maler begaben sich auch Johann Wilhelm Schirmer (1807–63) und Carl Friedrich Lessing (1808–80) auf abenteuerlichen Pfaden mit Malkasten und Skizzenblock immer wieder auf Motivsuche in die Eifel, »und zwar zuerst nach Schloss Nideggen ... von da über Montjoie durch das Schleidener Tal über Ahrburg, Adenau nach Altenahr«. (Schirmer). In »Burg Are bei Altenahr« (s. S. 63) kombinierte Schirmer alle Zutaten einer düster-erhabenen Landschaft mit wild gezackten Bergen und der Burgruine Are – eine ideale Landschaft, in der die Realität überhöht wird. Die Staffage-Figuren im Vordergrund erinnern an eine als romantisch empfundene Vergangenheit.

Im 19. Jh. traten als Käufer von Gemälden zunehmend Bürger auf, die mehr Gefallen an Landschaftsbildern als an heroischen Historienszenen fanden. So konnte sich auch in Deutschland die Landschaft als eigenes Sujet durchsetzen. Nachdem die Rheinlande 1815 zu Preußen gekommen waren, wurde die Düsseldorfer Akademie als Königlich-Preußische Kunstakademie 1819 neu gegründet und es entstand eine eigene Klasse für Landschaftsmalerei unter Leitung von Schirmer – ein Karrieresprung für den Sohn eines Jülicher Buchbinders aus einfachen Verhältnissen. Schirmer ging mit seinen Schülern ins Freie, er ließ, damals ein Novum, Ölskizzen vor der Natur anfertigen, die später im Atelier zu fertigen Bildern komponiert wurden. Die Bilder der Düsseldorfer Malerschule fanden viel Anklang und eine potente Käuferschicht im aufstrebenden Bürgertum. Denn um ein Landschaftsbild zu verstehen, war keine klassische Bildung nötig. Allein Schirmer hatte 300 Schüler, viele aus dem Ausland: Skandinavien, Osteuropa und sogar aus Übersee. Der nordische Impressionismus hatte in Düsseldorf seine Wiege: Fast fotorealistischer Detailrealismus, helle Farben und Pleinairmalerei wurden zu Markenzeichen.

Eifelgemälde im Original
Landschaftsgemälde u. a. von Johann Wilhelm Schirmer zeigt das Pulvermagazin im **Museum Zitadelle Jülich,** www.juelich.de/museum, April–Okt. Mo–Fr 14–17, Sa, So 11–18, Nov.–März Sa 14–17, So 11–17 Uhr, 4 €, erm. 3 €. Die größte **Fritz-von-Wille-Sammlung** bewahrt das **Haus Beda in Bitburg** (s. S. 236): rund 100 Gemälde, darunter viele Hauptwerke.

Eifelgold, Maareblau und Fichtengrün

Die Düsseldorfer Akademie blieb der Eifel treu, nur der Malstil wandelte sich. Um die Wende zum 20. Jh. hielt Fritz von Wille (1860–1941), Sohn des Düsseldorfer Landschaftsmalers August von Wille, mit breiten Pinselstrichen seine Sicht der Eifel fest. Er ist der wohl berühmteste und erfolgreichste Eifelmaler. Seine Bilder stellen die Landschaft in den Mittelpunkt, allenfalls eine Kapelle oder Burgruine ist zu sehen. Von Wille prägte das Klischee von der Eifellandschaft: kreisrunde blaue Maare, goldener Ginster, dunkelgrüne Fichten und selten ein wolkenloser Himmel. Seine Eifel ist eine schwermütige Landschaft.

Als Kaiser Wilhelm II. begeistert Willes Gemälde einer Wiese, »Die blaue Blume«, erwarb, war der Maler ein gemachter Mann. Jeder, der es sich leisten

»Weinfelder Maar mit Kapelle« von Eifelmaler Fritz von Wille (undatiert, Haus Beda)

konnte, wollte ›blaue Blumen‹ für den Salon; zigfach wiederholte der Maler das Motiv. Von Wille lebte als gefeierter Maler ab 1911 mit seiner Familie auf Burg Kerpen, wo sich auch sein Grab befindet.

Zuflucht Eifel

Nur zwei Jahre nach Fritz von Wille siedelte ein Maler nach Schalkenmehren in der Eifel um, der künstlerisch in eine andere Richtung ging. Er nannte sich selbst »Maler der Eifel«: Pitt Kreuzberg (1888–1966), Sohn eines Weinhändlers aus Ahrweiler, der nach kurzem Studium an der Düsseldorfer Akademie als Autodidakt weitermachte. Er blieb ein Einzelgänger, stand zeitweise Künstlervereinigungen wie Junges Rheinland und Rheinische Sezession nahe und der Lehre Rudolf Steiners. Seine Eifellandschaften und Blumenbilder sind politisch unverdächtig. Er konnte sich mit dem NS-Regime arrangieren, erhielt sogar Aufträge vom Landkreis Daun.

Anders erging es dem seit 1936 mit Berufsverbot belegten expressionistischen Düsseldorfer Künstler Otto Pankok (1893–1966), der u. a. mit Otto Dix befreundet war. Er folgte dem Rat eines Freundes und konnte in Pesch bei Nettersheim in der Eifel unerkannt und unbehelligt (über-)leben: 1941 bezog er ein halb verfallenes Haus neben einem Steinbruch. Seine monochromen Kohlezeichnungen und Holzschnitte zeigen auch Eifelszenen, etwa eine Dorfstraße, meist aber Menschen: Zigeuner, Ausgestoßene, Leidende. Bekannt wurde sein Holzschnitt »Christus zerbricht das Gewehr«. 1946 kehrte Pankok mit seiner Familie nach Düsseldorf zurück, wurde als Professor an die Kunstakademie berufen und unterrichtete dort bis 1958.

Clara Viebig und die Weiber

Die Eifelkrimis haben ihre Werke längst aus den Bücherregalen und von den Bestsellerlisten verdrängt, doch zu Lebzeiten war Clara Viebig eine erfolgreiche Eifelautorin, auch wenn ihr 1900 erschienener Roman »Das Weiberdorf« hier nicht gerade auf Begeisterung traf.

Voller Witz, Komik und Burleske erzählt Clara Viebig in »Das Weiberdorf«, wie die Frauen im abgelegenen Eifelschmitt nicht nur Haus und Hof allein bewirtschaften, sondern auch beginnen, selbstbestimmt zu leben und ihre untergeordnete Rolle als Frauen zu überwinden, während ihre Ehemänner als Handwerker auf Arbeit in die Stadt ziehen. Spannend wird es, als eine Diebstahlserie Rätsel aufgibt. Bei der katholischen Kirche rief der Roman helle Empörung hervor. In bischöflichen Hirtenbriefen wurde von der Lektüre abgeraten. Auf einer Reise in die Sommerfrische nach Manderscheid wurde die Autorin von aufgebrachten Eifelerinnen mit wüsten Beschimpfungen und Mistgabeln traktiert.

Eine Preußin in der Eifel

1860 in Trier als Tochter eines preußischen Beamten geboren, kehrte Clara Viebig nach Schul- und Jugendjahren in Düsseldorf, wohin der Vater bald versetzt wurde, als junges Mädchen für ein Pensionatsjahr nach Trier zurück. Diese Zeit sollte sie entscheidend prägen, denn die junge Frau begleitete ihren Gastgeber, den Landgerichtsrat Mathieu, auf seinen Reisen in die tiefste Eifel, wo er als Untersuchungsrichter zu tun hatte. Während die junge Clara im Gasthaus auf ihn wartete, hörte sie die Gespräche der einfachen Leute in moselfränkischem Dialekt und erlebte ihre unglaubliche Armut. Dieses Thema zieht sich durch ihr gesamtes Werk. Was sie dort aufschnappte, lieferte erstklassiges Material für zahlreiche Novellen, Erzählungen, Romane. Sie basieren vielfach auf wahren Geschichten und lesen sich wie ein Sozialreport.

Die junge Clara Viebig las gern und ungebremst – in ihrem protestantischen Elternhaus gab es keinen Index. Ein französischer Autor, dessen provokante Werke die Zeitgenossen aufbrachte, begeisterte sie besonders, Emile Zola, vor allem sein Roman »Germinal«, der mit schonungsloser Härte die Zustände in einem Bergwerksort schildert. Als Vertreter des Naturalismus beschreibt Zola fast wissenschaftlich das Schicksal des Einzelnen als Ergebnis ererbter Anlagen und sozialer Verhältnisse: Niemand sei seines Glückes Schmied, seinem Schicksal könne man nicht entrinnen.

Erfolgreiche Autorin

Unter Zolas Einfluss begann Clara Viebig, die eigentlich Sängerin werden wollte, zu schreiben und fand, seit 1883 in Berlin lebend, über die Bekanntschaft mit Theodor Fontane einen begeisterten Verleger: Friedrich Theodor (Fritz) Cohn, den sie 1896 heiratete – eine protestantisch-jüdische Mischehe, die nur gegen Vorbehalte der Familien durchzusetzen war. Das Ehepaar bildete ein höchst erfolgreiches Team: Sie schrieb, er lektorierte ihre Texte. Zwischen 1925 und 1930 erschien ein Bestseller nach dem anderen mit Auflagen zwischen 20 000 und 60 000 Exemplaren, meist als Fortsetzungslektüre in Zeitschriften. Zu den Bekannten des Paares gehörten Künstler wie Max Liebermann, der, wie auch Heinrich Zille, Umschläge ihrer Bücher gestaltete, sowie Käthe Kollwitz.

Clara Viebigs Erzählungen sind auch wegen der treffenden und einfühlsamen Naturschilderungen lesenswert. Von ihr stammt die viel zitierte Bezeichnung der Maare als »Augen der Eifel«. Aber die Landschaft wird auch zum Spiegel der Leiden ihrer Bewohner. Die Dialoge sind häufig in Moselfränkisch wiedergegeben – Authentizität im Sinne des Naturalismus. Clara Viebig geißelte die Doppelmoral und die starren Konventionen in der engen, katholisch geprägten Welt der Eifeldörfer, die Unterdrückung und Ausbeutung, insbesondere der Frauen und Kinder, und die Unmöglichkeit, der Armut zu entgehen und den sozialen Aufstieg zu schaffen. Sie nennt auch die Ursachen: Kinderreichtum und miserable hygienische Verhältnisse, religiöser Wahn, männliche Tyrannei, eine erbarmungslose Gesellschaft. Ihr Erzählstil ist für heutige Leser ungewohnt krass, manches wirkt wie Sozialkitsch.

Die Vergessene

Nach der Machtergreifung durch die Nationalsozialisten wurde es still um Clara Viebig und ihre Bücher. Ihr Mann wurde als Jude aus dem Geschäft gedrängt, ihr Sohn wurde Komponist und wanderte nach Brasilien aus. 1935 erschien ihr letztes Werk. Nach dem Tod ihres Mannes 1936 durch einen Herzinfarkt lebte Clara Viebig zurückgezogen in Berlin, wo sie im Jahr 1952 im Alter von 92 Jahren verarmt starb. Auf eigenen Wunsch wurde sie in Düsseldorf begraben.

Clara Viebig in der Eifel
»Das Weiberdorf« spielt in Eisenschmitt (nach Protesten in späteren Auflagen ›Eifelschmitt‹), das sich lange schwertat mit dem Ruhm. Seit 2005 tragen ein Brunnen, der mit Szenen aus dem Roman geschmückt ist, und ein Kulturzentrum des Ortes den Namen der Autorin (**Clara-Viebig-Zentrum,** www.clara-viebig-zentrum.de). Die **Clara-Viebig-Gesellschaft** in Bad Bertrich hütet ebenfalls das Vermächtnis der Eifeldichterin und veranstaltet Lesungen etc. Sitz der Gesellschaft ist der **Clara-Viebig-Pavillon** (Kurfürstenstr. 21, Bad Bertrich, Tel. 06542 96 33 31, www.clara-viebig.de, Fr 15–16 Uhr).

Global Players und Dreikäsehochs – Gutes aus der Eifel

Gutes aus der Eifel, das verspricht das kleine ›e‹ des Eifellogos. Es prangt nicht nur auf Käse vom Bauernhof, sondern auch auf Produkten von Weltkonzernen, die in der Eifel zu Hause sind.

Die Apollinarisquelle ist nach dem Gerolsteiner Brunnen der größte Mineralwasserproduzent der Eifel und seit 2006 Teil des Weltkonzerns Coca-Cola. Die Bitburger Holding gehört mit 775 Mio. Euro Umsatz und 1700 Mitarbeitern zu den Standbeinen der Eifelwirtschaft. Bitburger ist Marktführer bei Fassbier und exportiert in 60 Länder der Welt. Immerhin 780 Mitarbeiter beschäftigt die Milch-Union Hocheifel (MUH) in Pronsfeld. Sie spielt mit ihren Molkereiprodukten seit 2012 als Tochter des dänischen Arla-Konzerns mit in der Liga der Global Players. Die Lage nahe der belgischen und luxemburgischen Grenze ist ideal für die Logistik – die Eifel liegt günstig z. B. zum Hafen in Rotterdam. Auch Gerolsteiner Brunnen – an der GmbH ist die Bitburger Brauerei beteiligt – ist mit 740 Mitarbeitern und einem Umsatz von über 200 Mio. Euro kein Zwerg.

Auf neuen Pfaden

Im Vergleich zu den Weltkonzernen sind die zahlreichen Familienbetriebe, die ihre Produkte mit dem Eifellogo schmücken, nur Dreikäsehochs. Der Grönerhof in Loogh hat es mit seinem Eifler Bergkäse aus Kuhmilch immerhin bis in die Supermärkte geschafft. Ein Vorreiter in Sachen Ziegenkäse war der Vulkanhof in Gillenfeld. Inzwischen liefert die Hofkäserei u. a. einer wachsenden Zahl von Restaurants Feinschmeckerkost. Einige Nummern kleiner sind Bioland-Höfe, wie der Ziegenhof Steinrausch in Wascheid oder der Ulmenhof bei Daun, der Kuh- und Ziegenkäse produziert, oder der Hof Breit in Wittlich, dessen schwarzbunte Kühe Bio-Gouda liefern. Die meisten der ökologisch wirtschaftenden Höfe vermarkten ihre Produkte auf Märkten oder im Hofladen. Ebenfalls im Trend: Milchtankstellen, wo der Kunde die Milch rund um die Uhr selbst ›zapft‹ – zwar nicht bio, aber zum fairen Preis und frisch ab Hof.

Die Beispiele zeigen: Wer heute von der Landwirtschaft leben und nicht gnadenlos expandieren will, muss sich etwas einfallen lassen. Ein Grund, weshalb seit einiger Zeit auch alte Rinderrassen wie das ans Mittelgebirge gut angepasste Glanrind auf den Eifelwiesen im Kommen sind, ein ›Mehrzweckrind‹, das nicht einseitig auf Milch oder Fleisch gezüchtet wurde. Doch viele Höfe werden nur noch im Nebenerwerb betrieben, oft sind es Hobbylandwirte, die mit dem Trecker über die Feldwege brettern. Immer öfter sieht man Pferde statt Rinder auf der Weide, denn manch ein Hof hat ›umgesattelt‹ auf Pferdepension. Eine Erfolg versprechende Nische ist auch ›Urlaub auf dem Bauernhof‹.

Tofu aus dem Eifeldorf

Die Bandbreite der Klein- und Mittelbetriebe in der Eifel ist überraschend groß. Hier werden nicht nur Autoreifen produziert und Metallschränke, sondern auch Produkte für Vegetarier und Veganer: Bei Wiesbaum in der Nähe von Hillesheim hat sich 2001 das Start-up-Unternehmen Tofutown angesiedelt. Während in der Eifelgastronomie fleischlose, erst recht vegane Kost noch selten anzutreffen ist, haben die Tofuprodukte aus der Eifel bundesweit die Supermärkte erobert.

Fabrik- und Hofbesichtigungen

Gerolsteiner Sprudel, www.gerolsteiner.de, Führungen, s. S. 222

Bitburger Marken-Erlebniswelt, www.bitburger.de, s. S. 236

Tofutown, Wiesbaum, Tel. 06593 9967-0, www.tofutown.com. Fabrikverkauf Do 15–18 Uhr

Hofkäserei Gröner, www.eifel-groener.de, Hofladen, Bistro, Fabrikbesichtigung, s. S. 150

Ziegenhof Steinrausch, www.hof-steinrausch.de, Käseverkauf Mo–Fr 10.30–12 oder zur Melkzeit um 17 Uhr, s. S. 263

Ulmenhof, www.eifler-bauernkäserei.de, Hofladen, s. S. 203

Ziegenhof Vulkanhof, www.vulkanhof.de, Hofladen, Führungen, s. S. 201

Hof Breit, www.demeterhofbreit.de, Hofladen, s. S. 257

Milchtankstellen: Hubertushof in Blankenheimerdorf s. S. 135, Bielenhof, Birgel, u. v. m.

Ein Logo für die Region

Restaurants, Cafés, Dienstleister aller Art, Hühnerzuchtbetriebe und Metzgereien schmücken sich bzw. ihre Erzeugnisse mit dem kleinen gelben ›e‹ vor rot-grün-blauem Hintergrund, dem Eifellogo. Die so zertifizierten Betriebe verpflichten sich zur Herkunft ihrer Produkte aus der Eifel, jedoch nicht zu ökologischer Herstellung. Allerdings sind einige der Unternehmen auch biozertifiziert.

Grenzerfahrungen – der Eifel-Ardennen-Raum in Europa

Ihre Grenzlage bestimmt bis heute die Geschichte der Eifel, einer Region zwischen drei Ländern, in der vier Sprachen gesprochen werden. Zum Teil sind die Grenzen unsichtbar, zum Teil deutlich auszumachen.

Schon zu Römerzeiten war die Eifel dreigeteilt: in Belgica, Germania inferior (Niedergermanien) mit Köln und Germania superior (Obergermanien) mit Mainz als jeweiliger Militärhauptstadt. Das bedeutete damals nicht viel, denn überall galten römisches Recht und römische Steuern. Heute haben die Staaten Deutschland, Belgien und Luxemburg Anteil an der Eifel.

Europas Grenzen sind gefallen, die versprochene Angleichung von Steuern und Abgaben ist jedoch unterblieben. So bleibt die Grenzsituation bestehen: Grundnahrungsmittel sind im belgischen Supermarkt teurer als in Deutschland – schuld ist die höhere Umsatzsteuer auf Lebensmittel. Über die Grenze nach Luxemburg dagegen fahren viele ›Touristen‹ vor allem wegen Benzin und Schnaps, die weitaus geringer besteuert werden als in Deutschland und Belgien. Die Vorratshaltung von Benzin in Kanistern ist allerdings streng verboten. Darauf wird bei den häufigen Zollkontrollen auf der A 60 und der B 51 bei Prüm geachtet. Standardfrage: »Haben Sie eingekauft?« Ja. »Wie viel Kilo Kaffee haben Sie eingekauft? Ein bisschen Wein, ein bisschen Schnaps?« Wer verneint, könnte gebeten werden, den Kofferraum zu öffnen. Was über die privaten Verbrauchsmengen hinausgeht, muss verzollt werden. Das Schengener Abkommen brachte zwar den Wegfall der Grenzhäuschen und Zollgrenzbezirke, aber die Grenzen und ihre trennende Wirkung blieben bestehen.

Schmuggel nach dem Krieg

Nach 1945 wurde an der Grenze zu Belgien und Luxemburg gutes Geld mit der illegalen Einfuhr von im Nachkriegsdeutschland knappen Gütern verdient: Butter, Kaffee, Zigaretten, Schokolade. ›Sankt Mokka‹ taufte der Volksmund die nach Kriegszerstörung neu errichtete Pfarrkirche St. Hubertus in Schmidt bei Nideggen. Hier blühte der Kaffeeschmuggel und der Pfarrer nahm in der Kollekte reichlich auf dem Schwarzmarkt verdientes Geld ein, heißt es. Viele Schmuggler setzten sich großen Gefahren aus, z. B. wenn ein Grenzfluss wie die Our durchwatet werden musste, ohne dass Zöllner auf Patrouille aufmerksam wurden (›Schmuggler-Touren‹ s. S. 35).

Grenzlandschaften

Ob man sich in Deutschland oder Belgien befindet, zeigt die Landschaftsstruktur. Weite Flächen, baumlose Wiesen und Viehweiden hier, von stark gestutzten niedrigen Hecken, bisweilen auch höheren Rotbuchereihen gegliederte Kulturlandschaft dort. In Belgien unterblieb so manches, was im ›fortschrittlichen‹ Deutschland der 1970er- und 1980er-Jahre unternommen wurde, um die Landwirtschaft effizienter zu machen: z. B. die Flurbereinigung. Die ausgeräumte Landschaft der deutschen Flur ist der augenfällige Beweis.

Geld aus EU-Töpfen

Fördermittel aus der EU für grenzüberschreitende Projekte fließen reichlich, davon profitiert auch die Eifel, die auf zwei Euregios aufgeteilt ist: Die Euregio Maas-Rhein praktiziert in der Nordeifel und nördlich davon länderübergreifende Zusammenarbeit zwischen der belgischen Deutschsprachigen Gemeinschaft (DG) und der Regio Aachen. Gut funktioniert der grenzenlose Nahverkehr mit dem Euregioticket (s. S. 86). Im Süden grenzt die Großregion (www.granderegion.net) an, auch Saar-Lor-Lux genannt. Gut funktioniert auch die Zusammenarbeit in den beiden grenzüberschreitenden Naturparks in der Nord- und Südeifel.

Die Nord-Süd-Teilung ist auch sprachlich unüberhörbar. Die Sprachgrenze trennt das in Ostbelgien und der deutschen Eifel verbreitete Ripuarische, wie es auch in Köln zu hören ist, vom Moselfränkischen, das in Luxemburg und im Raum Bitburg-Daun bis zum Mittelrhein gesprochen wird.

Kaffee, Butter, Schokolade waren ihr Geschäft: An die Schmuggler der Nachkriegszeit erinnert in Monschau-Mützenich ein Denkmal des Künstlers Klaus Gehlen (2012)

Die Eifel und der Motorsport – eine Herzensangelegenheit

Schon der Motorsportfan Kaiser Wilhelm II. fasste Anfang des 20. Jh. den Bau einer deutschen Rennstrecke ins Auge. Ideal erschien ihm dafür die naturschöne, dünn besiedelte Eifel, deren Straßenverhältnisse er aus eigener Anschauung kannte.

Motorrad- und Autorennen fanden damals in der Eifel auf öffentlichen Straßen statt. Beliebt war der Rundkurs zwischen Nideggen und Heimbach. Es ging mitten durch die Dörfer, was auf die Dauer allerdings zu riskant war, nicht nur für das liebe Federvieh: Die Veranstaltungen des 1903 als Motorradfahrerverein gegründeten Allgemeinen Deutschen Automobilclubs (ADAC) lockten Zehntausende Besucher an.

Um Kosten und Ärger zu sparen, initiierte der ADAC eine permanente Rennstrecke im Eifelkreis Adenau. Der damals ärmste Landkreis in ›Preußisch-Sibirien‹ stellte das Land zur Verfügung und verpflichtete sich per Vertrag, die Baukosten zu tragen – statt der geplanten 5 Mio. wurden es 8,1 Mio. Reichsmark. Die als Renn- und

Für die Formel 1 gerettet: Sebastian Vettel 2013 auf dem Nürburgring

Prüfungsstraße errichtete Trasse führt auf ca. 680 m Höhe rund um die malerische Ruine der Nürburg. Für den Bau, von der preußischen Regierung als »große Notstandsarbeit« deklariert, plante man arbeitslose Adenauer saisonal heranzuziehen. Bis zu 2500 Arbeiter waren nötig. Sie in dem bevölkerungsarmen Kreis zu finden, dessen bäuerliche Betriebe gerade im Sommer auf Arbeitskräfte angewiesen waren, konnte nicht gelingen. Beschäftigt wurden daher auch viele Arbeitslose aus den Nachbarkreisen Köln und Koblenz.

Nach Eröffnung des Nürburgrings 1927 wandelte sich das mit öffentlichen Geldern finanzierte Unternehmen 1928 zur Nürburgring GmbH, an der auch der Kreis Adenau in geringem Umfang beteiligt war. Kein gutes Geschäft für Adenau: Völlig verschuldet wurde der Landkreis 1932 aufgelöst; er ging in den Landkreisen Mayen und Ahrweiler auf.

Todesfalle Grüne Hölle

Aus dem Grand-Prix-Rennen 1927 ging Rudolf Caracciola als Sieger hervor – der erste in der Geschichte des Nürburgrings. Schon ein Jahr später gab es die ersten Toten: Zwischen 1928 und 2010 kamen 68 Fahrer bei Rennen ums Leben. »Grüne Hölle« nannten die Rennfahrer die enge, nur mit Hecken eingefasste Strecke durch den Eifelwald. Wegen Sicherheitsmängeln verwehrte man der Nordschleife 1976–2007 die Zulassung für Formel-1-Rennen. Politiker und Verbände, allen voran der ADAC, drängten auf einen Umbau, der die Rennstrecke entschärfen und für das rasante Tempo moderner Rennen geeigneter machen sollte – abgeschlossen wurde der Umbau 1984. Der Nürburgring war und ist aber vor allem eine Teststrecke.

Motorsport-Events

Events am Nürburgring s. www.nuerburgring.de. **Eifel Rallye Festival** (www.eifel-rallye-festival.de) und **Adenau Classic** (www.mscadenau.de), beide Ende Juli. **Rallye Oberehe,** 1. Aug.-Wochenende (www.msc-oberehe.de). **ADAC-Klassik-Fahrt,** 3. Sa im Okt., Oldtimer-Treff zur 140 km-Eifelrundfahrt mit Start/Ziel Hillesheim (www.klassik.msc-oberehe.de). Die **Motorradwallfahrt nach Klausen** (Moseleifel; letzter So im April) ist Auftakt der Bikersaison.

Ende einer Irrfahrt?

Schließlich sorgte der Skandal um die Finanzierung des Nürburgring-Ausbaus für Schlagzeilen: In unmittelbarer Nähe der Rennstrecke waren ab 2009 ein Vergnügungs-, Einkaufs- und Freizeitzentrum, Großhotels und ein Feriendorf entstanden, die sich als nicht ausreichend lukrativ erwiesen. Die ausgebliebenen Pachtzahlungen der Betreiber von Hotels und Vergnügungseinrichtungen an die Nürburgring GmbH – zu 90 % in der Hand des Landes Rheinland-Pfalz – führten zur Pleite. Das Projekt brachte drei Jahre nach dem Finanzminister auch den Regierungschef des Landes Rheinland-Pfalz, Kurt Beck, zu Fall. 2014 konnten die Insolvenzverwalter zwar den Verkauf an einen bereits in der Region ansässigen Autotechnikbetrieb vermelden, doch die Finanzdecke blieb dünn. Am Nürburgring, dessen schwierige Straßenverhältnisse Gefahrensituationen aller Art nicht nur virtuell, sondern real darstellen, wird es künftig außer um den Motorsport um die Verkehrssicherheit der Produkte der Autoindustrie gehen.

Unterwegs in der Eifel

Romantik in geselliger Runde: Blick über das Ahrgebirge vom Rotweinwanderweg

Das Beste auf einen Blick

Nordeifel mit Aachen und Hohem Venn

Highlights !

Aachen: Der Aachener Dom ist ein Kristallisationspunkt (west-)europäischer Geschichte, wo Prunk und Pracht des Mittelalters bis heute gefeiert werden. Absolut sehenswert. S. 78

Monschau: Fachwerkfassaden und Kopfsteinpflastergassen wie aus dem Bilderbuch, noble Bürgerpaläste der Tuchmacher – das unverwechselbare Flair der Stadt zieht viele Besucher an und so kann es eng werden in den schmalen Gassen. S. 87

Nationalpark Eifel: Hier sind Luchs und Wildkatze, Wasseramsel und Schwarzstorch zu Hause. Mit dem Ranger gehen Besucher auf die Pirsch. S. 94

Auf Entdeckungstour

Wie die alten Rittersleut – Burg Nideggen: Selten findet man ein so gut erhaltenes Festungsensemble wie Nideggen. Wie schwierig es für Angreifer war, in die Burg einzudringen, kann man heute noch bei einem Rundgang gut nachvollziehen. S. 102

Stationen der Volksfrömmigkeit – Kapellen am Eifelrand: Zahlreich sind die Kapellchen, Heiligen- und Andachtshäuschen in der Eifel. Die große Armut der Eifeler im 19. Jh. sorgte dafür, dass der Stoff für Gebete nicht ausging. Aber auch heute ist die Eifeler Volksfrömmigkeit höchst lebendig. S. 124

Kultur & Sehenswertes

Vogelsang: Einst NS-Ordensburg, heute Nationalpark-Zentrum – aber nicht nur: Eine gut gemachte Ausstellung bringt Licht ins Dunkel der Geschichte. S. 95

Römerthermen – Museum der Badekultur im Rheinland: Das Museum in Zülpich schlägt den Bogen über mehr als 2000 Jahre Badekultur – spannend. S. 111

Bad Münstereifel: Die Altstadt entlang der Erft besticht mit Fachwerkhäusern und Shopping-Angeboten. S. 117

Zu Fuß unterwegs

Wanderung im Naturschutzgebiet Perlbach-/Fuhrtsbachtal: Nicht nur wenn die Narzissen blühen, sind die Täler einen Besuch wert. S. 91

Rundwanderung im Hohen Venn: Auf Holzstegen über das Moor von Botrange zum Kreuz der Verlobten und über Baraque Michel zurück. S. 109

Genießen & Atmosphäre

Carolus Thermen in Aachen: In Bad Aachens Thermalwasser einzutauchen ist eine durch und durch entspannende Erfahrung. S. 84

Senfmühle Breuer in Monschau: Das Schnabuleum neben der Senfmühle gehört zu den kulinarischen Highlights der Nordeifel. S. 90

Die Rurseen: Zwischen den steilen, dicht bewaldeten Hängen erlebt man Genuss für Leib und Seele, ob auf den Uferwegen oder auf dem Wasser mit Segelboot, Kanu oder den Linienbooten der Rurseeschifffahrt. S. 98

Abends & Nachts

Wolfsschlucht in Bad Münstereifel: In dem Lokal in der Altstadt von Bad Münstereifel ist der beste Platz an der Theke, Auge in Auge mit dem Wolf. S. 121

Aachen! ▶ A 3

Kaiserstadt, Pilgerstadt, Bäderstadt – Aachen (253 000 Einw.) besitzt reichlich touristisches Kapital. Rund 30 Thermal- und Mineralquellen sprudeln in dem Talkessel zwischen den Vorbergen des Hohen Venns, darunter bis zu 74 °C heiße schwefelhaltige Kochsalzquellen. Sie speisen noch heute u. a. die Carolus Thermen am Kurpark. Allgegenwärtig ist Karl, genannt der Große, der in Frankreich Charlemagne heißt, eine historische Lichtgestalt mit Schattenseiten (s. S. 61). Seine Kaiserpfalz in Aachen ist Schnittpunkt romanischer und germanischer Kultur, hier ist der Westen Europas ganz nah.

Reizvoll ist Aachens Grenzlage in der Euregio Maas-Rhein: Die grüne fruchtbare Heckenlandschaft leitet über in die Rureifel (s. S. 86) mit beliebten Ausflugszielen, ins Hohe Venn nach Belgien (s. S. 107) und zur niederländischen Nachbarstadt Maastricht. Im Umfeld der vier Hochschulen haben sich Startup- und andere Unternehmen aus HiTech-Branchen angesiedelt.

Infobox

Touristeninformation

aachen tourist service e. v.: Tourist Info Elisenbrunnen, Friedrich-Wilhelm-Platz, 52062 Aachen, Tel. 0241 180 29-60 oder -61, Mo–Fr 9–18, Sa 9–14, April–Dez. Sa bis 15, außerdem So 10–14 Uhr.

Internet

www.aachen-tourist.de
www.route-charlemagne.eu

Museen

Kombikarte: für sechs Museen, u. a. Ludwig Forum, Couven-Museum und Suermondt-Ludwig-Museum, 6 Monate gültig, 14 €, erm. 10 €, Infos: www.aachen-museen.de.

Anreise und Verkehr

Bahn/Bus: Euregioticket, www.avv.d/euregioticket s. S. 86.

Stadtgeschichte

Bereits vor 5500 Jahren bauten Menschen am Lousberg Feuerstein ab und siedelten im heutigen Zentrum von Aachen. Im 1. Jh. gab es eine römische Kleinstadt mit prunkvollen Großbauten, nicht zuletzt den Thermen. Ihr Name: Aquae Grani (Granni).

Für das Jahr 765 ist in Urkunden der Name Aken oder Ayche verbürgt. Pippin der Kurze hatte sich ein Königsgut bauen lassen, wo sich auch sein Sohn Karl gern aufhielt. Ab 790 entstand die Pfalz Karls des Großen samt Palastaula und Kirche – ganz unbescheiden im Stil einer römischen Kaiserresidenz. Die Stadt Karls des Großen sah auch nach seinem Tod 814 noch viele gekrönte Häupter: 956 ließ sich einer seiner Nachfolger, der sächsische König Otto, hier als Erster zum Kaiser krönen.

Nach Karls Heiligsprechung 1165 wurde Aachen neben Rom und Santiago de Compostela zum bedeutenden Wallfahrtsort, erst recht, als im Pestjahr 1349 die Aachener Heiligtumsfahrten zum Marienschrein, der neben dem Karlsschrein wichtigsten Attraktion für Gläubige, festgelegt wurden (alle sieben Jahre, s. S. 82).

Zwischen dem 12. und dem 15. Jh. entwickelte sich Aachen, seit 1336 freie Reichsstadt, zum Zentrum des Tuchmachergewerbes und der Metallverar-

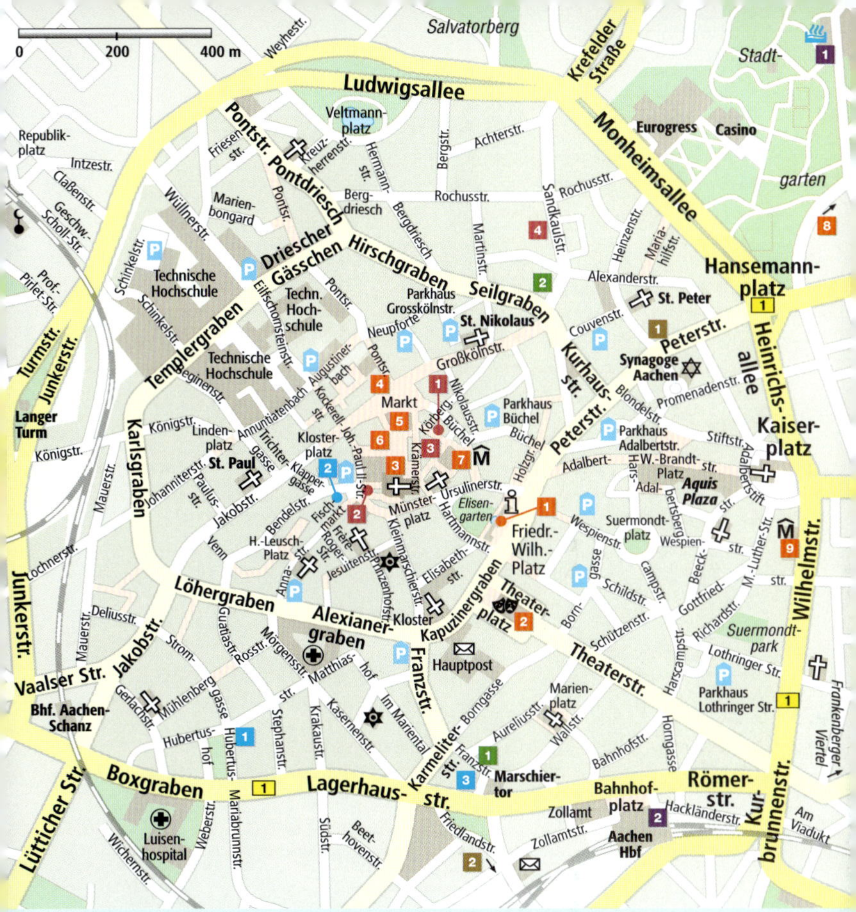

Aachen

Sehenswert

1 Elisenbrunnen
2 Theater
3 Dom mit Pfalzkapelle
4 Haus Löwenstein
5 Rathaus
6 Centre Charlemagne
7 Couven-Museum
8 Ludwig Forum für Internationale Kunst (LUFO)
9 Suermondt-Ludwig-Museum

Übernachten

1 Best Western Regence
2 Art Hotel Aachen

Essen & Trinken

1 Alt-Aachener Kaffeestuben »Leo van den Daele«
2 Rose am Dom
3 Zum Mohren
4 Café Juli

Einkaufen

1 Printenbäckerei Klein
2 Metzgerei Lemmen

Aktiv

1 Carolus Thermen
2 Radstation

Abends & Nachts

1 Pippin
2 Grotesque Bar
3 Franz

beitung. Martin Luthers Ideen waren in Aachen anfangs erfolgreich – die katholische Reaktion darauf aber vernichtend: Der Kaiser sprach die Reichsacht über die Stadt aus, deren Rat mehrheitlich mit Protestanten besetzt war. Damit wurden diese rechtlos und aus dem Amt gezwungen. Die meisten wurden vertrieben, viele hingerichtet. 1614 marschierten spanische Truppen in die Stadt ein. Die Tuchmacher verließen Aachen Richtung Monschau (s. S. 87). Ab Mitte des 17. Jh. kam wieder Schwung in den Badebetrieb und Aachen wurde zum Modebad.

Altstadtspaziergang

Der Rundgang beginnt am **Elisenbrunnen** 1 mit seiner Kolonnade, in der man Aachener Heilwasser zapfen kann, dessen Schwefelgehalt allerdings feine Nasen beleidigt. Im dahinterliegenden **Elisengarten** lassen sich unter Glas Ausgrabungen betrachten. Solche ›Archäologischen Fenster‹ gibt es auch an anderen Stellen in der Stadt (Infos, u. a. ein spannender Film, s. www.archaeologie-aachen.de). In dem klassizistischen Bau (1825) des **Theaters** 2 schräg gegenüber werden Opern, Theater- und Ballettstücke und Konzerte aufgeführt.

Dom mit Pfalzkapelle 3

Domhof 1, www.aachenerdom.de, April–Dez. tgl. 7–19, Jan.–März 7–18 Uhr, Eintritt frei; Führungen (45 Min.) 4 €

Der Aachener Dom führt wie kaum ein anderes Bauwerk die Symbiose von Monarchie und Kirche, die Verschmelzung von Politik und Religion vor Augen.

Nach dem Stadtbummel entspannt eine Ruhepause im Hof, den Dom im Blick

Das Oktogon (Pfalzkapelle)

Herzstück des Doms ist das karolingische Oktogon. Der achteckige Raum wurde um 800 nach byzantinischen Vorbildern, u. a. San Vitale in Ravenna, als Kapelle der Kaiserpfalz errichtet. Der Kaiser kam ungesehen vom Palast in den Dom – über einen zwei Stockwerke hohen, 150 m langen Bogengang. Nicht nur beim Bauplan stand Italien Pate, Originalsäulen aus Ravenna und Rom wurden verwendet – der erste Karolinger wollte seine Herrschaft durch Rückgriff auf die Antike auch optisch legitimieren. Die Pfalzkapelle wurde am Standort römischer Thermen errichtet, deren Reste etwa 3 m tief zwischen den Fundamenten gefunden wurden.

Im Innenraum fällt der riesige **Radleuchter** (Barbarossaleuchter) ins Auge, eine Stiftung Kaiser Friedrichs I. anlässlich von Karls Heiligsprechung 1165. Wände und Böden des Oktogons schmücken 2500 m² Marmor und wilhelminisch-byzantisierende **Mosaiken** aus der Zeit von 1880 bis 1913. Die karolingischen Originale fielen im 18. Jh. einer Umgestaltung im Stil des Rokoko zum Opfer. Der unscheinbare **Karlsthron** steht im Obergeschoss, in das man nur bei Führungen gelangt. Alle deutschen Herrscher zwischen 936 und 1531, ob sie in Aachen gekrönt wurden oder nicht, nahmen zumindest einmal auf dem Thron Platz.

Chorhalle und Seitenkapellen

Die wachsende Pilgerschar nach der Heiligsprechung Karls des Großen machte den Bau des gotischen Chors (1355–1414) erforderlich – lichtdurchflutet mit großen Fenstern im Stil der französischen Hochgotik. Er dient der Präsentation des **Marienschreins** mit den vier großen Heiligtümern – den Windeln und dem Lendentuch Jesu, dem Kleid Mariens und dem Enthauptungstuch Johannes des Täufers. Der kostbare, zwischen 1220 und 1239 gefertigte Marienschrein ist rund 2 m lang und über und über mit Reliefs und Figuren aus getriebenen Silberplatten bedeckt, die vergoldet und mit Edelstein- und Emaileinlagen verziert sind. Seit der Restaurierung – sie dauerte elf Jahre – ist er wieder alle sieben Jahre ab dem siebten Tag des siebten Monats zwei Wochen lang zu betrachten, das nächste Mal 2021.

Teilnehmer einer Domführung bekommen den Reliquienschrein mit den Gebeinen Karls des Großen zu sehen, den **Karlsschrein.** Friedrich Barbarossa hatte 1165 die Gebeine Karls des Großen aus seinem ursprünglichen Grab entfernen lassen, dessen Lage bis heute nicht bekannt ist, und den Schrein in Auftrag gegeben.

Domschatzkammer

Johannes-Paul-II.-Str. 13, Mo 10–14, Di–So 10–17/18 Uhr, 5 €

Königliches und Sakrales aus Spätantike und Mittelalter sind hier versammelt, u. a. das ca. 50 cm hohe, edelsteinbesetzte Lotharkreuz (um 1000), das auf der ›Kaiserseite‹ eine antike Kamee des 1. Jh. mit dem Porträt des lorbeerbekränzten römischen Kaisers Augustus zeigt. Den Namen trägt das von Otto III. gestiftete Kreuz wegen seiner lateinischen Inschrift, die König Lothar nennt. Die silberne, teilweise vergoldete Karlsbüste, deren Kopf die Schädeldecke des Kaisers birgt, vor allem aber das kunstvolle Reliquiar mit den kaiserlichen Unterarmknochen sind erstklassige Schaustücke, ebenso der Krönungsmantel (Cappa Leonis) aus der Zeit vor 1520.

Rund um den Marktplatz

Vom Dom sind es nur wenige Minuten bis zum Marktplatz mit dem schmucken **Haus Löwenstein** 4. Neben dem mit Türmchen und Zinnenkranz verzierten Haus mündet die **Pontstraße,** eine belebte Kneipenmeile. Dass es hier zur Pont (›Brücke‹) ging, zeigt die Figur des Brückenheiligen Johannes Nepomuk an der Fassade.

Rathaus 5

Markt, www.rathaus-aachen.de, tgl. 10–18 Uhr, 6 € (Audioguide 2 €), Führungen April–Dez. Sa, So 10.30 Uhr

An der Stelle des Rathauses stand bis 1330 der Zentralbau der Aachener Pfalz Karls des Großen. Der **Granusturm** an der Ostseite ist der älteste noch sichtbare erhaltene karolingische Gebäudeteil. Den Stadtbrand von 1656 nahmen die Stadtväter zum Anlass für eine Umgestaltung im Barock. Innen besticht der von italienischen Stuckateuren zum Festsaal ausgeschmückte **Weiße Saal.** Einblick in die Handwerkerstadt gibt der **Saal des Werkmeistergerichts** in Aachen-Lütticher Barock. Hier mussten früher die Tuchmacher ihre Erzeugnisse vor dem Export von einem Expertengremium prüfen lassen. Mithilfe des Audioguides erlebt man im **Krönungssaal,** wie ein Krönungsmahl im 16. Jh. ablief. Heute findet hier die Verleihung des Karlspreises statt (s. S. 62). Auch originalgetreue **Kopien der Reichskleinodien** sind zu sehen, die Kaiser Wilhelm II. 1915 anfertigen ließ.

Centre Charlemagne 6

Katschhof 1, www.centre-charlemagne.eu, Di–So 10–17 Uhr, 6 €

Die Dauerausstellung in dem modernen Glasbau präsentiert Aachens Geschichte von der Steinzeit bis heute. Dabei bildet die Rolle Karls des Großen – halb Mythos, halb historische Figur – einen Schwerpunkt. Ein begehbares Modell der Kaiserpfalz und ausgewählte Exponate geben, multimedial unterstützt, einen Eindruck vom Stadtleben einst und jetzt.

Couven-Museum 7

Hühnermarkt 17, www.couven-museum.de, Di–So 10–18, 1. Sa im Monat 13–18 Uhr, 6 € (Ausstellungen Sonderpreis)

Stadtbaumeister Johann Joseph Couven erhielt 1786 von dem Apotheker Monheim den Auftrag, das Haus von 1662, in dem dieser eine Apotheke erworben hatte, umzubauen. Das Ergebnis: ein großbürgerliches Rokokostadthaus. Der Salon, in dem u. a. Konzerte und Empfänge stattfanden, wurde nach Skizzen von Couven im Stil des 18. Jh. wiederhergestellt – mit Rokokoschnitzereien und einem großformatigen romantischen Landschaftsgemälde. Es gibt ein Silberkabinett, Biedermeiermöbel und in üppig verzierten Vitrinenschränken wird Porzellan zur Schau gestellt. Aber auch eine alltägliche Küche des 18./19. Jh. mit gusseisernem Herd sowie die rekonstruierte Apotheke sind zu bewundern.

Unser Tipp

Frankenberger Viertel

Östlich vom Zentrum erstreckt sich das gutbürgerliche Szeneviertel mit Gründerzeitvillen und hohem Hipster-Faktor. Anlaufstellen sind das **Café Hase** (Triebelsstr. 21, www.cafe-hase.de, Di–So 9/10–18.30 Uhr) mit Kuchen, Suppe oder Quiche vegan. Abends trifft sich die Szene in der **Bar Cantona** (Bismackstr. 47, www.diebarcantona.de, Di–So ab 18 Uhr). Kleinkunst und Livemusik bringen das **Dumont** (Zollernstr.41, www.dumont-aachen.de) und der **Musikbunker** auf die Bühne (Goffartstr. 39, www.mubu.ac).

Außerhalb der Altstadt

Ludwig Forum für Internationale Kunst (LUFO) 8

Jülicher Str. 97–109, www.ludwigforum.de, Di/Mi, Fr–So 10–17, Do 10–20 Uhr, 6 €

Die 1969 begonnene Sammlung von Peter und Irene Ludwig bildet die Grundlage des Kunstmuseums in einer ehemaligen Schirmfabrik mit einer Ausstellungsfläche von 6000 m². Ob Andy Warhol, Keith Haring, Gerhard Richter oder Nam June Paik – hier begegnet man wichtigen Werken der amerikanischen Pop-Art und des Fotorealismus sowie der internationalen Kunstszene seit den 1960er-Jahren (Veranstaltungen s. Website).

Suermondt-Ludwig-Museum 9

Wilhelmstr. 18, www.suermondt-ludwig-museum.de, Di–So 10–17 Uhr, 6 €

Das Museum in einem großbürgerlichen Stadtpalais des späten 19. Jh. zeigt Schätze aus den Sammlungen der Aachener Bürger Barthold Suermondt und Peter Ludwig: Kunst der Antike, Skulpturen des Mittelalters, Werke von Cranach und Rembrandt, aber auch von August Macke, Max Beckmann und anderen Künstlern der Moderne.

Übernachten

Schick und wohnlich – **Best Western Regence** 1: Peterstr. 71, Tel. 0241 478 70, www.regence.bestwestern.de, DZ ab 92 € ohne Frühstück (16,50 €). Nach Feng-Shui-Prinzipien gestaltetes, vollklimatisiertes Vier-Sterne-Hotel.

Außerhalb – **Art Hotel Aachen** 2: Adenauerallee 209, Tel. 0241 60 83 60, www.art-hotel-aachen.de, 38 Zimmer, DZ ab 70 € ohne Frühstück (13 €), zu Messe- oder CHIO-Zeiten doppelt so viel. Ruhige Lage am Südrand der Innenstadt mit Busverbindung. Zweckmäßig eingerichtet.

Essen & Trinken

Klassisches Café – **Alt-Aachener Kaffeestuben »Leo van den Daele«** 1: Büchel 18, www.van-den-daele.de. Das älteste Café in Aachen, dunkel, verwinkelt und gemütlich.

Kreative Küche – **Rose am Dom** 2: Fischmarkt 1, Tel. 0241 97 90 66 67, http://roseamdom-aachen.de, tgl. 11.30–23.30 Uhr, Nebensaison Di Ruhetag. Originelle Kombinationen wie Kabeljau und Blutwurst, Hauptgerichte um 20 €.

Schönes Café – **Zum Mohren** 3: Hof 4, Tel. 0241 352 00, www.cafezummohren.de, tgl. 10–20 Uhr. Köstliches Eis und leckere belgische Torten. In dem dreistöckigen Haus residierte im 18. Jh. ein Stoffhändler. Schön sitzt man bei gutem Wetter an den Tischen hinter dem Dom.

Hier ist immer Sommer – **Café Juli** 4: Sandkaulstr. 15, www.cafe-juli-aachen.de, Di–Sa 9.30–18, So 10–14 Uhr, Das Meiste ist aus Öko-Anbau, viel Vegetarisches auf der Wochenkarte 7–10 €, z. B. Quiche, Salate, Suppen.

Einkaufen

Außer in der **Fußgängerzone** shoppt man gut in der **Jakobstraße:** kleine, edle und originelle Geschäfte. **Markt:** Di, Do 7–14 Uhr auf dem Marktplatz.

Printen mit Führung – **Printenbäckerei Klein** 1: Franzstr. 91, Tel. 0241 47 43 50, www.printen.de, Mo–Fr 15–17 Uhr 45-minütige Führungen.

Puttes, Karlswurst und mehr – **Metzgerei Lemmen** 2: Alexanderstr. 7, Di–Fr 7.30–18, Sa 8–14 Uhr. Hier bekommt man deftige und fein gewürzte ›Öcher‹ Spezialitäten, z. B. Blutwurst (Puttes) oder Karlswurst im Glas – ein ideales Aachen-Souvenir für Feinschmecker.

Aktiv

Nobel baden – **Carolus Thermen** 1: Passstr. 79, Tel. 0241 182 74-0, www.carolus-thermen.de, tgl. 9–23 Uhr, Tagespreis inkl. Sauna Mo–Fr 36 €, Sa, So 38 €, nur Bad 18–19 €, Parkhaus 3 €. Die Thermen nutzen die Originalthermalquellen, die heiß aus dem Berg sprudeln. Ein wunderbarer Ort zum Entspannen nach dem Stadtbummel.

Radfahren – Aachen lässt sich gut per Rad erkunden. **Verleih: Radstation am Hauptbahnhof** 2, Tel. 0241 45 01 95-02, www.radstation-aachen.de, Mo–Fr 5.30–22.30, Sa, So 10–18.30 Uhr.

Abends & Nachts

Veranstaltungstipps siehe **Stadtmagazin »Klenkes«,** www.klenkes.de. Die **Pontstraße** ist das Zentrum des studentischen Nachtlebens (Fastfood, Kneipen, Kinos), voll im Trend ist das Frankenberger Viertel (s. Unser Tipp S. 83).

Genuss mit Stil – **Pippin** 1: Hubertusstr. 43, Tel. 0241 400 98 17, www.pippin-aachen.de, Mo–So 18–24 Uhr. Klein und fein wie das Lokal ist auch die Karte: »Öcher Burger« (9 €), aber auch Wachtelbrüste und Kerbelcrème. Hauptgericht um 20 €.

Ungewöhnliches Ambiente – **Grotesque Bar** 2: Rennbahn 1, Tel. 0241 47 58 68 35, www.grotesque-bar.de, Mo–Sa 17–23 Uhr. Eine Absinthbar im Stil der 1920er-Jahre – es gibt aber auch Kultbiere und Alkoholfreies. Tolles Ambiente, gelegentlich Livemusik.

Kleinkunstbühne – **Franz 3**: Franzstr. 74, Tel. 02405 408 60 (Tickethotline), www.franz-aachen.de. Comedy, Kabarett, Tanz, Gesang, Musik. Mi gratis Konzerte mit lokalen Künstlern.

Infos & Termine

Tourist Info: s. S. 78.
Bahn: Aachen Hbf. an der Strecke Köln–Brüssel–Paris; von Aachen-Schanz und Aachen-West Regionalbahnen Richtung Niederlande/Mönchengladbach.
Stadtbusse: in die Peripherie, nach Vaals (NL) und Monschau, www.avv.de.
Termine: Springreitturnier **CHIO,** 10 Tage Ende Juni. **Weihnachtsmarkt,** www.aachenweihnachtsmarkt.de.

Kornelimünster ▸B 3

Der Aachener Stadtteil im Indetal ist heute bekannt als Startpunkt des Eifelsteigs – Kornelimünsters Geschichte begann um 814, als der Sohn Karls des Großen, Ludwig der Fromme, hier ein Benediktinerkloster gründete. Die im 9. Jh. übernommenen Reliquien, die Schädel des hl. Cyprianus und von Papst Cornelius, machten aus dem Namen des Klosters ›Inda‹ bald ›Kornelimünster‹. Berühmt ist der Ort alle sieben Jahre als Ziel der Heiligtumsfahrt (s. S. 82). Das einmalig geschlossene, intakte Ortsbild mit Häusern des 16. Jh. steht unter Denkmalschutz. Das **Haus Benediktusplatz Nr. 17** gilt als schmalstes Haus in NRW.

Abteikirche

Die Baugeschichte ist so kompliziert, wie der Bau selbst von außen erscheint. Sehenswert sind im Innern das Chorgestühl (ca. 1320) mit kunstvollen Schnitzereien, der barocke Hochaltar und der Anna-Altar (frühes 14. Jh.). Der Taufstein im Annaschiff ist ein Glanzstück maasländischer Gotik. Wegen des großen Pilgerandrangs wurde die barocke **Korneliuskapelle** angebaut. Nur während der Kornelioktav (um den 16. Sept.) lassen sich hier die prächtigst verzierten Schädelreliquiare, Hauptschatz der Abtei, betrachten.

Ehemalige Reichsabtei – Kunst aus NRW

Abteigarten 6, Tel. 02408 64 92, www.kunst-aus-nrw.nrw.de, Do–Sa 14–18, So 12–18 Uhr, Eintritt frei
Im frühen 18. Jh. wurde die mittelalterliche Abtei durch eine spätbarocke schlossartige Anlage mit Fest- und Rittersaal, Jagdzimmer und Abtskapelle ersetzt. Vom alten Kloster blieben nur die beiden Torbauten. Nach der Säkularisation beherbergte das Gebäude eine Textilfabrik, heute ist hier interessante moderne Kunst ab 1945 zu sehen.

Westlich des Ortes

Die **Bergkirche St. Stephanus,** eine dreischiffige Hallenkirche des 14. Jh. mit Westbau (10. Jh.) hoch über dem Indetal, steht vermutlich an der Stelle eines römischen Wachturms. Tatsächlich wurden 300 m entfernt an der Gabelung von Römerstraßen Reste gallorömischer Tempel freigelegt, die u. a. dem Gott Varneno und der Göttin Sunuxal gewidmet waren. Dem 15 ha großen Tempelbezirk von **Varnenum** schloss sich ein *vicus* (Dorf) an.

Aktiv

Radfahren – Am ehemaligen Bahnhof Möglichkeit, in den **Vennbahnradweg Aachen–St. Vith** einzusteigen.

Infos

Bus: von Aachen Linie 35, 66 und 68.

Rureifel

Die Rureifel ist einer der touristischen Brennpunkte der Eifel, nicht erst seit der Eröffnung des **Nationalparks Eifel** im Jahr 2004. Wenn im Frühsommer die Hochfläche ginstergelb leuchtet, die Vögel durch die Luft schwirren und sich in wassergefüllten Panzerspuren Molche und Frösche tummeln, gerät die Vergangenheit des zuvor militärisch genutzten Geländes fast in Vergessenheit.

Kall ist in puncto öffentlicher Nahverkehr die wichtigste Drehscheibe für den Nationalpark – landschaftlich gehört es zur Kalkeifel (s. S. 126). Weitere Zentren des Nationalparktourismus sind **Schleiden** im Oleftal und der Kneipp-Kurort **Gemünd.** Die Region um **Heimbach,** Luftkurort an der Rur unterhalb der großen Stauseen, ist für die Bewohner der Ballungsgebiete in der Ebene, einschließlich der nahen Niederlande, ein beliebtes Ferienparadies. Wo sich Rur und Urft canyonartig bis in die frühdevonischen Schichten des Eifelgebirges eingegraben haben, werden sie seit über einem Jahrhundert für die Trinkwasser- und Energienutzung zur zweitgrößten Stauseeanlage Deutschlands gestaut: Die ›Eifeler Seenplatte‹ aus **Urft-, Ober- und Rursee** ist das Herz der Region. Hier finden Wanderer, Radfahrer, Wassersportler und Angler vielfältige Freizeitmöglichkeiten.

Auch romantische Städtchen wie das fachwerkschöne **Monschau,** die Burgenstadt **Nideggen** und der kleine Burgort **Reifferscheid** locken Tagesbesucher. Die artenreichen Wiesen der engen Täler begeistern nicht nur zur Narzissenblüte, während die haushohen Buchenhecken des **Monschauer Heckenlandes** auf den Höhen in Staunen versetzen.

Infobox

Infos im Internet

www.nordeifel-tourismus.de: Gute Informationen zur südöstlichen Rureifel (ohne Monschau, Heimbach, Nideggen).
www.nationalpark-eifel.de: Alle Informationen rund um den Nationalpark, z. B. zu Anreise, Unterkünften, geführten Wanderungen und Schiffstouren.

Aktiv

www.movelo.com: E-Bike-Verleih; Akkuladestellen in der gesamten Region.
Eifelsteig: Die ersten Etappen (Start ist in Kornelimünster) führen übers Hohe Venn nach Mützenich, über Monschau nach Höfen und an der Rur entlang nach Einruhr am Rursee (www.eifelsteig-monschauerland.de).

Nationalpark-Tore

Es gibt fünf **Nationalpark-Tore** mit Tourist Info und Ausstellungen zum Nationalpark: in Gemünd, Monschau-Höfen, Heimbach, Rurberg, Nideggen, alle tgl. 10–17 Uhr. Gute Anlaufstellen sind außerdem die **Nationalpark-Infopunkte** (s. S. 101, 105).

Verkehr

Bahn: Rurtalbahn Düren–Heimbach, tgl. Verbindungen (www.rurtalbahn.de). Oleftalbahn ab Kall Ende Mai–Okt. Sa, So, Fei (www.oleftalbahn.de).
Bahn/Bus: Euregioticket 18,50 €/Tag/Pers. (Sa, So, Fei für 2 Erw. und 3 Kinder bis 12 J. gültig), www.avv.de/euregioticket.

Monschau

Sehenswert
1 Rotes Haus – Stiftung Scheibler-Museum
2 Haus Troistorff
3 Evangelische Kirche
4 Katholische Pfarrkirche
5 Bürgerzentrum Aukloster
6 Aukirche
7 Burg
8 Haller
9 Felsenkeller – Brauereimuseum
10 Kunst- und Kulturzentrum der StädteRegion Aachen
11 Historische Senfmühle Breuer

Übernachten
1 Hotel Horchem
2 Zimmermanns Hotel

Essen & Trinken
1 Schnabuleum

Einkaufen
1 Monschauer Glashütte

Monschau ! und Umgebung ▸ B 4/5

Monschau, bis 1918 Montjoie, liegt am Oberlauf der Rur am Rand des Hohen Venns. Über einer Flussschleife ließen die Limburger Herzöge im 13. Jh. zur Kontrolle der Flusspassage eine Burg bauen. Die in ihrem Schatten entstandene Stadt kam 1433 ans Herzogtum Jülich. Ende des 16. Jh. wurde Monschau protestantisch und nahm im Dreißigjährigen Krieg viele protestantische Flüchtlinge auf. Auch sein Aufblühen zur Tuchmacherstadt verdankt es einem Religionsflüchtlingen: der 1598 aus Aachen ausgewanderte Tuchmacher Arnold Schmitz produzierte in Monschau modernes Feintuch, das die grobe Tuchware aus heimischer Wolle ablöste. Monschau bot gute Voraussetzungen: Das weiche Moorwasser des Venns war zum Waschen und Färben ideal und trieb auch die Walkmühlen an. Ihre Blütezeit erlebte die Feintuchproduktion im 18. Jh. Der Niedergang der Monschauer Textilindustrie kam im 19. Jh. wegen der preußischen Zollpolitik und des fehlenden Eisenbahnanschlusses. Das schmucke Burgstädtchen entwickelte sich im 20. Jh. zu einem beliebten Ausflugsziel. Vor allem im Sommer und in der Weihnachtszeit ist es sehr gut besucht.

Bruchstein, Fachwerk und Schiefer prägen das historische Stadtbild, das von Cafés, Lokalen, Kunsthandwerks- und Souvenirläden belebt wird. Es gibt über 330 denkmalgeschützte Bauwerke. Zahllose Architekturdetails an Türen, Giebeln und Fassaden ziehen die

Monschau bezaubert nicht nur im Abendlicht, links das Rote Haus

Blicke auf sich und machen Lust auf weitere Entdeckungen in der von Stadtmauern umschlossenen Altstadt.

Rotes Haus – Stiftung Scheibler-Museum 1

Laufenstr. 10, Tel. 02472 50 71, www. lvr.de (Suchbegriff »Stiftung Scheibler«), Einlass zur vollen Stunde April–Nov. Di–So 10, 11, 12, 14, 15, 16 Uhr, 3 €

Der protestantische Pfarrerssohn Johann Heinrich Scheibler aus dem Bergischen stellte besonders leichte, aufwendig gemusterte und farbenprächtige Stoffe mit samtartiger Oberfläche her, die ganz dem Rokokogeschmack entsprachen. 1760 ließ er das prachtvolle ›Rote Haus‹ bauen – repräsentatives Wohnhaus, Kontor, Lager und Fabrik zugleich. Das zeigt sich auch an der Architektur: Das Bauwerk besteht eigentlich aus zwei Häusern, dem Wohnhaus »Zum goldenen Helm« zur Linken und dem Kontorhaus »Zum Pelikan« mit Fabrik zur Rechten. Das heutige Museum vermittelt einen Eindruck vom großbürgerlichen Leben der Familie Scheibler und bietet Einblick in die Geschichte der Monschauer Tuchmacher. Höchst unterschiedliche Räumlichkeiten lassen sich besichtigen:

vom Wolllager unter dem Mansarddach über die herrschaftlichen Wohnräume bis zu den Kellergewölben, wo die Wolle im eiskalten Wasser von Hand gewaschen und gefärbt wurde. Besonders beeindruckend ist auch die freitragende Treppe im Foyer: Sie ist verziert mit Rokoko-Engeln, die die Arbeitsschritte der Tuchfabrikation in frappierendem Realismus ›ausüben‹.

Haus Troistorff 2

Laufenstr. 18

Diese Villa (1783) mit verputztem Fachwerk im Louis-Seize-Stil gehörte ebenfalls einem Feintuchfabrikanten. Heute befindet sich hier das Trauzimmer des Standesamtes.

Kirchenbauten

Eine Besonderheit für die Eifel stellt die klassizistische **evangelische Kirche** 3 (1787) am Rurufer dar, deren Kirchturmspitze von einem Schwan gekrönt wird. Die etwas erhöht stehende **katholische Pfarrkirche** 4 von 1650, ein Saalbau aus Bruchsteinmauerwerk, gilt als Perle des Bauernbarock. Das **Aukloster** 5, wie die angrenzende **Aukirche** 6 Relikt eines Minoritenklosters, wird heute als Bürgerzentrum für Veranstaltungen genutzt.

Die Burganlage und der Haller

Bis ins 12. Jh. reichen die Ursprünge der **Burg** 7 zurück, einer beeindruckenden Festung mit Türmen und mächtigen Mauern, in denen heute eine moderne Jugendherberge untergebracht ist. Im Norden gegenüber liegt die Ruine des **›Haller‹** 8. Der Turm ist vermutlich der Rest einer älteren Burg, die keine Erweiterungsmöglichkeit bot und deshalb den Bau der neuen Burg auf der anderen Rur-Seite nötig machte. Von der zackigen Ruine ebenso wie von der Burg bieten sich beste Blicke auf das Schieferdachmeer der Monschauer Altstadt.

Felsenkeller – Brauereimuseum 9

Herbert-Isaac-Str. 6, Tel. 02472 30 18, www.brauerei-museum.de, Di–So 11–18 Uhr, in den Schulferien auch Mo, 3 €

Die 150-jährige Brautradition kann man anhand alter Gerätschaften, der Küferei, einer riesigen Flaschensammlung und bei der Besichtigung des in den Schiefer gesprengten Felsenkellers nachvollziehen. Abrunden lässt sich der Besuch mit dem praktischen Studium der diversen Brau- und Gastronomiespezialitäten im Brauhaus.

Monschauer Glashütte 1
Burgau 15, www.glashuettemonschau.com, Jan./Febr. Sa/So 10–18, März zusätzl. Mo–Fr 11–17, April–Dez. tgl. 10–18 Uhr, Eintritt frei, Vorführungen (Gruppen) 2,50 € pro Pers.
In der Glashütte kann man den Glasmacher bei seiner Arbeit beobachten. Man kann sich auch selbst im Herstellen einer Glaskugel üben (5 €) – ein hübsches Souvenir. Im Laden gibt es Kunsthandwerk aus Glas.

Kunst- und Kulturzentrum der StädteRegion Aachen 10
Austr. 9, Tel. 02472 80 31 94, www.kuk-monschau.de, Di–Fr 14–17, Sa, So 11–17 Uhr, Eintritt frei
Die Ateliers der Ateliergemeinschaft im ehemaligen Finanzamt stehen neugierigen Besuchern offen. Ausstellungen und Veranstaltungen bereichern das Programm, das neben Malerei, Grafik, Fotografie, Installation, Bildhauerei und Keramik auch Modedesign, Design, Illustration und Musik umfasst.

Historische Senfmühle Breuer 11
Laufenstr. 118, Tel. 02472 22 45, www.senfmuehle.de, geführte Besichtigung März–Okt. Mi, Fr 11 und 14 Uhr, 3 €
Senfliebhaber von nah und fern zieht es zur alten Senfmühle Breuer von 1882, Senfmanufaktur in der fünften Generation. Hier wird die mit feinem Essig oder Wein angesetzte Senfmaische traditionell zweimal langsam und kalt zwischen schweren Mühlsteinen zu sämiger Konsistenz vermahlen, um dann mit erlesenen Zutaten zu über 20 köstlichen Sorten verarbeitet zu werden. Bei der Besichtigung kann man beobachten, wie sich die Mühlsteine drehen, und erfährt alles über die Produktionsweise. Im Laden kann Senf probiert und gekauft werden. Feinste Küche rund um den Monschauer Senf wird im Restaurant **Schnabuleum** 1 serviert.

Mützenich ▸ B 4

Mützenich (ca. 2200 Einw.), eine deutsche Exklave in Belgien, ist als Schmugglerdorf in die deutsche Nachkriegsgeschichte eingegangen (s. S. 70). Hier blühte der schwarze Kaffeehandel und der halbe Ort war kriminell. Auf der Grenze bzw. der alten Bahntrasse verläuft heute der **Vennbahnradweg.**

Unterhalb des 658 m hohen **Steling** ist am Ortsrand **Kaiser Karls Bettstatt** zu bewundern, ein markanter Quarzitblock, der an einer alten Route ins Hohe Venn liegt – zum Übernachten hat Kaiser Karl ihn wohl eher nicht aufgesucht.

Monschauer Heckenland ▸ B 4/5

Fegen die eisigen Winde vom Venn über die Eifeler Hochebenen, ist es gut, wenn Haus und Hof hinter hohen Hecken geschützt sind. Im Heckenland sind sie sogar haushoch und besitzen Fenster und Eingänge. Mehr als 156 Rotbuchenhecken über 3 m Höhe gibt es in **Höfen,** weitere in **Eicherscheid.** Auch bei Neubauten ist eine Rotbuchenhecke Pflicht. Die Äste werden verflochten und der Kern wird mit Latten verstärkt. Die Pflege der Hecken erfordert viel Mühe und Aufwand. Auch die Feldflur wird von Hecken geprägt: Die Weiden sind mit Weißdornhecken windgeschützt und ausbruchssicher umfasst.

Im 18. Jh. standen in vielen Bauernhäusern am besten Platz unter dem Fenster hölzerne Webstühle, auf denen die Bauern für die Tuchfabriken kilometerweise Stoffe herstellten.

Später übernahmen spezialisierte Maschinenwebereien diese Aufgabe. Im **Webereimuseum Höfen** erleben die Besucher eine Originalweberei der 1970er-Jahre in Aktion mit großen maschinellen Webstühlen und Spulmaschinen (Hauptstr. 123, 52156 Monschau-Höfen, wechselnde Öffnungszeiten s. unter www.webe reimuseum-hoefen.de. Vereinbarung: Tel. 02472 25 99 nach 18 Uhr oder Tel. 02472 34 18, Eintritt 2 €).

Wanderung im Naturschutzgebiet Perlbach-/Fuhrtsbachtal

Start: Perlbacher Mühle (Einkehrmöglichkeit), Alzen (K 25, Abzweig ab B 258 hinter Höfen)

Die jeweils ca. 5 km langen Abschnitte der Täler von Fuhrtsbach und Perlbach, die das Naturschutzgebiet umfasst, sind besonders während der Narzissenblüte ein beliebtes Ziel von Wanderern. Doch sind hier nicht nur die Narzissen wieder zahlreich, seit die Wiesen nicht mehr gedüngt werden und der Fichtenwald abgeholzt wurde (s. S. 51).

Überhaupt ist die Flora der Wässerwiesen besonders artenreich, zudem lassen sich zahlreiche Vögel und Schmetterlinge beobachten. Die Süßwassermuscheln, nach denen das Perlenbachtal benannt ist, verschwanden allerdings aufgrund schlechter Wasserqualität, ebenso wie die Bachforellen, auf die sie für ihre Fortpflanzung angewiesen sind. Es läuft ein Projekt zur Wiederansiedlung der Flussperlmuscheln – ihre Perlen waren früher eine gute Einnahmequelle. Die beiden Täler lassen sich zu einer Rundwanderung kombinieren (13 km) oder man folgt dem zur Trinkwassertalsperre aufgestauten Perlbach abwärts bis Monschau (Einkehrmöglichkeit in der Perlbacher bzw. Höfener Mühle, www.hoefener-muehle.de).

Unser Tipp

Heckenwanderweg Höfen

Bei einer Wanderung auf dem Heckenwanderweg in Höfen lassen sich die bis zu 6 m hohen Hecken und stolzen Fachwerkhöfe, oft noch mit Stroh- oder Reetdach, am besten bewundern (Länge: 5,3 km, Start: Parkplatz Nationalpark-Tor, Hauptstr. 72, 52156 Monschau-Höfen, Info: www.monschau.de).

Übernachten

Gemütlich – **Hotel Horchem 1**: Rurstr. 14, Tel. 02472 805 80, www.hotel-horchem.de, DZ ab 110 €. Denkmalgeschütztes historisches Haus, holzgetäfelt und gemütlich, am rauschenden Wasser und mit Blick aufs Rote Haus.

Hoch über Monschau – **Zimmermanns Hotel 2**: Bergstr. 45, Tel. 02472 80 36 50, www.hubertusklause-monschau.de, DZ 79–120 €. Acht gemütliche Zimmer, gutes Frühstück mit Regionalprodukten, dazu gibt es einen tollen Blick über die Dächer von Monschau.

Essen & Trinken

Spitzenküche mit Senf – **Schnabuleum 1**: Tel. 02472 90 98 40, www.senfmuehle.de, Mi–So 11.30–14.30, 17.30–21.30 Uhr, s. S. 90.

Urig unter Reetdach – **Café Altes Eifelhaus 2**: Hauptstr. 96, Ortsteil Höfen, Tel. 02472 69 48, www.altes-eifelhaus.de, Mo, Mi, Fr–So bis 18 Uhr. Nicht zu verfehlen ist das Reetdachhaus, heute eine Bäckerei. In der niedrigen Stube gibt's feinen Tee, Kaffee und Kuchen vom Blech.

Einkaufen

Glaskunst – **Monschauer Glashütte** 1: s. S. 90.
Senf in vielen Variationen – **Historische Senfmühle Breuer** 11: s. S. 90.

Aktiv

Wellness – **Saunadorf Roetgen-Therme:** Postweg 8, 52159 Roetgen, Tel. 02471 120 30, www.roetgen-therme.de, Mo–Do 11–23, Fr/Sa 11–24, So 10–22 Uhr. Sieben Saunen (45–95 °C) und Pools; Garten. Tageskarte 24 €, Rabatt für Gäste des zugehörigen Hotels ›Eifelsteig‹ (DZ ab 98 €) mit Brasserie-Restaurant.

Infos & Termine

Monschau-Touristik: Stadtstr. 16, 52156 Monschau, Tel. 02472 804 80, www.monschau.de. Mit **Nationalpark-Infopunkt** (Film, kleine Ausstellung).
Nationalpark-Tor Monschau-Höfen: Hauptstr. 72–74, 52156 Monschau-Höfen, Tel. 024 72 802 50 79.
Bus: keine Direktverbindung von Aachen nach Monschau, nur mit Umsteigen in Roetgen (tgl.) oder Eupen (nur Sa, So, Fei), Monschau–Höfen–**Imgenbroich** Linie 84, www.avv.de. Eupen–Mützenich–Monschau–Kalterherberg Linie 385 (nur Sa, So, Fei), www.infotec.be.
Parken: Die Altstadt von Monschau ist nicht per Pkw erreichbar; es gibt zwei Parkplätze und ein Parkhaus. 2 €/Std., 7 €/Tag
Termine: Monschau-Marathon, 2. Aug.-Wochenende. **Monschau-Klassik,** Mitte–Ende Aug., 10 Tage, auf der Burg, www.monschau-klassik.de. **Monschauer Weihnachtsmarkt:** 1.–4. Advent.

Bewährter Wetterschutz in der rauen Nordeifel: haushohe Buchenhecken

Kall ▶ C 4

Der betriebsame Einkaufsort für die eingemeindeten 23 Dörfer der Umgebung (fast 12 000 Einw.) liegt in einer Biegung der Urft. An dieser Stelle wird das Flüsschen östlich abgelenkt und fließt in die Maas statt in den Rhein. Grund ist der Buntsandsteinriegel der **Wallenthaler Höhe,** die Wasserscheide zwischen Rhein und Maas. Seit Urzeiten wurde die Furt in der Urft genutzt – an ihrer Stelle entstand Kall. Heute unterquert die Eisenbahn die Wasserscheide per Tunnel, während sich darüber der Verkehr vom Kermeter zur Ahr und von Süden in die Zülpicher Börde kreuzt.

Das Gebiet von Kall ist geologisch interessant: Hier grenzt der quarzitische Buntsandstein der **Mechernicher Triassenke** an die devonischen Gesteine der **Sötenicher Kalkmulde.** Es gehört daher zu den rohstoffreichsten Gebieten der Eifel, wo intensiv Blei-, Eisen- sowie Kalkabbau betrieben wurde und wird. Eisengehalte von bis zu 40 %, genug Holz für die Holzkohleherstellung und Wasserkraft machten Kall zum bedeutenden Zentrum der frühen Montangeschichte.

Pingenwanderweg Kall

Länge: 12 km, Start: Bhf. Kall, Markierung: schwarzer Haspelbaum über Pinge mit Pfeil auf weißem Grund

Dass in Kall seit keltischer Zeit ununterbrochen Erz abgebaut worden ist, sieht man an Tausenden ›Pingen‹, eingestürzten Erzgruben und Schürfstellen, die oft dicht an dicht zu finden sind. Auf dem Pingenwanderweg erfährt man, warum: Die ›Mutungen‹, die vom Bergmeister vergebenen Schürfrechte, waren extrem klein. Auf dem Rundweg werden geologische Zusammenhänge, bergmännische Arbeitsweise und die Weiterverarbeitung des Erzes anschaulich gemacht.

Aktiv

Wandern – **Römerkanal-Wanderweg:** ab Kall-Dottel südlich nach Nettersheim oder nördlich nach Mechernich, Feyer Mühle, je ca. 15 km, Infos und Flyer: www.roemerkanal-wanderweg.de/aktuelles, s. S. 58.

Infos

Nationalpark-Infopunkt: im Bahnhof Kall, Tel. 02441 77 75 45.

Bahn: Eifelstrecke Köln–Trier; ab Kall Oleftalbahn über Gemünd nach Schleiden und Hellenthal Ende Mai–Okt. So, Fei, www.oleftalbahn.de.

Bus: mit der RVK von Kall u. a. nach Hellenthal über Gemünd (Linie 829), NationalparkShuttle (Linie SB 82) über Gemünd nach Vogelsang, ab Gemünd Linie 831 nach Heimbach und Dreiborn.

Schleiden und Gemünd ▶ C 4

Schleiden im Oleftal hat als ehemalige Kreisstadt noch immer seinen Stolz – das Autokennzeichen SLE hat hier fast jeder. Wahrzeichen sind das 1950 im alten Stil neu aufgebaute spätbarocke Schloss, heute eine Seniorenresidenz, und die Schlosskirche mit gotischem Chor und einer König-Orgel des Rokoko. Zentral an der Olef liegt der Kurpark Sturmiuspark mit Kletterfelsen und schönem Wasserspielplatz. Das ›Tempelchen‹ auf dem Ohligsköpfchen an der Scheuerner Straße (Eifel-Blick, 200 m Aufstieg zu Fuß oberhalb der Kirche, www.eifel-blicke.de), ein Kriegerdenkmal im Stil des Heldenverehrungskults des letzten Jahrtausends, ist ideal für tiefe Blicke ins Schleidener Tal.

Gemünd eignet sich gut als Basis für geruhsame Ferien im Nationalpark. Das KunstForumEifel zeigt Werke der ›Eifel-Romantik‹ und Ausstellungen zeitgenössischer Eifeler Künstler (Dreiborner Str. 22, www.kunstforum eifel-gemuend.de, Fr–So, 13–18 Uhr, 2 €, Ausstellungen 5 €).

Übernachten

Bio zum Frühstück – **Kurparkhotel Gemünd:** Parkallee 1, 53937 Schleiden-Gemünd, Tel. 02444 95 11-0, www.kurparkhotel-schleiden.de, DZ ab 99 €. Das gediegene Hotel mit 20 Zimmern, teils mit Balkon, liegt direkt an Eifelsteig und Wildnis-Trail. Es gibt eine Sauna und Ökoprodukte zum Frühstück. Shuttleservice (gegen Entgelt), z. B. zum Startpunkt einer Wanderung.

Camping naturnah – **Schafbachmühle:** Schafbachmühle, 53937 Schleiden, Tel. 02485 268, www.schafbachmuehle.de. Ruhige Lage in einem schönen Seitental. Stellplätze 7,50–11,50 € inkl. Pkw zzgl. 5 €/Pers.; auch Hütten (43 €/Nacht für 2 Pers.).

Unser Tipp

Originaler Fachwerkcharme

Der kleine historische Fachwerkort **Olef** (▶ C 4) hat Glück gehabt: Der Ortskern wurde in den 1980er-Jahren in einer Restaurierungskampagne durch Bürger und die Denkmalbehörden gerettet. So sehen wir heute den Dorfplatz mit den herrlichen Fachwerkhäusern wieder fast wie im 18. Jh., als Olef nach einem Brand komplett neu entstand. Zum Highlight für Eisenbahnfreunde wird der Dorfplatz, wenn ihn der historische Schienenbus der **Oleftalbahn** passiert (Ende Mai–Okt. So, Fei, Fahrplan: www.oleftalbahn.de).

Aktiv

Freibad – **Rosenbad:** Kurpark, Gemünd, Tel. 02444 31 43, www.rosenbad-gemuend.de, Mai–Anfang Sept. 9–19 Uhr, 3 €. Beheizte Becken, Rutsche, Volleyballfeld, Matsch-Spielplatz.

Infos

Nationalpark-Tor Gemünd: s. S. 100.
Bahn/Bus: s. S. 93. Im Sommer Oleftalbahn mit Halt in Schleiden.

Rund um den Nationalpark

Nationalpark Eifel !

▶ B/C 3–5

Das Kernstück des zwischen Nideggen im Nordosten und der deutsch-belgischen Grenze insgesamt 110 km² umfassenden Nationalparks bildet der seit 1946, zuletzt von der NATO, genutzte Truppenübungsplatz auf der **Dreiborner Hochfläche.** Nach der Räumung durch belgische Truppen wurde das 33 km² große Gebiet ab 2006 Teil des Nationalparks. Auf dem Übungsplatzgelände hatte sich über die Jahrzehnte eine ungeahnte Vielfalt an Pflanzen und Tieren ungestört entwickeln können. Biologen haben im Nationalpark, der vor allem den Höhenzug **Kermeter** mit seinen ausgedehnten Eichen- und Buchenwäldern umfasst, in den verschiedenen Lebensräumen rund 1600 Tier- und Pflanzenarten gezählt. Eindrucksvoll ist es, den Hirschen in der Brunftzeit (ca. Ende Sept.–Nov.) beim Röhren zuzuschauen – dann sind sie am wenigsten scheu. Zu dieser Zeit sind Nationalparkranger an der **Rothirsch-Aussichtsempore** für Auskünfte zur Stelle (Dreiborn, s. S. 97, nächstgelegener Parkplatz ca. 500 m nördl. der Kirche, Bus 831 ab Gemünd).

Den besten Einstieg – Ausstellungen, kurze Filme, Veranstaltungshinweise, Broschüren, Karten – bietet neben den fünf **Nationalpark-Toren** (s. S. 86) seit Ende 2016 das Nationalpark-Zentrum auf dem Vogelsang-Gelände. Von dort hat man eine fantastische Aussicht auf die Stauseen und die Nordeifel.

Diverse **Infopunkte** im Nationalpark dienen als Treffpunkte für die kostenlosen **Rangertouren** – von ehemaligen Forstleuten erfahren Sie alles über den Eifelwald (Termine s. Homepage des Nationalparks).

Vorsicht, Blindgänger!

Auf festgelegten Wegen können die Besucher das weitläufige Gebiet des Nationalparks zu Fuß, per Rad oder hoch zu Pferd erkunden. Abseits der Wege ist es jedoch lebensgefährlich: Dort lauern Gefahren durch Blindgänger und Munitionsreste.

Nationalpark-Zentrum Eifel

www.nationalparkzentrum-eifel.de, tgl. 10–17 Uhr, Erw. 8 €, Kinder ab 7 Jahre 4 €, Familien 18 €, Kombikarte mit vogelsang-ip 12 €, Parkplatz 4 € tgl. Shuttlebusse ab Bhf. Kall

Die multimediale **Ausstellung zum Nationalpark** in dem futuristischen Glasbau im ›Adlerhof‹ ist sehenswert – Kinder lieben die interaktiven Versuchsstationen und erfahren nebenbei WIssenswertes über die Natur des Nationalparks.

vogelsang ip ► C 4

Tel. 02444 915 79-0, www.vogelsang-ip.de, tgl. 10–17 Uhr, Gelände kostenlos, Ausstellung »Herrenmenschen« (empfohlen ab 12 Jahre), 8 €, Kombikarte mit Nationalpark-Zentrum 12 €

Auf dem Erpescheit beim ehemaligen Walbershof ließ die NSDAP ab 1934 eine ihrer wichtigsten Kaderschmieden bauen: die ›Ordensburg‹ Vogelsang. Im bombastischen Propagandastil der Nazizeit entstanden Plätze und Bauten, in denen die künftige »Elite des Reiches« ihre »völkische Bildung« erhielt: Der **Appellplatz** und der zentrale **Adlerhof,** der 48 m hohe **Turm mit ›Kultraum‹,** die wie ein Amphitheater gestaltete **›Thingstätte‹**, der **›Sonnwendplatz‹** mit Fackelträger-Relief und das **Schwimmbad** mit einem Mosaik athletischer Schwimmer, optische Relikte der NS-Ideologie, können auf einem ca. 2 km langen Parcours erwandert werden.

Trotz der Luftangriffe der Alliierten 1944 blieben die Gebäude so weit erhalten, dass 1950 das belgische Militär einziehen konnte. Vogelsang wurde NATO-Stützpunkt und blieb es bis 2006, als das Areal – inzwischen unter Denkmalschutz gestellt – in den Besitz der Bundesrepublik überging, die über 40 Mio. Euro in die Renovierung investierte. Die Ausstellung im **Informations- und Dokumentationszentrum zum Nationalsozialismus** widmet sich der Rolle der ›Ordensburg‹ und geht den Biografien einiger der aus der Kaderschmiede hervorgegangenen ›Herrenmenschen‹ nach.

Wollseifen ► C 4

Als in Vogelsang 1946 ein britischer Truppenübungsplatz eingerichtet wurde, war das Schicksal der Bewohner von Wollseifen besiegelt: Sie wurden ausquartiert und fortan wurde in ihrem Dorf der Häuserkampf geprobt. Die Gebäude konnten dem jahrelangen Beschuss nicht standhalten. Nur

Lieblingsort

Unter Hochspannung – Kraftwerk Heimbach ▸ C 4

Seit 1905 rauscht das Wasser der Urfttalsperre mit Macht durch die Stollen unter dem Wasserkraftwerk, heute durch moderne Turbinen. Bei einer der hochspannenden Führungen entdecken Besucher symbolträchtige Jugendstilkunst am Bau und Originaltechnik des frühen 20. Jh. (www.rwe.com, Stichwort ›Wasserkraft‹, März–Okt. Di, Do, Sa, So 14 Uhr, Eintritt frei, Anmeldung erbeten, Tel. 0800 883 38 30).

die Kirche des Ortes blieb als Ruine erhalten. Heute werden **Kutschfahrten** von Vogelsang über Walbershof in das ausgestorbene Wollseifen angeboten (April–Okt. am 1. und 3. So im Monat, Hin- und Rückfahrt 10 €, Reitanlage Steffens, Tel. 0177 447 80 41 oder 02472 53 69). Auch eine Kombination aus Kutschfahrt und **Wanderung** nach Wollseifen (auf markierten Wegen bleiben!) ist möglich (6,5 km).

Dreiborn ▸ C 4

Das Höhendorf Dreiborn am Rand der gleichnamigen Hochebene mit hübsch restaurierten Fachwerkhäusern und behäbigen Winkelhöfen ist wegen der Nähe zum Nationalpark und zu Vogelsang ein idealer Ausgangspunkt für Wanderungen und Radtouren ohne Höhenverlust. Am Ortsrand steht die wohl höchstgelegene Wasserburg des Rheinlands, die malerische **Burg Dreiborn** (Privatbesitz, keine Besichtigung).

Übernachten

Mit Superblick – **Gästehaus K 13:** Vogelsang 92, 53937 Schleiden, Tel. 02444 914 87 46, www.gaestehaus-k13.de. 17 einfache Doppel- und Gruppenzimmer in einem renovierten Bruchsteinhaus auf dem Vogelsang-Gelände. DZ ab 50 € zzgl. Frühstück und Handtücher. Mit Café.

Heimbach ▸ C 4

An Sommerwochenenden ist der Luftkurort Heimbach (ca. 4400 Einw.) im engen Tal der Rur mit hübschen Fachwerkbauten im Zentrum oft von Ausflüglern überlaufen (auch sonntags sind die Geschäfte häufig geöffnet). Neben Kunstinteressierten zieht es vor allem Wallfahrer zur **Schmerzhaften Mutter von Heimbach,** einer Pieta des 15. Jh. in einem kunstvollen Antwerpener Schnitzaltar des 16. Jh. In dem modernen Anbau der **Wallfahrtskapelle** wurde dem Kunstwerk der gebührende Raum gegeben.

Burg Hengebach

Hengebachstr. 48, Burghof, Wehrgang und Turm ganzj. frei zugänglich, Eintritt für Ausstellungen

Die aus Ruinen neu aufgebaute und geschickt mit modernen Elementen aufgewertete mittelalterliche Burg ist Sitz der **Internationale Kunstakademie Heimbach** (https://kunstakademie-heimbach-eifel.de). Hier kann man in Workshops seiner Kreativität freien Lauf lassen oder Ausstellungen besuchen. Perfekte Aussicht auf die Stadt, nettes Café-Restaurant (s. S. 99).

Wasser-Info-Zentrum

Karl-H.-Krischer-Pl. 1, Tel. 02446 911 99 06, www.wasser-info-zentrum-eifel.de, Di–So 14–17 Uhr, 3 €, Fam. 6 €

Interaktive Wasserkunstwerke und -experimente ermöglichen einen spielerischen Zugang zum Thema Wasser in Natur und Umwelt und seiner Nutzung durch den Menschen: Besucher können selbst ein Talsperrenmodell steuern, auf Knopfdruck Strom aus Wasser erzeugen oder die heimische Wasserwelt in Großaquarien studieren.

Abtei Mariawald ▸ C 4

Mariawalder Straße (oberhalb von Heimbach), www.kloster-mariawald.de, mit Nationalparkranger-Station

Die Trappistenabtei war lange nicht nur Stätte religiöser Einkehr, bei den schweigenden Mönchen kehrten Ausflügler auch gern zur leiblichen Stärkung ein. Die Abtei ist seit 2018 geschlossen – die Mönche waren bereits weit über dem Rentenalter.

Unser Tipp

Unterwegs mit ›Mäxchen‹
Der Doppeldeckerbus fährt Mai–Okt. Sa, So, Fei ab Bhf. Heimbach u. a. zum Rursee, zu Kloster Mariawald und Wanderparkplätzen im Nationalpark. Toller Blick vom Oberdeck über die Baumwipfel, abenteuerlich ist die kurvige Fahrt auf den Serpentinenstraßen.

Die Rurseen ▸ B/C 4

Die ›Eifeler Seenplatte‹ ist ein prägendes Landschaftselement der Nordeifel und Teil des Nationalparks. Die zwischen 1900 und 1905 gebaute Urfttalsperre war damals der größte europäische Stausee. Die aus Rursee und Obersee bestehende **Rurtalsperre Schwammenauel** wurde. Angelegt in den 1930er-Jahren zur Trinkwassergewinnung für den Raum Aachen, aber auch zur Stromerzeugung, In den 1950er-Jahren wurde sie auf 8 km^2 Fläche erweitert zur damals größten Talsperre im Land. Die umliegenden Dörfer bekamen als erste in der Eifel Elektrizität!

Einruhr ▸ B 4

An einer uralten Furt über die Rur entstand das Örtchen Einruhr, dessen Bewohner seit dem späten 15. Jh. in der dort gegründeten Pleushütte Eisen schmolzen. Die schon lange geschlossene Hütte ging 1957 im **Obersee** unter. Für den Stausee wurden viele Häuser abgetragen und im heutigen Ortsgebiet neu aufgebaut. Eines wurde sogar mittels Hydraulik über das Seeniveau angehoben. Der See brachte den Aufschwung: Einruhr hat eine schöne Uferpromenade, an der auch die elektrisch betriebenen Ausflugsboote ihre lautlose Fahrt über die Stauseen starten (s. S. 101). Der Ort ist daher eine gute Basis für den Rursee-Urlaub.

Stauanlage Urftstausee ▸ C 4

Die Urfttalsperre ist die älteste der Nordeifeler Trinkwassertalsperren und dient dem Kraftwerk Heimbach als Wasserspeicher. Durch einen 2700 m langen Druckstollen fließt das Wasser quer durch das Gebirge Kermeter zur Austrittsstelle oberhalb von Heimbach, wo es durch Fallrohre in das **Kraftwerk Heimbach** (s. Lieblingsort S. 96) strömt. Die **Victor-Neels-Brücke** verbin-

det die Ufer und ermöglicht eine **Wanderung zur Burg Vogelsang.**

Übernachten

Über dem Rursee – **Landal Resort Eifeler Tor:** Schwammenauel 6, 52396 Heimbach, Tel. 02446 809 49 59, www.landal.de, z. B. 4-Pers.-Wohnung mit Sauna ab 316–959 €/Woche oder 10-Pers.-Ferienhaus mit Sauna und Whirlpool 621–1300 €/Woche, zzgl. Kurtaxe und Bettwäsche. Am Hang mit Blick über Heimbach, topmoderne Anlage. Ferienhäuser und -wohnungen, Restaurant, Hallenschwimmbad.

Essen & Trinken

Mit Aussicht – **Burgrestaurant KochKunst:** Hengebachstr. 48, 52396 Heimbach, Tel. 02446 220 99 54, www.burgrestaurant-kochkunst.de, April–Sept. Mi–So, Okt.–März Mi–Fr 12–14.30 u. 18–20, Sa, So 12–20 Uhr. Im Burghof wird Bistroküche serviert, knusprige Flammkuchen (ab 9,50 €), innovative Küche (ca. 10–20 €). Gutes Weinangebot.

Mit Strandbad am Rursee – **Beachclub Eifel:** Eschaueler Weg 99, 52385 Nideggen, bei Schmidt, Tel. 0151 22 31 50 83, www.beachclubeifel.de, März–Okt. Kleine Gerichte und Drinks am Wasser.

Viel Wasser, viel Wald, steile Täler: Die Talsperren von Rur und Urft prägen die Rureifel

Unser Tipp

Heilendes Wasser
Den **Heilsteinbrunnen von Einruhr** (▶ B 4) speist die Heilsteinquelle (›Sauerbrunnen‹) 2,5 km östl. unterhalb der B 266, am Rad-/Wanderweg nach Dreiborn. Den sehr gesunden Natrium-Calcium-Hydrogenkarbonat-Säuerling nutzten schon die Römer, wie ein Weihestein beweist. Als 1822 die Quelle zwischen Herhahn und Einruhr am Sauerbach wiederentdeckt wurde, begann ein florierendes Geschäft. In Flaschen abgefüllt, wurde das Wasser bis nach Berlin versandt. Doch fehlte ein guter Zuweg, die Anlage wurde aufgegeben. Von den Kureinrichtungen, u. a. ein klassizistischer Quellpavillon des Aachener Baumeisters Leyde, ist nichts mehr zu sehen, doch das Wasser kann man noch probieren: am Brunnen im Innenhof des Heilsteinhauses, gespeist durch eine kilometerlange Leitung (Franz-Becker-Str. 2, 52152 Simmerath-Einruhr).

Aktiv

Kostenlose Führungen – **Rangertouren:** s. S. 95.
Wandern – **Wildnis-Trail durch den Nationalpark:** In vier Tagesetappen lässt sich der Nationalpark auf eigene Faust durchqueren, Beschreibung: www.nationalpark-eifel.de (auch als Paket inkl. Übernachtung buchbar). Zahlreiche **Rundwanderungen ab Vogelsang:** 6–14 km, u. a. an den Urftsee, Info: www.nationalpark-eifel.de.
Bequem radeln – **Rursee-Route:** Eine Runde (27 km) mit dem Fahrrad um den Rursee ist nahezu steigungsfrei, wenn man erst einmal am See ist. Wer müde ist, fährt per Schiff zurück (s. S. 101).
Strandbad – **Naturerlebnisbad e. V.:** Einruhr, Tel. 02485 91 29 29, www.naturerlebnisbad-einruhr.de. Bei Badewetter tgl. 10–22 Uhr, 3 €. Strandbad mit Ruder- und Tretbootverleih (5 €/30 Min.). Mit Bistro.
Stand-up-Paddeln (SUP) – **Camping Rursee:** Tel. 02473 23 65, www.camping-rursee.de. SUP-Kurse auf dem See sind buchbar über den Campingplatz nördlich von Rurberg.
Flusspaddeln – **Mittlere Rur:** zwischen Heimbach und Zerkall. Nur 15.7.–28.2. (außerhalb der Brutzeit der Wasservögel) und nach Anmeldung des Bootskontingents beim Kanuverband NRW www.kanu-nrw.de gestattet.
Kanutouren/-verleih – **Wolfgang Petry:** Frankenstr. 7, 53894 Mechernich-Eicks, Tel. 0179 462 99 30, www.kanu-petry.de. 4–5 Std. auf der ›wilden‹ Rur im Nationalpark (Mitte Juli–Anfang Okt.), z. B. Doppelkajak ab 39 €/Pers., Einerkajak ab 49 €.
Bootsverleih und Unterricht – **Wassersport Becker:** Bootsanleger Schwammenauel, Tel. 02446 14 97, www.becker-wassersport.de. Tretboot-, Kanu-, Segelbootverleih. Sportboot- und Segelschule.
Angeln – **Rurtalsperre Schwammenauel oder Obersee:** www.fischerei-rursee.de.
Traktorgezogener Minizug – **Rursee-Bahn:** April–Okt. Rundfahrt (1 Std., Stopps: Schwammenauel, Hasenfeld, Heimbach, Kraftwerk, Landal Resort Eifeltor, Anleger Schwammenauel), 8,80 €, www.rurseeschifffahrt.de.

Infos

Internet: www.nationalpark-eifel.de.
Nationalpark-Info-Tel.: 02444 95 10-0.
Nationalpark-Tor Gemünd: Haus des Gastes, Kurhausstr. 6, 53937 Schleiden-Gemünd, Tel. 02444 20 11, www.nordeifel-tourismus.de, tgl. 10–13 und

13.30–16/18 Uhr. Ausstellung und Filme zum Thema Wald im Nationalpark.
Nationalpark-Tor Rurberg: Seeufer 3, 52152 Simmerath-Rurberg, Tel. 02473 937 70, www.rursee.de. Hier erhält man Infos und erfährt in der Ausstellung ›Lebensadern der Natur‹, wie man Tierspuren liest und was sich in der Natur am Wasser abspielt.
Nationalpark-Tor Heimbach/Rureifel-Tourismus-Zentrale: An der Laag 4 (im Bhf. Heimbach), 52396 Heimbach, Tel. 02446 805 79 14, www.rureifel-tourismus.de, www.heimbach-eifel.de. Mit Themenausstellung »Wald«.
Nationalpark-Infopunkt Einruhr: im Heilsteinhaus, Franz-Becker-Str. 2, 52152 Simmerath-Einruhr, Tel. 02485 317, www.rursee.de.
Bahn: Heimbach ist Endstation der Rurtalbahn (ca. 1 Std. ab Düren).
Bus: NationalparkShuttle (SB 82) Kall–Vogelsang (s. S. 93) über Gemünd, www.rvk.de.
Schiff: Passagierschiffe auf dem Rursee und dem Obersee April–Okt. Rursee 11,20 €, 2-Seen-Fahrt ab 16,80 €, auch Einzelstrecken, Fahrrad 2,50 €, Fahrplan: www.rurseeschifffahrt.de.

Nideggen ▸ C 3

Viele kommen wegen der spektakulären Felskulisse zum Wandern oder Klettern, andere wegen der Burgenromantik: Nideggen (knapp 3000 Einw.) mit dem Ensemble von Burg, Stadt und Stadtbefestigung ist ein architekturgeschichtliches Kleinod. Die steilen Sandsteinfelsen gut 150 m über der Rur boten ideale Voraussetzungen für die jahrhundertelang als uneinnehmbar geltende Festung, die die Jülicher Grafen ab dem 12. Jh. errichten ließen. Bald kam der in die Befestigung einbezogene Burgflecken hinzu. Davor entstand das erweiterte, mit Stadtmauer und -toren versehene Burgstädtchen. 1357 wurde die Jülicher Residenz nach Nideggen verlegt, das nun einflussreiche Herzogsstadt war. Als 1542 der herzogliche Hof wieder nach Jülich verlegt wurde, verlor Nideggen seine wichtigste Wirtschaftsgrundlage. Mit der Französischen Revolution gingen auch die städtischen Privilegien verloren und die Burg wurde auf Abbruch verkauft.

Stadtrundgang

Vor der Stadtmauer mit Schießscharten und einst auch Zinnen gab es ursprünglich einen breiten Wassergraben. Nur über eine Brücke kam man zum **Zülpicher Tor,** wo unter Führung eines Rottmeisters ein halbes Dutzend schwer bewaffneter Bürger den Zugang zur Stadt bewachten. Heute hat die Kunst in Gestalt eines kleinen Ateliers das Ende des 19. Jh. wiederaufgebaute Tor erobert. Gelungener Kontrast zum Stadttor: das moderne **Haus am Tor** aus Glas, Schiefer und Kupfer.

Über das Kopfsteinpflaster der Zülpicher Straße schlendert man vorbei an Galerien, einladenden Lokalen und kleinen Läden zum **Marktplatz** mit dem **Rathaus** (1950er-Jahre) sowie Marktkreuz und Linde, umrahmt von Fachwerk- und Buntsandsteingebäuden wie dem **Café am Markt** (1763) und dem **Haus Bahnhofstr. 5** (um 1760).

Auf der Graf-Gerhard-Straße geht es abwärts zum **Dürener Tor,** dem Haupttor der Stadt, das auch als Gefängnis diente. Im Sommer werden hier Ausstellungen ortsansässiger Künstler gezeigt (dann Di, Do 14–18, Sa, So 11–18 Uhr, Eintritt frei).

Durch die Bewersgasse gelangt man zum **Bewershof,** dem Herrenhaus einer großen Hofanlage, das im 17./18. Jh. auf der Stadtmauer errichtet wurde, wobei ein Rundturm der Stadtmauer miteinbezogen wurde. **Burg** s. Entdeckungstour S. 102. ▷ S. 104

Auf Entdeckungstour:
Wie die alten Rittersleut – Burg Nideggen

Selten trifft man auf ein so gut erhaltenes Festungsensemble wie Nideggen. Nicht nur der Burgflecken ist in die Befestigung einbezogen, davor entstand eine mit Stadtmauer und -toren gesicherte Stadt, ein von den bewaffneten Bürgern heftig verteidigter Vorposten. Ein Rundgang zeigt, wie schwierig es für Angreifer war, in die Stadt einzudringen.

Reisekarte: ▶ C 3
Burgenmuseum Nideggen: Tel. 02427 63 40, www.kreis-dueren.de/burgen museum, Di–So 10–17 Uhr, 3,50 €

Vom Marktplatz marschieren wir rechts die Kirchgasse hoch zum **Nytstor** 1, benannt nach einem jülichschen Amtmann und Erbmarschall. Es versperrte den Zugang zu dem von starken Mauern umgebenen Burgflecken, mit dem der eigentliche Burgbereich beginnt.

Der räuberische Graf

Nun stehen wir im Bereich der Vorburg, einem Ensemble aus zwei Fachwerkhöfen, Pfarrhaus und Kirche. Die schlichte romanische **Kirche** 2 dient als Grablege der Jülicher Grafen und Herzöge. Interessanter als die Ausmalung der Apsis und die Skulpturen (15./16. Jh.) ist das Grab Graf Wilhelms IV., der wie seine drei Söhne einen nächtlichen Heereszug 1278 in Aachen nicht überlebte – die Aachener wehrten sich.

Ins Innere der Burg

Durch ein unbebautes Areal, den **Burggarten** 3, erreichen wir über den Halsgraben das komplett rekonstruierte **Äußere Tor** 4 mit Zwinger und Pförtnerhaus. Hier bekamen nur wenige Auserwählte Durchlass. Wir dagegen gelangen ungehindert durch das **Innere Haupttor** 5 in den Kern der Festung. Das Tor war durch eine Wehrmauer mit dem **Bergfried** 6 (1277) verbunden, dem großen Wohn- und Verteidigungsturm, Symbol der Macht. Nach dem Bau des Äußeren Tors wurde für den Bergfried ein ebenerdiger Eingang gebaut und zur besseren Erreichbarkeit der oberen Geschosse ein Treppenturm.

Gefangen im Verlies

Im Bergfried befanden sich auf der obersten Etage die Wohnräume der Grafen, darunter die Mannschafts- und Vorratsräume. Neben der **Kapelle,** heute vom Burghof direkt erreichbar, lag das Verlies, zugänglich nur über eine Strickleiter durch das ›Angstloch‹ im Gerichtssaal darüber. Berühmte Gefangene schmachteten hier: Konrad von Hochstaden neun Monate, sein Nachfolger als Kölner Erzbischof, Engelbert von Falkenburg, über drei Jahre. Erst nach Zugeständnissen an die Jülicher oder Zahlung eines Lösegelds kamen sie frei.

Der mächtige Bergfried ist ein würdiger Rahmen für das **Burgenmuseum des Kreises Düren.** Auf fünf Etagen findet man u. a. Modelle von Burgen und erkennt auf einer wandfüllenden Karte die beeindruckende Burgendichte der Eifel. Man erfährt Kurioses und Interessantes zum Alltag in der Burg, zum Thema Lehnswesen u. v. m. Im zugigen Dachgeschoss mit Weitblick übers Land kann man sich wie ein Burgherr fühlen.

Schauplatz herzöglicher Pracht

Heute ist allenfalls noch der Grundriss erkennbar vom einstigen Glanzstück der Nideggener Burg: 61 x 16 m maß der zweischiffige und zweistöckige **Palas** 7, der größte und prächtigste Rittersaal seiner Zeit. Der ehrgeizige Graf Wilhelm V. von Jülich ließ ihn um 1350 errichten. Nicht ohne Grund, denn hier feierte er 1357 als Wilhelm I. von Jülich seine Erhebung in den Herzogsstand und veranstaltete ein großes Turnier. Die moderne Mittelalterszene lässt diese Zeiten wieder aufleben und veranstaltet heute auf der Burg regelmäßig Ritterspiele und Mittelaltermärkte.

An den Palas schloss sich der **Westturm** 8 an, auch Damenerker genannt. Wegen der Reste von Kaminwangen vermutet man hier die Kemenaten, also die beheizbaren Räume für die weiblichen Mitglieder der Herzogsfamilie.

Wichtigstes Bauwerk einer Burg war der **Brunnen** 9. Hier war er 95 m tief und folgte teils einer natürlichen Felsspalte. Mit der Erfindung des Schwarzpulvers war die Glanzzeit der Burg vorbei. 1542 reichten wenige Schüsse aus kaiserlichen Kanonen, um die Stadtbefestigung und die Burg zu zerstören. Erst 1979 bekam der Bergfried wieder ein Dach und das Burgenmuseum (s. links) zog ein.

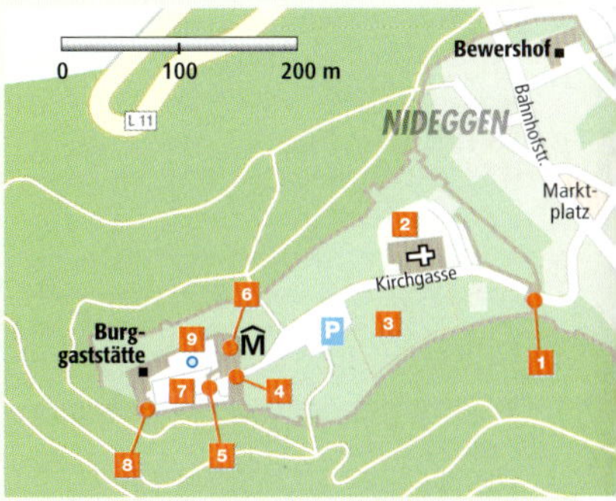

Aktiv

Klettern – An den **Sandsteinfelsen bei Nideggen** (u. a. Effels, Hirtzley, Zwei Brüder – knapp 200 Routen), nur mit Genehmigung und Kletterticket (5 €), Infos bei der Stadt, im Nationalpark-Tor Nideggen oder Tel. 02427 809-40.
Wandern – Schöne, aussichtsreiche Wege starten unterhalb der Burg.

Infos

Internet: www.rureifel-tourismus.de.
Nationalpark-Tor Nideggen: Im Effels 9, 52385 Nideggen, Tel. 02427 330 11 50, www.rureifel-tourismus.de.
Bahn/Bus: Rurtalbahn bis Nideggen-Brück (www.avv.de), ab dort mit dem Bus oder zu Fuß (3 km); Bus ab Düren (Linie 221) bis Nideggen-Ortsmitte.
Parken: s. www.nideggen.de.

Hellenthal und Umgebung ▸ C 5

Hellenthal war lange mit dem Erzbergbau verbunden. Schon im 13. Jh. wurden im oberen Oleftal viele Hochöfen zur Schmiedeeisenherstellung betrieben. Die frühe Industriekultur prägte das Gebiet: mit Hüttenwerken, den Pingenzügen der Erzsucher, den Meilern der Köhler sowie Hochöfen und Reckhämmern im Tal. Heute ist Hellenthal ein lebendiger Einkaufsort und lockt mit weiten Wäldern, dem Olefsee, Wildnarzissenwiesen, Burgen, dem Wildpark und einem Besucherbergwerk an den Südrand des Nationalparks Eifel.

Wildfreigehege/Greifvogelstation Hellenthal ▸ C 5

5 km außerhalb, Abzweig von der Aachener Str. (L 159), Wildfreigehege 1, 53940 Hellenthal, Tel. 02482 72 40, www.wildfreigehege-hellenthal.de, April–Okt. tgl. 9–18, sonst 10–16 Uhr, Erw. 10 €, Kinder 3–14 J. 7 €, Familie ab 30 €

Auf dem 64 ha großen Gelände hoch über der Oleftalsperre leben Rot- und Reh-, Dam- und Sikawild, Wildschweine, Mufflons sowie Ziegen, Schafe und Esel. Für Kinder und Erwachsene spannend sind die Flugvorführungen der **Greifvogelstation.**

Kalkulieren Sie einen ganzen Tag für den Besuch des weitläufigen Geländes ein. Bei müden Füßen kann man eine Rundfahrt mit dem kostenlosen Gehege-Express machen. Mitmachprogramme ermöglichen es, selbst in die Rolle von Falknern oder Tierpflegern zu schlüpfen (ab 12 Jahre, 150 €/Tag).

Reifferscheid ▸ C 5

Als Heinrich, Herzog von Niederlothringen und Graf von Limbourg, 1106 seine eigene Burg anzündete, wollte er wohl vermeiden, dass sie von seinen Feinden erobert wurde. Die bald wieder aufgebaute Burg und der unterhalb liegende Burgort waren Zentrum einer blühenden Eifeler Kleinherrschaft, deren Basis Landwirtschaft und Bergbau im Reifferscheider und Wildenburger Ländchen waren. Die Französische Revolution setzte auch in Reifferscheid der Burgherrlichkeit ein Ende. 1805 auf Abbruch versteigert, sind heute vom Adelssitz nur Ruinen übrig.

Besonders augenfällig ist der weiß getünchte **Bergfried** über dem Fachwerkdorf am Steilhang. Von der Festung blieben die **Vorburg** und eine **Ringmauer** mit zwei **Stadttoren.** Das Burgenstädtchen mit schnuckeligen Häusern des 17./18. Jh. bewahrte den 600 Jahre alten Grundriss. Sehenswert ist die **St.-Matthias-Kirche,** seit 1637 Grablege derer von Salm-Reifferscheid, mit gotischem Chor und dem unverwechselbaren romantischen Wehrturm (Café s. u.).

Wildenburg ▶ C 5
Die eindrucksvoll auf einem Felsvorsprung thronende Spornburg ist eine der wenigen gut erhaltenen Höhenburgen des 12. Jh. im Rheinland. Weil 1328 die männliche Linie der mit den Reifferscheidern verwandten Wildenburger Herren ausstarb, kam sie an die Jülicher Grafen, die dort bis 1706 Unterherren einsetzten. Hexenturm und Verlies zeugen von ihrer grausamen Herrschaft. Von der Burg hat man einen grandiosen Ausblick ins Manscheider Bachtal, wo blüten- und falterreiche Wiesen zu finden sind.

Essen & Trinken

Toller Blick – **Burgschänke:** Wildenburg, Tel. 02482 73 44, www.burgschaenke-wildenburg.de. Zu empfehlen: Wildgerichte (ca. 14–16 €); schöne Sonnenterrasse; auch Zimmer (DZ 70 €).
Auf der Burg – **Café Eulenspiegel:** Burg Reifferscheid, Tel. 02482 60 60 40, www.burgcafe-eulenspiegel.de, Jan. geschl., sonst tgl. 10.30–18 Uhr. In der urigen Zehntscheune wärmt im Winter ein Kaminfeuer; leckere Kuchen sowie heiße oder kalte Getränke.

Aktiv

Wandern – **Burgenroute:** von Blankenheim-Wald (Bahnhof) über die Wildenburg bis Reifferscheid und weiter nach Hellenthal (17 km, Markierung: Burgsymbol).

Infos & Termine

Nationalpark-Infopunkt Hellenthal: Rathausstr. 2, 53940 Hellenthal, Tel. 02482 85-115, www.hellenthal.de.
Bus/AST: Linie 839 Hellenthal–Hollerath–Losheim; Linie 838 Hellenthal–Rescheid–Reifferscheid; Linie 835 Schleiden–Reifferscheid–Kall sowie Taxibus (AST) mind. 30 Min. vor Bedarf unter Tel. 02441 99 45 45 45 ordern.
Weihnachtsmarkt auf Burg Reifferscheid: am 1. Advent.

Zitterwald ▶ B/C 5

Der Zitterwald ist eine karge, stark bewaldete Hochfläche zwischen Büllingen, Hellenthal, Dahlem, Kronenburg und Losheim. Hier liegt das Quellgebiet von Holzwarche, Olef und Urft, die zur Maas entwässern, und von Kyll und Our, die zur Mosel fließen. Die Gegend ist ideal zum Wandern im stillen und einsamen Wald, wo sich Wildkatzen herumtreiben, Schwarzstörche und Gebirgsstelzen nisten und die Talwiesen im Frühjahr bedeckt sind mit wilden Narzissen.

Hollerather Knie ▶ C 5
B 256, Parkplatz Hollerather Knie, Führungen Narzissenwiesen April Sa u. Mi 14, Sa, So auch 10 Uhr, Erw. 5 €, Kinder 3 €, Infos: Nationalpark-Infopunkt Hellenthal, sonst frei zugänglich
Am Parkplatz, wo die Straße an der Grenze zu Belgien abknickt wie ein Knie, sind die Reste des Westwalls von 1938/39 gut sichtbar: **Höckerlinien,** die als Panzersperren dienen sollten (s. a. Entdeckungstour s. S. 274). In den **Talwiesen der oberen Olef** blühen im April unzählige Wildnarzissen, blassgelb und kleiner als die Zuchtform in Gärten. Nach Aufforstung und Düngung waren die Narzissen verschwunden, inzwischen sind sie wieder zahlreich, wo der Wald abgeholzt wurde, und die Wiesen stehen unter Naturschutz (s. a. S. 53).

Besucherbergwerk Grube Wohlfahrt bei Rescheid ▶ C 5

Aufbereitung II Nr. 1, 53940 Hellenthal-Rescheid, Tel. 02448 91 11 40, www.grubewohlfahrt.de, tgl. 10–16 Uhr, Führungen ca. 1,5 Std. um 11, 14 und 15.30 Uhr, 5,50 €, Familien 13 €
Bleierzabbau betrieben in Rescheid wohl bereits die Kelten, urkundlich belegt ist er ab 1543, in ›Pingen‹ oder kleinen Schächten, durch Bauern der Gegend gegen Abgabe des Zehnten an die Grafen von Reifferscheid. Später wurde mithilfe einer Grubenbahn Erz bis in ca. 480 m Tiefe abgebaut. 1922 wurde die Grube stillgelegt, und erst seit 1993 ist der ›Tiefe Stollen‹ auf ca. 900 m wieder begehbar.

Eine Führung beginnt im ›Grubenhaus‹, wo ein kleines **Museum** Einblick in die Berufswelt der Bergleute gibt. Dann geht es zum Huthaus, wo die Besucher bergmännisch eingekleidet werden. Auf dem Gang durch die Unterwelt sind der versteinerte Strand eines 320 Mio. Jahre alten Meeres, leuchtend orange Sinterterrassen und einzigartige Graffiti der Bergleute vergangener Zeiten zu entdecken.

Weißer Stein ▶ B 5

Abseits der B 265, bei Udenbreth
Über den Weißen Stein im Boxvenn (Bocksvenn) wird viel spekuliert: Er soll ein ›Opferstein‹ gewesen sein. Sicher ist: Der große grauweiße Steinblock ist ca. 30 Mio. Jahre alt und liegt im Quelltopf eines Bachs. Der Findling aus verfestigtem weißem Sand und hellen Kieseln ist das Relikt von Ablagerungen des Meeres, das damals die Eifel bedeckte (s. S. 46). Rund 900 m weiter findet man den höchsten Gipfel im Zitterwald, ebenfalls **Weißer Stein** genannt, halb deutsch, halb belgisch und, je nachdem, 691 oder 693,05 m hoch – somit nach Botrange (s. S. 107) der zweithöchste Punkt Belgiens!

Donnerwetter.de-Wetterpark ▶ B 5

Am Weißer Stein 29, 53940 Hellenthal-Udenbreth, www.wetterpark-weisser-stein.de, Ostern–Aug. Sa, So 11–17.30 Uhr, 5 €, mit Führung 10 €
Hier lernen Besucher, wie eine Wetterstation arbeitet, können auf dem Mikroklimapfad ihr Temperaturempfinden testen oder erfahren, wie treffsicher Bauernregeln sind.

Bärbelkreuz ▶ C 5

Unweit der L 110 bei Neuhaus
Bärbelkreuz ist der südlichste Sendeturm des WDR. Aus 819 m Höhe wird mit Reichweiten von mehr als 100 km gesendet. Der gleichnamige Berg (663 m) liegt 1 km weiter östlich.

Wanderung zu Schwarzstörchen und Gebirgsstelzen bei Udenbreth

Start: Parkplatz Wilsamtal in Hellenthal-Udenbreth, Länge: 13 km
Die Rundwanderung führt ins Quellgebiet der Kyll, wo Wasseramseln, Eisvögel, Gebirgsstelzen und die eleganten Schwarzstörche leben. Von den weiten Eifelhöhen bei Udenbreth geht es durch dichten Wald entlang der munter gurgelnden Wilsam auf Wald- und Feldwegen hinab zur Kyll und am Lewertbach wieder hinauf zum Parkplatz. Am Weg liegen auch einige Bunkerruinen und man kann die Höckerlinie erkennen.

Aktiv

Wintersport – **Weißer Stein:** 53940 Hellenthal, www.weisserstein.info, Schnee-Tel. 02482 852 00. Auf der deutschen Seite der B 256 liegt das Wintersportgebiet mit Ski- und Rodellift, Schlitten-, Ski- und Snowboardverleih, 550 m Abfahrtspiste und 20 km gespurten Loipen.

Hohes Venn

Das Hochplateau des Hohen Venn zwischen Stolberg-Schevenhütte, Monschau, Malmedy und Eupen zieht Besucher mit seiner einzigartigen herben Schönheit in den Bann: karge Heiden, weite Sümpfe und trügerische Moore. Das rund 943 km^2 große Gebiet ist nahezu unbewohnt. **Roetgen** ist der einzige Eifelort im Venn, **Simmerath, Monschau** und **Sourbrodt** sind die größten Orte an seinem Rand.

Geologisch gehört das Venn nicht zur Eifel, sein Gebirge ist wesentlich älter. Die Moorbildung ist dagegen noch jung; sie begann erst nach der letzten Eiszeit. Die nahezu wasserundurchlässigen verwitterten Schichten kambrischen Schiefers lassen die üppigen Niederschläge (über 1300 mm/Jahr) nicht abfließen, und bei Durchschnittstemperaturen von nur 6 °C bildet sich dann das Hochmoor.

Seit im 19. Jh. die Sümpfe verstärkt trockengelegt wurden, steigt die Brandgefahr. Im Frühsommer 2011 verbrannten 1000 ha Moorfläche. Nun wird an der Renaturierung gearbeitet, damit die typische Flora aus Moos-, Heidel- und Preiselbeere, Besenheide und Wollgras gedeihen kann. Torfmoose wachsen jetzt kräftig und produzieren wieder aktiv Torf. Dabei binden sie große Mengen CO_2.

Das Hohe Venn war immer Grenz- und Durchgangsland, hier berührten sich zeitweilig fünf Territorien: die Abtei Malmedy-Stablo, das Lütticher Bistum und die Herzogtümer Limburg, Jülich und Luxemburg. Wegen ihres Widerstands gegen die Annexion des belgischen Teils durch Deutschland 1940 wurden viele wallonische Aktivisten in deutschen Konzentrationslagern ermordet.

Sehenswert

Sourbrodt ▶ A 5

Der wallonische Ort entstand um eine Herberge am alten Weg durchs Venn. Nicht nur Radler auf dem **Vennbahnradweg** finden heute am früheren Bahnhof Einkehrmöglichkeiten und Gelegenheit zum Kauf von Proviant. Auf der Bahntrasse kann man auch per Draisine bis Kalterherberg fahren.

Signal de Botrange ▶ A 5

Der mit 694,2 m höchste Punkt Belgiens befindet sich am Signal de Botrange. Um diesen Wert auf symbolische 700 m anzuheben, ließ man 1923 einen künstlichen Hügel aufschütten. Wer ihn erklimmt, kann sich davon überzeugen. Der Sendeturm erreicht 718 m Höhe. Auf der Straßenseite gegenüber gibt es eine **Aussichtsplattform,** von der man einen überwältigenden Blick über das Venn nach Osten ins Rurtal hat.

Infobox

Infos im Internet

www.ostbelgien.eu

Schutzzonen im Hohen Venn

Zone D: gesperrt. **Zone C:** nur in Begleitung anerkannter Vennführer. **Zone B:** nur auf markierten Wegen! **Zone A:** frei zugänglich. **Rote Flagge:** Betretungsverbot wegen besonderer Gefahr.

Verkehr (Belgien)

Bus: Linie 390 Verviers–Rocherath/Bütgenbach und Linie 394 Eupen–St. Vith halten in Baraque Michel, Linie 385 Eupen–Monschau–Kalterherberg (Sa, So).

Naturparkzentrum Botrange ► A 5
Route de Botrange 131 (N 676), 4950 Robertville, Tel. 00320 80 44 03 00, www.botrange.be, Mo–Fr 10–17, Sa/So 10–8 Uhr, Dauerausstellung 6 €
Das Info-Zentrum des Deutsch-Belgischen Naturparks ist ein beliebter Treffpunkt für Wanderer. Im gemütlichen Foyer sitzt man rund um die große offene Feuerstelle, es gibt ein Café-Restaurant und draußen einen schönen Kinderspielplatz. Die Ausstellung behandelt alle Aspekte des Lebens im Venn, und der Kräutergarten im Innenhof zeigt typische Vennpflanzen.

Baraque Michel ► A 5
Bis in die Neuzeit gab es nur wenige Wege durch die unbewohnte Weite des Venns, das bei Nacht oder Nebel kaum Orientierung bietet. An einer Kreuzung dieser alten Wege, mitten im Venn, baute Anfang des 19. Jh. Michel Henri Schmitz, zugezogen aus dem Rheinland, die erste Herberge: Baraque Michel (Michelshütte). Um Wanderern den Weg zu weisen, läutete hier bei Unwetter eine Glocke – wodurch 126 Menschen gerettet werden konnten. Auch der Schwiegervater des Ritters Toussaint Fischbach, der daraufhin im Jahr 1830 die **Kapelle Fischbach** neben der Baraque stiftete. Ein Leuchtfeuer im Turm half Verirrten fortan auf den rechten Weg. Das heutige Gasthaus Baraque Michel (s. S. 109) entstand um 1850 nach dem Bau der Landstraße.

Naturzentrum Haus Ternell ► A 4
An der N 67 Eupen–Mützenich (Sa, So Bus 385 Eupen–Monschau), Ternell 2–3, B-4700 Eupen, Tel. 00320 87 55 23 13, www.ternell.be, Mo–Fr 10–12, 13–17, Sa, So 10–17 Uhr, Museum 2 €, Brasserie und Spielplatz

Die Bohlenwege im Venn geleiten Wanderer sicher übers Moor

Das Venn- und Waldmuseum im ehemaligen Forsthaus zeigt in Dioramen Fauna und Flora in natürlicher Umgebung und erläutert die Vennlandschaft. Ternell ist ein guter **Ausgangspunkt für Wanderungen** im nordöstlichen Venn.

Wanderung im Hohen Venn ▸ A 5

Start: Botrange, Länge: 12 km
Eine abwechslungsreiche **Rundtour** führt teils durch Wald, teils auf Bohlenwegen durch die baumlosen Weiten des Venn. Am Weg trifft man ab und zu auf die typischen ›Vennwacken‹, quarzitische Sandsteine.

Vom **Naturparkzentrum Botrange** geht es am südlichen Rand des **Polleur-Venn** entlang. Auf der Nordseite sammelt die **Wetterstation der Université Liège** am **Mont Rigi** meteorologische Daten. Nun geht es zum **Kreuz der Verlobten** (Croix des Fiancées). Es erinnert an ein tragisches Unglück am 21. Januar 1871: Marie Solheid und François Reiff hatten sich von Jalhay aufgemacht, um die nötigen Heiratspapiere aus Xhoffrai zu holen. Auf dem Weg durchs Venn überraschte sie ein Schneesturm. Erst nach der Schneeschmelze wurden die Toten gefunden. Schnurgerade 2 km weiter ist **Baraque Michel** erreicht, teils auf breiten Sand-, teils auf Bohlenwegen. Nach einer Rast im **Gasthaus Baraque Michel** (s. rechts) führt der Weg ins Tal der Hill. Bei **Trois Bornes** (Drei Grenzsteine) geht es zurück nach **Botrange.**

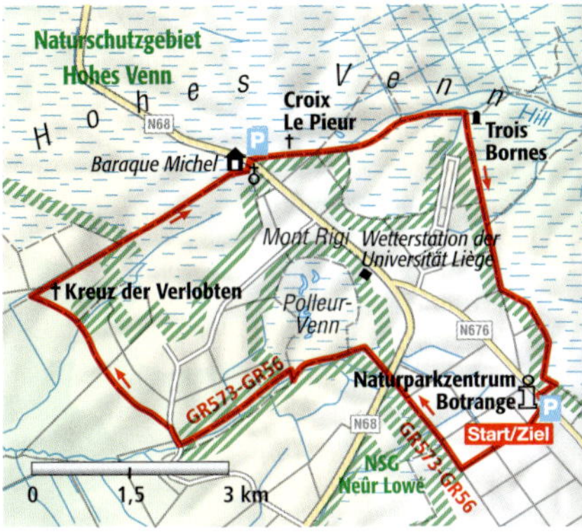

Wanderung im Hohen Venn

Übernachten, Essen

Die Herberge im Venn – **Baraque Michel:** Baraque Michel 36, B-4845 Jalhay, Tel. 00320 80 44 48 01, www.labaraque michel.be, Gerichte 13–28 €. Im rustikalen Gastraum gibt es das ›Hausbrett‹ mit selbstgemachter Pastete, dazu hauseigenes Triple-Bier (stark!). Zimmer mit WC/Dusche über den Flur, DZ pro Person mit Frühstück 31 €.

Essen & Trinken

Mit Vennwasser gebraut – **Brauerei Peak:** Rue de Botrange 123, B-4850 Sourbrodt, 0032 80 21 48 76, http://peak-beer.com. Ungefiltert, gären die Biere in der Flasche nach. Verkauf und Verkostung im Brauerei-Restaurant mit herzhaften kleinen Gerichten (8–18 €).

Aktiv

Geführte Vennwanderungen – Ab Naturparkzentrum Botrange oder Naturzentrum Haus Ternell. Infos s. o.
Draisine und Rad fahren – **Vennbahnradweg:** www.vennbahn.eu. Der Abschnitt Kalterherberg–Sourbrodt verläuft mitten durch das Hohe Venn. Draisinefahrten: www.railbike.be/de.

Infos & Termine

Naturparkzentrum Botrange: s. S. 108. Infos und Termine s. www.botrange.be.

Nördliche Voreifel

Das erste, was man, von Norden aus der Euskirchen-Zülpicher-Börde kommend, von der Eifel sieht, sind die Hügel der nördlichen Voreifel zwischen den Flüsschen Neffel und Swist.

Zülpich ist das Tor zur Eifel, aber auch das Tor der Eifel zur Börde und zu den Städten der Ebene. Seiner Lage im Lee von Eifel und Hohem Venn verdankt es eines der sonnigsten Klimata Deutschlands mit rund 1700 Sonnenstunden im Jahr – bei Südwind tritt sogar Föhn auf.

Die Mechernicher Voreifel schließt direkt an die Börde an und reicht bis zur Wasserscheide Maas/Rhein zwischen Wallenthal und Zingsheim. In der offenen Kulturlandschaft mit kleineren Waldungen, die das von Bächen durchzogene niedrige Hügelland auflockern, gibt es einige teils renaturierte Gruben und Halden des früheren Bleibergbaus.

Der Eifelfuß bei Euskirchen (scherzhaft ›Hühnerauge am Fuß der Eifel‹ genannt), Bad Münstereifel und Rheinbach steigt stärker an und erhebt sich beim Michelsberg auf 588 m. Hier liegt mit dem großen Flamersheimer Wald, »Rest« des ehemals riesigen Königswaldes, ein attraktives Wandergebiet.

Infobox

Infos im Internet

www.nordeifel-tourismus.de

Anreise und Verkehr

Bahn: Voreifelbahn von Bonn über Euskirchen nach Bad Münstereifel, Eifelbahn von Köln über Euskirchen nach Satzvey und Mechernich.

Zülpich ▸ C 3

Zülpich (ca. 20 000 Einw.) liegt auf einer Anhöhe, umgeben von der ebenen Landschaft der Zülpicher Börde. Diese strategische Lage war entscheidend für die Gründung der Römerstadt im 1. Jh. n. Chr. Sie war wichtigster Verkehrsknotenpunkt römischer Fernstraßen aus Reims und Trier über die Eifel nach Xanten, Köln, Maastricht und Bonn. Die in den 1930er-Jahren direkt neben der Krypta unter der St. Peterskirche entdeckten **Thermen des 3. Jh.** sind eine außergewöhnliche Attraktion aus Zülpichs römischer Zeit (s. S. 111).

In den 1950er-Jahren wurde vor Zülpichs Toren Braunkohle abgebaut. Der Abbau wurde 1969 unrentabel. Die gefluteten Tagebaue bilden u. a. den **Neffelsee** und den **Wassersportsee.** Die Landesgartenschau 2014 bescherte der Stadt den **Seepark** (s. S. 112) und den **Park am Wallgraben**.

Stadtmauer

Die bis auf wenige Durchbrüche erhaltene **mittelalterliche Stadtmauer** des 14. Jh. mit vier Stadttoren hat in dieser Vollständigkeit im Rheinland Seltenheitswert. Im Osten bewachte das imposante **Münstertor,** jetzt Quartier der Prinzengarde, die Stadt. Beim nördlichen **Bachtor** ist vom Doppeltor nur das Innentor geblieben. Das **Kölntor** im Nordosten mit zinnenbekröntem Vortorbau, anschließendem Zwinger und großem Haupttor wird auch ›Burg der blauen Funken‹ genannt, hier ist die Wachstube des Zülpicher Gardekorps.

Rund um den Marktplatz

Vom baumumstandenen **Marktplatz** blickt man zum **Weiertor,** einem Dop-

Ein Verteidigungsbau wie aus dem Schulbuch: die Landesburg Zülpich

peltor mit Rundtürmen, hinter dem sich ein herrlicher Blick in die Landschaft öffnet. Ein zur Landesgartenschau angelegter **Weinberg** knüpft an Zülpichs Weinbautradition an – es gab einmal gute Weinberge an der Neffel. Der letzte Rest des alten Rathauses ist der **Rathausturm** (frühes 18. Jh.) in gotischem Stil an einer Ecke des Marktplatzes. Die kleine zweischiffige **Gasthauskapelle** von 1454 am Mühlenberg war Spitalkapelle des Gasthauses (Siechenhaus).

Landesburg

Da Zülpich jahrhundertelang zwischen den Jülicher Grafen und dem Kölner Erzbistum umstritten war, wurden in der Umgebung und der Stadt zahlreiche Burgen gebaut – allein im engeren Stadtgebiet knapp 30. Faustpfand in der Erzfehde war von Beginn an die Zülpicher Burg auf dem Mühlenberg, die in fränkischer Zeit über dem römischen Kastell entstand. Nach langem Streit und wechselseitigen Zerstörungen und Neubauten ließ der siegreiche Kölner Erzbischof im späten 14. Jh. die kastellartige Kurkölnische Landesburg errichten, ein Prototyp mittelalterlichen Burgenbaus und seit 1741 in bürgerlichem Besitz. Heute beherbergt sie u. a. die **Salentin-Galerie** mit Werken des in Zülpich geborenen Düsseldorfer Genremalers Hubert Salentin, die **stadthistorische Sammlung der Geschichtswerkstatt** (Sa/So 13–16 Uhr, Eintritt frei). Die **Aussichtsplattform** auf einem der Türme bietet einzigartige Ausblicke ins Umland.

Römerthermen – Museum der Badekultur im Rheinland

Andreas-Broicher-Platz 1, Tel. 02252 83 80 60, www.roemerthermen-zuelpich.de, Di–Fr 10–17, Sa, So 11–18 Uhr außer Karnevals-Do, 24./25.12., 31.12. und 1.1., 4 €, unter 18 J. frei, Sonderausstellungen zusätzlich 2 €

Die besterhaltene Thermenanlage nördlich der Alpen, bestehend aus Kaltbad

Unser Tipp

Kunst in der Landschaft
Den mutmaßlichen Schauplatz der Schlacht bei Zülpich-Langendorf (s. S. 59) markiert seit 1999 eine **Granitstele von Ulrich Rückriem.** Weitere Skulpturen Rückriems stehen verstreut in der Langendorfer Flur als archaisch anmutende, monumentale Monolithen (3 km langer Rundweg, Infotafel gegenüber Wasserschloss Langendorf, Flyer: www.zuelpich.de, > Tourismus > Aktivitäten).

(frigidarium), Warmbad *(tepidarium),* Heißbad *(caldarium)* und Hypokausten-Heizanlagen, präsentiert der moderne Bau. Verbunden ist sie mit einem Museum der Badekultur, das auf einzigartige Weise die Kulturgeschichte des Badens von der antiken Wellnessoase der Römer bis heute zeigt – über die mittelalterlichen Badestuben, die eher wasserscheue Barock- und Rokokohygiene bis zur Geschichte des modernen Badezimmers. Geniale Erfindungen wie das Klosett mit Wasserspülung oder Kuriositäten wie der Dampf-Schwitz-Apparat sind ebenso zu entdecken wie eine Schaukelbadewanne.

Aktiv

Baden und mehr – **Seepark Zülpich:** Am Wassersportsee, Tel. 02252 523 45, www.seepark-zuelpich.de, März–Okt. 6 €. Der 20 Hektar große Park ist ein Erbe der Landesgartenschau und geeignet für alle, die Auslauf und Abwechslung suchen: große Spiel- und Sportflächen, Strandbad sowie Gärten mit Blumenterrassen. Der Park ist auch Schauplatz für Veranstaltungen, Infos s. Homepage.

Infos & Termine

Tourist-Information Stadt Zülpich: im Rathaus, Markt 21, 53909 Zülpich, Tel. 02252 522 12, www.zuelpich.de.
Bahn: Sa/So, Fei Eifel-Bördebahn RB 28 von Euskirchen nach Zülpich, www.boerdeexpress.de.
Bus: Euskirchen–Zülpich–Düren, www.vrsinfo.de.
Termine: Wochenmarkt, Parkplatz am Frankengraben, Do 8–13 Uhr. **Michaelkirmes,** 1. Okt.-Wochenende. **Weihnachtsmarkt,** 1. Adventswochenende in der Landesburg.

Mechernich ▸ C 4

Bis heute sind Mechernich (ca. 25 000 Einw.) und das Umland von den Folgen des Bleibergbaus geprägt. Hier liegen über dem devonischen Grundgestein mächtige Schichten von Buntsandstein der Trias. Das Gestein wird seit Römerzeiten als Baumaterial genutzt. Das Besondere: Im Buntsandstein gibt es eine 40–80 m mächtige Schicht mit Bleiglanzkristallen, die bis zu 1,5 % Blei enthalten. Schon die Römer betrieben hier Bergbau. Ein wahrer Bleiboom setzte im 17. Jh. mit dem Stollenbergbau ein und machte Mechernich zum Zentrum der frühen Montanindustrie. 1957 wurde der Bleibergbau eingestellt und Mechernich entwickelte sich zum wichtigen Einkaufs- und Bildungszentrum sowie Bundeswehrstandort.

Bergbaumuseum und Besucherbergwerk Mechernich

Bleibergstr. 6, Tel. 02443 486 97, www.bergbaumuseum-mechernich.de, Di–Sa 14–16, So 11–16 Uhr, Führung um 14, So auch 11 Uhr, 5,50 €, Kinder 6–16 J. 4 €, Anmeldung empfohlen

Beim Gang durch die Stollen sieht man geologische Verwerfungen, Malachit-Ausblühungen, das Gezähe (Werkzeug) der Bergleute und Förderwagen. Im Zweiten Weltkrieg diente das Bergwerk als Bunker, sogar ein Operationssaal war hier untergebracht. Besonders eindrucksvoll sind die riesige Halle des Großen Abbaus und die Strecke zum Wetterschacht, die blieb, wie sie 1943 bei der Stilllegung verlassen wurde – mit vielen ›Tutten‹ (kugelförmige Gebilde aus Metalloxiden), Vererzungen und Konglomerat-Einlagerungen.

Bergbauhistorischer Wanderweg

Länge: knapp 10 km, Start: Bergbaumuseum, Beschilderung: A 1, Karte: www.bergbaumuseum-mechernich.de
An 13 Infopunkten wird Interessantes über die Bleigewinnung vermittelt. Es geht vorbei am Stumpf des **›Langen Emil‹** (134,6 m), 1885 erbaut und damals Europas höchster Kamin. Am großen Eindicker erfährt man, wie das zu Staub vermahlene Gestein mit Wasser vermengt und das Bleierz mit Luft zum Abschöpfen nach oben geblasen und am Spülfeld wieder aufbereitet wurde. Die Wanderung führt zu Aussichtspunkten über das ehemalige Revier Virginia, 1972 bis 2002 Mülldeponie, über den eingestürzten Abbau des Reviers Resshecke und das Bachrevier. Weiter geht es vorbei am letzten erhaltenen Schachtbauwerk Mechernichs, dem **Malakow-Turm** und den **Ruinen der alten Bleihütte** zurück zum Ausgangspunkt.

In der Umgebung

Kommern ▶ C 4

Zu den 44 nach Mechernich eingemeindeten Orten zählt auch das Fachwerkörtchen Kommern. Von seiner einstigen Bedeutung als Verwaltungssitz des Arenbergischen Landschultheißen zeugt die ›Reichsfreyherrliche‹ **Burg Kommern** mit Wohnturm aus dem 13. Jh. und der symmetrischen Hoffassade im französischen Loireschloss-Stil (Privatbesitz). Kommern trat im 19. Jh. seine Rolle als politisches und wirtschaftliches Zentrum der Gegend an das aufstrebende Mechernich ab. Das hatte auch sein Gutes, denn so blieb das pittoreske **historische Ortsbild** mit prachtvollen Fachwerkhäusern und krummen Gässchen weitgehend unversehrt bis heute erhalten.

LVR-Freilichtmuseum Kommern ▶ C 4

Eickser Str. (1 km nördl. von Kommern, Anfahrt über die K 20), www.kommern.lvr.de, April–Okt. 9–19, Nov.–März 10–17 Uhr, 7,50 € (ab 18 J.), Parkplatz 2,50 € (dort Gratis-Fahrservice zur Kasse), Bus 808 ab Bhf. Mechernich (Fußweg 1,7 km)
Knapp 70 Bauwerke aus dem Rheinland, die ältesten aus dem 15. Jh., sind auf dem Gelände oberhalb Kommerns aufgebaut: Bauernhöfe aus Eifel, Westerwald und Bergischem Land, Windmühlen vom Niederrhein, Scheunen und Werkstätten. Angelegt wurden auch die dazugehörigen Gärten, Äcker und Wiesen. Unter dem Motto »Gespielte Geschichte« sind die Häuser ›belebt‹: Kaminfeuer flackern, es wird gekocht, Tiere werden im Stall gefüttert, Handwerker arbeiten. In den Ställen, auf den Weiden grunzen rückgezüchtete Weideschweine (Kommern-Schweine), muhen, meckern und blöken weitere Vertreter alter Haustierrassen.

Neben Sonderausstellungen gibt es Kurse z. B. in Brotbacken, Flachs- und Wollverarbeitung. Einen festen Platz haben auch der historische Jahrmarkt (Anf. April), das Erntefest (Ende Sept.) und der Advent für alle Sinne (Anf.

Skurril verwitterter Buntsandstein: die Katzensteine

Dez.). Wer das ganze Angebot des Museums nutzen möchte, sollte einen vollen Tag für den Besuch einplanen. Auf dem weitläufigen Gelände gibt es mehrere Gaststätten und Picknickplätze.

Hochwildpark Rheinland ▸ C/D 4

Becherhofer Weg 71, 53894 Mechernich-Kommern, Tel. 02443 65 32, www.hochwildpark-rheinland.de, März–Okt.tgl. 9–18, sonst Mi, Sa, So, Fei 10–17 Uhr, 7 €, Kinder 4 €, Gratis-Parken

In schönem Buchen-Eichen-Mischwald mit größeren Beständen der immergrünen Stechpalme lassen sich heimische Tierarten wie Dam-, Reh- und Muffelwild, Steinböcke, Auerochsen und Wildschwein beobachten oder im ›Streichelgehege‹ Kleintiere hautnah erleben. Waldhaus-Restaurant, Grillplätze, Aussichtstribüne und ein Spielplatz ergänzen das Angebot.

Burg Eicks ▸ C 4

Am Rand von Eicks steht eine der schönsten Wasserburgen weit und breit (1680), mit Wassergraben und alten Alleen. Sie ist nur bei Veranstaltungen zu besichtigen (http://schloss-eicks.de).

Katzensteine ▸ D 4

Wanderparkplatz an der L 61 0,5 km nordöstlich von Mechernich-Katzvey

Ein außergewöhnliches Natur- und Kulturdenkmal verbirgt sich im lichten Wald bei Katzvey: die roten Buntsandsteinfelsen der Katzensteine. Bereits in der späten Eiszeit suchten Menschen unter den Vorsprüngen der stark zerklüfteten Felsen Schutz, wie hier gefundene Feuersteingeräte beweisen. Mitte des 1. Jh. v. Chr. bauten die Römer hier Sandstein ab, überwiegend für den lokalen Bedarf; Spuren des Abbaus (Schrotgräben, Keillöcher, Ritzungen) sind teilweise noch zu erkennen.

Burg Satzvey ▶ C 4
An der Burg 3, 53894 Mechernich-Satzvey, Tel. 0172 469 79 69, www.burgsatzvey.de, Burghöfe ganzjährig frei zugänglich, Burg: Ostern–Sept. Sa/So, Fei 9 Uhr bis zum Dunkelwerden, Burgführung (45 Min.) ab 5 Erw. nach Anmeldung: Tel. 02256 93 89 22, 5 €, Parkplätze neben dem Gutshof, bei Veranstaltungen Großparkplätze am Ortseingang
In dem auf zwei Inseln im Veybach gelegenen Fronhof des 12. Jh. verwalteten Vögte die Herrschaft Satzvey. 1396 wurde ein gotisches Burghaus gebaut und die Burg im 15. Jh. durch Torhaus und Zwinger verstärkt. Im 19. Jh. im neoromanischen Stil mit neuen Türmen, Um- und Anbauten erweitert, gilt die perfekt erhaltene Wasserburg als pittoreskes Ensemble von Altem und Neuem und Perle des Eifeler Burgenbaus. Sorge trägt dafür die Besitzerfamilie Beissel von Gymnich, die das Anwesen als Event-Location geöffnet hat: Überregional bekannt sind die **Satzveyer Ritterfestspiele** und die **Burgweihnacht.** Laden mit Ritterbedarf, Mittelalterkleidung u. Ä.

Römisches Aquädukt Vussem ▶ C 4
Station des Römerkanal-Wanderwegs, s. S. 58, frei zugänglich, Eintritt frei
Bei der Entdeckung hatten die Archäologen Glück im Unglück. Achtlos hatte man in den 1950ern beim Bau des Sportplatzes zwei Pfeilerfundamente der ehemals 80 m langen und 10 m hohen 2000 Jahre alten Kanalbrücke über den Bach Odensiefen zerstört, ehe Bonner Archäologen auf den Plan gerufen wurden. Sie ermittelten, dass das Aquädukt ursprünglich 13 Bögen mit zwölf Pfeilern hatte. Vussem erhielt damals mit der Teilrekonstruktion des Aquädukts eine beeindruckende Sehenswürdigkeit, die die technische Genialität der römischen Ingenieure vor Augen führt: Mit 0,4 % Gefälle wurde der Talübergang auf kürzestem Weg bewerkstelligt und dabei ein langer Umweg um das Seitental erspart.

Römische Brunnenstube Klausbrunnen bei Kallmuth ▶ C 4
700 m östlich von Mechernich-Kallmuth, nur geöffnet im Rahmen von Veranstaltungen, s. a. »Der Römerkanal-Wanderweg«, S. 58
Die Brunnenstube Klausbrunnen bauten die Römer, um hier eine der Quellen der römischen Eifelwasserleitung zu fassen. Zentrum der Quellkammer ist ein 3,50 x 5,80 m großes Sammelbecken, dessen Sohle 3 m in das Erdreich eingetieft war. Hauptsächlich durch drei große, aus losen Steinen aufgeschichtete überwölbte Öffnungen drang das Wasser aus dem Hang in die Kammer. Dort sammelte und beruhigte es sich, um an-

Unser Tipp

Ein bildschönes Dorf
Den Dorfanger (Frankenring) im Ortskern von **Hostel** (▶ C 4) säumen zahlreiche Fachwerkhäuser aus dem 17. und 18. Jh. Für das wunderbar erhaltene Dorfbild sorgen die Besitzer der denkmalgeschützten Häuser durch detailverliebte Renovierung. Zwar ist der historische Teich in der Mitte des Dorfangers einem Spielplatz gewichen und der Platz mit ortsfremden Krimlinden umpflanzt worden, aber das schmälert den pittoresken Eindruck kaum (in 53894 Mechernich-Hostel von der K 25 gegenüber der Kirche rechts ab in die Friedentalstraße).

schließend in den Kanal Richtung Köln einzufließen. Nur knapp 4 m darunter mündete der vom Nettersheim-Urfter ›Grünen Pütz‹ kommende Strang in den Kanal ein (s. S. 131).

Kartsteinhöhlen bei Eiserfey ▶ C 4
Tgl. geöffnet, Eintritt frei, Parkplatz (gratis), Grillplatz, Imbiss, Toiletten
Die **Kleine Höhle** und die große **Kakushöhle** befinden sich im Kartstein, einem Kalktuffplateau. Der Weyerer Bach hat sie im Lauf der Zeit aus dem Travertin des Kartsteins ausgewaschen. Ausgehend von der Talsohle des urzeitlichen Weyerer Bachs, dessen Niveau vor etwa 300 000 Jahren noch 20 m höher lag und der zu Tümpeln aufgestaut war, bildete sich über die Jahrtausende das Kalktuffplateau. Schon während der Anfangsphase der Tuffbildung besuchten Menschen das Gebiet, wie im Tuff eingeschlossene Steinwerkzeuge beweisen – die ältesten Spuren von Menschen in der Eifel. Es fanden sich auch Reste von Höhlenbär, Mammut, Wollnashorn, Urpferd und Rentier. Funde aus der Jungsteinzeit, der Zeit der Kelten und Römer beweisen: Die Höhlen dienten immer wieder als Zufluchtsort. Das über den Höhlen an drei Seiten steil abfallende Plateau wurde durch einen Abschnittswall zu einer Fliehburg befestigt. Unklar ist, ob der Wall auf Kelten oder Römer zurückgeht oder aus dem Mittelalter stammt.

Übernachten

Ein idyllischer Fachwerkhof – **Ferienwohnungen Margarethenhof:** Virnicher Str. 3, 53894 Mechernich-Firmenich, Tel. 02256 71 26, www.margarethenhof.info, 48–54 €/Tag (bis 4 Nächte zzgl. 25 €, Bettwäsche 5 €/Pers.). Vier schmucke 3-Sterne-Ferienwohnungen, großer Garten, kostenlose Fahrräder, Spielecke, Grillhütte.

Essen & Trinken

Historisches Ambiente – **Café zur Zehntscheune:** Am Auel 1a, 53894 Mechernich-Eicks, Tel. 02443 31 59 83, www.cafezurzehntscheune.de, Mitte Jan.–Ende Nov. Do/Fr 14–18, Sa, So 10–18 Uhr. Nicht nur frische Kuchen und Torten, sondern auch Eintöpfe oder andere kräftige Kleinigkeiten um 10 €, perfekte Rastmöglichkeit für Radler und Wanderer, Blick auf Schloss Eicks.

Einkaufen

Gutes aus der Natur – **Eifel-Kräuterhaus:** Kölner Str. 20, 53894 Mechernich-Kommern, Tel. 02443 58 16, www.eifel-kraeuterhaus.de, Mo–Fr 9.30–13, Mo, Di, Do, Fr 14.30–18.30, Sa 9.30–15.30 Uhr. Honig, Tees, Kräuter und Liköre; auch Teekannen und Schnickschnack.

Aktiv

Wellness & Baden – **Eifel-Therme Zikkurat:** An der Zikkurat 2, 53894 Mechernich-Firmenich, Tel. 02256 957 90, www.eifel-therme-zikkurat.de, Mo–Fr 11–21, Sa 10–21, So 10–20 Uhr, Tageskarte Bad 6,50 €, inkl. Sauna 21 €. Saunagarten, Rosenquarz-Sauna, römisches Dampfbad und Erlebnisbad (650 m^2; mit Whirlpool, einer Riesenrutsche und Kleinkindbereich).

Abends & Nachts

Tanzhalle – **Nachtgefühl:** An der Zikkurat 4, 53894 Mechernich-Firmenich, Tel. 02256 957 16 55, http://nachtgefühl.de. Party- und Tanzlocation auf 300 m^2. Die Musik: aktuell und angesagt., Fr, Sa und vor Feiertagen 22–5 Uhr, ab 5 €.

Bad Münstereifel

Sehenswert
1 Burg
2 Werther Tor
3 Johannistor
4 Orchheimer Tor
5 Heisterbacher Tor
6 Windeckhaus
7 Rathaus
8 Stiftskirche
9 Hürten-Heimatmuseum
10 Schwanen-Apotheken-Museum

Übernachten
1 Hotel-Restaurant Wolfsschlucht

Essen & Trinken
1 Heino Café
2 Tapferes Schneiderlein
3 Café T

Einkaufen
1 Handwerkerhof

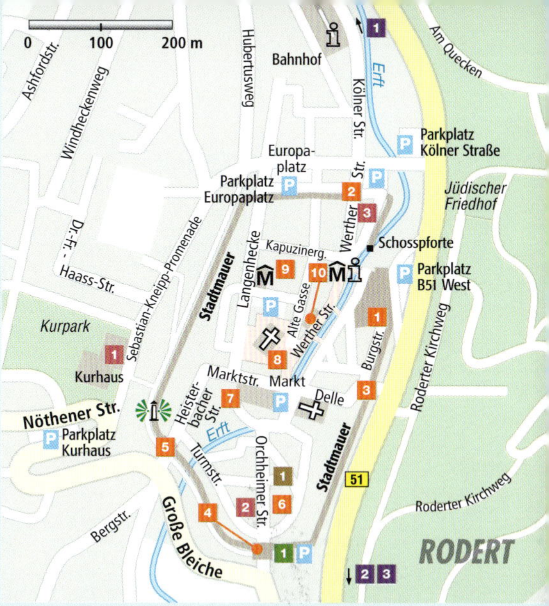

Aktiv
1 Golfclub Bad Münstereifel-Stockert
2 Eifelbad Bad Münstereifel
3 Michelsberg

Infos & Termine

Bahn: Bahnhöfe Mechernich (alle Züge) und Satzvey (nur RB-Züge) an der Eifelstrecke Köln–Trier.
Bus: Mechernich ist eine wichtige Drehscheibe für die Buslinien in die umliegenden Dörfer.
Termine: Mechernicher Wochenmarkt, Fr 8–12 Uhr, Marktplatz. **Veranstaltungen im Freilichtmuseum Kommern:** s. www.kommern.lvr.de (s. a. S. 113). **Veranstaltungen auf Burg Satzvey:** s. www.burgsatzvey.de, u. a. **Ritterspiele** mit Mittelaltermarkt an Pfingsten und den ersten beiden Sept.-Wochenenden (Eintritt 14–28 €, Familien 35–89 €) und **Burgweihnacht** im Advent mit Weihnachtsmarkt und Krippenspiel (Sa 12–20, So 12–19 Uhr, 8 €, Familie 21 €).

Bad Münstereifel

▶ D 4

Das historische Städtchen (17 395 Einw.) lockt entlang der munter plätschernden Erft mit einem malerischen Altstadtkern, der von einer stattlichen, weitgehend erhaltenen Stadtmauer umgeben ist. Seit in Bad Münstereifels Altstadthäusern Sport- und Outdoorartikel, Mode und Schuhe von bekannten Markenherstellern angeboten werden, ist das Städtchen ein Ausflugsziel für Shopping-Enthusiasten geworden.

Der Ort entstand um das 830 von Prüm aus gegründete Kloster und war jahrhundertelang Mittelpunkt des Eifeldekanats. Dank des weichen Wassers der Erft wurde Münstereifel zum

Zentrum der Wollverarbeitung. Die Säkularisation traf Münstereifel durch Aufhebung seiner vielen Stifte, Klöster und Kollegien besonders hart. Im 20. Jh. kam mit der Eisenbahn der Tourismus.

Burg und Stadtmauer

Die **Burg Münstereifel** 1 wurde um 1270 gebaut, bald danach kam die Befestigung der Stadt dazu. In Form eines unregelmäßigen Fünfecks umschließt der trutzige Mauerring die Stadt. Teile des Wehrgangs sind begehbar. Auf der Westseite erreicht man über den Wehrgang bequem den Stadtturm oberhalb des Heisterbacher Tores. Von seiner Plattform aus hat man beste Übersicht über das historische Städtchen sowie Berg und Tal – ein echter ›Eifelblick‹.

Vier Tore öffnen die Stadt: das **Werther Tor** 2 mit zwei runden Flankentürmen und umlaufendem Fries, das **Johannistor** 3, ein schlanker gotischer Turm, das schlichte **Orchheimer Tor** 4 und das **Heisterbacher Tor** 5 am Stadtausgang nach Westen, das heute ab und zu für Veranstaltungen im Stil des Mittelalters genutzt wird (www.heisterbacher-tor.de).

Bürgerhäuser, Rathaus und Kirche

Durch die autofreien kopfsteingepflasterten Gassen an der Erft lässt es sich vortrefflich bummeln – man kann in netten Cafés und Gasthäusern einkehren oder in einem der Läden stöbern. Stolze Bürgerhäuser und liebevoll restaurierte Fachwerkfassaden dominieren das Stadtbild, so das reich verzierte **Windeckhaus** 6 aus dem 17. Jh. (Orchheimerstr. 23) mit Hängestubenerker. In der Orchheimerstraße 17 befand sich die Synagoge der seit dem Jahr 1349 bekannten jüdischen Gemeinde.

Spazierweg der besonderen Art: die Erft in Bad Münstereifel

Das schöne, alte **Rathaus** 7 aus dem 15. Jh. war zunächst Gewandhaus, d. h. Halle der Tuchmacher. Vor dem Rathaus befindet sich der Pranger, daneben das ehemalige Karmelitessenkloster aus dem 18. Jh.

Die **Stiftskirche** 8 begann um 830 als Klosterkapelle, wurde im 12. Jh. durch die wuchtige dreischiffige Gewölbebasilika mit einem bis heute imposanten Westwerk ersetzt. Im Innern wurde die Kirche Ende des 18. Jh. in barockem Stil ausgestaltet.

Hürten-Heimatmuseum 9

Langenhecke 6, www.huertenmuseum.de, Sa, So 11–17 Uhr, Jan. geschl., 3 €, Kinder unter 18 J. Eintritt frei

Das 1167 errichtete **Romanische Haus** – das älteste Haus der Stadt und älteste Natursteinwohnhaus Westdeutschlands – beherbergt seit 1975 das Hürten-Heimatmuseum. Auf drei Ebenen lassen sich die Stadtgeschichte seit Römertagen, sakrale Plastiken und Exponate aus der Geschichte der Münstereifeler Schützenbruderschaft entdecken.

Schwanen-Apotheken-Museum 10

Werther Str. 13, Tel. 02253 76 31, www.apothekenmuseen.de, Di–Fr 14.30–17, Sa, So, Fei 11–16 Uhr, 2 €

Komplett mit Offizin (Arbeitsraum), Labor und Materialkammer blieb das Apotheken-Museum in der historischen Schwanen-Apotheke erhalten. 200 Jahre Apothekengeschichte werden hier dokumentiert – auch via den Geruchssinn. Ein Verkaufsschlager im Kurort war einst der von Apotheker Stephinsky kreierte Magenbitter aus 27 Kräutern – einige wachsen im **Kräutergarten** im Innenhof (Mai–Okt.). Da die letzte Apothekerin auch Kunstsammlerin war, sind an den Wänden interessante Gemälde, u. a. von Otto Pankok (s. S. 65), zu entdecken.

Heino Café 1

Nöthener Str. 10, Tel. 02253 8425 o. 544 07 70, www.kurhaus-badmuenstereifel.de, tgl. 8–18 Uhr

Wer das Heino Café mit der berühmten Haselnusstorte sucht, muss bergauf ins Historische Kurhaus (Erdgeschoss). An den Wänden hängen Goldene Schallplatten und Erinnerungsfotos des in Bad Münstereifel heimischen Sängers.

In der Umgebung

Erftquelle ▶ D 5

An der K 80 in 53902 Bad Münstereifel-Holzmühlheim, frei zugänglich

Ein Neusser Löwe und der Brückenheilige Johannes Nepomuk bewachen die mächtig aus devonischem Kalkgestein hervorsprudelnde Quelle, die sich hier mit dem Kuhbach zur Erft vereint. Das Wasser wurde früher als Trinkwasser genutzt. Gleich unterhalb zweigt der erste Mühlgraben ab: Von der Quelle ab trieb der Fluss zahllose Mühlen an. Ein schöner großer Rasenplatz mit Bänken, Grillhütte und Spielplatz lädt zu einer längeren Rast ein.

Römische Kalkbrennerei ▶ D 4

53902 Bad Münstereifel-Iversheim, westl. der B 51, Ofen ganzj. frei zugl., Ofen im Schutzbau Mai–Okt. Sa 13–16, So, Fei 11–16 Uhr u. n. Vereinbarung: 02253-76 31 o. -54 22 44

Iversheim liegt an der Ostflanke der Sötenicher Kalkmulde, wo es schon lange Kalkbrennereien gab. Eine römische Kalkfabrik mit sechs Öfen wurde 1968 ausgegraben. Dort arbeiteten Legionäre, wie Inschriften auf Weihesteinen besagen. Von 145 bis 235 n. Chr. produzierte die 30. Legion Minerva aus Bonn hier den für ihre regionale Bautätigkeit nötigen Kalk. Die harte Knochenarbeit war bei den Truppen höchst unbeliebt und führte häufig zu Klagen.

Bad Münstereifeler Wald ▶ D 4

Das Waldgebiet bei Münstereifel ist Überrest des einst riesigen Waldes im fränkischen Königsbesitz. Nach Rodung ab dem 9. Jh. entstanden Siedlungen z. B. Houverath, Wald oder Holzem, die den Wald heute nach Süden begrenzen. Abseits heutiger Straßen durchziehen Altstraßen den Wald: eine verläuft von der Ahr kommend parallel zur L 234 von der Kapelle ›Decke Tönnes‹ nach Arloff (s. Entdeckungstour S. 124) und weiter nach Billig. Eine weitere Altstraße ist der ›Judenweg‹. Die jüdische Kultur war in der Voreifel tief verwurzelt, es gab jüdische Friedhöfe in Arloff, Kirspenich und Kirchheim.

Michelsberg ▶ D 4/5

53902 Bad Münstereifel-Mahlberg, Zufahrt zum Parkplatz von der L 113 gegenüber dem Abzweig nach Mahlberg, auf schmalem Teerweg den Schildern folgen. Kapelle nur für Wallfahrer zur Michelsoktav (29. Sept.) geöffnet

Eigentlich besteht das Massiv vulkanischen Ursprungs (tertiäre Basaltkuppen mit vielen Olivinknollen) aus zwei Gipfeln, dem südlichen Engelsberg (573 m, heute Eifel-Blick) und dem 588 m hohen Michelsberg. Der weite Blick rundum ins Land hat diesen Ort seit jeher zum Anziehungspunkt gemacht, auch wenn Bäume heute die Aussicht vom Hauptgipfel verstellen. Älteste Funde stammen aus der Steinzeit. Die Römerstraße Trier–Bonn führte am Berg vorbei, wo sich vermutlich eine Warte mit Signalstation befand. Bei den Franken soll der Berg Thingstätte gewesen sein. Darauf deutet der Ortsname Mahlberg hin (ahd. *mahal* = Gericht). Seit dem frühen Mittelalter gab es wohl eine Volkswallfahrt zu Michael, dem Drachentöter. Um 1500 entstand eine **Kapelle** auf dem Gipfel, die im 19. Jh. durch Blitzschlag zerstört, 1860 aber erneuert wurde. Ihr

Turm bietet zwar beste Blicke, doch ist die Kapelle verschlossen. Daher lohnt der Aufstieg kaum.

Astropeiler Stockert ▶ D 4

Astropeiler Stockert 2–4, 53902 Bad Münstereifel, 1,5 km westl. von Bad Münstereifel-Eschweiler, www.astropeiler.de, öffentlicher Fachvortrag und Führung Mai–Okt. So 14 Uhr und nach Vereinbarung (s. Website)

Deutschlands erstes Radioteleskop ging 1956 auf dem Stockert in Betrieb. Das 25-m-Teleskop war aber bald veraltet und wurde seit 1979 nur noch zu Ausbildungszwecken genutzt. 1999 als Industriedenkmal unter Schutz gestellt, gehört es heute, aufwendig renoviert, der NRW-Stiftung und es wird weiter wissenschaftlich gearbeitet.

Naturschutzgebiet Kalkarer Moor ▶ D 4

750 m nordöstlich von Bad Münstereifel-Kalkar am Mersbach

Vermutlich stammt der Name des Ortes Kalkar vom germanischen Wort für Moor (Kolk). Unweit des Ortes liegt in einer Senke das früher von Bächen und Quellen gespeiste, heute teils künstlich vernässte Kalkarer Moor, dessen Besonderheit im Kalkuntergrund liegt. Das Versickerungswasser aus der Sötenicher Kalkmulde trifft hier auf hartes devonisches Grundgestein und tritt durch artesischen Druck zutage, wodurch sich ein Moor mit bis zu 1 m mächtiger Torfschicht gebildet hat. Hier gedeihen für Kalkmoore typische Pflanzen wie Sumpf-Dreizack, Sumpf-Stendelwurz, Sumpf-Herzblatt oder das seltene Übersehene Knabenkraut. Das besonnte Gebiet inmitten intensiv bewirtschafteter Äcker ist Rückzugsraum für Bekassine, Nachtigall, Pirol und Flussregenpfeifer. Auch Grasfrosch und Kreuzkröte fühlen sich hier heimisch.

Unser Tipp

Originell und urig

Im **Restaurant Wolfsschlucht** 1 wacht ein kanadischer Wolf (ausgestopft) über das Geschehen in der Gaststube, die mit Lecker-Deftigem von Schnitzel bis Rumpsteak und immerhin zehn Biersorten vom Fass in das verwinkelte historische Fachwerkhaus lockt. Müde Gäste träumen in komfortablen Zimmern mit Märchenthemen (DZ ab 105 €; Orchheimer Str. 19, Tel. 02253 920 30, 53902 Bad Münstereifel, www.wolfsschlucht.de).

Übernachten

Originell und urig – **Hotel-Restaurant Wolfsschlucht** 1: s. Tipp.

Essen & Trinken

Haselnusstorte und mehr – **Heino Café** 1: s. S. 120.

Bistro-Café mit Kultur – **Tapferes Schneiderlein** 2: Orchheimer Str. 44, www.tapferes-schneiderlein.eu, Mo–Sa 11–17 Uhr. Nettes Bistro mit Ausstellungen lokaler Künstler. Eifelburger oder Spaghetti Bolognese (um 9–10 €)aus regionalen Zutaten.

Café mit Atmosphäre – **Café T** 3: Wertherstr. 34, www.cafe-t.de, tgl. 9–23 Uhr. Leckerer Kuchen, Tee und kleine Speisen stärken Shoppingmüde zwischendurch (Gerichte unter 10 €).

Einkaufen

Ein Schwerpunkt der Warenwelt des **City Outlet Bad Münstereifel** (www.cityoutletbadmuenstereifel.com) mit 40 Läden (s. S. 117) ist der **Handwerkerhof am Orchheimer Tor** 1.

Auf dem Kirchplatz – **Wochenmarkt:** Di (klein) und Fr (groß) 8–12 Uhr.

Aktiv

Stadtführung – **Historische Altstadt Münstereifel:** Sa 14.30 Uhr, Treffpunkt am Apotheken-Museum 10, 2 €.
Golf mit Aussicht – **Golfclub Bad Münstereifel-Stockert 1:** Moselweg 4, 53902 Bad Münstereifel, Tel. 02253 27 14, www.golfbadmuenstereifel.de, März–Wintereinbruch, Öffnungszeiten s. Website, Greenfee Mo–Fr 45 €, Sa, So, Fei 55 €, ab April 1. und 3. So 13–15 Uhr Schnupperkurs (19 €, Anmeldung erforderlich). 18-Loch-Golfkurs (Par 71) in idyllischer Lage mit herrlichen Ausblicken ins Rheintal.
Familien-Spaßbad – **Eifelbad Bad Münstereifel 2:** Dr.-Greve-Str. 16, 53902 Bad Münstereifel, Tel. 02253 54 24 50, www.eifelbad.com, Mo–Fr 11.30–21, Sa, So, Fei 10–21, Sommerferien NRW 10–20 Uhr, Tageskarte 6,40 €. 700 m² Wasserfläche, Sprungturm, Jetstream-Anlage und angenehme 30 °C Wassertemperatur.
Rodeln – **Michelsberg 3:** Wanderparkplatz Bleielsnück (13 km südl.). Bei entsprechender Witterung mit Rodelhang.

Infos & Termine

Tourist-Information Bad Münstereifel: Kölner Str. 13 (Bahnhof), 53902 Bad Münstereifel, Tel. 02253 54 22 44, www.bad-muenstereifel.de; **Tourist-Information im Schwanen-Apotheken-Museum:** s. S. 119.
Bahn: Voreifelbahn (RB 23) von Bonn über Euskirchen.
Bus: Linie 801 von Euskirchen, Näheres unter www.vrsinfo.de.
Decke-Tönnes-Marathon: Mitte Dez. Start und Ziel: Decke Tönnes, über 43,5 km und mit 870 Höhenmetern eine Herausforderung, www.decke-toennes.de.

Rheinbach und Umgebung ▸ E 4

Rheinbach (gut 26 000 Einw.) am Eifelfuß war Kreuzungspunkt der Römerstraße Trier–Bonn mit dem **Römerkanal,** der römischen Wasserleitung nach Köln (s. S. 58). In der Pützstraße und am Kreisel Aachener Straße/Münstereifeler Straße kann man Reste des Kanals sehen. Nach dem Zweiten Weltkrieg siedelten sich sudetendeutsche Glaskünstler an – Rheinbach wurde ›Glasstadt‹ und erhielt eine Glasfachschule.

Die **Hauptstraße** war Teil der von Klein-Altendorf herführenden alten Aachen-Frankfurter Krönungsstraße, der wichtigsten Post-, Handels- und Pilgerstraße des Deutschen Reichs im Mittelalter. Auch heute säumen Geschäfte die Einkaufsstraße mit ihren schön restaurierten Fachwerkhäusern.

Von der Rheinbacher Burg ist nicht viel mehr als der **Hexenturm** genannte Bergfried, ein viergeschossiger Rundturm aus Bruchstein, erhalten. Der unterste Raum wurde im 17. Jh. vermutlich als ›Hexenkerker‹ benutzt.

Himmeroder Hof / Glasmuseum

Himmeroder Wall 6, http://glasmuseum-rheinbach.de, Di–Fr 10–12, 14–17, Sa, So 11–17 Uhr, Glasmuseum 3 €; Naturparkzentrum, www.naturpark-rheinland.de, Eintritt frei
Von dem Hof aus bewirtschaftete die Abtei Himmerod (s. S. 219) einst ihre Besitzungen in und um Rheinbach. In dem ca. 300 Jahre alten Fachwerkbau zeigt heute das **Glasmuseum** nach böhmischer Art hergestellte Gläser sowie moderne Studioglasobjekte aus ganz Europa. Nebenan informiert das **Naturparkzentrum** über den Naturpark Rheinland, der von hier bis zum Niederrhein und ins Bergische Land reicht.

Steinbachtalsperre ▶ D 4
Talsperrenstr. 125, 3 km von Kirchheim (Beschilderung), Tel. 02255 65 20, www.vffw-steinbach.de, Waldfreibad: Mai–Anfang Sept. Mo–Fr 11–20, Sa, So 10–20, in den Ferien tgl. 10–20 Uhr, 6 €
Die 1935 gebaute Talsperre sollte die Euskirchener Tuchindustrie versorgen, vor Hochwasser schützen und der Erholung im Sinne des Volksparkgedankens dienen. Magnet des damals geschaffenen Naherholungsgebietes ist das Waldfreibad mit Sprungturm, Wasserrutsche, Beachvolleyballfeld und Spielplatz. Wer nicht im naturbelassenen Wasser des Schwimmerbeckens baden möchte, kann den See umwandern oder im See angeln (Angelschein erforderlich). Einkehren kann man im Waldgasthaus (s. Essen & Trinken).

Ruine Tomburg ▶ E 4
Bei Rheinbach-Wormersdorf, 1,6 km südwestl. der L 471, frei zugänglich
Um 900 wurde die Tomburg strategisch günstig auf der Basaltkuppe eines tertiären Vulkans gebaut, die schon Kelten und Römer genutzt hatten. Die Gaugrafen des Zülpich-, Eifel-, Bonn- und Auelgaus, die Ezzonen (nach Graf Erenfrid, genannt Ezzo), die seit dem 10. Jh. lothringische Pfalzgrafen waren, kontrollierten von hier die Aachen-Frankfurter Krönungsstraße. Später wechselten die Besitzer und manche verlegten sich aufs Raubritter(un)wesen, sodass die Sicherheit auf dem wichtigen Handelsweg litt. 1473 wurde die Burg daher von Jülicher Truppen in die Luft gesprengt, später nutzte man sie als Steinbruch. Übrig blieb die weithin sichtbare romantische Ruine mit dem Rest des Bergfrieds.

Hardtburg ▶ D 4
Auf der Hardt, Abzweig von der L 11 in Kirchheim am Ortsende, Parkplatz nach 1,25 km, Burganlage ganzj. geöffnet, Eintritt frei
Romantisch mitten im Wald liegt die Hardtburg. Die außerhalb des Wassergrabens platzierten Schautafeln erläutern die Architektur der Anlage, die eine der am besten erhaltenen vom Typ Motte (Turmhügelburg) im Rheinland ist, mit Ringgraben, Torturm, Vorburg, Kernburg und frei im Burghof stehendem Bergfried. Später wurde sie zu einer Wasserburg ausgebaut und diente den Grafen von Are-Hochstaden und danach dem Kölner Erzbischof als Wehrbau. Die am Rand des Burghofs gelegenen Gebäude aus dem 18. und 19. Jh. gehören zum Forsthaus Hardtburg. Von dem mächtigen teils aus den Sintersteinen des Römerkanals gemauerten Bergfried reicht der Blick über Euskirchen und weiter (Turmbesteigung wegen Vogelschutz nur Herbst/Winter).

Essen & Trinken

Hausbrauerei – **Waldgasthaus Steinbach – Hausbrauerei:** Talsperrenstr. 105, 53881 Euskirchen-Kirchheim, Tel. 02255 95 83 00, www.waldgasthaus-steinbach.de, Mi, Do, So 11.30–18, Fr/Sa 11.30–20 Uhr. Deftige Brauhausküche (Gerichte ca. 10–19,90 €), dazu hausgebrautes Bier und Treberbrot.

Aktiv

Naturschwimmbad – **Steinbachtalsperre:** s. links.

Infos

Naturparkzentrum Himmeroder Hof: s. S. 122.
Bahn: Voreifelbahn (RB 23) Bonn–Euskirchen mit Haltepunkten Rheinbach (Zentrum) und Rheinbach-Römerkanal.
Bus: u. a. Linie 855 Bonn–Rheinbach.

Auf Entdeckungstour: Stationen der Volksfrömmigkeit – Kapellen am Eifelrand

Zahlreich sind die Kapellchen, Heiligen- und Andachtshäuschen in der Eifel. Hier beten Jakobspilger für eine sichere Reise oder richten sich Gläubige mit Sorgen und Nöten direkt an einen der vierzehn Nothelfer. Die große Armut der Eifeler im 19. Jh. sorgte dafür, dass der Stoff für Gebete nicht ausging. Aber auch heute ist die Eifeler Volksfrömmigkeit höchst lebendig.

Reisekarte: ▶ C–E 4
Start: Waldkapelle Rheinbach, an der L 492 Richtung Kalenborn.
Länge und Art: ca. 30 km, Autotour; auch als Radtour möglich (Fahrradmitnahme im Zug bis Bhf. Rheinbach, zurück ab Bhf. Arloff).
Öffnungszeiten: Waldkapelle Rheinbach und **Decke Tönnes** (www.decke-toennes.de) sind immer zugänglich; **Bruder-Klaus-Kapelle** (www.feldkapelle.de) Di–So 10–16/17 Uhr.

Das Wunder im Wald

Ein Wunder steht am Beginn der **Waldkapelle** bei **Rheinbach,** die ihren Namen völlig zu Recht trägt: 1681 entdeckten Holzfäller auf einem Buchenscheit das Christusmonogramm: IHS. Schon zwei Jahre später war der Fundort des Wunderscheits ein Wallfahrtsziel. 1686 entstand an der Stelle ein Kloster mit Kapelle, später eine Kirche. Im 19. Jh. wurden Kloster und Kirche abgerissen, nur die Grundmauern sind noch zu sehen. Die kleine Barockkapelle blieb – ein stiller Ort der Einkehr. Es gibt einen **Kreuzweg** und Bänke laden zum Ausruhen ein.

Beschützer der Reisenden

Viele Autofahrer halten an, um beim **›Decken Tönnes‹** (Dicker Antonius) Sicherheit auf der Fahrt zu erbitten (an der L 234 ca. 6 km südöstlich von Bad Münstereifel, Parkplatz auf der rechten Seite). Seit Urzeiten war hier, wo sich mehrere Straßen kreuzten, eine Wegmarke für Reisende. Der Ursprung der Kapelle im Wald liegt im Dunkeln. Sicher ist nur: Sie ist Antonius von Ägypten, einem der vierzehn Nothelfer, geweiht. Nur langsam gewöhnen sich die Augen an das Halbdunkel, das vom flackernden Licht zahlreicher Kerzen geheimnisvoll erleuchtet wird. Erst nach einer Weile erkennt man hinter der spiegelnden Glasscheibe schemenhaft die Gestalt des Heiligen, ein beeindruckendes, mystisches Erlebnis.

Antonius an jeder Ecke

Weiter geht es über Bad Münstereifel und die B 51 nach **Arloff.** Es gibt auch eine sportliche Variante: Man läuft oder radelt durch den Wald bis zum Südrand des historischen Dorfkerns von Arloff. Das Ziel ist die **Hubertuskapelle,** über die eine kleine in buntem Bauernbarock gestaltete Antoniusfigur wacht. Rätsel geben die senkrechten Scharren am Hausteinportal der Kapelle auf. Stammen sie von Jakobspilgern? Der winzige Bau birgt Kostbares: Wandmalereien aus dem späten 15. Jh. (leider keine Innenbesichtigung).

Zeitsprung in die Moderne

Ein Betonturm steht seit 2007 mitten in der baumlosen, intensiv bewirtschafteten Landschaft auf einem Acker bei **Wachendorf:** Peter Zumthors **Bruder-Klaus-Kapelle.** Hat man die schwere Metalltür des schlichten Baus geöffnet, tritt man in einen halbdunklen Raum. Kerzenschein wirft irisierendes Licht, vielfach gespiegelt im Widerschein der rauen Betonwände, Tageslicht schimmert durch kleine blaue Öffnungen aus mundgeblasenem Glas herein. Das Innere der riesigen Röhre öffnet sich oben zum Himmel. Die Einrichtung ist spartanisch, ohne Altar. Originell war die Baumethode: Zeltartig aufgerichtete Baumstämme dienten als Verschalung für einen Stampfbetonbau. Nach einem Trocknungsprozess durch offenes Feuer blieb nur die Schale aus Beton. Der Boden ist mit einer Bleiplatte belegt, die kleine Pfütze bei Regen ist gewollt. Die Feldkapelle ist dem Schutzpatron des Landvolks, dem heiligen Nikolaus von Flüe, genannt Bruder Klaus, gewidmet. Den Auftrag für diese nicht nur in der Eifel einzigartige Feldkapelle erhielt der Schweizer Architekt Peter Zumthor von einer Bauernfamilie, die ein Zeichen setzen wollte, mitten aufs Feld – das ist gelungen. Für Gläubige ist die Kapelle ein Andachtsort, für andere ein Ort der Einkehr – und für alle ein erstaunliches zeitgenössisches Kunstwerk.

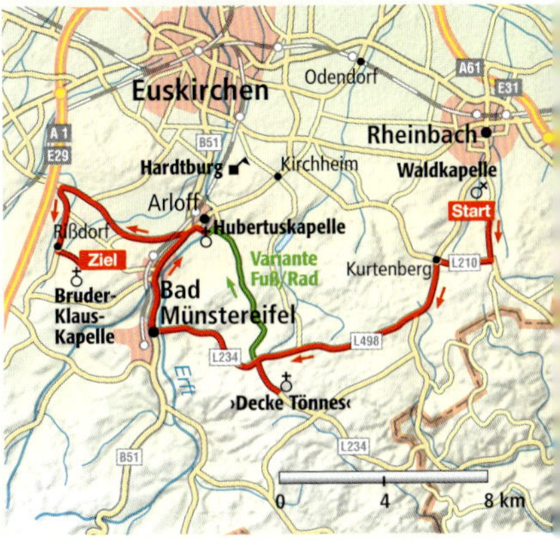

Das Beste auf einen Blick

Die Kalkeifel

Highlight!

Blankenheim: Das nette Städtchen im Schatten der Burg mit krummen Gassen und etlichen Fachwerkhäusern ist auf jeden Fall einen Besuch wert. Unter einem der alten Häuser entspringt die Ahr und plätschert munter in kleinen Kanälen durch den Ort. In einem der Cafés kann man nach dem Stadtbummel entspannen. S. 133

Auf Entdeckungstour

Ausflug in die Römerzeit bei Nettersheim: Nicht nur die Wasserleitung, die gutes Wasser aus der Eifel nach Köln brachte, auch Reste von Dörfern und Villen sind Zeugnisse der dichten römischen Besiedlung dieses Teils der Eifel. Ganz besonders faszinieren bis heute die Matronensteine und -tempel in und um Nettersheim. S. 130

Tatort Eifel – Krimischauplätze rund um Hillesheim: Lesern der Eifelkrimis von Jacques Berndorf und anderen ist die Gegend um das Eifelstädtchen Hillesheim bestens bekannt. Wer hier auf Spurensuche geht, findet dennoch Überraschendes. S. 144

Kultur & Sehenswertes

Kronenburg: Hoch über dem Tal der Kyll thront das kompakte Burgenstädtchen, ein Idyll mit besonderer Aura. S. 137

Vulkangarten Steffeln: Ob auf eigene Faust oder im Rahmen einer Führung – im ehemaligen Lavasteinbruch erfährt man vieles über den Vulkanismus der Westeifel. S. 143

Zu Fuß & mit dem Rad

Rundtour per Rad über das Ahrtal ins Lampertstal: Von der Quelle der Ahr bis Ahrhütte und dann im schönen Naturschutzgebiet Lampertstal führt die Tour auf und ab über die Höhen; ungeübte Radler können Pedelecs mieten. S. 136

Wanderung von Jünkerath über Schüller nach Lissendorf: Vom Kylltal geht es auf die aussichtsreiche Höhe bei Schüller, vorbei an Arnika- und Orchideenwiesen, durch dichten Wald und schattige Täler. S. 141

Genießen & Atmosphäre

Café Zehntscheune Kronenburg: Gemütlich sitzt man im alten Gemäuer oder auf dem Hof, umgeben von denkmalgeschützten Häusern. S. 138

Landgasthof Schröder: Der Gasthof gegenüber der Kirche von Niederehe bietet eine gelungene Kombination aus zeitgemäßer Küche und traditionellen Gerichten, zubereitet mit regionalen Zutaten. S. 150

Abends & Nachts

Eifel-Film-Bühne Hillesheim: Das Kino in rotem Plüsch zeigt auch Filme, die keine Kassenfüller sind. S. 151

Wie ein Rückgrat ziehen sich die Kalkmulden von Südwesten nach Nordosten durch die Eifel. Entstanden sind sie aus dem Bodensatz des tropischen Meeres, das hier im Mittel- und Oberdevon, vor 390–360 Mio. Jahren, das Land bedeckte. Die Kalkmulden gehören zu den fruchtbarsten Landschaften der Eifel und waren in der Antike stark besiedelt. In römischer Zeit lagen die Gutshöfe *(villae rusticae)* und ihre Ländereien hier dicht an dicht – mit Anschluss an das Fernstraßennetz: Die Römerstraße Köln–Trier verlief hier. Heute geben Rekonstruktionen der Umrisse von Tempeln und Villen sowie Repliken von Matronensteinen eine Ahnung davon, wie es hier zur Römerzeit aussah (s. S. 130).

Die Kalkmulden sind zwar landwirtschaftlich gut nutzbar, ihr besonderer Reiz liegt aber in der artenreichen Flora und Fauna, die sich entwickelt, wenn sie ungedüngt bleiben. Kalkböden trocknen schnell ab und erwärmen sich im Frühjahr zeitig, sodass Schlüsselblumen und Kuhschellen früh zur Blüte kommen, später folgen diverse Orchideenarten und Pflanzen mediterraner Herkunft wie Wilder Thymian und Sonnenröschen oder auch Herbstzeitlose und Enzian. Die trockenen Kalkmagertriften locken mit ihren Blüten auch Schmetterlinge und Heuschrecken an. Naturfans sind in den Wacholderheiden wie bei **Alendorf** und Wiesentälern wie dem **Lamperts-** und dem **Genfbachtal** richtig.

Eine geologische Besonderheit der südlichen Kalkeifel ist die Region, in der die westliche Vulkanzone auf die Kalkeifel trifft. Bei Vulkanausbrüchen wurden hier die Kalkschichten durchstoßen und man findet zahlreiche Mineralquellen sowie Basalt- und Lavagruben, wie in Steffeln.

Städtchen wie **Blankenheim** mit Burg und Ahrquelle sowie **Kerpen** und **Hillesheim** im Herzen der Krimilandschaft Eifel (s. S. 144) lohnen ihrer besonderen Atmosphäre wegen den Besuch, ebenso wie einige der zahlreichen Burgen, u. a. im Tal der Kyll.

Infobox

Infos im Internet
www.nordeifel-tourismus.de

Aktiv
www.eifel-hoehen-route.de: Teils anspruchsvoller Radweg (230 km) quer durch die nördliche Eifel von der Ahrquelle bis zur Oleftalsperre (s. S. 104).
www.roemerkanal-wanderweg.de: s. S. 58.

Verkehr
Bahn: Eifelstrecke Köln–Euskirchen–Gerolstein.

Urfttal

Urft und Umgebung ▸ C 5

Gut 300 Einwohner zählt der Ortsteil Urft der Gemeinde Kall an der Mündung des Gillesbaches in die Urft. Das schmucke barocke Schlösschen **Burg Dalbenden** in der Urftaue nahe dem Bahnübergang ist heute ein Schullandheim und dessen Gästen vorbehalten. Hier verläuft der **Römerkanal-Wanderweg** ein paar hundert Meter weit entlang der Straße Richtung Kall, bevor er rechts treppauf zur **Burgruine Stolzenburg** in den Wald führt. Noch vor der Ruine kann man einen Blick ›in die Röhre‹ – besser gesagt in die Rinne – der 2000 Jahre alten Wasserleitung nach Köln werfen (s. S. 58).

Dokumentationsstätte Ausweichsitz NRW
Am Gillesbach 1, 53925 Kall-Urft (ca. 10 Min. Fußweg ab Bhf. Urft), Tel. 02441 77 51 71, www.ausweichsitz-nrw.de, Führung (90 Min.) Sa 16 Uhr oder nach Vereinbarung, ab 14 J. 10 €. Auch Kombitouren mit dem Regierungsbunker an der Ahr (s. S. 158, Infos unter www.bunker-doku.de)
In die Zeit des Kalten Krieges versetzt ein Rundgang durch den 1962 bis 1965 gebauten Bunker. Er sollte der Landesregierung NRW im Fall eines Atomkriegs das Weiterregieren ermöglichen. Der komplett eingerichtete, 1993 aufgegebene atomsichere Bunker mit rund 100 Räumen voller analoger Technik ist heute in Privatbesitz.

Kloster Steinfeld ▸ C 5
Hermann-Josef-Str. 4, Kall-Steinfeld, 1,5 km v. Urft, www.kloster-steinfeld.de, Kirche i. d. R. tagsüber geöffnet
Bis heute sind die markanten Doppeltürme von Kloster Steinfeld eine Landmarke in den Eifelbergen. 1126 übernahm der Prämonstratenserorden das um 1070 gegründete Kloster. Es wurde eines der mächtigsten und reichsten der Nordeifel, betrieb u. a. Bergwerke und besaß riesige Ländereien. Nach der Säkularisation 1802 blieb die Basilika Pfarrkirche. 1923 übernahm der Orden der Salvatorianer die Regie.

Im Innern der sehenswerten, 1142 bis 1160 entstandenen **Kirche,** einer romanischen Pfeilerbasilika, erwartet Besucher der Prunk und Glanz zahlreicher Barockaltäre. Üppiges wird den Ohren geboten, wenn die berühmte **König-Orgel** (1727, Balthasar König aus Bad Münstereifel) bei einem Konzert zum Einsatz kommt.

Der Blick in die Gewölbe überrascht: Sie sind mit stilisierten Blüten und Ranken bemalt, ein spätgotisches Werk des Künstlers Hubert von Aachen. Die Kalkmalereien in den Gurtbögen, ebenfalls um 1515 entstanden, zeigen Bibelszenen wie die der fünf klugen und der fünf törichten Jungfrauen – bei der Figurendarstellung stand bereits die italienische Renaissance Pate.

Infos

Bahn: Bhf. Urft, Strecke Köln–Trier.

Nettersheim und Umgebung ▸ F 5

Den alten Dorfkern von Nettersheim (ca. 1800 Einw.) beiderseits der Urft dominieren neben Fachwerkhäusern auch schöne alte Steinbauten. In vielen der alten Häuser sind heute kleine Geschäfte, Restaurants oder Cafés untergebracht, aber man hört auch noch Kühe im Stall muhen und Traktoren die Dorfstraße entlangknattern.

Naturzentrum Eifel
Urftstr. 2–4, Tel. 02486 12 46, www.naturzentrum-eifel.de, Nov.–April Mo–Fr 9–16, Sa, So 10–16, Mai–Okt. 9–18, Sa, So 10–18 Uhr, 2 €, Kinder 1 €, Tourist Info und Laden Eintritt frei
Das Naturzentrum in einem modernen, von einem Park umgebenen Holzbau in der Urftaue ist ein lohnendes Ziel nicht nur für Schulklassen, die häufig in Nettersheim auf Exkursion sind. Im Erdgeschoss schlägt ein Korallenaquarium den Bogen zu der Entstehung der Kalkmulden aus einem tropischen Meer, im ersten Stock sind archäologische und mineralogische Funde ausgestellt.

Sehenswert sind auch das **Historische Bauernhaus** (Römerplatz 6) mit Möbeln und Hausrat sowie das **Haus der Fossilien** in der **Alten Schmiede** (Bahnhofstr. 50). Es zeigt Mineralien und bis zu 400 Mio. Jahre alte Versteinerungen.

▷ S. 132

Auf Entdeckungstour: Ausflug in die Römerzeit bei Nettersheim

Nicht nur die Wasserleitung, die gutes Wasser aus der Eifel nach Köln brachte, auch Reste von Dörfern und Villen sind Zeugnisse der dichten römischen Besiedlung der Eifel. Ganz besonders faszinieren bis heute die Matronensteine und -tempel in und um Nettersheim.

Reisekarte: ▶ C/D 4/5
Start/Ziel: Nettersheim
Länge und Art: 23 km, Autotour; auch als Radtour möglich.

Die Matronen von Nettersheim

Südwestlich von Nettersheim liegt der Höhenzug **Görresburg.** Er ist Fundort von Matronensteinen, die hier heute als Repliken aufgestellt sind, die Originale befinden sich im Rheinischen Landesmuseum Bonn. Unterhalb des Heiligtums erstreckte sich eine ausgedehnte römische Siedlung *(vicus)* entlang eines Zweigs der Römerstraße Köln–Trier, der am Steinrütsch die Urft überquerte. Hier lag ein römisches Kleinkastell des späten 3. oder 4. Jh., dessen Grundriss seit 2014 der **Archäologische Landschaftspark Römerlager** markiert. Zweifellos lag hier das auf Karten der Römerzeit als Marcomagus verzeichnete Lager.

Ein Kult, der weiterlebt

Der Matronenkult war in der römischen Provinz Germania inferior (Niedergermanien) weit verbreitet, besonders dort, wo sich die Kulturen von Kelten, Germanen und Römern mischten. Zwischen Nettersheim und Blankenheim fanden sich zahlreiche solcher Votivsteine aus dem 2. bis 3. Jh., manche in Kirchen mit der Bildseite nach unten verbaut und nachträglich durch Kreuzzeichen ›christianisiert‹, so u. a. in der Kirche von Weyer. Sie tragen neben den Matronenreliefs – drei weibliche Figuren mit Körben, Schatzkästen oder Früchten im Schoß – meist Inschriften mit den Namen ihrer Stifter und der Matronen, hier sind es die Matronae Aufaniae. Oft tragen die Figuren die für Matronen charakteristischen Ballonhauben oder -frisuren, hier trägt die mittlere Zöpfe. Von dem Trio der Göttinnen erbat man Schutz und Wohlstand, Fruchtbarkeit und Erntesegen. Manche meinen, im rheinisch-katholischen Kult der drei Jungfern habe sich die Matronenverehrung fortgesetzt. Die Weihesteine zwischen Nettersheim und Blankenheim werden jedenfalls bis heute mit kleinen Gaben geschmückt: Früchten, bunten Stofffetzen oder Blumen.

Eine Tempelanlage im Wald

Eine ganze Reihe von Tempeln versteckt sich im Wald bei **Pesch** (ab Parkplatz am Ende der Straße Zum Heidentempel 500 m Fußweg). Der Name Pesch ist übrigens römischen Ursprungs – von lateinisch *pascuum* (Wiese, Weide). Eine besondere Atmosphäre zeichnet heute diesen heiligen Ort aus, an dem es auch einen Brunnen gab sowie ein sechseckiges Tempelchen mit Jupiterstatue, einen Kulthof für den Baumkult und zwischen 330 und 450 eine antike Basilika – vieles gibt noch Rätsel auf. Geht die Matronenverehrung auf einen Baumkult zurück? Die Votivsteine nennen hier die Matronae Vacallinehae, die im gesamten Rheinland in über 100 Inschriften genannt werden. In Pesch sind auch die Namen der Stifter überliefert: Einen Stein opferte Lucius Caldinius Firminius, einen anderen Flaccinia Lefa.

Eine Villa auf dem Land

Von Pesch geht die Reise durch offene Landschaft nach **Roderath.** Nicht weit vom heutigen Dorf stand eine *villa rustica.* Angesichts der niedrigen Mauern, die den Grundriss andeuten, braucht es Fantasie, um sich das Leben auf einer solchen römischen Gutsanlage vorzustellen: Der Bauernhof versorgte die Bewohner mit Getreide, vor allem Weizen und Dinkel, und es gab Viehhaltung. Viele Villen besaßen auch eine Töpferei, Bäckerei oder Schmiede o. Ä.

Eine antike Wasserleitung

Von Roderath über Engelgau geht es zurück nach Nettersheim und weiter Richtung **Urft.** Motorfahrzeuge dürfen den ungeteerten Weg bis zum Parkplatz oberhalb des **Grünen Pützes** befahren (4 km ab Nettersheim). Die Brunnenfassung mit den Abwehr signalisierenden Gorgonenhäuptern markiert den Beginn der 96 km langen römischen Wasserleitung nach Köln (s. S. 58).

KuBa Kulturbahnhof

Bahnhofstr. 14, www.kuba-netters heim.info, während der Ausstellungen Sa, So 11–18 Uhr
Interessante Ausstellungen vor allem lokaler Künstler finden in dem hübschen, mit Schieferplatten verkleideten ehemaligen Nettersheimer Bahnhof statt, der unter Denkmalschutz steht.

Archäologischer Landschaftspark Römerlager

Ca. 1,5 km nördlich vom Dorfzentrum Nettersheim
Bei Ausgrabungen zwischen Görresburg und Steinrütsch, wo ein Zweig der Römerstraße Köln–Trier die Urft passierte, fanden Archäologen in den Jahren 2009/2010 Befestigungsanlagen und eine römische Siedlung *(vicus).* Wie es sich hier vor 2000 Jahren lebte und arbeitete, wird mit rekonstruierten Grundrissen und auf Infotafeln veranschaulicht.

Matronenheiligtümer Görresburg und Pesch

Siehe Entdeckungstour S. 130.

Spaziergang: Durch das Genfbachtal zur Ahekapelle ► C 5

Start: Nettersheim, Länge: ca. 2,5 km
Geht man das wunderschöne Genfbachtal aufwärts, erreicht man auf einem Hügel die schmucke, dem hl. Servatius geweihte Ahekapelle. Ihr gotischer Chor steht auf Ruinen eines römischen Gebäudes.

Marmagen ► C 5

5 km westl., Ortsteil von Nettersheim
Am **Eiffelplatz** mitten im 1700-Einwohner-Dorf erinnert eine Gedenktafel an den berühmten Ingenieur des Tour d'Eiffel in Paris, zwar kein Sohn Marmagens, aber ein Urenkel. Einer der Vorfahren von Gustave Eiffel, der eigentlich Alexandre Gustave Bönickhausen hieß, war Anfang des 18. Jh. aus Marmagen nach Frankreich ausgewandert. Seine Namensänderung in ›Eiffel‹ kurz vor dem Bau des berühmten Turms brachte der Eifel indirekt große Berühmtheit.

Panoramablicke genießt man vom **Aussichtsturm** auf dem Mühlenberg, einer Dreieckskonstruktion aus Lärchenholz. Das knapp 12 m hohe Bauwerk nutzen zuweilen Kletterer zum Abseilen. Ein **barrierefreier Landschaftspfad** führt von der **Eifelhöhenklinik** (barrierefreie WC-Anlage, Café) zum Turm und zu speziell angelegten Stationen, an denen man die Kalkeifel und die rekonstruierten Relikte der Römer nicht nur sehen, sondern auch erfühlen und hören kann (http://eifelhoehen-klinik.ag, www.eifel-barrierefrei.de).

Übernachten

Schick – **Nettersheimer Hof:** Bahnhofstr. 5, Tel. 02486 309 o. 233, www.nettersheimerhof.de, EZ 49–59 €, DZ um 100 € (z. T. mit Bad über den Flur). In dem historischen Bauernhof im Ortszentrum kann man sechs schick gestylte Zimmer bzw. Apartments mieten.

Essen & Trinken

Für Feinschmecker – **Freistaat Eifel Bistro & Weinstube:** Steinfelder Str. 9, 53947 Nettersheim, Tel. 02486 802 75 63, www.freistaat-eifel.de, April–Okt. tgl. 12–21.30, Nov.–März Di–Sa 12–14.30, 17.30–21.30, Sa, So, Fei 12–21.30 Uhr. Kleines Lokal mit offener Küche. Moderne Gerichte (15–20 €) mit lokalen Zutaten.
Dörflich-gemütlich – **Gaststätte Schmidt:** Kölner Str. 50, 53947 Nettersheim-Marmagen, Tel. 02486 225, www.gaststaette-schmidt-marmagen.de, Mo, Di, Do–Sa ab 17, So ab 11 Uhr, Mi geschl. Do Reibekuchen mit Schwarzbrot und Rübenkraut oder

Räucherlachs; Biergarten, herzliche Atmosphäre.
Deftig-kräftig – **Café/Bäckerei Römerquelle:** Rosenthalstr. 1, Tel. 02486 13 94, www.cafe-zur-roemerquelle.de, Mo–Fr 6.30–18.30, Sa 6.30–18, So 8–18 Uhr. Drei Wanderwege liegen hinterm Haus, doch nicht nur hungrige Wanderer stärken sich in den gemütlichen, aber nicht sehr geräumigen Stuben. Suppen, Eintöpfe, ›Untereinander-Gerichte‹ (5,50–8,50 €) und Frühstück.

Aktiv

Fahrradtouren und -verleih – **eifel:onbike Radtouristik:** Bahnhofstr. 1, 53947 Nettersheim, Tel. 02486 80 29 56, www.eifelonbike.de. Sympathischer Fahrradshop mit Schlauchautomat; geführte Schnuppertouren per E-Bike 10 €, Verleih u. a. von Mountainbikes ab 18 €/Tag, April–Sept. Mo–Fr, Okt.–März Di, Fr 15–18.30, Sa 9–12 Uhr. Geführte MTB-Touren u. a. an der Wildenburg und nach Reifferscheid, 45-km-Tagestour 35 €. Dependance in Baasem: Theißenstr. 6.
Wandern – Zwei Wanderwege beginnen in Nettersheim: der **Römerkanal-Wanderweg** (116 km bis Köln, s. S. 58) und der **Eifeler Quellenpfad** (75 km über Blankenheim nach Kronenburg). Auch der **Eifelsteig** führt hier durch (s. S. 30); hinzu kommen diverse örtliche **Themenwanderwege zu Geologie und Archäologie** (Start am Naturzentrum, s. S. 129, Infos dort).

Abends & Nachts

Biergarten & Scheunenkino – **Nettersheimer Hof:** s. Übernachten, Mo ab 15, Mi–Fr ab 17, Sa, So ab 11 Uhr, Küche Fr–So, Fei (Winter Mo–Do geschl.). Schöner Biergarten (Mai–Okt. Sa, So) im Innenhof mit kleiner Ausstellung landwirtschaftlicher Maschinen. Toll im Sommer (Sa, So abends): Scheunenkino hinter dem Gasthof.

Infos

Im Internet: www.nettersheim.de.
Tourist Information: im Naturzentrum Eifel, Urftstr. 2–4, 53947 Nettersheim, Tel. 02486 12 46, www.naturzentrum-eifel.de.
Bahn: Nettersheim ist Halt an der Eifelstrecke Köln–Trier.

Blankenheim ! ▸ C/D 5

Für drei Dinge ist Blankenheim (ca. 1800 Einw.) – auf Platt ›Blangem‹ – bekannt: Für seine imposante **Burg,** deren Ursprünge im frühen 12. Jh. liegen, für die **Quelle der Ahr,** die ganz unspektakulär unter einem Haus in der Altstadt das Licht der Eifelwelt erblickt, und für den nächtlichen **Geisterumzug** zu Karneval.

Tief unterhalb der Burg winden sich malerisch das Flüsschen Ahr und die autofreien Gassen durch das Fachwerkstädtchen, in dem kleine Läden, Cafés und Hotels zu finden sind.

In die Altstadt geht es durch das **Georgstor,** in dem das **Karnevalsmuseum** ›haust‹ (www.juh-jah.de). Es liegt gleich hinter dem **Hirtenturm,** wo ab und an eine Kunstgalerie ausstellt (www.hirtenturm.de) – in Nachbarschaft eines Glockenspiels, das einmal am Tag erklingt. Die rote Sandsteinfigur des Brückenheiligen **Johannes Nepomuk** wacht über das fleißig rinnende Ahrwasser. Gegenüber weist die **Kirche** mit ihrem Spitzturm Richtung **Burg.**

Am großen gepflasterten Platz findet man die Touristeninformation und das **Eifelmuseum** (Ahrstr. 55–57, www.eifelmuseum-blankenheim.de, April–Ende Herbstferien tgl. 10–16, sonst Mo–Do 10–16, Fr–So 10–14 Uhr, 2 €). Im

Suses
Stübchen

schmucken Fachwerkbau des früheren Gildehauses breitet sich die Regionalgeschichte aus, während im angrenzenden ehemaligen Hotel Zur Post Naturgeschichte und Geologie im Vordergrund stehen (mit Museumscafé).

Burg Blankenheim und Tiergartentunnel

Jugendherberge, nur der Burghof ist für Nichtgäste zu besichtigen

Das Wahrzeichen von Blankenheim thront auf einem Bergsporn über der Stadt, eine uneinnehmbare Festung, der nur eines fehlte: gutes Wasser. Eine Erfindung brachte Abhilfe, die Ingenieure des Mittelalters aus dem Nahen Osten von den Kreuzfahrerburgen kannten. Heute ist der wenige Schritte vom Burgtor entfernte **Tiergartentunnel,** mit dem Graf Dietrich im 15. Jh. seine Burg mit Trinkwasser versorgen ließ, ein bemerkenswertes Monument der Technikgeschichte.

In der Umgebung

Blankenheimerdorf ▶ C 5

Das Dorf auf der windigen Höhe besitzt seit 2014 die erste **Milchtankstelle** der Eifel: Am **Hubertushof** (Ohlbrücker Weg) zapft man die naturbelassene Rohmilch aus dem Tank (Abkochen vor Genuss ratsam!). Folgt man vom Hubertushof weiter dem Ohlbrücker Weg, gelangt man zur **Hubertusbuche** und eine Ecke weiter zu einem Stück **Römerstraße** im Ohlbrücker Wald (Infotafel, Schutzhütte), in Sichtweite der B 51, die z. T. auf der Trasse verläuft.

Freilinger See ▶ D 5

Freilingen, 13 km östlich von Blankenheim, Parkplatz 2 € (Münzautomat)

Der Hirtenturm in Blankenheim dient heute zeitweise als Kunstgalerie

Der Mitte der 1970er-Jahre angelegte Stausee übt im Sommer große Anziehungskraft aus. Man kann baden, angeln und sich in verschiedenen Wassersportarten üben. Mit Feriendorf im Wald und Campingplatz am See.

Burgruine Neublankenheim ▶ D 6

An der L 70 zw. Ahütte und Ahrdorf

Die 1330 unter Graf Gerhard V. von Blankenheim errichtete Burg im Ahbachtal, direkt an der Landesgrenze Rheinland-Pfalz/NRW, war schon im 16. Jh. nicht mehr intakt. Seither dem Verfall preisgegeben, ist sie heute nur noch eine romantische Ruine im Wald, westlich der Straße. Der mächtige Turm und die spitzbogige Öffnung, in der wohl einmal das Fallgitter angebracht war, sind einen Blick wert.

Naturschutzgebiet Lampertstal ▶ C/D 5

Zufahrt ab L 115 über Dollendorf oder Alendorf, ab Mirbach Zuweg (1,5 km) durch Wacholderheide

Das Lampertstal ist eines der größten und vielfältigsten Naturschutzgebiete der Region, ein von Laubwald gesäumtes Wiesental. Eine Besonderheit der Kalkmulden ist die ›Bachschwinde‹: Der Lampertsbach versickert im Boden, um an anderer Stelle wieder zutage zu treten. Vor allem im Frühjahr und Frühsommer ist das Tal eine Augenweide, wenn die Wiesen übersät sind mit Schlüsselblumen, Knabenkraut und z. T. winzigen Orchideen wie der Fliegenragwurz, während im Laubwald Buschwindröschen und Lerchensporn blühen. An sonnigen Septembertagen öffnen sich massenweise die blassrosa Blüten der Herbstzeitlosen.

Eifalia Schmetterlingsgarten

Am Hammerwerk 2 (an der B 258), 53945 Ahrhütte, Tel. 0151 18 73 03 55, www.eifalia-schmetterlingsgar

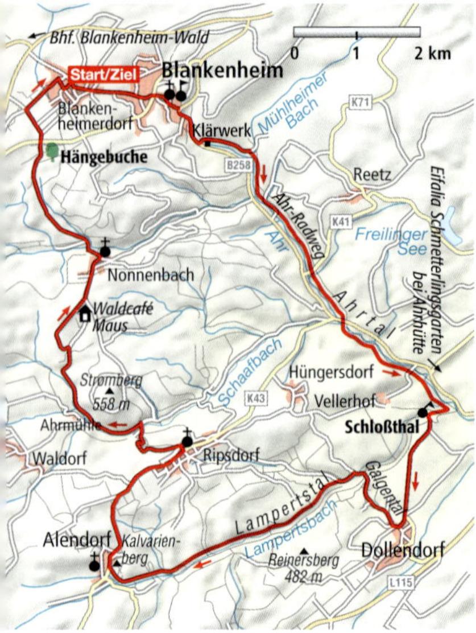

Rad-Rundtour ins Lampertstal

ten.de, Mitte März–Mitte Nov. tgl. 10–16/17 Uhr, 6,50 €
Ein bisschen surreal mitten in der Eifel wirken die tropischen Riesenfalter, die durch das Gewächshaus mit Wasserfall schaukeln und sich bereitwillig fotografieren lassen. Ein toller Platz nicht nur bei schlechtem Wetter! Direkt an der jungen Ahr, die hier noch ein munter plätschernder Bach ist, lockt ein Garten heimische Schmetterlinge an und lokale Künstler stellen Skupturen aus.

Rad-Rundtour: Über das Ahrtal ins Lampertstal

Start: Blankenheimerdorf, E-Bike-Verleih s. Aktiv S. 137, Länge: ca. 38 bzw. 40 km, Einkehrmöglichkeiten: Gasthaus Breuer in Ripsdorf und Waldcafé Maus oberhalb von Nonnenbach s. S. 137
Von **Blankenheimerdorf** radelt man auf Ortsstraßen nach **Blankenheim,** das man auf dem **Ahr-Radweg** parallel zur B 258 verlässt, bis der Radweg beim **Klärwerk** auf die andere Flussseite wechselt. Teils auf Asphalt, teils auf Kieswegen führt der Weg bequem durch schöne Flussauen und eben auf der ehemaligen Bahntrasse. Die hangseitigen Stützmauern der 1950 stillgelegten Strecke sind noch erkennbar. Man quert den Mühlheimer Bach und zwei weitere Bäche, dann auf einem Viadukt die Bundesstraße und die Ahr. Die Route verlässt das Ahrtal vor **Ahrhütte**: bis zu den Fischteichen hangparallel, dann scharf rechts. Für einen Abstecher zum Schmetterlingsgarten Eifalia (2 km) fährt man hier aber geradeaus. Von dort geht es dann 500 m zurück und den Mühlenberg hoch zur **Burgruine Schloßthal** und weiter nach **Dollendorf.** Abwärts geht es ins **Galgental,** dann folgen wir dem **Lampertstal** (s. links). In **Alendorf** wenden wir uns Richtung Blankenheim. Auf und ab queren wir die tiefen Täler über **Ripsdorf** und **Nonnenbach** auf der **Eifel-Höhen-Radroute.** Vor der Rückkehr nach Blankenheimerdorf empfiehlt sich eine Rast bei der **Hängebuche** auf dem Vorzeit-Hügelgrab, im Rücken ein Kalkmagerrasen-Naturschutzgebiet.

Übernachten

Historisch wohnen – **Der Quellenhof:** Burghaus Quellenhof, Am Hirtenturm 9, Blankenheim, Tel. 0163 732 33 12, www.quellenhof-blankenheim.de. In dem historischen Bau mitten in der Altstadt gibt es drei geräumige Ferienwohnungen für 3–6 Pers. (310–630 €/Woche).

Camping am See – **Eifel-Camp Freilinger See:** Am Freilinger See 1, Blankenheim-Freilingen, Tel. 02697 282, www.eifel-camp.de, ganzj. 5-Sterne-Anlage am Freilinger See, auch Hütten.

Übernachten, Essen

Mit Weitblick – **Waldcafé Maus:** Blankenheim-Nonnenbach, Tel. 02449 10 16, www.waldcafemaus.de, Mi–So, Fei 9–19 Uhr. Der Klassiker unter den Ausflugsgaststätten ist bekannt für guten Kuchen, herzhafte Suppen und Schnitzelgerichte (6–15 €) – ideal nach der Tour über die Eifelhöhen. Herrliche Sonnenterrasse. Zimmer (ab 3 Übernachtungen) DZ 70 €, EZ 42 €.

Aktiv

E-Bike-Verleih – **Elektro-Fahrradverleih-Eifel-Team:** Förberichstr. 10, Blankenheimerdorf, Tel. 02449 919 99 37, www.elektro-fahrradverleih-eifel.de, Mitte April–Mitte Okt. tgl. nach Vereinbarung, 22 €/Tag, 20 € ab 2 Tage, auch Verleih von Fahrrädern ohne Elektroantrieb (13 €/Tag). Helm, Korb u. a. Ausrüstung jeweils extra.
Wandern – **Ahrsteig:** von Blankenheim über Freilinger See (11 km) bis Aremberg (22,5 km).

Infos & Termine

Tourist Information Blankenheim: Rathausplatz 16, 53945 Blankenheim, Tel. 02449 872 22 oder 872 23, www.blankenheim-ahr.de.
Bahn: Bhf. Blankenheim (Wald) an der DB-Strecke Köln–Trier, ca. 5 km von Blankenheim-Ort und ca. 3 km von Blankenheimerdorf entfernt.
Bus: Linie 832 (Mo–Fr) bzw. **Taxibus** Tel. 01806 15 15 15 (mind. 30 Min. vorher ordern).
Termine: Geisterumzug, am Karnevalssamstag abends mit Fackellicht und bengalischem Feuer, Bettlaken überstreifen und hin – andere Kostümierung ist unerwünscht! **Seefest am Freilinger See,** 1. Juli-Wochenende mit Tanz und buntem Rahmenprogramm.

Oberes Kylltal

Kronenburg ▸ C 6

Noch in Nordrhein-Westfalen, wenn auch hart an der Grenze zu Rheinland-Pfalz sowie nur 7 km von der belgischen Grenze entfernt, liegt der Burgort Kronenburg. Noch immer führt von der B 421 nur eine schmale kurvige Straße in den Ort hinauf: Rund 90 m hoch über der Kyll thront das Burgenstädtchen, ein Idyll mit besonderer Aura. Die 1277 erstmals in einer Urkunde erwähnte Spornburg wird auf drei Seiten vom Steilhang vor Angreifern geschützt, der einzige Zugang bestand damals von Norden her.

Auch heute durchschreitet man vom Parkplatz kommend das **Nordtor** (heute eine Galerie) und spürt gleich den diskreten Charme des Ortes. Die eng aneinandergebauten Häuser am Burgbering, deren Erdgeschosse bis in die 1950er-Jahre oft noch als Stall dienten, sind sorgsam restauriert. An vielen finden sich historische Inschriften, verzierte Vignetten und Jahreszahlen. Das samt Stadttoren und Kopfsteinpflastergassen komplett unter Denkmalschutz stehende Ensemble bewohnen nur knapp 35 feste Einwohner, weit mehr haben hier ihren Zweitwohnsitz.

Kirche St. Johann Baptist

Die winzige Kirche, deren Turm einst Teil der Stadtmauer war, wurde im Auftrag der Grafen von Manderscheid 1492 errichtet. Sie ist eine der unter der Ägide des Bischofs Nikolaus von Kues in der Region Eifel-Mosel verbreiteten Einstützenkirchen, von denen es heute noch ein gutes Dutzend gibt. Nur ein massiger Pfeiler trägt das gotische Gewölbe – das schafft ein intimes Raumgefühl. Bis 1803 stand St. Johann Baptist im Patronat des Johanniterordens. Die Kirche, die schöne Wandmalereien birgt, befindet sich an der Grenze zwischen dem Kronenburg der Bürger mit seinen Kopfsteinpflastergassen und eng gedrängten Häusern und dem Bereich der Herrschaft – die Grenze markiert das Mitteltor.

Burghaus und Burg

Das Burghaus, heute Hotel, wurde ab 1766 gebaut, nachdem die mittelalterliche Burg zu ungemütlich geworden war. Von der Burg ist heute nicht viel mehr als eine Turmruine übrig. Die 100 Stufen zu ihr hinaufzukraxeln, lohnt dennoch wegen des weiten Blicks ins Land, ehemals bekannt als ›Spanisches Ländchen‹. Die Kronenburger Herrschaft war nach diversen Besitzerwechseln an das Herzogtum Luxemburg gekommen und mit diesem unter den spanischen Habsburger-Kaiser Karl V.

Kunstkabinett

Gerichtstr. 12, nördlich vom obersten Parkplatz, außerhalb vom Burgbering, www.axe-stiftung.de, Mi, Fr 14–17, Sa, So 12–17 Uhr, Eintritt frei

In dem renovierten Fachwerkbau des Hasenberghofs finden sehenswerte Ausstellungen statt, bei denen gelegentlich Werke aus der etwa 350 Gemälde umfassenden Sammlung von Eifelmalern des 19. Jh. zu sehen sind.

Unser Tipp

Originell und gemütlich

Das **Café Zehntscheune Kronenburg** mit offenem Kamin serviert u. a. Suppen, selbst gebackene Quiches, Eifeler Landbier vom Fass und Kuchen. Die Wirtin ist Künstlerin – ihre kleinen Aquarelle und witzig bemalten Fliesen sind originelle Souvenirs. Nicht versäumen: In der Destille im Obergeschoss gibt es in hübsche Flaschen gefüllte Eifelbrände, aromatisierten Essig, Monschauer Senf usw. (Burgbering 25, Tel. 06557 900 98 40, www.cafe-zehntscheune.de, Fr–So, Fei 11–18, sonst Mi–So 11–18 Uhr).

Kronenburgerhütte und Kronenburger See ▶ C 6

Im Ortsteil **Kronenburgerhütte** mit der Kyllbrücke und der St.-Brigida-Kapelle stand eine der beiden **Eisenhütten,** in denen früher u. a. Öfen hergestellt wurden. Eisen aus Kronenburg wurde bis nach Lüttich exportiert, doch geänderte Grenzen und fehlende Verkehrswege führten Mitte des 19. Jh. zum Niedergang der Industrie.

Der **Kronenburger See** (www.kronenburger-see.de) wurde in den 1970er-Jahren als Hochwasserrückhaltebecken für die Kyll eingerichtet und ist heute ein beliebtes Erholungs- und Wassersportgebiet. Über 100 Ferienhäuser liegen verstreut im Wald und am Hang. Das Wasser der Kyll hinter der fast 20 m hohen Staumauer erreicht nicht unbedingt angenehme Badetemperaturen, Hauptattraktion ist vielmehr ein kleiner **Wasserseilgarten.** Ein ca. 2,7 km langer **Rundweg** führt um den See herum.

Übernachten, Essen

Gehoben – **Schlosshotel Burghaus Kronenburg:** Tel. 06557 295, www.burghaus-kronenburg.de. Französisch inspirierte Küche (z. B. 4-gängiges Hummermenü 55 €), dazu umwerfender Blick von der Terrasse. Beliebt ist das Schloss bei Hochzeitern. 20 Zimmer in stilvollem historischem Ambiente (EZ/DZ ab 125 € ohne Frühstück); Außenpool, Sauna.

Nett – **Villa Kronenburg:** Burgbering 12, Tel. 06557 295, www.villa-kronen

Charmantes Kronenburg: Das Burgenstädtchen konnte seinen Charakter bewahren

burg.de, EZ ab 77 €, kl. DZ ab 108 €. Neben Ferienwohnungen 15 komfortable Romantikzimmer ab 129 €.

Am See – **Camping Kronenburger See:** Tel. 06557 90 01 10, www.campingplatz-kronenburger-see.de. Idyllischer Platz, auch Wohnmobilstellplätze.

Aktiv

Führungen im Winter – **Tour mit der Nachtwächterin** (alias Eifel-Gästeführerin Sabine Petri) durch das historische Kronenburg, Nov.–März am 2. Fr im Monat um 19 Uhr, Treffpunkt Parkplatz, 6 €.

Wassersport – **Segeln, Surfen, Tretbootfahren:** Das Freizeitzentrum am Campingplatz hat ein Hallenbad; es gibt Minigolf und nebenan ein Café.

Klettern mit Kick – **Wasserseilgarten Kronenburger See:** im Freizeitzentrum. Die 14 x 14 m große Attraktion lockt zu Klettereien mit nassem Ende.

Sportflughafen – **Dahlemer Binz:** Tel. 02447 14 93 oder 83 93, www.dahlemer-binz.de. Rundflüge über den Nationalpark.

Infos & Termine

Im Internet: www.igkronenburg.de.

Verkehrsverein Oberes Kylltal: s. S. 142.

Termine: KKK (Kronenburger Kulturtage), im Sept., Kunstausstellungen in den Häusern, www.kkk-kronenburg.de. **Weihnachtsmarkt,** 1. Adventswochenende, qualitätvolles Kunsthandwerk und stimmungsvolle Livemusik.

Stadtkyll, Jünkerath und Umgebung ▶ C 6

In **Stadtkyll** erinnern nur noch der Straßenname Burgbering und die verwinkelten Gassen rund um die Pfarrkirche St. Joseph (19. Jh., nach Plänen von Karl Friedrich Schinkel) an die Bedeutung der ›Stadt an der Kyll‹ als Burgort im 13. Jh. 300 Jahre Krieg

Lieblingsort

Kontraste im Schnee – Wacholderheide bei Alendorf ▸ C/D 5
Die Wacholderheiden der Kalkeifel sind zu jeder Jahreszeit ein Erlebnis. Besonders eindrucksvoll sind die dicht an dicht bewachsenen Hänge rund um Alendorf. Auch Kinder haben hier ihren Spaß beim Versteckenspielen. Der Wacholder trotzt sommerlicher Hitze ebenso wie Frost – Schneestürme können ihm nichts anhaben, er ist auch im Winter grün.

und wieder Krieg ließen die Steine der Festung nach und nach verschwinden.

Am Kyllübergang in **Jünkerath** nahe dem heutigen Bahnhof lag im 1. Jh. ein wichtiges Römerlager – römische Landkarten verzeichnen es als Icorigium.

Eisenmuseum Jünkerath und Eisenbahnmuseum

Am Römerwall, 54584 Jünkerath, Tel. 06597 14 82, April–Mitte Okt. Di–Fr, So, Fei 13–16.30 Uhr, Erw. 3 €, mit Führung 6 €; Eisenbahnmuseum www.eisenbahnmuseum-juenkerath.de, April–Mitte Okt. Mi, Juli auch Do 14–16.30 Uhr, Eintritt frei

Der Eisenabbau begann in der Region bereits vor der Römerzeit. Ihren Höhepunkt erreichte die Eisenverarbeitung 1687 mit dem Bau des Jünkerather Hüttenwerks, sie endete mit dem letzten Eisenanstich im Hochofen 1896. Das **Eisenmuseum** zeigt u. a. reich dekorierte Takenplatten und gusseiserne Öfen. Das **Eisenbahnmuseum** im Keller entführt in die gute alte Zeit, als es Fahrkarten nur am Schalter gab.

Birgeler Mühle – Europäisches Mühlenzentrum ▶ C 6

Bahnhofstr. 16, 54587 Birgel, Tel. 06597 92 82-0, www.moulin.de, aktuelle Veranstaltungen und Führungen s. Homepage

Eine Wassermühle existierte in Birgel schon im 14. Jh. Bis 1979 war sie in Betrieb, dann drohten die Gebäude zu verfallen und der passionierte Mühlensammler Erwin Spohr schritt ein. In den 1990er-Jahren ließ er rund um die Mühle und den Anbau aus dem 20. Jh. Gebäude bauen bzw. Bauten hierherversetzen, nach Art eines Freilichtmuseums. Dazu kam die Wasserkraft nutzende Mühlenmaschinerie. Nun wird hier Mehl gemahlen, werden Senf und Öl gepresst und Holzstämme gesägt. Im Mühlenladen gibt es vor Ort gebackenes Brot (Sa) und kulinarische Eifelsouvenirs. Das **Restaurant Le Moulin** serviert Kleinigkeiten und große Menüs; in z. T. historischen Fachwerkgebäuden sind Zimmer und Ferienapartments mit modernster Sanitärtechnik eingerichtet (ab 98 €/2 Pers.). Gelegentlich Events wie Jazzbrunch mit Livemusik u. v. m.

Wanderung von Jünkerath über Schüller nach Lissendorf ▶ C 6

Start: Bhf. Jünkerath, Ziel: Bhf. Lissendorf, Länge: ca. 12 km, auch per Rad möglich, Karte s. S. 142

Die abwechslungsreiche Tour führt durch Wald, über Orchideenwiesen und zu mehreren Aussichtspunkten. Vom **Bahnhof Jünkerath** geht man bahnparallel, passiert das **Eisenmuseum** und setzt den Weg auf dem **Kyll-Radweg** fort. Neben einer Infotafel am Beginn des Bachauenwegs entlang der Kyll erinnert ein Stapel behauene Sandsteinblöcke an das **Römerkastell** Icorigium; eine weitere Tafel erläutert die Funde. Es geht über die Kyll und auf den **Schwarzen Weg.** Dann quert man etwas versetzt die B 421, um der Talstraße bergauf zu folgen, die in einen Forstweg übergeht. Bald lichtet sich der Wald, Obstbäume und die Wiesen um den 350-Einwohner-Ort **Schüller** mit seiner Kirche kommen in Sicht. Die Kreisstraße mit der stattlichen **Linde** rechts lassend, nimmt man den Asphaltweg nach links und geht hinter dem **Sportplatz** wieder links (Vulkanpfad bzw. Josef-Schramm-Weg des Eifelvereins), um den Eifel-Blick **Steinbüchel** (596 m) zu erklimmen mit Sicht auf den Aremberg im Nordosten. Die Wiesen im nahen Naturschutzgebiet sind im Sommer voller Knabenkraut- und Arnikablüten. Es geht vorbei an einem **Marienbild** zur **Schutzhütte Siebenwege** am Mottenberg. Hier folgt man dem Schild »Steffeln« bis zu einer **Fünf-Wege-Kreuzung;** dort nimmt man den Abzweig

Wanderung Jünkerath – Lissendorf

»Lissendorf« nach links. Durch schattigen Wald wandert man den Bach entlang, überquert ihn und erreicht die **Feriensiedlung Lissendorf.** Nun geht es auf Asphalt am **Burgberg** und **Ehrenfriedhof** vorbei. Dorf und Kirche rechts lassend, läuft man die Straße nach Gönnersdorf ein Stück hoch nach links zum **Möschelberg,** der wegen seiner Kalkmagerrasen mit über 20 Orchideenarten unter Naturschutz steht. Den Berg der Länge nach querend, hat man herrliche Aussicht nach Süden, u. a. zum Nerother Kopf. Auf der Möschelberg-Ostseite geht man die Römerstraße, dann die Schulstraße nach links an der Schule vorbei zum **Bahnhof Lissendorf** mit seinem denkmalgeschützten Stellwerk.

Übernachten

Ferienpark – **Landal Wirfttal:** 54589 Stadtkyll, Tel. 06597 929 20, www.landal.de, 15-Hektar-Anlage der niederländischen Kette im bewaldeten Tal am See. Über 200 Ferienhäuser, u. a. schicke Nur-Dach-Häuser in Holzoptik (249 €/3 Nächte für 4 Pers.) oder Luxushäuser mit Sauna/Solarium (ab 369 €/3 Nächte), ca. 150 Campingstellplätze (je nach Saison 18–36 €/2 Pers., Pkw und Zelt/Caravan), Hallenbad, Restaurant, Indoorspielplatz.

Essen & Trinken

Birgeler Mühle – **Le Moulin:** s. S. 141.
Gemütlich gut essen – **Glaadter Hütte:** s. S. 143

Infos

Verkehrsverein Oberes Kylltal: Burgberg 22, 54589 Stadtkyll, Tel. 06597 28 78, www.obereskylltal.de.
Infopunkt Natur- und Geopark Vulkaneifel: im Eisenmuseum Jünkerath.
Bahn/Bus: Eifelstrecke Köln–Trier, Bhf. Jünkerath, Lissendorf/Birgel; Bus nach Stadtkyll (Mo–Fr, eingeschränkt während der Schulferien).

Steffeln und Duppach

▶ C 6

Steffeln beeindruckt mit gepflegten Bauerngärten vor ebenso gepflegten Häusern im Dorfkern, vor allem aber mit dem mächtigen Palagonit-Tuffblock, auf dem die Kirche thront. Der in den Fels geschlagene Eiskeller, einst Kühlhaus für das ganze Dorf, dient heute Fledermäusen als Unterkunft. Ein Haus aus dem 18. Jh. neben der Kirche, das geradezu aus dem Stein zu wachsen scheint, belegt die Qualität von Tuffstein als Baumaterial. Ein Schmuckstück ist die **Kapelle Wahlhausen** ca. 2 km nördlich auf einer unbewaldeten Bergkuppe. Die Steffelner errichteten sie aus Dank dafür, dass ihr Dorf im Zweiten Weltkrieg unzerstört blieb. Die Aussicht lohnt den Aufstieg, aber man kann auch mit dem Pkw bis hinauf fahren.

Ein Infopunkt gegenüber der Kirche in **Duppach** weist auf den aufsehenerregenden römischen Grabpfeiler mit

Greifenkopf und anderen Skulpturen hin, der ab 2002 ausgegraben wurde. Präsentiert wird er ca. 1,5 km entfernt nahe dem Fundort bei **Weiermühle** (www.archaeologie-duppach.de). Der Nachbau eines römischen Speichergebäudes (Sechspfostenbau) mit einem römischen Kräutergarten informiert mit einer kleinen Ausstellung über Funde und Bedeutung. Etwa 2 km westlich von Duppach spendet ein **Drees** (ausgeschildert) köstliches eisenreiches Mineralwasser mit hohem Magnesium- und Kohlensäureanteil.

Vulkangarten Steffeln

2 km außerhalb von Steffeln, auf eigene Faust oder Führungen (Eifelverein) April–Sept. Mi 15 Uhr, 3 €

Hier wandert man durch das Innere eines Vulkans – die Hinterlassenschaft des Steffelnkopf-Steinbruchs, der den Berg um einige Meter an Höhe reduzierte. Lava- und Schlackeschichten können begutachtet werden. Der Basaltschlot ist gut zu erkennen und mit etwas Glück findet man eine Olivinbombe oder andere Schmelzprodukte des Vulkanausbruchs im Quartär – eines der jüngsten und westlichsten der Eifel.

Eichholzmaar ▸ C 6

Zwischen Steffeln und Duppach liegt eines der kleinsten Eifelmaare. Erst zu Beginn des 21. Jh. wurde das vollkommen zugewachsene Eichholzmaar wieder geflutet, nachdem geologische Untersuchungen eindeutig den vulkanischen Ursprung bestätigt hatten. Ein Holzturm am Ufer ermöglicht es, die Wasservögel zu beobachten, die sich schnell angesiedelt haben.

Übernachten, Essen

Selfness – **Vulkanhotel Steffelberg:** Hochstr. 7, 54597 Steffeln, Tel. 06593 85 06, www.vulkanhotel.de. DZ ca. 120 €. Zur Selfness verhelfen die hauseigene Sauna und weitere Wellnessangebote. Authentisch und lecker aus lokalen Zutaten ist die Küche: Hauptgerichte 15,90–19,60 €, besonders zu empfehlen: das ›Unkrautcremesüppchen aus Wildkräutern (6,80 €).

Unser Tipp

Gemütlich gut essen in der Glaadter Hütte

Eine ambitionierte Küche wird in der ausgebauten Scheune unter Kronleuchtern und im Sommer im lauschigen Obstgarten serviert: Deftiges, wie Lammhaxe 18,70 €, oder Käsespätzle 9,70 €, aber auch Saisonales wie Kürbissuppe oder Experimentelles wie Quitten-Dessert. Auch eine radlerfreundliche Unterkunft (Glaadter Hütte, Glaadter Str. 17, 54584 Jünkerath, Tel. 06597 673 04 03, mobil 0179 112 12 09, www.glaadterhuette.de, Restaurant Mi–Fr 11–22, Sa/So, Fei 10–22 Uhr. DZ ab 80 €, EZ 55 €., Hüttenzimmer mit 5–8 Betten 29 €/Person inkl. Frühstück, Bettwäsche, Handtuch 1 €).

Infos

Zuständig für Duppach ist die **Tourist Information Gerolstein** (s. S. 226).

Hillesheim ▸ D 6

Die kleine Marktstadt (3185 Einw.) mit nostalgischem Flair war im Mittelalter eine der wichtigsten Burgenstädte der Eifel. Es lohnt sich, durch die Gässchen zu streifen, vor allem in der Burgstraße sind viele vorbildlich restaurierte Häuser zu sehen. Das älteste ▷ S. 146

Auf Entdeckungstour: Tatort Eifel – Krimischauplätze rund um Hillesheim

Lesern der Eifelkrimis von Jacques Berndorf, Ralf Kramp und anderen ist die Gegend um das Städtchen Hillesheim bestens bekannt. Wer hier auf Spurensuche geht, findet dennoch Überraschendes ...

Reisekarte: ▶ D 6
Strecke: ca. 25 km; **Start:** Hillesheim.
Einkehren: Das Kleine Landcafé, Fritz-von-Wille-Str. 8, 54578 Kerpen, Tel. 06593 99 69 69, www.daskleineland cafe.de, April–Okt. Di–So, Nov.–März Mi–So12–18 Uhr. Selbst gebackener Kuchen und kleine Gerichte; gelegentlich Lesungen, Konzerte usw.
Café Sherlock und **Krimiarchiv,** im Kriminalhaus Hillesheim, Am Markt 5–7, Tel. 06593 80 94 35, www.krimi nalhaus.de, tgl. 9–18 Uhr.
Weitere Infos: s. Aktiv S. 151.

Verdächtig: Golfer und Banker

Zwei ausgeschilderte Krimiwanderwege, geführte Touren zu diversen Schauplätzen, ein Krimihotel, ein Krimiarchiv – **Hillesheim** ist ein guter Ort, um seiner Krimileidenschaft zu frönen, auch im Rahmen einer Tour auf eigene Faust, die im Ort beginnt. Zunächst geht es nach Norden Richtung Wiesbaum, vorbei am **Golfplatz,** wo es in Jacques Berndorfs Krimi »Eifel-Filz« (1995) zwei Tote an Bahn 18 gab. Wer hier nicht eine Runde spielen möchte, fährt weiter nach Wiesbaum.

Ein pfiffiger Überfall

In Wiesbaum biegt man rechts ab nach Flesten auf die K 69. An der **Straße zwischen Wiesbaum und Flesten** spielt sich die denkwürdigste Szene im vielleicht besten Eifelkrimi ab, »Eifel-Gold« (1993, Jacques Berndorf): Ein Geldtransporter ist überfallen worden – 18,6 Millionen DM sind weg. An der Biegung der Straße bei Wiesbaum werden die beiden Fahrer in Kartoffelsäcken steckend an zwei Buchen vorgefunden. Wenn man die ziemlich einsame Stelle passiert, kann man sich das ganz und gar unblutige Verbrechen bildhaft vorstellen.

In Flesten biegt man rechts ab und erblickt bald die Burg von **Kerpen,** wo sich Gelegenheit zu einer Kaffeepause im **Kleinen Landcafé** alias »Café Rodenstock« bietet. Mindestens einmal in jedem Eifelkrimi von Jacques Berndorf treffen sich die Ermittler Siggi Baumeister – wie einst sein Schöpfer freier Journalist mit Auftraggebern in Hamburg – und seine Freunde, der pensionierte Kommissar Rodenstock und dessen holländische Freundin Emma, zur Lagebesprechung.

Inspiration im Auge des Vulkans

Nächste Station ist der ehemalige **Steinbruch Weinberg.** An dieser Stelle hatte Michael Preute alias Jacques Berndorf Ende der 1980er-Jahre bei einem melancholischen Spaziergang die Idee zu seinem ersten Krimi. Später wählte er den Ort in »Eifel-Wasser« (2001) als Tatort für einen perfiden Mord an einem Wissenschaftler. Auch ohne literarische Weihen ist der Ort eine Topsehenswürdigkeit und eine Station des Geopfads. Die mächtigen Felswände geben Spannendes über die Erdgeschichte der Kalkeifel preis. Seelilien und andere Lebewesen des Urzeitmeers sind als Fossilien in dem versteinerten Korallenriff zu entdecken.

Wo ein Autor seinen Namen fand

Berndorfs Kollege Ralf Kramp machte die reizvolle Szenerie am **Wasserfall Dreimühlen** nahe der Nohner Mühle zum Schauplatz der überraschenden Auflösung seines Romans »Hart an der Grenze« (s. S. 19). Kalk- und kohlensäurehaltiges Quellwasser und ein spezielles Moos wirken hier zusammen und lassen Kalksinter entstehen: Der Felsen, über den der Wasserfall stürzt, wächst – schon über 10 m hat er geschafft! Der Entstehungsprozess begann erst 1912, als nach dem Bau der Bahnlinie Lissendorf–Dümpelfeld, die bis 1973 über Hillesheim Kyll- und Ahrtal verband (heute z. T. Kalkeifel-Radweg), mehrere Quellbäche umgeleitet wurden, um die Bahntrasse verlegen zu können.

Nun geht es ins idyllische **Berndorf** (s. S. 146). Der Krimiautor wohnt hier zwar nicht mehr, aber sein Pseudonym hat das Dorf berühmt gemacht. Die Route führt steil abwärts zurück nach **Hillesheim,** wo man sich im **Krimihotel** zur Ruhe betten kann – vielleicht nach einem Bier im **Café Sherlock.** Vorher könnte man in den Etagen darüber noch im **Krimiarchiv** in ca. 26 000 Bänden schmökern …

ist das **Burgmannhaus** (Burgstr. 12) mit drei Wappen im Fenstersturz und Takenplatte an der Fassade.

Vor dem Haus Burgstr. 20 fällt ein Schaufenster der besondern Art auf: Ausgestellt ist eine 600 kg schwere, 390 Mio. Jahre alte versteinerte Korallenkolonie, die man durch eine Glasscheibe auch außerhalb der Öffnungszeiten des hier untergebrachten kleinen **Geologischen Museums** betrachten kann – dank Spiegeln sogar von allen Seiten. Die Hillesheimer Kalkmulde ist eine Fundgrube für Fossilien. Im Museum ist ein Abguss des 1904 im Wolfskaul-Steinbruch bei Oberbettingen entdeckten Skelettabdrucks des *Eifelosaurus triadicus* zu sehen (Sa 10–12 Uhr, übrige Zeit auf Anfrage Schlüssel in der Touristeninformation, Eintritt frei).

Über die Burgstraße gelangt man zu den in einen Park mit Spielplatz eingebetteten Ruinen der **Stadtmauer** aus dem 13. Jh., von deren einst zwölf Türmen einige noch teilweise existieren. Hillesheim bekam früh Stadtrechte: Kaiser Karl V. bestätigte dem Ort 1376 »Frankfurter Stadtrecht im Erzstift Trier«. Der Wehrgang der Stadtmauer ist begehbar und bietet gute Ausblicke. Im Sommer werden die Mauern zur Kulisse für Theateraufführungen.

In der Umgebung

Berndorf ▶ D 6

Tgl. 8–20 Uhr

Aus den Kalkmagerrasenhügeln, die die Landschaft ringsum prägen, ragt der Buberg (519 m) mit der ehemaligen Dorfkirche weithin sichtbar heraus. Wegen der Lage auf dem Berg war die Kirche gut zu verteidigen, eine Wehrkirche. Der ursprünglich romanische Bau wurde Anfang des 16. Jh. umgebaut. Sehenswert sind der Schlangenkopf an einem Konsolstein in der Eingangshalle unter dem Turm und gotische Fresken im Innern der Kirche.

Walsdorf ▶ D 6

Südlich des Dorfes an der B 421 erhebt sich der **Goßberg,** ein Schichtvulkan, der großteils dem Lavaabbau zum Opfer gefallen ist, und die **Schilierwiese,** ein Trockenmaar. Spannend ist ein Spaziergang zum **Arensberg** bzw. **Arnulphusberg** nördlich der Straße zwischen Walsdorf und Zilsdorf: Durch einen Tunnel gelangt man ins Innere des Vulkans und kann an den Felswänden sehen, wie die Hitze des aufsteigenden Magmas die Kalk- und Buntsandsteinschichten durchdrungen und dabei Umwandlungsprozesse in Gang gesetzt hat, sodass neue Minerale entstanden.

Mirbach ▶ D 6

Wer auf dem Weg nach Hillesheim kurz hinter Dollendorf nach rechts blickt, reibt sich die Augen: In erhöhter Position steht dort eine Miniaturausgabe der Berliner Kaiser-Wilhelm-Gedächtniskirche. Im Gegensatz zu dieser hat die neoromanische **Erlöserkapelle,** die 1902 die baufällige Dorfkirche ersetzte, den Zweiten Weltkrieg überstanden. Im Innern finden sich Mosaiken auf Goldgrund, Ornamente und Figuren, wie die vier Engel an der Wand zur Sakristei. Feinste Materialien wie Marmor, Bronze, Eichenholz und verschiedenfarbiger Sandstein aus allen Teilen Deutschlands wurden verwendet. Wie kommt ein solcher Kirchenbau in ein Eifeldorf? Die Erlöserkapelle geht auf die Initiative des Evangelischen Kirchenbauvereins zurück, der die preußisch-evangelische Missionsarbeit in der Eifel vorantrieb. Aber warum Mirbach? Der Oberhofmeister von Kaiserin Auguste Viktoria, Graf Mirbach, vermutete genau hier die Wiege seiner Familie. Durch Kontakte

Preußens Gloria im Kleinen: die Erlöserkapelle in Mirbach

bei Hof bekam er die Mittel und es entstand, wie in Gerolstein (s. S. 222), eine Reminiszenz an Byzanz – ein programmatischer Bau, der Kaisertreue und preußische Dominanz dokumentierte.

Alte Kirche in Wiesbaum ▶ D 6

Viele Wege führen nach Wiesbaum. Ein kleiner Abstecher zur **Alten Kirche** lohnt für Freunde schöner Bäume. Neben der früheren Dorfkirche verbreitet eine uralte Eiche eine ganz besondere Aura und ist womöglich so alt wie die Kirche, die auf das Jahr 1131 zurückgeht. Im Innern sind Reste gotischer Fresken zu sehen.

Klosterkirche Niederehe ▶ D 6

Die Kirche des im 12. Jh. für adlige Nonnen gegründeten und im 16. Jh. aufgehobenen Klosters besitzt mit der Nonnenempore ein bemerkenswertes Baudetail. Dort ist die älteste bespielbare Orgel in Rheinland-Pfalz zu sehen, eine **König-Orgel** von 1714/15. Ein Orgelkonzert sollte man nicht versäumen. Dank einer Restaurierung sind die ursprünglich spätromanischen Wandmalereien in der Chorapsis, ein Fries aus Drachen, gut zu erkennen. Der älteste Teil der Kirche ist aber das schmale Seitenschiff rechts am Ende des Kirchenraums, es stammt aus der Gründungszeit des Klosters (um 1175). Lohnend ist auch ein Blick auf das aus schwarzem Marmor geschaffene Grabmal des Grafen Philipp von der Mark und seiner Gattin (1625). Einige Kirchenbänke sind mit kunstvoll geschnitzten Köpfen verziert (um 1550).

Obereher Heide ▶ D 6

www.umweltstiftung.rlp.de/

Die Obereher Heide ist ein Naturschutzgebiet unweit der B 421, das durch einen 2 km langen **Rundweg** mit zahlreichen Tafeln erschlossen

Lieblingsort

Eifelidyll – Kerpen ▶ D 6
Beschützend thront der schmucke Bergfried über den Häusern von Kerpen, die sich, teils in Fachwerk, teils in Bruchstein, um die Burgmauer drängen. Eine gut 8 m hohe Mauer trennt Burg und Dorf. Beim Streifzug durch das Dorf entdeckt man außer idyllischen Ecken auch eine Bäckerei und das Krimilesern als »Café Rodenstock« bekannte **Kleine Landcafé** (s. S. 144).

wird. Anders als in den umliegenden Wacholderheiden wachsen hier auf Borstgraswiesen Kalkflüchter wie Arnika und Teufelsabbiss und liefern diversen Schmetterlingen Zuflucht und Nahrung; durch Beweidung mit Schafen wird die Heide offen gehalten.

Übernachten, Essen

Komfortabel – **Hotel Augustinerkloster:** Hillesheim, Augustinerstr. 2, Tel. 06593 98 08 90, www.hotel-augustiner-kloster.de, DZ ab 129 €, EZ ab 89 €. Modernes Hotel in dem historischen Gebäude des ehemaligen Klosters im Stadtzentrum, mit Saunen und Schwimmbad sowie Pedelec-Verleih. Gerichte um 20 €.
Gediegen – **Krimihotel:** Hillesheim, Am Markt 14, Tel. 06593 98 08 96 00, www. krimihotel.de, Suite ab 99 €, DZ ab 79 €, EZ ab 59 €. Traditionsreiches Haus, das ehemalige Hotel Fasen, das in einigen Eifel-Krimis eine Rolle spielt, mit Jahrhundertwendefassade in Sandstein und holzgetäfeltem Speisesaal. Gerichte um 15 €, auch Vegetarisches (»ohne ein Tröpfchen Blut«). Die Krimiwochenenden sind oft ausgebucht.
Etappenziel – **Müllisch's Hof:** Hauptstr. 2, 54576 Dohm, Tel. 06593 998 74 20, www.muellischshof-eifel.de, Mo, Mi–So 10–22 Uhr, Di Ruhetag, Mo, Mi–Fr Mittagstisch 11.30–14 Uhr (Tagesgericht 6,50 €). Wanderer auf dem Eifelsteig zwischen Hillesheim und Gerolstein sowie Radfahrer auf dem Kyllradweg kehren hier gern ein, aber auch Einheimische. Hauptgerichte ca. 10–15 €, Rumpsteak um 20 €. Wer eine längere Pause braucht: Es gibt sechs Zimmer mit Dusche/WC (EZ 52 €, DZ 84 €).
Mitten im Dorf – **Die Einkehr:** Bachstr. 2, 54578 Kerpen, Tel. 06593 309 96 00, www.die-einkehr.de, Sa ab 19.30 (Menü, nur nach Voranmeldung), Küche sonst Do–Sa 18–22/23, So 12–15 Uhr. In der liebevoll von den Besitzern restaurierten historischen Bürgermeisterei unterhalb der Burg kann man in individuell-nostalgisch eingerichteten Zimmern übernachten (55–75 €/Pers.). Zu essen gibt es diverse Köstlichkeiten von Handkäse bis Nebraska-Beef 4,50–25 €.
Ambitionierte Küche – **Landgasthof Schröder:** Kerpener Str. 7, 54579 Üxheim-Niederehe, Tel. 02696 10 48, www.landgasthof-schroeder.de, Küche 12–14, 18–21 Uhr, Mo, Di Ruhetage, EZ ab 50 €, DZ ab 80 €. Hier sitzen nicht nur die Einheimischen am Stammtisch, es gibt auch richtig gute Landküche, z. B. Niedereher Krüstchen (Schnitzel mit Speck und Spiegelei), hausgemachte Wildschweinbratwurst (13,50 €) oder Eifeler Forelle blau (16,90 €).

Essen & Trinken

Mühlencafé – **Café Nohner Mühle:** Nohner Mühle 2, 54578 Nohn, Tel. 02696 13 14, www.nohnermuehle.de, März–Okt. tgl. 11–18/19 Uhr, Nov. nur Sa/So. Idyllische Lage nahe dem Wasserfall, ehemalige Wassermühle. Seminarhaus im alten Mühlengebäude, Café im ehemaligen Stall.
Kriminell – **Das Kleine Landcafé, Café Sherlock:** s. Entdeckungstour S. 144.

Einkaufen

Schicke Naturmode – **Schaf und Schön:** Hillesheim, Augustinerstr. 1, Mo–Fr 9.30–18, Sa 9–16 Uhr. Qualitätvolle schicke Designermode, vor allem aus Wolle und anderen Naturfasern.
Galerie – **Studio B&C:** Am Markt 3, Mi–Fr 11–18, Sa 11–16 Uhr. Schmuck aus handgefertigten Glasperlen von Beate Kloep und Glaskunst von Cosmo Ombre. Außerdem wechselnde Ausstellungen anderer lokaler Künstler.
Käserei – **Gröner Hof:** Im Mühlenweg 3, 54578 Loogh, Tel. 06593 18 12, www.eifel-groener.de, Mo, Mi, Fr

10–17, Di, Do, Sa 10–12.30 Uhr. Durch Glasscheiben kann man bei der Käseherstellung zusehen. Den leckeren Kuhkäse natur oder mit Kräutern aromatisiert gibt es im Hofladen. Das Restaurant in der Scheune bietet außer guter Küche auch Blicke in die Käserei ((Mo–Fr 11.30–15, Sa ab 9.30 Uhr).

Aktiv

Wandern – **Krimi-Wanderwege:** Wer auf eigene Faust auf den Spuren der Eifelkrimis von Jacques Berndorf wandern will, kann sich in der Tourist Information mit Infomaterial und Wanderkarte versorgen (2 Routen; die Stationen sind beschildert; auch als Handy-Tour möglich). Infos, auch zu geführten Touren: www.eifelkrimi-wanderweg.de. Hillesheim liegt am **Eifelsteig,** der unterhalb der Burgmauer ins Bolsdorfer Tälchen absteigt, hinzu kommen **Geopfade** (Infos bei der Tourist Information).

Mörderisch durch die Eifel – **Tatort-Tour im Krimibus:** www.krimiland-eifel.de, Anmeldung erforderlich: Tel. 06593 80 92 00, 3,5–4 Std., 18 €/Pers. Mit Schauspieleinlagen und Ratespielen.

Tennis, Barfußpfad und mehr – **Bolsdorfer Tälchen:** südlich an Hillesheim anschließendes Naherholungsgebiet, kleiner See, Pavillon, Tennishalle; im Winter auch Rodelwiese, Barfußpfad (1,5 km) und Wege zum Joggen und Walken.

Radfahren – **Kalkeifel-Radweg:** In Hillesheim beginnt der Kalkeifel-Radweg mit einer Länge von 22 km, davon die Hälfte auf der alten Bahntrasse. Er verläuft relativ eben, sogar leicht abschüssig zur Ahr (Anschluss an den Ahr-Radweg). Ein schöner Abstecher unterwegs führt zum Arnulphusberg (s. S. 146), am Weg liegen Kerpen (s. S. 150) und der Wasserfall bei Nohn (s. S. 145).

Golf – **Golfplatz Berndorf:** Milanweg, Hillesheim, Tel. 06593 12 41, www.gc-eifel.de. Hier kann man Golf spielen, auch ohne auf Verbrechensspuren zu stoßen (s. S. 144). 18-Loch-Meisterschaftsplatz in wunderschöner Waldumgebung. Greenfee Erw. 55–80 €.

Angeln – **ASV Hillesheim:** www.fliegenfischen-eifel.de. Rund 4 km entlang der Kyll stehen Fliegenfischern als Angelgewässer zur Verfügung.

Infos & Termine

Urlaubsregion Hillesheim/Vulkaneifel e. V.: Am Markt 1 (B 421), 54576 Hillesheim, Tel. 06593 80 92 00, www.hillesheimer-gerolsteiner-land.de. Hier bekommt man u. a. einen Tourenvorschlag für den Stadtrundgang; auch Postagentur.

Bahn/Bus: DB-Bahnstation Oberbettingen-Hillesheim an der Eifelstrecke Köln–Trier, 3,5 km entfernt; zu Fuß ohne Gepäck ca. 40 Minuten. Auf dem Radweg ab Bahnhof 6,2 km.

Bus/Taxi: nach Hillesheim ab Gerolstein, Jünkerath (Mo–Fr); Taxitransfer Sa, So ist unerlässlich, Taxi Christen Tel. 06593 286.

Termine: Kram- und Frischemarkt, jeden 1. und 3. Do im Monat 8–13 Uhr vor der Kirche. **Radschivele** (s. S. 32), 1. So nach Karneval in Walsdorf.

Unser Tipp

Preisgekröntes Plüschkino

Das prämierte Mischkonzept der **Eifel-Film-Bühne** unter der engagierten Leitung von Christine Runge hat sich bewährt. Gezeigt werden Arthouse-Filme ebenso wie Blockbuster. Sehenswert ist auch das Interieur in rotem Samt (Aachener Str. 15, 54576 Hillesheim, www.eifelfilmbuehne.de, Do–Mo).

Das Beste auf einen Blick

Ahreifel und Osteifel

Highlights!

Burg Eltz: Sie ist eine Rapunzelburg wie aus dem Märchenbuch – ihr Abbild zierte schon Briefmarken und Geldscheine. Ihr Inneres gibt Einblick in adligen Wohnkomfort. S. 177

Laacher See: Trotz Millionen Besuchern ist der See noch immer ein wunderschönes Naturparadies mit vielen Geheimnissen. Entstanden ist er beim größten Vulkanausbruch der Eifel. S. 189

Auf Entdeckungstour

Steinklopfer am Werk – zwischen Mayen und Mendig: Die Römer waren nicht die Ersten und nicht die Letzten, die dem hochwertigen Basalt in der Pellenz-Eifel mit Hammer und Meißel zu Leibe rückten. Interessantes zum praktischen Arbeitsalltag im Steinbruch zu Urgroßvaters Zeiten erfährt man über und unter Tage – Mitmeißeln und -klopfen inklusive. S. 180

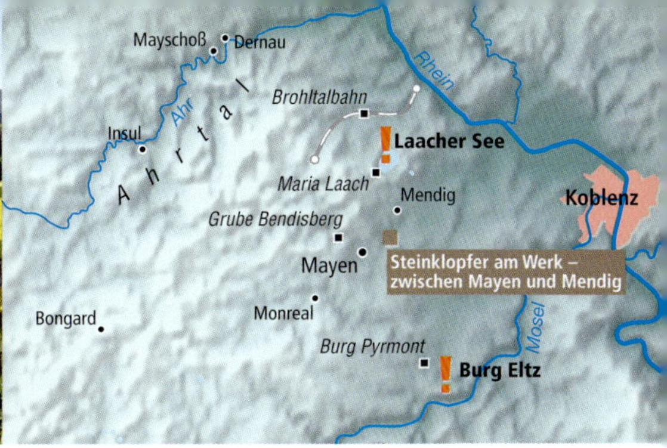

Kultur & Sehenswertes

Grube Bendisberg: Das wohl spannendste unter den Bergwerken der Eifel. S. 172

Barsberg bei Bongard: Staunend steht man vor bemoosten Steinen. Befand sich hier eine jener Höhenburgen der Kelten, die Cäsar beschrieben hat? S. 174

Klosterkirche Maria Laach: An ihr kommt keiner vorbei, der sich für mittelalterliche (Kunst-)Geschichte interessiert. S. 189

Zu Fuß unterwegs

Auf dem Rotweinwanderweg von Dernau nach Mayschoß: Auf dem Hinweg geht es durch die Weinberge hoch über der Ahr, zurück im Tal. S. 160

Wandern von Burg Pyrmont zu Burg Eltz: Ein Klassiker für Burgenfreunde, die ein bisschen Auf und Ab nicht scheuen. S. 177

Genießen & Atmosphäre

Landgasthof Ewerts in Insul: Der schöne Biergarten lädt zur Pause an der ruhig dahinfließenden Ahr ein. S. 163

Mit der Bahn ins Tal der Vulkane: Die gemächliche Fahrt mit der Schmalspurbahn das Brohltal aufwärts, das von der Burg Olbrück gekrönte Panorama vor Augen, ist ein Genuss. S. 187

Abends & Nachts

Weinschänke Stellwerk in Monreal: Nicht weit vom Bahnhof der Pellenzbahn kann man wunderbar bei Wein und Musik entspannen. S. 183

Ahreifel

Von der Ahrquelle in Blankenheim bis nach Dümpelfeld reicht das **obere Ahrtal,** ein breites Wiesental zwischen den niedrigen Hügeln der Kalkeifel (s. S. 126). Eine Fahrt auf der B 258 und ab Dümpelfeld auf der B 257 oder alternativ auf dem Ahr-Radweg führt deutlich vor Augen, wie sich das Flüsschen, das als Rinnsal beginnt, in zahlreichen Windungen immer tiefer ins Gestein schneidet. Es zwängt sich zwischen Felswänden hindurch und bildet im engen Tal, umgeben von den atemraubend steilen Weinbergen der **mittleren Ahr,** zwischen Kreuzberg und Bad Neuenahr kleine Stromschnellen. Das **untere Ahrtal** beginnt östlich von Bad Neuenahr und reicht bis zur Mündung in den Rhein zwischen Sinzig und Remagen.

Die 43 Weinlagen der Ahr reihen sich von Kreuzberg im Westen bis Ehlingen im Osten – das Grauwacke-Schiefer-Gestein bietet den idealen Boden für die berühmten Ahrrotweine. Inzwischen werden hier auch etwa 10 % Weißweine gekeltert. Engagierte Winzer haben dafür gesorgt, dass der Ahrwein kein Schattendasein mehr führt, ja sogar ein ausgesprochen teures Tröpfchen geworden ist; die Gourmetgastronomie ist ebenfalls gut vertreten.

Im Sommer und generell an Wochenenden mit schönem Wetter ist die Ahreifel ein beliebtes Ziel von Tagesausflüglern aus den Ballungsgebieten an Rhein und Ruhr. Besonders Motorradfans genießen die Fahrt auf den kurvigen Straßen und bevölkern die zahlreichen Bikercafés entlang der Strecke.

Infobox

Infos im Internet

www.ahrtal.de

Aktiv

Ahr-Radweg: Blankenheim–Kripp (Remagen), 5 km zwischen Fuchshofen und Schuld auf der engen Straße sind nicht autofrei, sonst wunderbares Radeln im mittleren und unteren Ahrtal.
Rotweinwanderweg: Altenahr–Bad Bodendorf (35 km), meist auf den Höhen durch die Weinbergterrassen, zur Zeit der Weinlese Bewirtung am Weg.
Ahrsteig: Westlicher Abschnitt (Blankenheim–Kreuzberg, 58,4 km) und östlicher Abschnitt (Walporzheim–Sinzig, 29,6 km), dazwischen zwei alternative Verbindungswege (u. a. Ahrtalweg), Infos: www.ahrsteig.de.

Anreise und Verkehr

Ahrtalbahn: RB 30 und RB 39 von Bonn über Remagen bis Ahrbrück mit Halt in Bad Neuenahr, Ahrweiler, Walporzheim, Dernau, Rech, Mayschoß, Altenahr, Kreuzberg/Ahr, www.bahn.de.

Bad Neuenahr ▸ E 4

Bad Neuenahr heißt der Zusammenschluss mehrerer Dörfer um die 1856 entdeckten, bis zu 36 °C heißen alkalischen Thermen, u. a. die Apollinarisquelle: Ein Winzer, dessen Wein kümmerte, hatte sie bei der Ursachenforschung durch Zufall in 15 m Tiefe entdeckt. Über Bad Neuenahr heißt es im Eifelführer des Jahres 1930: »… viel besuchter Badeort mit sauberen, asphaltierten Straßen und großen, schönen Hotels.« Beethoven war hier zu Gast, aber auch andere Größen seiner Zeit gaben sich die Klinke des Kurhau-

Das historische Badehaus erinnert an Bad Neuenahrs glanzvolle Vergangenheit

ses in die Hand. Heute reiht sich im Zentrum eine Kurklinik an die andere, vom Venenleiden bis zum Diabetes reicht das Spektrum der behandelten Erkrankungen – Bad Neuenahr rühmt sich der höchsten Ärztedichte in Deutschland. Mondänes Flair zeichnet das Kurbad mit Autobahnanschluss aus, liegt es doch in Reichweite zum Rhein, vor den Toren von Bonn, Köln und Düsseldorf …

Kurviertel

Das opulente **Kurhaus** (1903–05) wird häufig mit dem von Monte Carlo verglichen und ist ein würdiger Rahmen für die seit 1948 bestehende Spielbank. Den **Kurpark** mit seinen für Flaneure wie geschaffenen geschwungenen Wegen legte kein Geringerer als Peter Joseph Lenné an. Die 1898 bis 1899 gebauten **Badehäuser** sind heute Sitz der Kurverwaltung. Der moderne Bau des Ahr-Themen-Bads ähnelt einem Ufo und wird seit der Insolvenz in Regie der Gemeinde weiter betrieben.

Burgruinen über der Stadt

Zwei jeweils auf steilen Basaltkegeln angelegte Burgen bewachten einst den Zugang in das steile Tal der Ahr von der Rheinseite her: Burg Neuenahr und Burg Landskron. Geheimnisvolle Hohlwege, die noch aus dem Mittelalter stammen, führen auf den Basaltkegel des **Neuenahr** (340 m) südlich der Ahr, hoch über dem Dorf, das später seinen Namen annahm. Kaum mehr als der Burggraben blieb von der 1372 auf Geheiß des Kölner Erzbischofs zerstörten **Burg Neuenahr.** Der 600 Jahre später auf dem Gipfelplateau errichtete Aussichtsturm gewährt einen fantastischen Blick auf das Tal des Rheins, in den die Ahr wenige Kilometer östlich mündet.

Auf der anderen Seite der Autobahn, im Ortsteil Heimersheim, macht die Ruine der als Reichsburg 1205 errichteten **Burg Landskron** da schon mehr her: Eine Ringmauer aus schwarzen Basaltsäulen umgibt die Reste der weitläufigen Burg. Strategische

Unser Tipp

Gourmetkost für alle

Michelin-Stern-Inhaber und Fernsehkoch Hans Stefan Steinheuer aus Ahrweiler lockt Gourmets mit raffinierter Hausmannskost in den Ortsteil Heppingen. Steinheuers Restaurant Poststuben gehört zu den besten in Deutschland (Hauptgang um 30 €). Oder nur eine Kostprobe? Leichte Gerichte zu 10 € für den Teller gibt's So 12–18 Uhr unter dem Motto ›next door‹ (Landskroner Str. 110, 53474 Bad Neuenahr-Ahrweiler, OT Heppingen, Tel. 02641 948 60, www.steinheuers.de, Mo, Do–So 12–14, 18–22 Uhr. Mit Hotel und Kochschule).

Bedeutung hatte die Lage der königlichen Burg oberhalb der Krönungsstraße Aachen–Frankfurt. Heute lohnt der Blick aus 278 m Höhe auf das Rheintal.

Übernachten

Erste Adresse – **Steigenberger:** Kurgartenstr. 1, Tel. 02641 94 10, www.bad-neuenahr.steigenberger.de, DZ/Suiten 125–328 €, EZ 89–152 €. Das Nobelhotel aus dem frühen 20. Jh. mit über 200 Zimmern und Suiten ist mit seinem weißen Turm und der hohen schwarzen Haube, flankiert von neobarocken Gebäudeflügeln, ein Blickfang.

Essen & Trinken

Gourmetkost für alle – **Steinheuers:** s. Unser Tipp oben.

Aktiv

Stadtrundfahrt – **Ahrtal-Express:** www.ahrtal-express.de, März, Okt./Nov. Sa/So, Fei, Ostern–Okt. tgl. 9.30–17 Uhr. 50-minütige Tour durch Bad Neuenahr-Ahrweiler.

Golf – **Golfplatz:** www.glc-badneuenahr.de. 18-Loch-Meisterschaftsplatz oberhalb von Bad Neuenahr.

Wellness – **Ahr Thermen:** Felix-Rütten-Str. 3, Tel. 02641 91 17 60, www.ahr-thermen.de, So–Do 9–22, Fr/Sa und vor Fei 9–23 Uhr. Diverse Badebecken mit Wasser aus der 31 °C warmen Quelle. Tageskarte 17 €.

Fahrradverleih im Ahrtal – **Basislager:** Wilhelmstr. 47, www.basislager.com. Mo–Fr 9–19, Sa 9–15 Uhr. Outdoor- und Fahrradladen. Tagespreis normales Rad 8,50 €, E-Bike 25 €, MTB 14 €.

Einkaufen

Ahrwein zeitgemäß – **Dagernova:** Heerstr. 91–93, Bad Neuenahr, Tel. 02641 94 72 63, www.dagernova.de. ›Vinothek‹ mit Weinproben nach Vereinbarung. Ableger in Dernau.

Abends & Nachts

Nichts geht mehr – **Spielbank:** Felix-Rütten-Str. 1, Tel. 02641 75 75-0, www.spielbank-bad-neuenahr.de. Ab 18 Jahre, Roulette, Blackjack oder Poker, aber auch Automatenspielerei.

Infos

Ahrtal-Tourismus Bad Neuenahr-Ahrweiler: Hauptstr. 80, 53474 Bad Neuenahr, Tel. 02641 9171-0, www.ahrtal.de.

Ahrweiler und Umgebung ▸ E 4

Der Ort Ahrweiler wurde 893 bereits als Adelshof der Abtei Prüm genannt und hat ohne Bad Neuenahr, mit dem es eine Verwaltungseinheit bildet, 8000 Einwohner (zus. 28 000 Einw.). Der Blick ins Ahrtal wird vom massigen Bau des **Klosters Kalvarienberg** dominiert. 1630 errichtet, wird es seit 1838 vom Ursulinenorden genutzt, der hier Schulen und ein Internat führt.

Ahrweilers Altstadt, die an den Wochenenden zahlreiche Besucher anzieht, wird von der mittelalterlichen **Stadtmauer** (Mitte des 13. Jh.) umschlossen: Mit 80 cm ist sie nicht besonders dick, dafür zwischen 8 und 12 m hoch und fast 2 km lang. Heute kann man außen herum eine ruhige Runde drehen. Das mittelalterliche Stadtleben wirkt noch immer nach: Den vier Stadttoren waren nicht nur jeweils Heilige, sondern auch je ein Bezirk (›Hut‹) zugeteilt; die vier Huten wetteifern bis heute an Sankt Martin um das höchste und größte Feuer.

Marktplatz und Umgebung

In der Fußgängerzone rund um den Marktplatz und die **Pfarrkirche St. Laurentius** herrscht quirliges Treiben. Die älteste Hallenkirche des Rheinlands besitzt eine mächtige Bronzetür, ein expressionistisches Werk des Künstlers Ernst Alt aus dem Saarland, der auch in Trier gearbeitet hat. Die schönen restaurierten Fresken stammen aus dem 14./15. Jh.: Blumenranken zieren die Gewölbe und biblische Motive wie der Jessebaum die Wandflächen.

Das **Rathaus** (Spätrokoko) und der **Blankartshof** von 1680 sind weitere Sehenswürdigkeiten. Die **ehemalige Synagoge,** ein maurisch inspirierter Bau von 1894, ist heute Ort für kulturelle Veranstaltungen, z. B. Konzerte, die Einblick ins sehenswerte Innere ermöglichen.

Der **Weiße Turm,** den heute eine barocke Turmhaube krönt, ist der einzige erhaltene mittelalterliche Wohnturm der Stadt (Ende 13. Jh.).

Römervilla am Silberberg

Am Silberberg 1, Tel. 02641 53 11, www.museum-roemervilla.de, Ende März–Mitte Nov. Di–So 10–17 Uhr, 6 €

Bei Bauarbeiten für die Umgehungsstraße B 267 stießen die Bagger 1980 auf etwas ungewöhnlich Buntes: Das Denkmalschutzamt wurde alarmiert, der Bau gestoppt und die Straße verlegt. Freigelegt wurde eine römische Villa mit farbenfrohem Wandverputz, die am Hang des Silberbergs gestanden hatte. Ihr guter Erhaltungszustand ist u. a. der Tatsache zu verdanken, dass sie rund 1500 Jahre zuvor bei einem Erdrutsch verschüttet wurde. Die beste Übersicht über die stattliche Gutsanlage *(villa rustica)* vermittelt das Modell im turmartigen Obergeschoss des lichten Holzbaus, der das Ausgrabungsgelände heute überdacht.

Man betrat die Villa vom Garten über eine breite Steintreppe aus Drachenfelser Basalt und eine 70 m lange Veranda (Porticus). Zu dem Gutshof, in dem mindestens 25 Personen lebten, gehörten diverse Wirtschaftsgebäude. Für die Zeit ab ca. 350 ist auch eine Metallschmelze nachgewiesen. Bemerkenswert im Herrenhaus selbst, das in mehreren Phasen zwischen 70 und 270 n. Chr. gebaut wurde, ist die Küche mit Holzherd, Backofen und Räucherkammer. An den Herd angeschlossen war die Fußbodenheizung – raffinierte Haustechnik des 1. Jh. Für Wellness war ebenfalls gesorgt: Allein das Bad ist 83 m² groß. Es gab einen Gymnastikraum, Heiß-, Warm-, Kalt- und Schwitzbad und eine Warmwasserbadewanne. Die Latrinen hatten ›Wasserspülung‹ – durch einen Kanal vom Giesemer Bach gespeist. Der 100 m² große, mit kunstvollen Fresken geschmückte Repräsentationsraum war das Prunkstück der Villa. Glasfensterfronten, eine Art Schiebetür, öffneten Gästen und Bewohnern den Blick aufs Ahrtal. Dass

Von Kennern hoch geschätzt wird der Ahrwein, der in den Lagen um Mayschoß wächst

in dem Gebäude sogar Schulunterricht stattfand, beweist das Graffito eines Schülers – die Zeiten haben sich nicht sehr geändert.

Freilichtmuseum Silberbergtunnel

Am Rotweinwanderweg oberhalb von Ahrweiler (vom Adenbachtor-Parkplatz 25 Min.), frei zugänglich

Ein Blick in den Silberbergtunnel ist ein Blick in den Alltag der Bewohner von Ahrweiler zu Zeiten des Zweiten Weltkriegs. Damals diente das Ahrtal als wichtiger Nachschubweg für die Westfront. 1944/45 bombardierten die Allierten auch Ahrweiler. Die Bürger bauten sich in den Tunneln der halb fertigen Bahnstrecke Quartiere, die sie nur nachts verlassen konnten.

Regierungsbunker

Am Silberberg 0 (Null), Tel. 02641 911 70 53, www.regbu.de.de, Ende März–Mitte Nov. Mi, Sa, So 10–18 Uhr, (letzter Einlass 16.30 Uhr) 9 €

Jahrzehntelang existierte er überhaupt nicht – weder im Haushalt der Bundesregierung noch offiziell in den Medien. Der Ort, der in der

Adenauerzeit den Codenamen »Rosengarten« trug, unterlag höchster Geheimhaltung und ist heute ein einzigartiges Dokument der Zeit des Kalten Krieges, das dem Besucher Schauer über den Rücken jagt, nicht nur wegen der 12 °C kalten Zugluft aus dem 17,2 km langen Tunnelsystem. Hier wurde bis 1997 alle zwei Jahre für den Ernstfall, den atomaren Erstschlag, geprobt – für ein maximal 30-tägiges Überleben. Spannende Details erfährt man von den mit (fast) allen militärischen Geheimnissen vertrauten Guides.

EVA-Turm
Auf dem **Giesemertalskopf** steht der 9,40 m oder 48 Stufen hohe hölzerne Aussichtsturm, der seinen Namen dem Eifelverein Ahrweiler (EVA) verdankt. Er ersetzte 2004 einen verrotteten Vorgängerbau und bietet beste Blicke.

Übernachten, Essen

Mitten in den Weinbergen – **Hohenzollern:** Am Silberberg 50, Tel. 02641 97 30, www.hotelhohenzollern.com, DZ 122–155 €, EZ 79–88 €. Unübertroffen tolle Lage mit Panoramaaussicht direkt am Rotweinwanderweg. Zwei Restaurants.

Essen & Trinken

Entlang der Straße reiht sich ein Winzer an den anderen, viele bieten außer **Weinproben** auch **Straußwirtschaft** (deftige Küche) oder Gästezimmer.
Legendär – **Brogsitters Sanct Peter:** Walporzheimer Str. 134, Tel. 02641 977 50, www.sanct-peter.de. Im Romantikhotel und mehreren Restaurants kann man sehr viel Geld lassen – im rustikal-edel eingerichteten Restaurant Weinkirche (Fr–Mi 12–14.30 und 18.30–22 Uhr, Menüs ab 42 €, Hauptgerichte um 30 €) oder im Gourmetrestaurant (Menü ab 100 €). Erschwinglicher ist die Kaminstube Fr–Mi 12–23 Uhr, Gerichte 14–28 €.

Einkaufen

Ökoweine – **Weingut Maibachfarm:** Im Maibachtal 100, Tel. 02641 366 79, www.maibachfarm.de, Straußwirtschaft Juli–Okt. Sa, So 11–19 Uhr, Gutsverkauf Mo–Fr 10–12, 13–17, Sa, So 11–17 Uhr. Bioland-Betrieb oberhalb Kloster Kalvarienberg. Verkauf in der Ahrweiler Altstadt: Ahr Gourmet, Niederhutstr. 21, Mi–Mo 10–18.30 Uhr.
Winzergenossenschaft – **Weinmanufaktur Walporzheim:** Walporzheimer

Str. 173, Ahrweiler, www.weinmanufaktur-walporzheim.com. Zusammengeschlossen mit der Winzergenossenschaft Mayschoß (s. S. 161) – rund 400 Winzer gehören dazu. Beste Auswahl.

Aktiv

Klettergarten – **Wald-Abenteuer Kletterpark:** kurz vor Adenbachhütte, Ahrweiler, Tel. 0221 168 04 20, www.wald-abenteuer.de, Ende März–Okt. Fr–So ab 10 Uhr, in den Schulferien Di–So, div. Tarife, Normaltarif 24,95 €, Kinderparcours (ab 4 Jahre) 13,95 €.

Infos & Termine

Ahrtal-Tourismus Bad Neuenahr-Ahrweiler: Hauptstr. 80, 53474 Bad Neuenahr-Ahrweiler, Tel. 02641 9171-0, www.ahrtal.de.
Bahn: Die Ahrtalbahn (s. S. 154) hält in Ahrweiler und Ahrweiler Markt.
Termine: Winzerfest, in Ahrweiler, 1. Sept.-Wochenende, mit Umzug. **Traditionelle Martinsfeuer,** Sa vor dem Martinstag (11.11.) in Ahrweiler.

Mittleres Ahrtal

Ein abenteuerlich sprudelnder Fluss wird die Ahr zwischen Ahrweiler und Altenahr-Kreuzberg. Die Fahrt führt vorbei an markanten Felsen und berühmten Weinlagen wie »Bunte Kuh« zwischen Marienthal und Walporzheim und »Kaiserstuhl« bei Marienthal. Das enge romantische Tal der mittleren Ahr ist reich bestückt mit Campingplätzen.

In dem Trio der Weinorte Dernau, Rech und Mayschoß konzentriert sich der Ahrweintourismus. Winzerhöfe, Straußwirtschaften und Schilder mit Einladungen zu Weinproben säumen die Straßen. Legendär sind die Lokale, in denen abends mit Musikbegleitung (live!) der Gäste oder Wirtsleute gesungen wird. Ein Erlebnis!

Es lohnt sich der Aussicht wegen, von **Dernau** zum steinernen Turm auf dem **Krausberg** (360 m) auf der südlichen Seite der Ahr aufzusteigen.

Die **Nepomukbrücke** in **Rech** ist die älteste Brücke über die Ahr und wird von der Figur des Heiligen geziert. Schmucke Winzerhöfe und Gässchen prägen den netten Weinort.

Dicht drängen sich die schroffen Felsen in **Mayschoß** bis an die B 267, die **Ahr-Rotweinstraße**. Direkt an der Straße liegen die Verkaufsräume der ältesten Winzergenossenschaft der Ahr (s. S. 161). Erst spät wurde hier ein Durchbruch für die Straße geschaffen. Zuvor existierte nur ein schmales ›Loch‹, durch das sich die Müller das Wasser von der Ahr holten.

Auf dem Rotweinwanderweg von Dernau nach Mayschoß

Länge: 7 km, zzgl. je ca. 1 km für An- und Abstieg in die Orte, Start: Dernau
Nicht nur zur Zeit der Weinlese lohnt es sich, den schönsten Abschnitt des Rotweinwanderwegs zu erwandern: die Etappe von Dernau nach Mayschoß. Unterwegs bieten sich herrliche Blicke u. a. auf die **Ruine Saffenburg** auf der anderen Seite der Ahr. Die Burg aus dem 11. Jh., einst eine der größten und wichtigsten Burgen der Eifel, wurde 1704 zerstört und ist seitdem Ruine. 260 m lang und bis zu 80 m breit, muss sie einmal einen sehr imposanten Anblick geboten haben. Von **Dernau** geht es an Pfarrkirche und Kapelle vorbei zügig aufwärts mitten in die Weinberge, teils auf Asphalt, teils auf ungeteerten Wegen und Pfaden. Kurz vor **Mayschoß** erklären Infotafeln den Rotweinanbau. Es besteht die Möglichkeit, mit der Ahrtalbahn zum Ausgangspunkt zurückzufahren, oder man nimmt den

Ahrtalweg (5 km) zurück nach Dernau über **Rech,** dabei ist ein Abstecher zur Ruine Saffenburg möglich (1 km). Bahnfahrer kommen bei der Steinbergsmühle über die Ahr direkt zum Bahnhof. Wer sein Auto näher am Ortszentrum geparkt hat, folgt dem Fluss ein Stückchen weiter auf dem Ahrweg bis zur Vinothek Dagernova.

Übernachten, Essen

Es werden zahlreiche **Ferienwohnungen** vermietet. Ein Katalog ist bei der Tourist Information erhältlich. Buchung über www.ahrtal.de.
Straußwirtschaft und Pension – **Weingut H. J. Kreuzberg:** Schmittmannstr. 30, 53507 Dernau, Tel. 02643 16 91, www.weingut-kreuzberg.de, April–Dez. Mo–Fr 9–12, 13–18, Sa, So 10–18 (Jan.–März 10–15 Uhr). Straußwirtschaft Mitte Juni–Okt. Sa/So ab 12 Uhr. In der Weinstube können Gäste mit Gitarre, Klavier und Akkordeon für Stimmung sorgen. Nette Straußwirtschaft mit Hofgarten und überdachter Weinlaube. Die experimentierfreudigen Winzer keltern neben Burgunder auch Cabernet Sauvignon. März–Nov. Pensionszimmer DZ je nach Dauer 60–75 €, EZ 50 €.

Einkaufen

Ahrwein – **Winzergenossenschaft Mayschoß:** Ahr-Rotweinstr. 42, 53508 Mayschoß, Tel. 02643 93 60 15, www.wg-mayschoss.de, Mai–Okt. tgl. 9–18.30, Nov.–April Mo–Fr 8–18, Sa, So 10–18 Uhr, Besichtigung von Keller und **Weinbaumuseum** 3 €, auch 2-stündige Weinbergführungen zur Saffenburg (Mai–Okt. Mi, Sa 15.45 Uhr, 9,50 €/Pers.).

Infos

Im Internet: www.rech-weindorf.de.

Altenahr und Umgebung ▸ E 4

Altenahr (knapp 2000 Einw. inkl. Ortsgemeinden) ist seit über 100 Jahren ein Fremdenverkehrsort, heute grenzt hier vieles an Kitsch. Altdeutsche Schriftzüge zieren die unzähligen Restaurants und Hotels, Busladungen fassende Caféterrassen säumen die Durchgangsstraße, auf der sich Passanten, Auto- und Motorradkolonnen an den Wochenenden durch den Ort schieben. Abseits der Hauptstraße, um die **Kirche** mit romanischen Ursprüngen, gibt es dennoch einige idyllische Ecken. Hübsch liegt in der weiten Flussschleife der Ortsteil **Altenburg** und in **Reimerzhoven** gibt es am Fuß der Burg eine kleine Kapelle (1860) mit einem Vesperbild aus dem 15. Jh.

Wanderung von Dernau nach Mayschoß

Burg Are ▶ E 4
Burg Are liegt unglaublich malerisch an der engsten Stelle des Ahrtals hoch auf dem Felssporn über der Ahr. Auf romantischen Gemälden des 19. Jh. verewigt, ist sie bis heute Inbegriff der Ahrromantik. Von der ab Beginn des 12. Jh. von den Grafen von Are-Hochstaden und im 14./15. Jh. von Kurköln weiter (u. a. zum Verlies) ausgebauten Burg existieren noch die Hochburg und auf halber Berghöhe die Reste der gotischen Unterburg mit Torhaus. Die Hochburg besitzt Torturm, Palas, Bergfried, Reste von Türmen, eine Stütz-, Verbindungs- und Wehrmauer sowie eine Kapelle (um 1200). Im 18. Jh. wurde Burg Are, deren Reste Raubrittern als Unterschlupf gedient hatten, geschleift.

Burg Kreuzberg ▶ E 5
An der Mündung von Vischelbach und Sahrbach in die Ahr steht seit ca. 1340 auf einem Felsen mitten im Fluss – »in kecker Lage«, so 1849 der romantische Ahrwanderer Gottfried Kinkel – eine Burg. Sie ist bewohnt und nicht zu besichtigen. Die Antoniuskapelle (1784) vor dem Burgtor ist meist geöffnet.

Übernachten, Essen

Gutes aus der Region – **Hotel-Restaurant Ruland:** Brückenstr. 6, 53505 Altenahr, Tel. 02643 83 18, www.hotel-ruland.de, Mo–Fr 12–14.30, 17–21.30, Sa/So, Fei 12–21.30 Uhr. Der beim Bau 2014 entdeckte alte Brunnen gab Ruland's Brunnenhaus den Namen. Das Hotel hat 12 geräumige, in Naturmaterialien modern eingerichtete Zimmer mit Balkon zur Ahrseite (DZ 120–150 €). Direkt neben der Kirche.

Aktiv

Wandern im Langfigtal – Die völlig auto- und schienenfreie Ahrschleife steht unter Naturschutz und fasziniert mit ihrem Artenreichtum auf kleinstem Raum. Vom Bahnhof Altenahr sind längere und kürzere Varianten möglich, mindestens 1 Std. einplanen.
Rodeln – **Sommerrodelbahn:** www.sommerrodelbahn-altenahr.de.

Infos

Tourist Information/Haus des Gastes: Altenburger Str. 1a, 53505 Altenahr, Tel. 02643 84 48, www.altenahr-ahr.de.
Termine: in Altenahr u. a. **Burgenfest,** Anfang Aug. mit mittelalterlicher Atmosphäre. **Maateljass** (Martinsgans) Mitte Nov., Erntedankfest der Winzer mit kulinarischen Spezialitäten.

Oberes Ahrtal

Bei **Brück** (▶ E 5), wo der Kesselinger Bach mündet (s. S. 165), beginnt der Oberlauf der Ahr. Kurz zuvor wird es mit Stromschnellen und dem Ahrbogen noch einmal romantisch, was auch die Gäste der Campingplätze hierher zieht. Gegenüber dem Ahrbogen, am anderen Flussufer, steht die spitztürmige **Marien-Wallfahrtskapelle Pützfeld** mit einem barocken Hochaltar (1681). Ruhig wird es am Oberlauf in **Insul,** das inmitten von Flusswiesen liegt.

Teufelsley ▶ E 5
Zwischen Dümpelfeld und Hönningen bei Liers, Zufahrt über Ommelbachtal, ab Parkplatz 10 Min. zu Fuß
Die Teufelsley, die senkrecht 496 m aus dem Hügelmeer der Ahreifel ragt, ist als weiß schimmernder Quarzgang ein Relikt der Erdgeschichte. Wegen ihres geologischen Sonderstatus als größter zusammenhängender Quarzitblock Europas genießt sie bereits seit 1926 Naturschutz.

Aremberg ▶ D 5
Wie ein schlafender Riese ruht der Aremberg (623 m) zwischen Ahr-, Vulkan- und Kalkeifel nahe der Landesgrenze. Von fast überall her hat man Blick auf die unverwechselbare, abgeflachte, breite und bewaldete Silhouette des Vulkankegels. Auf dem höchsten Berg der Ahreifel finden sich die Ruinen von **Schloss Aremberg** und ein 1854 wiedererrichteter, 15 m hoher **Turm.** Unten verbreitet das Burgdorf mit der schlichten alten Kirche eine besondere Atmosphäre der Ruhe.

Essen & Trinken

Mit Biergarten an der Ahr – **Landgasthof Ewerts:** s. Tipp S. 163.
Mühle im Wald – **Landgasthof Daubiansmühle:** Daubiansmühle 1, 53520 Wershofen, Tel. 02695 221, www.daubiansmuehle.de. An der L 165 kurz hinter Schuld Richtung Eicherscheid, Ostern–Okt. Sa, So, Fei 11.30–18 Uhr. Mit viel Liebe zubereitete Gerichte, wie Jägerschnitzel oder Ahrforelle (um 13,90 €), So, Fei selbst gebackener Kuchen. Ideal für einen gemütlichen Zwischenstopp im schattigen Biergarten oder in der kleinen, mit Altertümchen eingerichteten Gaststube.
Panorama-Aussicht – **Burgschänke Aremberg:** Schulstr. 1, 53533 Aremberg, Tel. 02693 391, www.burgschaenke-aremberg.de, April–Okt. Do ab 15.30, ganzj. Fr–So ab 12 Uhr, Hauptgerichte 12–14 €. Die Gaststube mit nostalgischen Details sorgt für gemütliche Atmosphäre und die liebevoll zubereiteten Gerichte kombinieren Eifelschwein und Bio-Rindfleisch aus eigener Zucht mit leckeren Beilagen zu einer guten Mahlzeit. Auch kleine Gerichte (Flammkuchen). Von der Terrasse reicht die Aussicht von der Nordflanke des Aremberg weit ins Land! Auch Zimmer (DZ ab 80 €) und ein uriges historisches Ferienhaus im Burgdorf werden vermietet.

Essen & Trinken, Aktiv

Angelpark – **Barweiler Mühle:** Die längere, aber beste, da geteerte Zufahrt ab B 258 in Barweiler (▶ D 5/6) nehmen, Tel. 02691 76 84, www.barweilermuehle.de, Tageskarte 28 €. Rekordverdächtiges Anglerglück (Forelle, Hecht, Wels, Stör), Fischgerichte sowie vietnamesische Küche im **Restaurantpavillon** mit Blick auf den Angelteich.

Einkaufen

Für Feinschmecker – **Sion's Eifeler Räucherkammer (SER):** Ahrstr. 17, 53533 Müsch, Tel. 02693 93 00 33, www.von-ser.de, Di–Fr 9–18, Sa 9–14.30, Mittagstisch 12–14.30 Uhr (Reservieren ratsam). Das Familienunternehmen produziert in der eigenen Räucherei aus frischem norwegischem Lachs und Eifeler Forellen köstliche Spezialitäten.

Unser Tipp

Mit Biergarten an der Ahr
Fernab vom Getümmel liegt der **Landgasthof Ewerts** mit nettem Biergarten zur Ahr. Die Wahl von der Speisekarte fällt schwer: Steak vom Angusrind, Schweineschnitzel, danach ein Zitronen-Wodka-Sorbet? Lecker sind auch die Salate und die Preise mit 9–22 € moderat (Ahrstr. 13, 53520 Insul, Tel. 02695 380, www.hotel-ewerts.de, Mi–So, Nov.–Ostern Fr–So ab 12 Uhr.auch Zimmer, DZ 35–40 €/Pers.).

Die Nebentäler

Sahrbachtal ▶ D/E 4

Das wildromantische Sahrbachtal im Grenzgebiet von Nordrhein-Westfalen und Rheinland-Pfalz ist weniger überlaufen als das Ahrtal. Nur ein schmales Sträßchen führt von **Houverath** am Sahrbach entlang über die Landesgrenze nach **Kirchsahr,** dem ersten Ort in Rheinland-Pfalz. Steile, dicht bewaldete Höhen säumen das Tal des Flüsschens, das bei Kreuzberg in die Ahr mündet. Den 500 m hohen **Hochthürmen,** an dessen Südflanke heute die Landesgrenze verläuft, nutzten schon die Römer für eine Ringwallanlage (**Römersteig** ab Kirchsahr 1,3 km, 130 m Höhendifferenz). Zahlreiche idyllische **Wanderwege** erschließen das Sahrbachtal. Auf kehrenreicher Straße geht es hinter Binzenbach aus dem Sahrtal heraus Richtung Effelsberg.

Houverath ▶ D 4

Dominiert wird der Ort von der **Kirche St. Thomas** (1913), die wegen ihrer Dimensionen – allein der Turm ist 36 m hoch – und dem dunklen lokalen Baustein auch ›Eifeldom‹ genannt wird. Im kleinen Lebensmittelladen kann man sich mit Proviant für eine Wanderung versorgen – beste Startpunkte sind Binzenbach oder Kirchsahr.

Kirchsahr ▶ D 4

Kompakt und dicht gedrängt stehen im Sahrtal, überragt vom mächtigen Hochthürmen, die Häuser von Kirchsahr, mit 365 Einwohnern Hauptort im Tal. Auf einem Felssporn etwas über dem Ort thront die kleine Bruchsteinkirche **St. Martin** mit einem wertvollen Triptychon (Kölner Malerschule des weichen Stils, 1400–1415). Von dort führt der **Martinssteig** (1,8 km) zur **Martinshütte** mit Aussicht auf den Hochthürmen.

Radioteleskop Effelsberg ▶ D 5

Max-Planck-Str. 28, 53902 Bad Münstereifel-Effelsberg, Tel. 02257 3010, www.mpifr-bonn.mpg.de/effelsberg, Informationsvorträge: April–Okt. stdl. Führungen Di–Sa 10–16 Uhr (tel. Anfrage empfehlenswert)

Fast genau an der Landesgrenze zu Rheinland-Pfalz in 319 m Höhe lauscht das Radioteleskop mit seinem Parabolspiegel mit 100 m Durchmesser seit 1972 ins All. Das Max-Planck-Institut für Radioastronomie der Universität Bonn beobachtet Pulsare, kalte Gas- und Staubwolken, sieht Sternen bei ihrer ›Geburt‹ zu, fahndet nach von Schwarzen Löchern ausgehenden Materiejets und Kernen ferner Galaxien. Es gehört zu den größten beweglichen Radioteleskopen der Welt. Im Besucherpavillon finden regelmäßig Bildvorführungen und Vorträge statt.

Übernachten, Essen

Urgemütlich – **Hotel Restaurant Zum Sahrtal:** Bonner Str. 1–3, 53505 Kirchsahr, Tel. 02643 904 90 93, www.zum-sahrtal.de. Das Restaurant (Di–Sa ab 11, So, Fei ab 10 Uhr) serviert deftige Eifeler Küche: Schnitzel ab 10 €, Grillteller 15,50 €. Die liebevoll gestaltete Terrasse lädt im Sommer zum Draußensitzen an der kaum befahrenen Dorfstraße ein. Die neun Zimmer thematisieren ferne Reiseziele (DZ 75 €, EZ 45 €).

Aktiv

Wandern im Sahrbachtal – Relativ eben ist der **Sahrbachweg** (8,6 km); steile Wegstücke (bis zu 20 % Steigung) auf dem **Sahrbacher Höhenweg** (19,5 km) und dem **Gottfried-Kinkel-Weg** (10,4 km, Kreuzberg–Hochthürmen–Kirchsahr). Der **Milchstraßenweg** (4,5 km) verbindet Kirchsahr-Martinshütte (2,57 km) mit dem Radioteleskop

Das riesige Radioteleskop Effelsberg hat aus sicherer Position das All im Visier

Effelsberg, das letzte Stück als **Planetenwanderweg** (mit Infotafeln).

Infos

Im Internet: www.freundeskreis-sahrbachtal.de.

Kesselinger Tal

Kesseling ▶ E 5

Es lohnt sich, dem Bachtal auf der L 85 aufwärts zu folgen nach Kesseling, dessen Wahrzeichen die trutzig auf einem steilen Felsen über dem Ort sitzende **Kirche St. Petrus und Maternus** ist. Ihr Chor und Turm stammen aus dem 13. Jh., während das Kirchenschiff eine barocke Erweiterung ist (1791). Der prunkvolle Barockaltar stand ursprünglich in Maria Laach. Schon 762 gründete der Karolinger Pippin hier ein Kloster, das auch später der Abtei Prüm eng verbunden blieb. Vom Ortszentrum Kesseling windet sich eine schmale, kehrenreiche Straße hinauf zum **Steinerberg** (531 m) mit dem **Steinerberghaus** (s. Lieblingsort S. 166).

Wacholderschutzgebiet bei Niederheckenbach ▶ E 5

Mit vielen Kehren und Haarnadelkurven führt die L 85 nach Staffel und weiter über Ramersbach bis Ahrweiler. Unterwegs, bei Niederheckenbach, kreuzt die Landstraße ein ausgedehntes, von **Wanderwegen** erschlossenes **Wacholderschutzgebiet** (Auf der Heide).

Infos

Bahn/Bus: Ahrtalbahn bis Bhf. Ahrbrück, von dort Bus Linie 812 Richtung Adenau ins Kesselinger Tal (Mo–Fr, teils Taxi-Bus, unter Tel. 02633 200 96 00 1 Std. vor Abfahrt bestellen).

Lieblingsort

Rasten mit Weitblick – Steinerberghaus ▶ E 5

Ob von der Sonnenterrasse oder durch die Panoramafenster, der Blick vom Steinerberg ist einfach spitze – nicht nur zur Hohen Acht. Hier sind alle willkommen: Wanderer, Mountainbiker, Auto- und Motorradfahrer. Am Tresen gibt es kleine Gerichte (ab ca. 9 €) sowie Kaffee und Kuchen. Sogar übernachten kann man in der Berghütte (Tel. 02647 802 49 39, www.steinerberghaus.de, ganzj. Mi–So 10–19 Uhr).

Bitburger

Die Osteifel

Die Vulkankuppen der **östlichen Hocheifel,** darunter die höchste Erhebung der Eifel, die **Hohe Acht** (747 m), reihen sich bei Adenau von Nordost nach Südwest aneinander. Der **Nürburgring** reißt bisweilen mit seiner Geräuschkulisse aus der Betrachtung dieser malerischen Natur von rauer Schönheit, in der Kelten und Römer reichlich Spuren hinterließen, und erinnert unsanft an die Hochgeschwindigkeitswelt des Motorsports.

Tief eingeschnitten sind die Täler, in denen die Hocheifel Richtung Mosel entwässert, die Hänge bedecken an manchen Stellen wieder die früher so typischen Wacholderheiden. Unten im Tal rauschen die Wasser an den Mühlen, oben thronen Burgen auf schroffen Schieferfelsen. Besonders romantisch ist das **Elztal** mit den Burgen Pyrmont und Eltz. Ganz anders sieht es aus auf dem **Maifeld,** wo sich Mais-, Raps- und Kartoffeläcker erstrecken, so weit das Auge reicht. Mittendrin liegt das Städtchen Münstermaifeld mit seinem geschlossenen mittelalterlichen Stadtbild. Das leicht gewellte Hügelland des Maifeldes gibt den Blick frei auf die markanten Gipfel des **Laacher-See-Gebiets,** das die wichtigste Attraktion weit und breit birgt, nicht nur in Sachen Vulkanismus: Die **Abtei Maria Laach** ist ein Kleinod mittelalterlicher Baukunst. Die **Pellenz** nordöstlich von Mayen und Mendig bis zum Laacher See prägt seit 7000 Jahren der Abbau von Lava, Bims und Basalttuffen, ebenso das angrenzende **Brohltal,** ein dicht besiedeltes, fruchtbares Land am Übergang der Eifel zum Mittelrheintal.

Infobox

Infos im Internet

www.vulkanpark.com: Viele Informationen zum Osteifel-Vulkangebiet; die interaktive Karte zeigt über 20 Stationen, geologische Aufschlüsse, Routen, Museen.

www.osteifel-aktiv.de: Private Website mit vielen interessanten Infos.

Touristeninformation

Nürburgring Infozentrum: Mo–Fr 9–17, Sa, So 9–18 Uhr (zentral zwischen ring°werk, ring°boulevard und Parkhaus), Info-Hotline 0800 20 83 200. Auch Infos zu Sehenswertem, Veranstaltungen, Unterkunft in den Verbandsgemeinden Adenau, Brohltal, Kelberg, Mayen und Vordereifel, Ausflugstipps.

Aktiv

www.traumpfade.info: Wegbeschreibungen und Infos zu Rundwandertouren von ca. 10–15 km Länge, die zu Natur- und Kulturzielen an Mosel und Rhein sowie in der Osteifel führen.

Anreise und Verkehr

Bahn: Pellenzbahn Remagen–Kaisersesch über Mayen und Mendig.

Bus: www.vrminfo.de (Kreis Mayen–Koblenz) und www.swb-nahverkehr.de (Kreis Ahrweiler).

Autoroute: Die Vulkanstraße Ost verbindet die wichtigsten Sehenswürdigkeiten der östlichen Vulkanzone, Brohltal/Laacher-See-Gebiet und östliche Hocheifel (Adenau, Kelberg).

Adenau ▶ E 5

Die ehemalige Kreisstadt der preußischen Rheinprovinz (bis 1932) zwängt sich lang gestreckt ins enge Tal des Adenauer Bachs. Fachwerk dominiert im historischen Kern des betriebsamen Städtchens (3200 Einw.). Einige schöne Häuser stehen am Marktplatz direkt an der B 257. Das größte ist auch das älteste: **Haus Stein** von 1630, mit drei vorkragenden Fachwerkgeschossen, Holzschnitzereien an der Fassade und einem flotten Schweifgiebel. In den Gassen dahinter, rund um die mit An- und Umbauten breit hingelagerte **Pfarrkirche St. Johannes der Täufer,** wird es idyllisch. Die ursprünglich romanische (12. Jh.) ehemalige Ordenskirche der Johanniter/Malteser verlor im Zweiten Weltkrieg einen Großteil der Bausubstanz, original ist die Form des niedrigen achteckigen Turms über dem Chor.

Museen

Am Kirchplatz fällt ein Backsteinhaus mit Fachwerkobergeschoss auf: In dem Bau von 1667 widmet sich das **Heimat- und Zunftmuseum** (Am Kirchplatz, Frühlingsmarkt 10.30–17, April–Okt. Sa 11–13, So, Fei 11–15 Uhr und nach Vereinbarung bei der Tourist Information: Tel. 02691 30 51 22) der Rolle der Johanniter/Malteser. In Adenau steht die drittälteste Kommende dieses schlagkräftigen Ritterordens in Deutschland. Auch die drei Zünfte – Wollweber-, Gerber- und Hammerzunft – sowie Handel und Wandel in der ehemaligen Kreisstadt sind Themen der Ausstellung.

Ein gut erhaltenes Fachwerkhaus beherbergt das **Eifeler Bauernhaus-Museum** (Schulstraße, April–Sept. So 14–17 Uhr). Hier stehen Webstuhl, Spinnrad, Bügelofen und, da Adenau eine Tuchmacherstadt war, auch Geräte zur Bearbeitung von Wolle und Flachs.

Historische Häuser

Zunehmende Wertschätzung für die alten Fachwerkhäuser führte dazu, dass einige versetzt statt abgerissen wurden: ins Buttermarktviertel ca. 1,5 km östlich vom Zentrum. Von der oberen Hauptstraße stammt z. B. das mustergültig restaurierte **Haus Romes-Hartmann** mit der Jahreszahl 1702 über dem Eingang und dem halbrunden Bruchsteinanbau des ›Backes‹ (Backhaus). Am Originalstandort geblieben ist dagegen der älteste Profanbau Adenaus, das wuchtige **Burghaus.** Im Kern des Bruchsteinbaus mit der kleinen Schießscharte verbirgt sich ein mittelalterlicher Wohnturm mit bis zu 1 m dicken Mauern. In ihm residierte laut Urkunde 1396 der Burgmann Peter von Are.

In der Umgebung

Ruine Nürburg ▶ E 6

53520 Nürburg (südl. von Adenau), Tel. 02691 27 04, www.burgen-rlp.de, April–Sept. Mi–Mo 10–18 Uhr, 3 €

Zeitlos allem Rummel enthoben ragen in 678 m Höhe weit über dem Nürburgring die schlanken Rundtürme der Nürburg auf. Eine Ringmauer mit vielen Türmen umgibt die Kernburg mit dem mächtigen Bergfried, von dem sich ein herrlicher Blick bietet. Die Römer hatten bereits eine Festung auf dem Mons Nore gebaut, auf dem ›schwarzen Berg‹, einer aus dem Schiefergestein aufragenden Säulenbasaltkuppe. Im 12. Jh. tat es ihnen der mächtige Graf von Are gleich. Die romanische Kapelle (1202) unterhalb der Burg ist heute der älteste erhaltene Teil des Ensembles. Nach dem Aussterben des Geschlechts kam die Burg in kurkölnischen Besitz, bis 1793 von einem Amtmann verwaltet, und diente zeitweise als Gefängnis. Großteils Ruine, ist sie seit der Zerstörung durch

Die Vulkankuppe Hohe Acht ist der höchste Berg der Eifel

französische Truppen 1689 heute in Staats- bzw. Landesbesitz.

Nürburgring ▶ E 6

Die 1927 rund um die malerische Nürburg gebaute berühmt-berüchtigte Rennstrecke (s. S. 72) – die Nordschleife hat 33 Links- und 40 Rechtskurven. Aber hier röhren nicht nur die Motoren: Auch ein 24-Stunden-Radrennen gehört zu den Spektakeln am Ring – und nicht zuletzt findet seit 2017 wieder das legendäre Rockfestival Rock am Ring statt.

Das aufwendig gestaltete Erlebniszentrum **ring°werk** (Tel. 02691 302 66 07, www.nuerburgring.de, Tagespass ab 18 J. 9,90 €, Kinder 6–17 J. und Senioren ab 60 J. 7,90 €) verspricht Motorsportabenteuer für die ganze Familie – multimedial und interaktiv: ein 24-Stunden-Rennen in 4-D über die Nordschleife, Renntrucks zum Selberlenken oder Einblick in die Innenwelt eines Autos im **Test°Center.**

Hohe Acht ▶ E 5

Der Name ›Acht‹ bezieht sich darauf, dass hier einmal ein Wachtturm stand und ›achtgab‹. Wohl schon zu Römerzeiten gab es auf der 747 m hohen Basaltkuppe des höchsten Eifelbergs eine Signalstation. Die Preußen taten es den Römern gleich und ließen 1908/09 einen **Aussichtsturm** errichten. Fast 3 m hoch ist die Bronzeplatte mit dem Porträt Kaiser Wilhelms I. an der Basis des Turms. Von des Turmes Höhe bietet sich eine fantastische Aussicht zum Westerwald im Osten bis zu den Ardennen im Westen und bei klarer Sicht sogar bis nach Köln.

Naturschutzgebiet Dr.-Heinrich-Menke-Park ▶ E 5

Abzweig von der B 412 auf die L 10 Richtung Arft, nach 2 km Parkplatz, www.wacholderheiden.eu

Das Naturschutzgebiet ist benannt nach einem Koblenzer Biologielehrer, der sich in den 1950er-Jahren für den

Erhalt der Berg-Wacholderheiden einsetzte. Der Hang mit herrlicher Aussicht zur Hohen Acht ist bedeckt mit Wacholder, Ginster, einzeln stehenden Kiefern und darunter ausgedehnten Heidekrautflächen – zur Blütezeit im August eine Augenweide. Oberhalb des Parkplatzes Raßberg reicht der Blick über Arft bis zu den Vulkankuppen um Mayen. Eine **Wanderung auf dem Bergheidenweg** (10,3 km) führt zu weiteren schönen Aussichtspunkten.

Übernachten

Wegen des Nürburgrings sind Gastronomie und Hotellerie im Umkreis von Adenau für Eifeler Verhältnisse überdurchschnittlich hochpreisig (Aufschläge während Veranstaltungen).

Historisches Fachwerk – **Gästehaus »Zur Alten Gerberei«:** Dr.-Creutz-Platz 1, 53518 Adenau, Tel. 02691 93 51 42, www.adenau-fremdenzimmer.de, DZ 40–45 €/Pers. Vier nette Zimmer in einem großen Fachwerkhaus schräg gegenüber der Kirche.

Aktiv

Kart fahren – **Indoor-Ring°Kartbahn:** www.nuerburgring.de. Rennbahn-Action – allerdings zum stolzen Preis: 10 Min. ab 12 J. 13 €, 8–12 J. 11 €.

Fahrsicherheitstraining – **auto motor und sport Fahrsicherheitszentrum Nürburgring:** www.fsznuerburgring.de. Bei dem achtstündigen Training lernt man, mit unvorhersehbaren Situationen fertig zu werden; Biker ab 18 J. sowie Autofahrer ab 189 €/Tag.

Wintersportgebiet – **Jammelshofen:** Schnee-Tel. 02691 77 41, www.kaltenborn-eifel.de, mit Infos zu Wettersituation, Schneelage und Liftbetrieb. Direkt an der Hohen Acht (747 m), Skigebiet mit präparierten Pisten, Schleppliften. In Nürburg gespurte Loipen und eine Rodelbahn.

Radfahren am Ring – **Radsport Breuer:** In der Ex 1 (B 257, Abzweig L 10 Richtung Wehr), 53518 Adenau, Tel. 02691 10 78, www.radsport-breuer.de. Großer Fahrradladen mit Verleih, MTB 17,50 €, E-Bike 25 €/Tag.

Infos & Termine

Tourist Information Hocheifel-Nürburgring: Kirchstr. 15–19, 53518 Adenau, Tel. 02691 305-122, www.adenau.de; besser: www.hocheifel-nuerburgring.de.

Bahn/Bus: Ahrtalbahn bis Ahrbrück, dann Bus 863 nach Adenau (tgl.).

Termine: Frühlingsmarkt, 2 Wochen vor Ostern, **Martinsmarkt,** um den 11. Nov. in Adenau, verkaufsoffener So. **Events am Nürburgring** s. www.nuerburgring.de, u.a. **Rock am Ring** (Anfang Juni drei Tage lang) und Biker Festival (Ende Aug./Anf. Sept.).

Östlich von Adenau

Im Nitztal

Virneburg ▶ E 6

Das Örtchen Virneburg gab einem der mächtigsten Adelsgeschlechter der

Unser Tipp

Einmal über die Nordschleife ...

Wer einmal in einem Rennwagen oder auch im eigenen Auto oder per Motorrad über den Ring sausen möchte, kann dies zu bestimmten Zeiten bei ›Touristenfahrten‹ tun (mit dem eigenen Fahrzeug ab 29 € (15 Min.), als Beifahrer ab 295 €, Termine: www.nuerburgring.de).

Eifel den Namen. Vom Stammsitz der Grafen von Virneburg ist jedoch nach der Zerstörung 1689 nur eine majestätisch über dem Dorf thronende Ruine geblieben. Sie liegt auf einer an drei Seiten vom Nitzbach umflossenen Schieferkuppe. Noch im frühen 17. Jh. wurde sie um einen Wohnturm und einen Palas erweitert, dessen verbliebene, von Fensterhöhlen durchbrochene Fassade geradezu bedrohlich wirkt.

Blumerather Heide ▶ E 6
Abseits der B 258 (Wanderparkplatz) 3 km östlich von Virneburg
Eine Bergheidelandschaft, wie es sie nicht mehr oft gibt, gedeiht hier in etwa 500 m Höhe. Auf dem silikatreichen Lehmboden des Plateaus wächst die typische Besenheide und kommen Vögel wie Neuntöter, Grauammer und Schwarzspecht sowie Eulenarten vor.

Wanderung im Nitztal
Östlich der hübschen spätgotischen Wallfahrtskapelle **St. Jost** (um 1400, s. S. 174) bildet der Nitzbach ein wildromantisches Felsental. Ein **Wanderweg** führt am Bach entlang. Nördlich erstreckt sich die Abraumhalde der **Grube Bendisberg** (s. u.), heute ein Refugium für Kröten und Eidechsen. Es geht durch Felsdurchbrüche und Schluchtwald mit Hirschzungenfarn, efeuberankten Bäumen und Moosen bis ins **Dorf Nitztal** (6 km), von dort kann man 3 km weiterwandern bis **Schloss Bürresheim.**

Im oberen Nettetal

Riedener Waldsee ▶ F 5
Der Riedener Waldsee ist zu jeder Jahreszeit ein beliebtes Ausflugsziel (im Sommer Bademöglichkeit). Die Spazierwege rund um den See sind eben und im nahen **Restaurant-Café Seehütte** gibt's Kaffee und Kuchen in gediegenem Ambiente (www.seehuette.de).

Ab dem Parkplatz kurz vor dem **Forsthaus Riedener Mühlen** führen

Unser Tipp

Stippvisite in der Unterwelt – Grube Bendisberg ▶ E 5
Das Besucherbergwerk, vielleicht das spannendste unter den Eifelbergwerken, entführt in eine tropfende düstere Unterwelt. Blei- und Zinkerz wurden hier wohl schon seit über 2000 Jahren geschürft, als der Betrieb 1957 eingestellt wurde. Ein Bergmannstraditionsverein aus Kamp-Lintfort am Niederrhein bemühte sich Anfang des 21. Jh. erfolgreich um die Öffnung als Besucherbergwerk. Von den fünf Etagen sind zwei überflutet, die drei oberen können besichtigt werden. Wem die einstündige Führung nicht reicht: Für die abenteuerliche Drei-Stollen-Tour (3 Std.) ist gute Kondition Voraussetzung; u. a. sind eine 50 m lange Wendeltreppe und eine 38 m lange Steigleiter zu bewältigen – angeseilt natürlich. In der **Bergmannshütte** kann man sich bei deftigen kleinen Gerichten aus dem Henkelmann erholen oder auch bei Kaffee und Kuchen. Infos: In der Eisenkaul 2, St. Jost-Langenfeld, ausgeschildert ab Langenfeld, www.grube-bendisberg.de, Führungen Di–Fr nach Anmeldung unter Tel. 02655 96 29 96 (9–19 Uhr), Sa, So, Fei 2–3 x tgl., Ein-Stollen-Tour (1 Std.) 8 €, Drei-Stollen-Tour 24–35 € (ab 13 J., 3 Std.).

Barocke Prachtentfaltung im Nettetal: Schloss Bürresheim

Wanderwege u. a. zu einer **Heilquelle,** d. h. einem Sauerbrunnen (3,5 km).

Schloss Bürresheim ▶ F 5

Bürresheimer Straße, 56727 Mayen-St. Johann, Tel. 02651 764 40, www.burgen-rlp.de, Mitte März–Okt. tgl. 10–18, Nov., Febr.–Mitte März Sa/So, Fei 10–17 Uhr, nur mit Führung, 5 €; ab Mayen Bus 340 oder 814

Romantisch in einer Flussschleife der Nette auf einem Felsen liegt Schloss Bürresheim, eine der wenigen intakten Eifelburgen. Einzigartig ist die Fülle an Originalmöbeln und -kunstwerken, u. a. über 160 Familienporträts, venezianische Muranoglasleuchter, goldgeprägte Ziegenledertapeten und wertvolles Porzellan. Es gibt riesige Frankfurter Schränke, vergleichsweise zierlich ist ein mit Intarsien geschmückter Sekretär mit Geheimfächern. Die Herren von Breidbach (Rheinbreitbach), deren Aufstieg seit Ende des 15. Jh. unaufhaltsam war, bauten nur den Ostteil der seit dem 12. Jh. als Ganerbenburg zwischen Köln und Trier geteilten Burg zu einem barocken Wohnschloss aus. Die Kölner Burg, heute Ruine, verfiel. 1691 wurden die Breidbacher zu Reichsfreiherrn, Ende des 18. Jh. krönte einer von ihnen als Erzbischof von Mainz den Kaiser. Verwandtschaftliche Bande zu einem der Marschälle Ludwigs XIV. retteten Bürresheim vor der Zerstörung, auch die Französische Revolution überstand die Burg, die stets in Familienbesitz blieb, bis zum Verkauf 1938 an die preußische Rheinprovinz. Das schmucke Schloss war ein romantisches Domizil für Sammler und Jäger und ist bis heute mit seiner wertvollen Inneneinrichtung eine reich gefüllte Schatzkiste.

Übernachten, Essen

Nicht nur Biker-Stopp – **Forsthaus Riedener Mühlen:** Nettestr. 12, 56745 Volkesfeld, Tel. 02655 959 90, www.

hotel-forsthaus.com. Das beliebte Biker-Etappenziel ist ein Muss für Harley-Fans. Vielseitige Küche (spanische Tapas, Rumpsteak, Forelle), hinter dem Blockhaus Terrasse mit Nettetalblick. Auch Zimmer (DZ ab 80, EZ ab 58 €).

Dorfgasthaus – **Zur Krone:** Mayener Str. 9 (neben Friedhof), 56729 Langenfeld, Tel. 02655 769, www.eifelgasthaus-zur-krone.de, tgl. ab 11 Uhr, durchgehend Küche bis 20 Uhr. Gemütlich: Gaststube und ›gutes Stübchen‹ nebenan. Preiswerte gutbürgerliche Küche (6–13 €). Auch Zimmer.

Infos & Termine

Im Internet: www.vordereifel.eu.

Jodokuswallfahrt: An den Wochenenden Mitte Sept.–Mitte Okt. zur Wallfahrtskapelle St. Jost (Jodokus) im Nitztal. Start/Ende an der Pfarrkirche St. Quirinus in Langenfeld (ca. 12 km), wo sich eine Reliquie des bretonischen Heiligen befindet.

Kelberg und Umgebung ▸ D/E 6

Wie dicht besiedelt die Gegend um Kelberg in der Blütezeit der keltischen Eifel-Hunsrück-Kultur vor rund 2500 Jahren gewesen sein muss, zeigen die eindrucksvollen Reste einer Höhenburg und die vielen Hügelgräber, die beim Kelberger Ortsteil **Köttelbach** noch im Gelände erkennbar sind. Kelberg selbst ist weitaus jünger, es wird erst 1195 in einer Urkunde erwähnt.

Hochkelberg ▸ E 6

Der 675 m hohe Hochkelberg ist ein Schichtvulkan und einer der höchsten Berge der Eifel; am Südfuß sprudeln Mineralquellen. Auch hier gab es wohl eine keltische Höhenburg, wie die Terrassierung und verstreute Steine nahelegen, nachgewiesen sind aber nur römische Funde. Am **Mosbrucher Weiher,** einem verlandeten Maar, wurde bis in die 1950er-Jahre Torf gestochen.

Barsberg ▸ D 6

Das Basaltplateau des Barsbergs in 600 m Höhe westlich von Kelberg bei Bongard bildet eine natürliche Festung. Auch wenn heute auf den ersten Blick nur ein Trümmerfeld aus bemoosten Steinen zu sehen ist: Hier befindet sich eine der besterhaltenen keltischen Höhenburgen der Eifel. Vor rund 2500 Jahren entstand der bis zu 6 bis 7 m hohe doppelte Ringwall. Die Höhenburg aus der Blütezeit der keltischen Eifel-Hunsrück-Kultur wurde noch bis in die spätrömische Zeit (4. Jh.) genutzt. Bei Arbeiten in einem Steinbruch wurde die Anlage z. T. zerstört.

Bodenbach ▸ D 6

Schöne Wanderrouten (auch ohne Eselsbegleitung) führen zum **Bodenbacher Drees,** einem sprudelnden Sauerbrunnen zwischen Wald und Wiese.

Booser Doppelmaar ▸ E 6

www.boos-eifel.de, www.traumpfade.info, Bus Mo–Sa ab Mayen

Die heute flachen, fast verlandeten Seen sind Naturschutzgebiet und gehören zu den jüngsten Maaren der Eifel. Sie bieten Kröten, Molchen und Vögeln, z. B. Wiesenpieper, Braunkehlchen und Rohrammer, geschützten Lebensraum. Einer der Seen dient als Fischteich (kein Zugang). Den besten Blick, mit der Nürburg im Hintergrund, hat man vom Kraterrand auf halber Höhe, wenige Schritte von einem Rastplatz (300 m vom Wanderparkplatz). Etwa 2 km nordöstlich, auf dem **Schneeberg,** steht ein 25 m hoher Aussichtsturm, der **›Eifelturm‹** (125 Stufen). Unterhalb ist ein geologischer Aufschluss mit der Einschlagstelle einer Lavabombe zu sehen – Station auf der als ›Traumpfad‹ beschilderten **Booser Doppelmaartour** (Rundweg 9,5 km).

Nostalgikum in Uersfeld ► E 6

Hauptstr. 7, 56767 Uersfeld, Tel. 02657 94 01 13, www.nostalgikum.de, April–Okt. Di, Do, Sa, So 14–17.30 Uhr, 5 €
Die Litfaßsäule vor der Tür zeigt es an: Es geht auf Zeitreise. Von den 1940er- bis in die 1960er-Jahre reicht die Sammlung auf 300 m² in der ehemaligen Schule. Ein Tante-Emma-Laden ist eingerichtet, eine Jukebox spielt alte Platten, es gibt einen wie anno dazumal eingerichteten Frisörsalon und eine Poststelle.

Aktiv, Übernachten

Bungalowpark – **Center Parcs Park Eifel:** Am Kurberg 1, 56767 Gunderath, Tel. 02657 80 90, www.tagesausflugcenterparcs.de/eifel, Preise s. Website. Kinderprogramm, Sauna, Schwimmbad Aqua Mundo, auch für Tagesgäste (tgl. 10–20 Uhr, Erw. 9,50–12 €, inkl. Sauna 13,50 €). Mit E-Bike-Verleih (20 €/Tag inkl. Helm).
Radfahren – **Vulkan-Rad-Route Eifel:** Von Dümpelfeld am Nürburgring vorbei über Kelberg, Ulmen, Bad Bertrich bis ins Tal der Mosel (www.eifel.info, Stichwort ›Vulkan-Rad-Route‹).
Wandern mit Eseln – **Eselwandern Eifel:** Petra Landsberg, Am Barsberg 14, 53539 Bongard, Tel. 02692 93 26 77 3, mobil 0151 22 50 22 87, www.eselwandern-eifel.de. Mit einem oder zwei Eseln als Begleitung wandert es sich doppelt schön – und nicht besonders schnell: Rechnen Sie mit 3–4 Std., Handy mitnehmen (falls der Esel nicht nach Hause findet). Die Tour kostet ab 70 € (2 Erw.), Kinder gratis.

Einkaufen, Aktiv

Töpferkurse – **Töpferei Serocka:** Zum Hochkelberg 34, 53539 Kelberg/Köttelbach, Tel. 02692 88 65, www.toepferei-serocka.de, Di–Fr 9–18, Sa 9–13 Uhr. Kurse bei Töpfermeister-Ehepaar Serocka 105 € inkl. Brennen und Materialkosten. Man kann im Laden schöne Keramik für den Garten kaufen.

Infos

Tourist Information Kelberg: Verbandsgemeindeverwaltung, Dauner Str. 22, 53539 Kelberg, Tel. 02692 872-18, www.vgv-kelberg.de.
Touristik GmbH Oberes Elztal: Rathaus, Hauptstr. 7, 56767 Uersfeld, Tel. 02657 940 11 13, www.oberes-elztal.de.
Bus: Mo–Fr Bus 859 Adenau–Kelberg, Bus 503 Daun–Kelberg.

Elztal

Wie Ueßbach, Lieser und Endert entspringt der Elzbach am Fuß des **Hochkelbergs** (s. S. 174). Bis zu seiner Mündung in die Mosel legt er 59 km zurück. Von **Bereborn** fließt er in seinem Oberlauf zunächst nach Osten und erst ab **Monreal** (s. S. 183) Richtung Mosel nach Süden. Hier in seinem Unterlauf gebärdet er sich in seinem tief eingeschnittenen, engen Tal – an Burg Eltz vorbeifließend – besonders malerisch.

Burg Pyrmont ► F 6

56754 Roes, Tel. 02672 23 45, www.burg-pyrmont.de, Mai–Anfang Okt. So, Fei 11–16 Uhr, 6 €, Burgenbus s. S. 179
Der 24 m hohe Bergfried ist das beeindruckende mittelalterliche Relikt der Spornburg, und der Blick vom Turm heute eines der Highlights für Besucher. Die Freiherren von Waldbott-Bassenheim machten ab 1712 ein Barockschloss aus der alten Burg, und

nach Zerstörung und Verkauf auf Abbruch Anfang des 19. Jh. hauchte der Ruine ab 1963 ein Duo aus Architekt und Besitzer ein drittes Leben ein. Die Burg wird heute sehr gerne für Hochzeitsfeiern genutzt. Die Terrassengärten und eine exquisite Antiquitätensammlung sind den Besuch wert, und auf Anfrage kann man auf der Burg auch übernachten.

Pyrmonter Mühle

Ein zauberhaftes Ensemble bietet sich unten im Tal der Elz bei Roes: die Fachwerkmühle (heute mit Restaurant, s. S. 178) neben dem rauschenden Wasserfall, der sich in den Mühlteich ergießt – überragt von Burg Pyrmont mit ihrem von Zinnen bekrönten Turm.

Pyrmonter Felsensteig

Start: Burg Pyrmont, Länge: 11,2 km, Infos: www.traumpfade.info
Der Rundwanderweg verbindet die Pyrmonter Mühle mit der Burg Pyrmont. Am besten steigt man erst ab zur Mühle mit dem Wasserfall und wandert durchs Elztal und dann wieder hinauf (mittelschwere Tour, es sind etliche Höhenmeter zu bewältigen).

Wanderung: Zu Fuß von Burg Pyrmont zur Burg Eltz

Länge: 8,5 km, Start: Burg Pyrmont oder Burg Eltz, Infos: www.traum pfade.info, Burgenbus s. S. 179; Einkehrmöglichkeit 2 km hinter Burg Eltz: Landhotel Ringelsteiner Mühle (www.ringelsteiner-muehle.de)
Der Weg zwischen den beiden schönsten Burgen weit und breit führt auf dem Jakobsweg des Eifelvereins zunächst von **Burg Pyrmont** abwärts zur **Pyrmonter Mühle** mit ihrem Wasserfall, vorbei an der **Löffelmühle** (um 1450, privat) im Tal des Elzbachs. Er quert diesen zweimal und passiert unterhalb die Ruinen der **Burg Trutzeltz,** Rivalin der Burg Eltz. Der Pfad steigt schließlich steil auf zur **Burg Eltz.** Von dort kann man weitere 3,5 km bis **Moselkern** (Bhf., Moselstrecke) wandern.

Wie eine Märchenburg thront die Feste Eltz hoch über dem Tal

Burg Eltz ! ▸ F 6

Burg Eltz 1, 56294 Wierschem, Tel. 02672 950 50-0, www.burg- eltz.de, April–Okt. tgl. 9.30–17.30 Uhr, Führungen (Dauer 40 Min.) alle 15 Min., 10 €; kostenpflichtiger Parkplatz, Burgenbus s. S. 179
Sie ist eine Rapunzelburg wie aus dem Märchenbuch, die dank kluger (Friedens-)Politik Kriege und Wirren der Zeiten unbeschadet überstand. Der Kunsthistoriker Georg Dehio nannte sie »die Burg schlechthin« und der französische Dichter Victor Hugo war so begeistert, dass er ein Gedicht über sie schrieb. Ihre Lage im Eltzer Wald, hoch über dem Flüsschen, ist unübertroffen romantisch – ursprünglich diente sie der Überwachung einer wichtigen Handelsstraße. Im 13. Jh. wurde die schon im 12. Jh. bestehende Burg der Herren von Eltz unter drei Brüdern aufgeteilt. Fortan lebten und bauten die Ganerben gemeinschaftlich an der Burg und erweiterten sie nach und nach. Auch Kurfürsten waren unter den Bewohnern der Burg und richteten sich hier prächtig ein: Jakob zu Eltz von Trier (1567–81) und Philipp Carl zu Eltz von Mainz (1732–43).

Viel Buntes, viel Mittelalter offenbart das Innere: Räume über und über mit Wandmalereien bedeckt, Ornamente und Figuren, Familienporträts aus der Mitte des 15. Jh. sowie das berühmte Bild »Madonna mit Kind und Traube« von Lucas Cranach d. Ä. Sogar Kaiser Wilhelm II. besuchte Burg Eltz und Kronprinz Friedrich war mit dem Grafen befreundet.

Nicht verpassen sollte man die Eltzer **Rüst- und Schatzkammer** (im Ticketpreis eingeschlossen) mit einer bedeutenden Privatsammlung von über 500 Exponaten: Gold, Silber und Porzellan aus acht Jahrhunderten.

Übernachten, Essen

Am rauschenden Wasser – **Pyrmonter Mühle:** 56754 Roes, Tel. 02672 73 25, http://pyrmonter-muehle.de, Di, Mi geschl., Do–Mo 12–21 Uhr, DZ 80–90 €, EZ ab 55 €. In der Fachwerkmühle im schattigen Tal, direkt am Wanderweg hat man zwar weder Handyempfang noch WLAN – aber wer braucht das in so schöner Umgebung? Auf der Terrasse über dem Mühlteich und in der gemütlichen Gaststube sitzt man gut und kann vorzügliche Küche genießen – Hausgäste buchen am besten Halbpension (3-Gänge-Menü 28 €).

Münstermaifeld ▸ F 6

Nicht zu übersehen, ragt aus dem flach gewellten Maifeld mit seinen Kartoffel- und Rapsäckern das rund 3500 Einwohner zählende Städtchen Münstermaifeld. Seit dem Mittelalter hat sich seine Silhouette – dominiert von der vieltürmigen Stiftskirche – kaum verändert. Einst war der Ort von einer mächtigen Stadtmauer umgeben, von deren Türmen noch der **Eulenturm** und der **Kanonenturm** stehen. Der dritte Turm im Stadtbild wurde im 19. Jh. gebaut: der **Wasserturm.** Sehenswert sind neben dem römischen **Severusbrunnen** (»Bur«) mit Waschhaus das **Zwei-Erker-Haus** (Stiftstraße, 13. Jh.), ein mittelalterlicher Wohnturm, die **Alte Propstei** sowie die **Kanonikerhäuser** am Kirchplatz (18. Jh.).

Stiftskirche St. Martin und St. Severus

Zinnenbewehrt ragt einem Festungsturm gleich das Westwerk 40 m hoch auf – der älteste Teil der romanisch begonnenen, später mit gotischen Elementen erweiterten Kirche. Sie gehört zu dem 1103 geweihten Bau des Kanonikerstifts. Die heutige Kirche hat sich seit der Fertigstellung um 1400 kaum verändert: Mittelalter in Reinkultur. Spätromanisch ist das Querschiff, jüngster Bauteil (14. Jh.) die spätgotische Vorhalle vor dem südlichen Seiteneingang. Gut lässt sich der Wandel der Stile an Maßwerk, Fensterformen und dem Dekor der Säulenkapitelle erkennen. Aus der Spätgotik stammt das neben der **Stumm-Orgel** (1722) wertvollste Inventarstück, der **Antwerpener Goldaltar** (1518). Älter ist die kleine nordfranzösisch inspirierte **Marienskulptur** (»Schöne Madonna«, ca. 1300–1350) mit der Rose aus Tuffstein in der Hand am Vierungspfeiler gegenüber der Kanzel. Die älteste und bemerkenswerteste unter den erst in den 1930er-Jahren bei Restaurierungsarbeiten freigelegten **Wandmalereien** ist eine 8 m hohe Christophorusfigur aus dem 13. Jh. an der Querschiffnordseite.

Heimat- und Erlebnismuseum Münstermaifeld

Alte Propstei, Münsterplatz 4, April–Okt. Mi–So, Fei 14–17 Uhr, 5 €
Originalgetreu sind Werkstätten verschiedener Handwerker und Läden nachgebaut – vom Hutgeschäft bis zur Saathandlung. Auch ca. 20 000 Alltagsgegenstände aus dem 19. und 20. Jh. sind zu bewundern. Der Privatsammler Josef Kirchesch hat die Exponate zusammengetragen, u. a. die im Jugendstil erhaltene Einrichtung einer koscheren Metzgerei, die 1937 schließen musste.

Archäologisches Museum
Münsterplatz 6 (wie Touristeninformation), April–Okt. Mi, Do, Sa/So, Fei 10–13 und 14–16.30, Fr 10–14 Uhr, 3 €
Im historischen Gewölbekeller der Alten Propstei sind archäologische Funde der Region versammelt, vor allem aus einem fränkischen Gräberfeld auf dem Vorplatz der Münstermaifelder Stiftskirche.

Maifeld-Radweg
Länge: Münstermaifeld–Polch–Mayen 20 km, Nebenroute Münstermaifeld–Burg Eltz 7,2 km oder Burg Eltz–Burg Pyrmont 8,8 km. Zurück (oder hin) mit dem RegioRadler (s. S. 29), Infos: www.eifel.info, Stichwort ›Maifeld-Radweg‹
Zum Fahrerlebnis auf der ehemaligen Bahntrasse kommt der Kunstgenuss auf dem **Skulpturenweg** (www.skulpturenweg.rlp.de). Die meisten der 13 aus Basalt und Tuff der Region gemeißelten Skulpturen finden sich zwischen **Münstermaifeld** und **Polch** und auf der Nebenstrecke nach Ochtendung. Höhepunkte der Route sind das 400 m lange **Viadukt über das Nettetal** sowie zwei **Tunnel** von 250 bzw. 500 m Länge und schöne Panoramablicke über das weite, landwirtschaftlich geprägte Maifeld hinweg auf die Eifelberge in der Ferne. Bei Familien ist der **Abstecher zum ehemaligen Bahnhof Mertloch** wegen des Abenteuerspielplatzes mit Übungsgelände für angehende Wasserbauingenieure beliebt.

Essen & Trinken

À la française – **Boulodrome Alte Remise:** Burgstr. 33 f, 56753 Mertloch, Tel. 02654 81 00, www.boulodrome.net, Mi–Sa 11.30–14, 17–22, So 10–22 Uhr, Mo, Di geschl. Französisch-mediterrane Küche, u.a. mit Tapas, passend zur Indoor-Boulebahn; mittags Tagesgericht 6,40 €.

Aktiv

Stadtführungen – **Historischer Stadtrundgang:** April–Okt. So und Fei 14 Uhr, 4 €. Mit kundigem Stadtführer geht es 90 Min. lang durch die 2000-jährige Stadtgeschichte.
Indoor-Boulebahn – **Boulodrome:** s. Essen & Trinken.

Infos

Tourist Information Maifeld: Rathaus, Münsterplatz 6, 56294 Münstermaifeld, Tel. 02605 961 50 26 (Mai–Okt. tgl.), www.maifeldurlaub.de.
Bus: Burgenbus (Linie 330) von Treis und Karden Bhf. über Münstermaifeld bis Burg Eltz und Burg Pyrmont, Mai–Okt. Sa, So und Fei, www.vrm-info.de, www.regioradler.de. Es werden auch Fahrräder mitgenommen!

Mayen ▸ F 6

Am Rand der Eifel, am Übergang zum Neuwieder Becken, liegt Mayen, das sich als ›Tor zur Eifel‹ versteht. Spätestens seit Römerzeiten war die Gegend besiedelt. Im Jahr 1290 erhielt der Ort von Rudolf II. von Habsburg die Stadtrechte zuerkannt. Heute ist Mayen mit rund 18 600 Einwohnern ein für Eifelverhältnisse großes und gut florierendes regionales Zentrum im Mayen-Koblenz-Kreis. Es gibt vielfältige Einkaufsmöglichkeiten und zwei Bahnhöfe im ausgedehnten Stadtgebiet, das mitten in der Schieferabbauzone liegt. Nicht ohne Grund befindet sich in Mayen das Bundesbildungszentrum für Dachdecker. Auch Kultur wird großgeschrieben, Höhepunkt im Jahreslauf sind die Burgfestspiele. Ihr

Auf Entdeckungstour: Steinklopfer am Werk – zwischen Mayen und Mendig

Die Römer waren sicher nicht die Ersten und natürlich nicht die Letzten, die dem hochwertigen Basalt in der Pellenz-Eifel mit Hammer und Meißel zu Leibe gerückt sind. Interessantes zum Arbeitsalltag im Steinbruch zu Urgroßvaters Zeiten erfährt man über und unter Tage – Mitmeißeln und -klopfen inklusive.

Reisekarte: ▶ F 5/6
Infos: www.vulkanpark.com. **Terra Vulcania,** An den Mühlsteinen 7, Mayen, Tel. 02651 49 15 06, www.terra-vulcania.de, April–Okt. Di–So 10–17 Uhr, 6 €. **Lavakeller,** Führungen Di–Fr 13.30, Sa, So, Fei 12, 13.30, 15 Uhr. Tickets im Lava-Dome, Mendig, 5,50 €, Kombiticket mit Lava-Dome (s. S. 190) 9 €. **Museumslay in Mendig:** stets zugänglich, Eintritt frei. **Vulkan Brauerei:** s. S. 191, Sa, So 15 Uhr, Keller-Führung (45 Min.) 6,90 €.

Sprengungen lassen den Boden beben, Bohrhämmer rattern, metallisch erklingt Hammer auf Meißel – auf welche Weise im Mayener Grubenfeld seit 7000 Jahren Basalt abgebaut wird, erfährt man hautnah im Erlebniszentrum **Terra Vulcania** in **Mayen.** Hier wird man ausdrücklich zum Mitmachen aufgefordert, eine tolle Erfahrung. Nebenbei gibt es Unterricht in praktischer Physik: Wie bewegten z. B. die Menschen der Steinzeit ohne moderne Maschinen schwere Steinblöcke von der Stelle?

Gestern Steinbruch, heute Natur

Rund um die Terra Vulcania erstreckt sich das riesige **Mayener Grubenfeld.** Hier erstarrte die Lava des Bellerberg-Vulkans, der vor 200 000 Jahren ausbrach, zu Basaltgestein. Nicht erst die Römer stellten daraus Mühlsteine her. Bis in die 1950er-Jahre bediente man sich nahezu derselben Abbaumethoden wie im Mittelalter. Auf dem **Rundweg mit Infotafeln** gibt es viel zu sehen: bizarre Basaltlavawände und unterirdische Abbaukammern der Römerzeit, aber auch den Maschinenpark des ›modernen‹ Tagebaus, u. a. mächtige rekonstruierte Grubenkräne. Als der Abbau endete, blieb ein einzigartiges unterirdisches Höhlensystem zurück. Kühl, trocken und frostsicher, sind die Höhlen heute Refugien für Hunderttausende Fledermäuse – rund ein Dutzend Arten verbringen hier den Winter.

Der **Lapidea-Skulpturenpark** (www.lapidea.de) im Bereich des Grubenfelds zeigt die Ergebnisse von Bildhauersymposien der Jahre 1985 bis 2006.

Ein Steinbruch als Klettergarten

Überall in der Region Mayen hat die Steinindustrie deutliche Spuren hinterlassen. Besonders ab Mitte des 19. Jh. erlebte sie dank Eisenbahnbau und der Nachfrage nach Pflastersteinen einen Aufschwung. In der **Ettringer Lay** balancieren Grubenkräne nah am Rand des Abgrunds, Gleise und Mauerreste sind verlassen und überwuchert. Nirgendwo waren die Abbauwände so hoch wie hier. Ein Pfad führt in Serpentinen bis in die Grube mit der 40 m hohen Steilwand aus Säulenbasalt, heute ein beliebtes Klettergebiet (s. S. 183).

Kunstwerke der Natur

War man bisher über Tage, so kann man sich in **Mendig** unter Tage begeben und das Erlebnis im **Lavakeller** noch ›vertiefen‹: Ausgerüstet mit Helm und Regenjacke steigt man genau 150 Stufen, d. h. 20 m tief, unter die Erde (alternativ per Lift), wo stets kühlschrankkalte 8 °C herrschen. In dem Labyrinth der gewölbeartigen Gänge und haushohen Säle, die durch stehen gelassene Basaltsäulen gestützt werden, lässt sich die Struktur des Basalts gut studieren: Beim Erkalten bildet er stets vieleckige Säulen – Kunstwerke der Natur. Früher dienten die Gewölbe Brauereien als gigantischer Kühlschrank. Folge der guten Bedingungen: Mendig zählte 28 Brauereien. Unter der Brauerstraße grenzten Steinbruch und Bierlager aneinander. Da Staub bekanntlich durstig macht, ließen die Brauereien u. a. zum Schutz ihrer Biervorräte Mauern errichten. Ein Zugang zu den Gewölben liegt noch heute auf dem Gelände der **Vulkan Brauerei** (s. S. 191).

Bergbau historisch

Wem das ausgedehnte Mayener Grubenfeld ein ›zu weites Feld‹ ist, der kann in der Mendiger **Museumslay** in die Geschichte des Bergbaus einsteigen. Grubenkräne und Experimentierstationen geben Anschauungsunterricht in Sachen Schwerkraft und Mechanik.

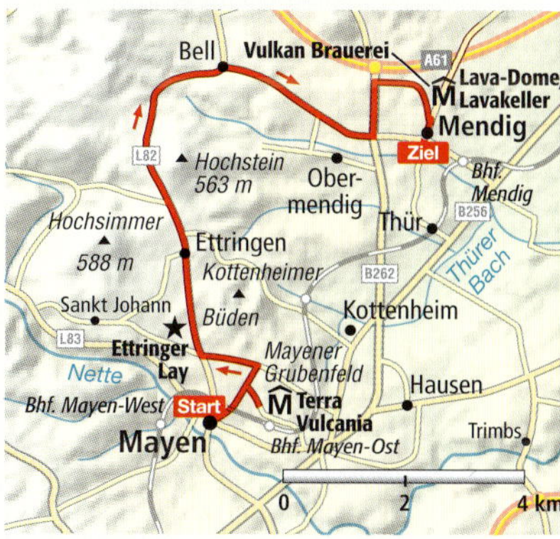

Der Vulkanpark

Zwischen Koblenz, Andernach und Mayen bündelt der Vulkanpark verschiedene vulkanologische und kulturhistorische Projekte. Westlichster Punkt: das Booser Doppelmaar (s. S. 174). Im Landkreis Mayen-Koblenz gehören dazu u. a. das Eifelmuseum und Terra Vulcania. Kombitickets machen den Besuch von 2–3 Attraktionen günstiger (zwei für 9 €, drei für 12 €). Vier farblich gekennzeichnete (Auto-)Routen verbinden die einzelnen Projekte. Der grün markierte Weg z. B. zeigt alle Projekte aus der Umgebung Mayen. Infos unter www.vulkanpark.com.

Schirmherr und Ehrenbürger der Stadt ist Mario Adorf, der in Mayen aufgewachsen ist.

Stadtspaziergang

Den Marktplatz unterhalb der Burg schmückt die Barockfassade des **Alten Rathauses** von 1717/1718. Café- und Restauranttische verlocken zum Bleiben auf dem autofreien Platz. Der Turm der **Pfarrkirche St. Clemens** ist ein echter Hingucker – er verdreht einem leicht den Kopf. Ursache für die unabsichtlich spiralförmige Gestalt des Dachs ist ein Konstruktionsfehler der Zimmerleute. Die gotische Hallenkirche entstand ab dem 13. Jh. und wurde nach ihrer Zerstörung im Krieg wieder aufgebaut.

Noch erhalten sind Reste der eindrucksvollen Stadtmauer aus dunklem Basalt, ebenso wie einige Stadttore. Besonders das fünfstöckige **Obertor** verleiht Mayen mittelalterliches Flair. Die dicken Mauern des ehemaligen Gefängnisses **Altes Arresthaus** (Finstingenstr. 2) dienen während der Burgfestspiele lokalen Künstlern als Ausstellungsort.

Genovevaburg – Eifelmuseum

Tel. 02651 49 85 08, www.eifelmuseum-mayen.de, Mitte Febr.–Okt. tgl. 10–17 Uhr, 6 €, Kombikarte mit Schieferbergwerk 9 €

Wahrscheinlich im Jahr 1280 wurde die Spornburg für den damaligen Trierer Kurfürsten Heinrich II. von Finstingen gebaut. Anfang des 18. Jh. baute man die zerstörten Gebäude mit barocken Details wieder auf. Neben der **Bibliothek des Eifelvereins** ist seit 1921 das **Eifelmuseum** in der Genovevaburg untergebracht, das älteste Museum zum gesamten Eifelraum und mit seiner multimedialen Konzeption eins der modernsten und kurzweiligsten. Es widmet sich Geologie und Landschaft, ebenso wie Glaube und Aberglaube u. v. m. Im **Burghof** finden im Sommer die **Burgfestspiele** statt.

Die gotische Bogenbrücke führt heute über die verkehrsreiche Straße hinweg zur **Ruine der Oberburg.** Unter der Burg mit dem imposanten zinnenbekrönten Bergfried **Goloturm** befindet sich das **Schiefermuseum** mit einer spannenden Ausstellung und einer simulierten Lorenfahrt in die 16 m tiefen, über 300 m langen labyrinthartigen Stollen, die der Bevölkerung im Zweiten Weltkrieg als Schutzraum dienten.

Erlebniszentrum Terra Vulcania

Siehe Entdeckungstour S. 180

Mayener Grubenfeld

Siehe Entdeckungstour S. 180

Katzenberg

Auf dem Katzenberg westlich der riesigen Abraumberge der Schiefergruben fanden Archäologen die bisher größte bekannte spätrömische Höhenbefestigung in Eifel und Hunsrück. Die Römerwarte entstand um 300 n. Chr., ihre spärlichen Reste auf der Kuppe des Hügels schützt heute ein luftiger Holzbau, wie zu Römerzeiten in Sechseck-Schiefereindeckung. Der Blick reicht im Norden bis zu den Vulkankuppen der östlichen Hocheifel und zum charakteristischen Spitzkegel der Hohen Acht (747 m).

Essen & Trinken

Im Stadtzentrum – **Altes Backhaus:** Kirchgasse 5, 56727 Mayen, Tel. 02651 31 85, www.restaurant-altes-backhaus.de, Di geschl., 11–14 und ab 17.30 Uhr. Regionales und Deftiges wie Eifeler Wurstplatte, Wildgerichte, Schwein oder Rumpsteak (7,70–12 €).

Aktiv

Klettern – **Kletterwald Vulkanpark:** An der B 258, 56727 Mayen-Kürrenberg, www.freiraum-erlebnis.de. Die steilwandigen Basaltwände des Bellerberger Vulkans zwischen Mayen, Ettringen und Kottenheim, u. a. Kottenheimer Winfeld und Ettringer Ley, stehen bei Kletterern hoch im Kurs, Infos: www.klettern-ettringen.de.
Gemütlich Rad fahren – **Maifeld-Radweg:** s. S. 179.

Infos & Termine

Tourist Information Stadt Mayen: Altes Rathaus am Markt, 56727 Mayen, Tel. 02651 90 30 04 bis -07, www.mayenzeit.de.
Bahn: Bahnhöfe Mayen West und Mayen Ost der Pellenzbahn Andernach–Kaisersesch.
Termine: Wochenmarkt, Di, Do, Sa auf dem Marktplatz. **Mayener Burgfestspiele,** www.burgfestspiele-mayen.de, Ende Mai–Ende Aug., international bekannte Stücke von Shakespeare für Erwachsene bis zu Märchen für Kinder. **Europäische Fledermausnacht** (Batnight), 31. Aug. ab 16.30 Uhr im Mayener Grubenfeld. **Lukasmarkt,** in der Woche um den 18. Okt. (St. Lukas), größtes und traditionsreichstes Volksfest der Südosteifel mit Fahrgeschäften, Pferdeshows (Di), Schaf- (Mi 7–13 Uhr) und Krammarkt.

Monreal ▸ F 6

Das zauberhafte Monreal – ›Königsberg‹ (lat. *mons regalis*) – wurde bereits 1306 zur Stadt erklärt und besticht mit seinem idyllischen Stadtbild aus engen Gässchen und verwinkelten Fachwerkhäusern (s. a. Lieblingsort S. 184). »Filmreif« befanden auch Regisseure, weshalb hier u. a. Folgen der Krimireihe »Der Bulle und das Landei« gedreht wurden. Unter der größeren der beiden Burgen über der Stadt verläuft der Eisenbahntunnel der Pellenzbahn. Sie hält im Ort – mit ein Grund dafür, dass er ein guter Startpunkt für Wanderungen ist, u. a. im Elzbachtal.

Einkaufen

Buntes aus Keramik – **Töpferei Alte Schule:** Bahnhofstr. 5, 56729 Monreal, Tel. 02651 775 43, www.toepferei-alte-schule.de, tgl. 11–17 Uhr. Bei Heike Krämer findet jeder ein hübsches Mitbringsel für Haus, Balkon oder Garten.

Abends & Nachts

Schönes Ambiente – **Weinschänke Stellwerk:** Bahnhofstr. 58, 56729 Monreal, Tel. 02651 777 67, www.stellwerk-monreal.de, Di–Sa ab 18, So 12–14 und ab 18 Uhr. Im Stellwerk des alten Bahnhofs leckere Küche von Rösti (9 €) bis Stellwerkpfanne (17,50 €).

Infos

Bahn: Halt der Pellenzbahn, s. S. 168.

Lieblingsort

Verträumtes Monreal ▸ F 6
Drei Brücken führen in Monreal über die Elz, über eine von ihnen wacht der Brückenheilige Nepomuk, andere sind Teil der mächtigen Stadtmauern. Den Dornröschenschlaf des schmucken Städtchens hüten zwei Burgen auf der Höhe, die größere Löwenburg mit ihrem 25 m hohen Bergfried und die Philippsburg. Beide sind Spornburgen und über waldige Pfade zu erklimmen.

Kaisersesch ▶ F 6

Der Ort mit römischen Wurzeln ist Endstation der Pellenzbahn und liegt am **Jakobsweg** – dennoch ist er mehrfach im Hintertreffen. Nicht nur heulen die Tiefflieger vom nahen Fliegerhorst Büchel hier durch, auch die Autobahn A 48 liegt direkt nebenan. Vorläufer war die Römerstraße von Trier ins Neuwieder Becken/Rheintal. Kaisersesch war bis 1959 Zentrum der Dachschieferindustrie. Der **Schiefergrubenwanderweg** (7 km) führt zur höchsten Schieferhalde Deutschlands und durch das Kaulenbachtal über die Leienkaul (*ley* = Schiefer) bis zum **Endertbach-Wasserfall,** ›die Rausch‹ genannt, nahe dem Wallfahrtsort **Kloster Maria Martental.**

Infos

Tourist Information: Am Römerturm 2, 56759 Kaisersesch, Tel. 02653 999 65 02, www.schieferland-kaisersesch.de.
Bahn: Endstation der Pellenzbahn.

Brohltal

Mittleres und oberes Brohltal sind umgeben von Vulkanen: Der 340 m hohe **Bausenberg** ist ein hervorragend erhaltenes Musterbeispiel für einen Hufeisenkrater mit einzigartiger Flora und Fauna. Im oberen Brohltal liegen hübsche Dörfer mit winkeligen Gassen und Fachwerkhäusern, wie **Oberdürenbach, Oberzissen** mit seinem Bur (Sauerbrunnen) und **Niederzissen,** Sitz der Verbandsgemeinde und Touristeninformation. Weiter oben im Tal liegen wichtige Steinabbaugebiete, der seltene Phonolith (›Klingstein‹) wurde bei **Brenk** abgebaut, Tuff bei **Weibern.** Empfehlenswert für geologisch interessierte Auto- oder Zweiradfahrer ist die **Route Geo-H,** eine 67 km lange Rundstrecke zu den wichtigsten Schauplätzen der Vulkanlandschaft Brohltal/Laacher See.

Bei Niederdürenbach

Burg Olbrück ▶ F 5
Burgstraße/Hermann Höfer-Allee, 56651 Niederdürenbach-Hain, www.olbrueck.de, März–Okt. Di–So sowie So im Advent 11–18 Uhr, Erw. 3,50 € (audiovisuelle Führung), mit Burgrestaurant Kastellaney
Rund 460 m hoch ragt der Phonolithkegel aus der von Vulkaneruptionen geprägten, heute so friedlich bewaldeten und besiedelten Landschaft. Diesen ›Dom‹ aus einem glasartigen Eruptivgestein hatten sich die Grafen von Wied im frühen 12. Jh. für ihre Burg ausgesucht. Später teilten sich den Bau aufgrund von Erbstreitigkeiten zeitweise mehrere Besitzer als Ganerbenburg. Der Blick von den Zinnen des fünf Stockwerke und 25 m hohen Bergfrieds, der mit seiner hell verputzten Fassade und seinen Fachwerk-Erkern Anfang des 21. Jh. wiederhergestellt wurde, beweist, warum. Hat man die 150 Stufen erst bezwungen, reicht der Blick bei klarer Sicht bis Köln.

Der Außeneingang zum Wohnturm lag früher im zweiten Stock, sodass man vor unerwünschten Besuchern geschützt war. Auf jeder Etage beleuchtet eine kleine Multimediashow einen anderen Aspekt der Burggeschichte und bietet kurzweilige Ruhepunkte. Ein Modell zeigt die um einen Palas mit Rundtürmen erweiterte Burg im Jahr 1725. Eine Führung durch das Außengelände mit den Ruinen des Bastionsturms, Wirtschaftsgebäuden und einem Kräutergarten macht den sehr steilen Aufstieg schnell vergessen (ca. 250 m Asphaltweg ab Parkplatz; Kinderspielplatz auf halbem Weg).

Fantasievoll wird an zehn Hörstationen das Leben auf der Burg im 13. Jh. aus der Sicht fiktiver Zeitgenossen des Burgherren geschildert.

Rodder Maar ▶ F 5
Zufahrt über Maarhof, Niederdürenbach, s. Aktiv S. 188
Der Teich oberhalb des Maarhofs ist trotz des Namens kein Maar, sondern eher eine mit Ton gefüllte Senke. Andere Theorien vermuten an der Stelle einen Meteoriteneinschlag. Einst betrieben die Burgherren von Olbrück hier Fisch- und Blutegelzucht, dann wurde der Teich trockengelegt, um landwirtschaftliche Flächen zu gewinnen. Noch Ende der 1990er-Jahre war das Areal von Fichten bewachsen. Nach der Renaturierung füllte sich die Senke auf natürliche Weise mit Wasser und hat heute eine stattliche Wasserfläche von ca. 350 m mal 250 m – Lebensraum für Kiebitz, Ente und Reiher sowie Pflanzen der Feuchtgebiete.

Königsfeld ▶ F 5

http://koenigsfeld-eifel.de
Das hübsche Königsfeld im Vinxtbachtal hat nicht mal 700 Einwohner, ist aber als historischer Ort das Zentrum eines eigenen ›Ländchens‹. 1336 machte Kaiser Ludwig es zur Stadt. Die auffallend große **Kirche** (13. Jh.) mit kostbarem Inventar erinnert an große Zeiten. Zum Wandern bietet sich die **Keramikroute** zu alten Wegkreuzen und modernen Skulpturen an (Start/Ziel: Bürgerhaus, Markierung K, 5 km).

Weibern ▶ E 5

In dem ›Steinhauerdorf‹, dessen Häuser aus dem örtlichen grauen Tuff gebaut sind, arbeiten noch heute Steinmetzen und fertigen Skulpturen aus dem vulkanischen Gestein, wie das **Tuffsteinmuseum** im Steinmetz-Bahnhof (auf Anfrage: Tel. 02636 194 33) illustriert. Am östlichen Ortsausgang entdeckt man rechts der Straße nach Engeln bzw. zur Auffahrt auf die B 412 einen Kran und ein ummauertes Areal: das **Weiberner Schaufenster.** Hier sieht und fühlt man, wie eine scharrierte oder wie eine gebeilte Wand aussieht. Es lohnt ein genauer Blick auf die Feinstruktur des Tuffgesteins mit seinen Einschlüssen. Wenige 100 m weiter ragen die Tuff-Steilwände im Steinbruch auf. Der Weiberner Tuff wurde weit exportiert. Verwendung fand er z. B. im Bonner Münster, bei den Hamburger Landungsbrücken und sogar im Dom von Ribe in Dänemark.

Brohltalbahn Vulkan-Express
Mit max. 20 km/h zockelt die betagte Lok auf schmaler Spur (1000 mm) das Brohltal hinauf: 398 m Höhenunterschied von Brohl a. Rh. bis in die Eifelberge, die u. a. auf der 5,5 km langen Steilstrecke (1 : 20) nach dem Viadukt von Oberzissen Richtung Brenk überwunden werden. In Betrieb gegangen als Werksbahn für den Steintransport um 1900, bringt die Bahn heute Touristen bis in die Nähe des Laacher-See-Gebiets oder der Ruine Burg Olbrück (Tel. 02636 803 03, www.vulkan-express.de, ganzj. Brohl–Engeln hin & zurück 13 €).

Übernachten, Essen

Blick auf Burg Olbrück – **Landhotel Maarheide:** Maarheiderweg 10, 56651 Niederdürenbach, Tel. 02636 80 93 50, www.landhotel-maarheide.de, DZ ab 88 €, EZ ab 66 €. Die sieben Zimmer des 3-Sterne-Hauses haben modernen Komfort und schöne Bäder. Das **Res-**

taurant Maarhof (Tel. 02636 94 10 33, www.neuer-maarhof.de, Küche April–Okt. Mo–Fr 12–21 Uhr, Sa, So ab 10 Uhr), ein Ausflugslokal mit Aussichtsterrasse 200 m vom Rodder Maar entfernt, serviert Salate und andere Gerichte (11–19 €); mit Streichelzoo und Spielplatz.

Aktiv

Erschwinglich golfen – **Golfplatz Maarheide:** am Neuen Maarhof (s. o., Übernachten), ›Spielgolf‹ (wie professionelles Minigolf, eine 18-Loch-Runde Erw. 5 €, Kinder 2,50 €), SwinGolf (›Bauerngolf‹, 10 €/Tag) und Indoorgolf.

Steine bearbeiten – **Tuffsteinzentrum Weibern:** ›Hämmerkurse‹ für 6- bis 16-Jährige. Treffpunkt: Parkplatz Alter Kran, www.brohltal-tourismus.de.

Infos

Tourist-Info Brohltal: Kapellenstr. 12,

Jenseits des Klosters zeigt sich der Laacher See von seiner ruhigen Seite

56651 Niederzissen, Tel. 02636 194 33, www.brohltal-tourismus.de.

Abtei Maria Laach

▶ F 5

Mit 1,5 Mio. Tagesgästen ist Maria Laach der touristische Magnet der Region. Die vom Lothringer Pfalzgraf Heinrich II. im Jahr 1093 gegründete Benediktinerabtei wurde 1802 von den Franzosen aufgehoben, 90 Jahre später jedoch wiederbelebt. Heute betreiben die Mönche nach dem Motto »Ora et labora« Milchviehhaltung und touristische Einrichtungen: Restaurant, Café, Hotel und Campingplatz. Eine Gärtnerei, Buchhandlung, Bildhauerwerkstatt, Kunstschmiede und Glockengießerei gehören zur Abtei, außerdem der See.

Abteikirche Maria Laach
Bei Kunsthistorikern ist die Kirche Maria Laach bekannt als Musterbeispiel rheinischer Romanik. Die Kaiserdome von Speyer, Mainz und Worms standen Pate für die Grablege des Pfalzgrafen nebst Gattin. Die Abteikirche ist nicht nur ein Gotteshaus, sondern auch ein aufwendiger Repräsentationsbau in vollendeter Symmetrie: zwei Querhäuser, das östliche mit einem achteckigen, das westliche mit einem mächtigen quadratischen Vierungsturm, dazu je ein Paar Türme auf beiden Seiten. Der beeindruckende Baukomplex kommt in der einzigartigen Lage am See bestens zur Geltung – von Weitem wirkt das Ensemble wie eine Doppelburg. Errichtet wurde die Basilika ab 1093 aus wuchtigen Laacher Tuffsteinquadern aus den klostereigenen Steinbrüchen, damals eine der besten Einnahmequellen der Abtei. Nach einer Pause wurde erst im frühen 13. Jh. weitergebaut: Der spätromanische Vorbau, Paradies genannt, entstand. Die fein ziselierten Kapitelle seiner Arkadenreihen sind eine Augenweide.

Laacher See ! ▶ F 5

Wer zu einem Spaziergang um den See aufbricht, lässt den Rummel um das Kloster bald hinter sich und ist bald allein mit sich und dem geheimnisvollen

Gewässer. Ohne natürlichen Zu- und Abfluss speiste sich der mit 3,3 km² Fläche größte See von Rheinland-Pfalz ursprünglich nur aus Grundwasser. Am Südostufer steigen im Wasser Luftbläschen auf – unterseeische Mofetten künden von noch immer aktivem Vulkanismus. Vor nur rund 13 000 Jahren hatten mächtige Eruptionen hier die Osteifel erschüttert und eine Aschewolke kilometerweit in den Himmel geblasen. Die abgesprengte Bergkuppe hinterließ einen Doppelkrater. Als dieser einbrach, entstand eine Caldera, die sich mit Wasser füllte. Noch immer umgibt ein 125 m hoher Wall den Kraterkessel. Rundum ragen, soweit sie nicht dem Bims- und Lavaabbau zum Opfer gefallen sind, malerisch die Vulkankuppen in die Höhe. Der Wasserspiegel des heute 53 m tiefen Sees war ursprünglich viel höher. Um die sumpfige Südseite des Sees trockenzulegen und Weide- und Ackerland zu gewinnen, senkten die Mönche bereits im 12. Jh. über einen Stollen den Wasserspiegel künstlich ab.

Zur geheimnisvollen Aura des Sees tragen auch die uralten Buchen am Steilufer bei. Anders als die Wälder in Gemeindebesitz blieben sie über Jahrhunderte stehen – die Mönche hatten es nicht nötig, die Bäume zu fällen. Ein **Spazierweg** führt rund um den See (14 km). Bester Aussichtspunkt ist der **Lydiaturm** auf der Nordseite.

Übernachten, Essen

Hinter Klostermauern – **Seehotel:** Am Laacher See, 56653 Maria Laach, Tel. 02652 584-0, www.seehotel-maria-laach.de, DZ ab 119 €, EZ ab 80 €. 4-Sterne-Hotel mit 69 höchst komfortablen Zimmern, teils mit Seeblick; Schwimmbad, Whirlpool, Sauna und Fahrradverleih. Der **Seespiegel** ist das nobelste unter mehreren Restaurants des Seehotels und serviert Felchen frisch aus dem See sowie Rind und Schwein vom Klostergut. Im **Rosengarten** gibt es So 12–14 Uhr ›Familienbrunch‹ (29,50 €/Erw., Kinder unter 12 Jahren 13 €).

Aktiv

Baden und Wassersport – **Laacher See:** Strandbad beim Campingplatz (www.camping-laacher-see.de); Surfen und Segeln (Segelclub Laacher See Mayen SCLM, www.sclm.de).

Boot fahren & Angeln – **Maria Laach:** Tel. 0175 985 23 38, April–Sept. tgl. 9–18 Uhr. Am Laacher See kann man Ruder- und Tretboote leihen, mit Erlaubnis und Angelschein auch angeln.

Infos

Im Internet: www.maria-laach.de. Mit Infos zu den klostereigenen Betrieben, u. a. Hofladen und Gärtnerei (Verkauf von Stauden und Kräutern).

Mendig und Umgebung ▸ F 5

Die Stadt Mendig steht im Zeichen des Steins (s. Entdeckungstour S. 180), wie viele Häuser aus dem dunklen Vulkanstein erkennen lassen. Für Freunde mittelalterlicher Fresken lohnt der Blick in das südliche Seitenschiff der **Pfarrkirche St. Cyriakus.** Die Wandmalereien, teilweise aus der Mitte des 13. Jh., zeigen u. a. Kampfszenen zwischen Kreuzrittern und Heiden sowie fantasievolle Szenen zum Thema Jüngstes Gericht.

Lava-Dome

Brauerstr. 1, 56743 Mendig, www.lava dome.de, Di–So, Fei 10–17.30 Uhr (letzter Einlass 16.45 Uhr) 7,50 €, Kombiticket mit Lavakeller (s. Entdeckungstour S. 180) 9,50 €

Vulkanismus hautnah erleben Besucher in der gut gemachten Multimediashow – man ist mittendrin, wenn wie aus dem Nichts mit großem Knall der Laacher-See-Vulkan explodiert und die Wingertsbergwand entsteht. In der ersten Etage gehen Experimentierstationen den beim Vulkanismus wichtigen Mechanismen auf den Grund. In der obersten Etage bleibt niemand unbeeindruckt, wenn das fiktive Szenario eines möglichen Vulkanausbruchs im Mittelrheingebiet beschworen wird, ergänzt um Fakten zum Vulkanismus weltweit.

Wingertsbergwand

Nördl. v. Mendig und der A 61 nahe der Abfahrt Mendig, Abzweig von der B 262 Richtung Maria Laach

Deutlich sind die rötlich-gelben Asche- und Lavaschichten des mächtigen Vulkanausbruchs zu erkennen, der die Region vor nur 13 000 Jahren erschütterte und den Krater des heutigen Laacher Sees in die Landschaft sprengte. An der nach Süden gerichteten 50 m hohen Bimssteilwand hat sich eine spezielle Flora und Fauna angesiedelt – besonders schön im Frühsommer.

Römerbergwerk Meurin

An der B 256, 56630 Kretz, Tel. 02632 987 50, www.vulkanpark.com, April–Okt. Di–So 9–17 Uhr, Nov.–März geschl., 4,90 €

Der Untertageabbau aus Römerzeiten wurde erst entdeckt, als in den 1990er-Jahren ein Traktor einbrach. Heute sind die Kammern, in denen der begehrte weiße Tuffstein abgebaut wurde, unter einer gewächshausartigen Halle für Besucher erschlossen und gewähren interessante Einblicke in die Technik vor 2000 Jahren. Im Außenbereich staunt man angesichts römischer Hightech-Kräne und Steinsägen.

Unser Tipp

Deftiges und Bier

Die geräumige Gaststätte im modernen Gebäude der **Vulkan Brauerei** serviert Brauhausspezialitäten wie Schweinshaxe mit Sauerkraut (ab 12,90 €), Hauptsache aber ein frisch gezapftes Bier des Hauses: Dunkles, Helles, Weizen und wechselndes Spezialbräu (Laacher-See-Str. 2, 56743 Mendig, Tel. 02652 52 03 39, www.vulkan-brauerei.de, warme Küche tgl. 11–22 Uhr).

Vulkanpark Infozentrum Plaidt

Rauschermühle 6, 56637 Plaidt (zw. Plaidt und Saffig), Tel. 02632 98 75-0, Jan. geschl., Nov.–März Di–So 11–16, April–Okt. 9–17 Uhr, 3,50 €

Das Infozentrum in den (erweiterten) Räumen der Rauschermühle (18. Jh.) zeigt in Filmen und Computeranimationen die explosive Entstehungsgeschichte der Vulkanregion Osteifel und den seit rund 7000 Jahren betriebenen Abbau der Vulkangesteine. Im angrenzenden **Rauschertal** kann man das Gelernte bei einem Spaziergang vertiefen.

Aktiv

Für Baggerfahrer in spe – **Baggerado:** Auf dem Teich 1, 56645 Nickenich. Tel. 02632 958 39 49, www.baggerado.de. In einem trockengelegten Schwimmbad kann man baggern lernen oder bei deftiger Kost anderen dabei zusehen.

Infos & Termine

Im Internet: www.mendig.de.
Bahn: Mendig ist Halt der Pellenzbahn (Transregio) Andernach–Kaisersesch.

Das Beste auf einen Blick

Die Vulkaneifel

Highlight!

Die Dauner Maare: Gerne werden sie als »Augen der Eifel« bezeichnet: Gemündener, Weinfelder und Schalkenmehrener Maar liegen dicht beieinander – eine Reihe von Vulkankratern, die sich mit Wasser gefüllt haben. S. 204

Auf Entdeckungstour

Wasser aus der Tiefe – Mineralquellen in der Vulkaneifel: Die vulkanische Tätigkeit in der Eifel sorgt bis heute dafür, dass Wasser und Gase aus der Tiefe des Erdinnern aufsteigen – mehr oder weniger eruptiv. Spektakulär ist der kalte Geysir in Wallenborn. Die meisten Brunnen (Dreese) sind Anlaufstellen für Durstige und liefern gesundes Mineralwasser. S. 208

Dem Vulkan ins Auge geschaut – rund um den Mosenberg: Kaum irgendwo sind die Spuren des Eifelvulkanismus so deutlich zu sehen wie am Mosenberg: schroffe Zacken verwitterter Lava, Schlackebrocken verschiedener Größe und zwei Maare, die keine sind, sondern echte Kraterseen. S. 216

Kultur & Sehenswertes

Mausefallenmuseum: Hier erfährt man, wie die findigen Nerother in Notzeiten über die Runden kamen. S. 207

Die Manderscheider Burgen: Zwei Erzfeinde lagen sich in Oberburg und Niederburg gegenüber, die Lieser war die Grenze. S. 214

Zu Fuß & mit dem Rad

Wanderung zur Falkenlay bei Bad Bertrich: Der Vulkankette folgend, geht es zu Kratern, Höhlen und Quellen. S. 197

Radtour auf dem Maare-Mosel-Radweg: Gemächliches Genussradeln zwischen Maaren und Vulkanen. S. 206

Wanderung auf dem Lieserpfad: Einer der schönsten Wanderwege überhaupt; nur für Trittsichere geeignet. S. 215

Rundwanderung in den Gerolsteiner Dolomiten: Treppauf und treppab wandert man durch das fossile Riff. S. 223

Genießen & Atmosphäre

Vulkaneifel-Therme Bad Bertrich: Ob in Bad oder Sauna, Entspannung für Körper und Geist ermöglicht Deutschlands einzige Glaubersalztherme – schöne Aussicht inklusive. S. 196

Landgasthaus Beim Brauer: Im Dorfgasthaus in Steinborn kommt Regionales auf den Teller, u. a. Rindfleisch aus eigener Ochsenhaltung. S. 203

Bauernhofcafé Morgenfelderhof in Eckfeld: In der gemütlichen Atmosphäre der Scheune kann man genussvoll Kalorien tanken – besonders empfehlenswert ist die Stachelbeerbaisertorte. S. 214

Abends & Nachts

Tapas Bar Twenty 8: In Bad Bertrich schick und kultig den Abend genießen auf spanische Art. S. 198

Die Vulkaneifel liegt fast in der Mitte der Eifel. Für viele ist sie der Inbegriff der Eifel, gekennzeichnet durch raue Bergkuppen, weite Maarkessel mit Wiesen und Äckern, Seen und Mooren in den erloschenen Vulkankratern. Nach Süden schließen tief eingeschnittene, bewaldete Täler an, Ueßbach, Elzbach, Lieser und Salm; je näher an der Mosel, desto tiefer und steilwandiger sind sie.

Die aufregende Erdgeschichte der Region zieht schon seit 100 Jahren Geotouristen an. Die Faszination des Vulkanismus ist ungebrochen. Heute wird versucht, ihn im Natur- und Geopark, in zahlreichen Museen, durch geologische Aufschlüsse und Geopfade für alle anschaulich zu machen.

Zahlreiche Burgen sitzen seit Kelten- und Römerzeiten auf den Vulkankuppen, deren steile Basaltklippen Schutz vor Angreifern boten. Im Westen der Vulkaneifel fließt die Kyll, tief eingeschnitten und von dichtem Wald gesäumt, von Gerolstein nach Süden. Beliebt ist sie bei Anglern zum Fliegenfischen und bei Radfahrern für Touren auf dem Kyll-Radweg parallel zur Bahn.

Bad Bertrich ▸ E 7

Wenn die Tagesbesucher im Sommer abgereist sind, verströmt der kleine Kurort gelassene Ruhe. Sie verdankt sich vor allem den beiden Tunneln, die den Durchgangsverkehr auf der Landstraße verschlucken. Nur der wilde Ueßbach ist zu hören, der in Stromschnellen und Wasserfällen durch den Kurort rauscht, vorbei an den wilhelminischen Villen entlang der Kurfürstenstraße.

Mitten im Vulkangebiet sprudelt angenehm temperiert die einzige Glaubersalzquelle Deutschlands, in der man auch heute noch die müden Glieder entspannen kann. Sie war schon den Römern bekannt, die hier im 4. Jh. eine

Infobox

Infos im Internet

www.geopark-vulkaneifel.de: Infos zum gesamten Natur- und Geopark.
www.gesundland-vulkaneifel.de: Infos zu Übernachten, Aktivitäten usw. in der Ferienregion »Gesundland Vulkaneifel« (mit Ausnahme von Bad Bertrich).
www.hillesheimer-gerolsteiner-land.de: Infos zur Ferienregion Gerolsteiner Land einschließlich Hillesheim und Umgebung (s. S. 143).

Aktiv

Maare-Mosel-Radweg: Der Highway unter den Eifelradwegen startet in Daun (s. a. S. 206).
Vulkan-Rad-Route: Von Bullay/Mosel über Bad Bertrich und die Eifelhöhen bis an die Ahr (bei Dümpelfeld Anschluss an den Ahr-Radweg).
Kyll-Radweg: 130 km von der belgischen Grenze bei Losheim über Gerolstein bis zur Mündung in die Mosel bei Ehrang begleitet er die Kyll.
Eifelsteig: www.eifelsteig.de. Schöne Etappen sind in der Vulkaneifel von Roth nach Gerolstein und über Neroth nach Daun, die Dauner Maare und Teile des Liesertals.

Verkehr

Bahn: Gerolstein liegt an der DB-Eifelstrecke Köln–Trier.
Bus: www.vrt-info.de (Vulkaneifelkreis), www.vrminfo.de (Kreis Cochem-Zell).

Wellness- und Gesundheitsangebote kombiniert mit viel Flair: Bad Bertrich (Kurhaus)

prächtige Thermenanlage unterhielten. Zu ihren Spuren gehört eine 1858 entdeckte Diana-Statuette. Ein Relikt aus Römerzeiten ist auch die Flora des **Palmbergs:** Am Südhang oberhalb der Kurverwaltung wächst verwilderter Buchsbaum (im Volksmund ›Palm‹). Die von den Römern ererbten Badegebäude gab es noch bis in die Zeiten der Trierer Erzbischöfe, doch der Badebetrieb kam erst im 18. Jh. wieder in Schwung.

Der letzte Trierer Kurfürst, Clemens Wenzeslaus, ließ 1785–1787 das **Kurfürstliche Schlösschen** als Sommer- und Jagdschloss nach dem Entwurf des berühmten Koblenzer Hofbaumeisters Andreas Gaertner errichten. Das Kavalierhaus fungiert heute als Hotel. Nach der Eroberung durch Revolutionstruppen wurde Bad Bertrich erst französisches, im Jahr 1815 dann preußisches Staatsbad. Das Geld für die Instandsetzung der Bäder erspielte ein Casino im Kurpark.

Berühmte Persönlichkeiten besuchten Bad Bertrich: z. B. Alexander von Humboldt, der das Wasser 1845 analysierte und den Ort daraufhin mit Karlsbad verglich, sowie der preußische Kronprinz Friedrich Wilhelm. Clara Viebig schrieb hier einige ihrer Werke. 2006 weilte die Schweizer Fußballnationalelf in Bad Bertrich und zeigte sich vom Ort begeistert.

Wandelhalle und Quelle

Trinkzeiten tgl. 8–9, 11–12, 16.30–17.30 Uhr, kostenlos

Die Wandelhalle steht dort, wo die römischen Thermen lagen – trotz moderner Glasarchitektur verbreitet sie eine antike Aura. Der 1902 entdeckte Teil der römischen Quellfassung ist noch original. Eine Trinkkur mit dem 32 °C warmen, schwefelhaltigen Natriumhydrogenkarbonat-Säuerling ist damals wie heute hilfreich bei Magen-Darm-Beschwerden.

Zu Fuß unterwegs

Zum Römerkessel

Start: am Heldenfriedhof (oben) oder am Schwanenweiher (unten), Parkplatz Bad Bertrich-Ost

Der einstige Kurpark mit dem bereits Mitte des 19. Jh. angelegten Promenadenweg in einer trockengelegten ehemaligen Schleife des Ueßbachs ist ein wunderbarer Ort zum Flanieren auf mehreren Ebenen. Der Lavafluss ist noch zu erkennen: Auf ihm steht die **evangelische Kirche** des Heldenfriedhofs. Ruhepunkte auf dem Parcours sind ein luftiger **Pavillon** inmitten eines **Kräutergartens** und der vom Barock inspirierte **Fürstengarten** mit Buchshecken, Rosen und Wasserfontänen. Angenehm entspannt verlässt man den ersten »Landschaftstherapeutischen Park Europas«.

Zu Bismarckturm und Hohenzollernturm

Start: Parkplatz Bad Bertrich-Ost, Wanderweg 6

Die eigenartige Dachform des 1909 aus Spenden der Kurgäste errichteten **Bismarckturms** ist dem Jugendstil zu verdanken. Hoch über Felswand und Römerkessel thront ein weiteres, eher filigranes Schmuckstück: der im Jahr 1897 anlässlich des 100. Geburtstags von Kaiser Wilhelm I. ebenfalls aus Spenden finanzierte **Hohenzollernturm.**

Zur Elfengrotte (Käsegrotte)

Start: Parkplatz zwischen Tankstelle an der L 103 und Elfenmühle westlich am Ortsrand, ausgeschildert

Den wenig romantischen Namen verdankt die Käsegrotte den eigenartigen Felsstrukturen, die wie Stapel runder Käselaiber aussehen – es sind Basaltsäulen. Die Lavamasse, aus der sie entstanden sind, ist sehr schnell erstarrt, sodass sich Spannungsrisse bildeten, an denen die Verwitterung ansetzte. Märchenhaft rauschend stürzt hier der Elbesbach in zwei Wasserfällen zu Tal und mündet kurz danach bei der Elfenmühle in den Ueßbach. Man kann sich vorstellen, dass hier gelegentlich die Elfen (Elben) tanzen. Der Name der Grotte geht aber ganz prosaisch darauf zurück, dass es sich bei der Elfenmühle um die elfte Mühle im Tal handelte.

Zu Burgruine Entersburg (Nantersburg) und Steffeswarte

Erreichbar über schmale Pfade westlich des Ueßbachtals, ab Elfenmühle

Die **Burg** über einer Ueßbachschleife, die die Herren von Nantersburg 1095 an der Stelle einer keltischen Höhenfestung errichten ließen, ist seit 1138 Ruine. Damals ließ der Trierer Erzbischof sie zerstören. Ende der 1970er-Jahre wurden Teile der Mauern des Palas ausgegraben. Der mit einem Zinnenkranz versehene Turm, der hier heute steht, die **Steffeswarte** (1901), kann über eine Treppe erstiegen werden und gewährt Aussicht über die Baumwipfel hinweg.

Unser Tipp

Wellness in der Glaubersalztherme

Sehr schön sind in der **Vulkaneifel-Therme Bad Bertrich** neben den verschiedenen, bis zu 32 °C heißen Badebecken die unterschiedlich temperierten Saunen und das orientalische Dampfbad; die Saunagäste haben ein Außenbecken für sich. Erholsam ist auch der Blick auf die rundum aufragenden Steilwände (Clara-Viebig-Str. 3–7, Tel. 02674 91 30 70, www.vulkaneifeltherme.de, tgl. 9–22 Uhr, 19 €/Tag für Sauna und Bad).

Wanderung zur Falkenlay

Start: Tourist Information,
Länge: 10 km

Die **Geo-Route Bad Bertrich** folgt dem Lavastrom der Vulkane des Bad Bertricher Systems aufwärts. Man steigt oberhalb des Ortes auf dem Wanderweg Richtung Kennfus den Hang des **Palmbergs** hinauf, passiert die **Dachslöcher,** eine verschüttete Höhle, und die **Maischquelle.** An der gefassten Quelle mit Trinkwasserqualität neben einer Schutzhütte kann man sich stärken, bevor man zum höchsten Punkt aufsteigt, der **Falkenlay** (414 m). 250 m Durchmesser hat der Schichtvulkankegel und noch immer ragt seine Nordwestwand 50 m hoch auf. Er gilt als ältester Vulkan des Bad Bertricher Systems aus sechs Schlackenkegeln und einem Maar, dem Hardt-Maar, in das die Südwand des Falkenlay-Vulkans bei der Explosion abstürzte. In der Nähe befinden sich Höhlen, die in der Altsteinzeit bewohnt waren (für Abstecher Wegweisern folgen). Zurück geht es über die **Facher Höhe** mit einer ehemaligen Tuffgrube. Von dem Teerweg bieten sich Ausblicke bis ins Moseltal, bevor der Weg nach Bad Bertrich wieder abtaucht in den Wald.

Wanderung zur Falkenlay

Übernachten, Essen

Am rauschenden Bach – **Elfenmühle:** Kurfürstenstr. 1, Tel. 02674 913 68 28, www.elfenmuehle.de, Mo–So ab 17, So auch 11.30–14 Uhr. Auf dem Weg zur Elfengrotte kann man hier gut einkehren. Forelle, aber auch Burger, Schnitzel und Rumpsteak stehen auf der Karte (ca. 10–17 €). Auch schöne frisch renovierte Zimmer, DZ 90 €, EZ 48 €. Mindestaufenthalt zwei Nächte.
Am Teich – **Hotel-Café Residenz:** Am Schwanenteich 9, Tel. 02674 93 64-0, www.residenz-bad-bertrich.de, DZ ab 80 €, EZ ab 55 €. An einem Weiher, ruhige Lage, auch Zimmer mit Balkon, Bäckerei mit Spezialität »Schwanenwindbeutel« mit diversen Füllungen.
Kaiserlich – **Haus Hohenzollern:** Kurfürstenstr. 74, Tel. 02674 412, www.haus-hohenzollern.de, 2-Sterne-DZ ab 70 €. In einem hübschen Eckhaus im wilhelminischen Stil. Mit Restaurant Schnitzelhaus – der Name ist Programm.

Einkaufen

Süßes und Feines – **Konditorei Confiserie Müller:** Kurfürstenstr. 67, Tel. 02674 359. Ausgezeichnete Kuchen (mit Café), aber auch Souvenirs wie Weinbergpfirsichlikör, Konfitüre oder Bad Bertricher Mandelmakronen. Einen Blick wert ist die originale Ladeneinrichtung im Stil der 1970er-Jahre.

Aktiv

Gesundheit & Wellness – Umfangreiches Angebot an **Massage-, Osteopa-**

Unser Tipp

Panoramastraße K 9
Folgt man von Bad Bertrich der gewundenen Kreisstraße 9 nach Bonsbeuern, kommt man, vorbei am Waldhotel Marienhöhe, zur **Karl-Kaufmann-Höhe.** Von dem Bruchsteinbau mit der Jahreszahl 1898 unter dem Funkmast bietet sich ein schöner Blick auf Bad Bertrich mit der Therme im Vordergrund.

thie-, Physiotherapie-Behandlungen, Adressen bei der Tourist Info. **Vulkaneifel-Therme Bad Bertrich** s. S. 196.

Abends & Nachts

Tapas & mehr – **Tapas Bar Twenty 8:** Kurfürstenstr. 61, Tel. 02674 91 35 38, www.tapas28badbertrich.de, Do–Mo 11–21.30 Uhr. Myrec Kaufmann serviert spanisches ›Fastfood‹ – frische Salate, Baguettes oder Tapas, auch leckeres Eis. Für jeden ist etwas dabei, von *Patatas bravas* bis zum Hähnchenspieß. Schöne Terrasse am rauschenden Wasser.

Infos & Termine

Tourist Information Bad Bertrich: Kurfürstenstr. 32, 56864 Bad Bertrich, Tel. 02674 93 22 22, www.bad-bertrich.de. Kurtaxe 2,20 € pro Tag, eine Gästekarte mit diversen Vergünstigungen ist darin enthalten, Infos: www.bad-bertrich.de/de/gaesteservice/gaestekarte.
Bus: Mo–Fr über Kennfus nach Lutzerath und über Alf nach Bullay, Halt in Bad Bertrich Ost und West.
Heller Herbst/Großer Herbstmarkt: am 3. Okt.-Wochenende. Lichtilluminationen, Buden und Stände sowie Feuerwerk im Römerkessel.

Nordwestlich von Bad Bertrich

Bei Strotzbüsch ▸ E 7

Mühlenweg zur Strotzbüscher Mühle und Mineralquelle
Die Route ist nichts für unsichere Autofahrer: Ein sehr steiles Sträßchen windet sich in vielen Kehren ins **Siebenbachtal.** Alternative zur Autotour ist der Abstieg zu Fuß über den Serpentinenpfad mit felsigen Abschnitten. Er beginnt am Parkplatz »Schutzhütte Strotzbüsch«. Unten im tiefen Tal liegt idyllisch und versteckt die **Strotzbüscher Mühle** (einzige Wendemöglichkeit: auf ihrem Hof). Die wasserbetriebene Turbine liefert noch heute einen Teil des Stroms für die niederländische Familie, die hier heute wohnt (Apartments). Folgt man von der Mühle wenige Hundert Meter dem Mühlgraben, stößt man neben dem Ueßbach auf eine gefasste, 19 °C warme **Glaubersalzquelle.** Ihr Wasser ist eher gesund (u. a. bei Magen- und Galleleiden) denn wohlschmeckend.

Strotzbüscher ›Tumm‹
Südl. v. Strotzbüsch, zw. der B 421 und L 52 nach Oberscheidweiler, Parkplatz an der L 52, www.strotzbuesch-vulkaneifel.de, frei zugänglich
Der markante ›Tumm‹ (lat. *tumulus* = Hügel) wurde schon 1821 als einer der wenigen bekannten römischen Grabhügel archäologisch untersucht. Das hinderte 1976 einen Landwirt nicht, die Einebnung seines Feldes in Angriff zu nehmen. Mit schwerem Gerät riss er die Sandsteinplatten weg, damit war ein Teil des fast 2000 Jahre alten Denkmals zerstört. Immerhin wurde die aus Sandsteinquadern errichtete kuppelartige Grabkammer mit Wänden aus Lavagestein, die einst ein 6 m

hoher Erdhügel bedeckte, daraufhin erneut untersucht und gesichert. Ein Gang führte von der Westseite in die Kammer des Familiengrabes, in dem die Archäologen jedoch keine Grabbeigaben (mehr) fanden. Eine Überdachung schützt die Anlage heute.

Immerath ▸ E 7

Immerath mit ca. 230 Einwohnern liegt hübsch eingebettet in seinem Maarkessel. In den 1930er-Jahren stieß man am Rand des heutigen Ortes auf eine römische Villa von stattlichen ca. 40 x 50 m Ausdehnung, die 15 Räume zählte. Die Anlage wurde nur zum Teil ausgegraben und anschließend wieder abgedeckt. Gefunden wurde u. a. eine Marmorstatuette des Gottes Vulkan (heute im Landesmuseum Trier).

Im historischen Backhaus aus dem 18. Jh., das bis 1910 als Dorfschule diente, ist ein **Schulmuseum** (Hauptstraße, Tel. 0160 975 30 12, April–Okt. Fr 14–17 Uhr, 2 €) untergebracht. Hier wird der Schulalltag in früheren Zeiten lebendig.

Immerather Maar

Südlich von Immerath, östlich der B 421, Parkplatz, Spazierwege

Der See mit heute nur max. 2,90 m Tiefe und ca. 300 m Durchmesser hat eine wechselhafte Geschichte. Vor rund 40 000–70 000 Jahren als Folge eines Vulkanausbruchs entstanden, wurde er, wie viele Maare, Mitte des 18. Jh. trockengelegt, um Weideland zu gewinnen. Vulkanaschen und andere Sedimente, die sich im abführenden Bach stauten, führten aber im frühen 20. Jh. dazu, dass sich erneut ein See bildete – der heutige Maarsee. Wegen seines besonderen Charakters und seiner Ufervegetation steht er unter Naturschutz.

Strohn ▸ E 7

Hauptsehenswürdigkeit von Strohn ist die **Lavabombe** mit ungewöhnlichen 5 m Durchmesser, die 1969 in einem nahen Steinbruch bei Sprengungen zum Vorschein kam. Das 120 t schwere Ungetüm aus Olivinbasalt, das heute einen Ehrenplatz vor dem Vulkanhaus hat, gab der Fachwelt lange Zeit Rätsel auf.

Vulkanhaus Strohn

Hauptstr. 38, www.vulkanhaus-strohn.de, Osterferien–Okt. Di–So 10–17 Uhr, 3 €

Das **Vulkanhaus Strohn** führt auf zwei Etagen eine Lavaspaltenwand die unterschiedlichen Lavaformen vor Augen, Stichworte wie ›Schlackenkegel‹ oder ›Verkochte Steine‹ sind nach dem Besuch keine Fragezeichen mehr, kleine Experimente helfen den Vulkanismus verstehen; schön auch für Kinder. Mit **Café** – Spezialität ist natürlich die ›Lavabombe‹. Und der vor dem Museum beginnende **Vulkanerlebnispfad** (www.vulkanerlebnispfad.de) ist dem Vulkanismus in der Umgebung auf der Spur.

Strohner Schweiz

Wo sich der Alfbach durch den 12 000 Jahre alten Strohner Lavastrom gearbeitet hat, ist eine wildromantische, von Felsblöcken – Lava und Basalt aus dem Strohner Lavastrom und vom Wartgesberg – übersäte Landschaft entstanden. Die beiden Strohner Mühlen (nicht mehr in Betrieb) nutzten das schnelle Fließgewässer, das sich südöstlich von Strohn durch steile Felswände bis zum Sprinker Maar eingeschnitten hat.

Bei Gillenfeld

Pulvermaar ▸ E 7

Seine kreisrunde Form bei einem Durchmesser von 675 m, die extrem steilen Ufer und die mit 70 bis 75 m große Tiefe – es ist eines der tiefsten Gewässer nördlich der Alpen – machen das Pulvermaar zu einem besonders geheimnisvollen Ort. Das Wasser ist ungewöhnlich klar und relativ kühl. Umgeben wird das Maar von einem 20 bis 25 m mächtigen Wall aus Tuff. Das Material wurde früher teilweise abgebaut und als Baustoff verwendet. Es gibt ein Schwimmbad, einen Campingplatz, einen Bootsverleih und Angelmöglichkeit.

Das beim Ausbruch des Schlackenvulkans Römerberg weiter südlich entstandene **Strohner Märchen** gehört ebenfalls zum Naturschutzgebiet Pulvermaar. Ein intaktes Moor, Ergebnis der Verlandung des Maarsees in den letzten 8800 Jahren, bedeckt den Grund des Maarkessels, rund 250 Pflanzenarten gibt es hier – einzigartig.

Holzmaar, Dürres Maar und Hitsche Maar ▶ D/E 7

Die drei Maare sind nacheinander von Nordwest nach Südost entlang einer geologischen Störungslinie entstanden und älter als 20 000 Jahre. Das **Holzmaar** ist das jüngste von ihnen und besitzt als einziges noch eine ›richtige‹ Wasserfläche. Die fortschreitende Verlandung kann man an diesen drei Maaren gut beobachten: Während das **Dürre Maar** heute ein Hochmoor ist, in dem nur nach der Schneeschmelze im Frühjahr noch Wasser steht (nicht betreten!), ist das **Hitsche Maar** (Hetschenmaar) ein langsam verlandender Teich auf dem Weg zum Hochmoor. In dem rund 5 m tiefen Krater wächst dichtes Seggenried, in dem Vögel ungestört brüten können.

Übernachten

Ferien auf dem Vulkanrand – **Feriendorf Pulvermaar:** Auf der Maarhöhe, 54558 Gillenfeld (ca. 2 km von Gillenfeld), Tel. 06573 287, www.feriendorf-pulvermaar.de, ganzj., Holzbungalows für bis zu 6 Pers. 190–310 €/Woche. Außer im Juli/Aug. auch tageweise (35–60 €). Am oberen Kraterrand östlich des Maars liegt das Feriendorf, von Wald umgeben, mit Wohnmobilhafen und etwa 20 Bungalows nebst Campingplatz.

Aus der Vogelperspektive gut zu sehen: der bewaldete Tuffwall um das Pulvermaar

Aktiv

Schwimmen – **Naturbad Pulvermaar:** Tel. 06573 333, Mai–Sept. 10–18 Uhr, Erw. 4 €, Kinder 2 €. Das kristallklare Wasser des Pulvermaars verlockt zum Abtauchen, am sichersten ist es unter Aufsicht im Schwimmbad mit 3-m-Sprungturm, Nichtschwimmer- und Planschbecken. Ruder-/Tretbootverleih. 600 m vom Campingplatz.

Einkaufen

Ziegenkäse ab Hof – **Vulkanhof:** Vulkanstr. 29, 54558 Gillenfeld, Tel. 06573 91 48, mobil 0175 830 03 25, www.vulkanhof.de. Hofladen Mo–Sa 10–17 Uhr, Schnittkäse ganzj, Frischkäse saisonal. 1,5-stündige Führungen inkl. Käseprobe (12 €). Der Familienbetrieb ist einer der größten mit reiner Ziegenhaltung in der Eifel.

Daun ▸ D 6

Die Kreisstadt an der Lieser ist vor allem das betriebsame Verwaltungszentrum des Vulkaneifelkreises (früher Kreis Daun). In Daun konzentrieren sich auch die Einkaufsmöglichkeiten für die Einwohner der umliegenden eingemeindeten Dörfer der Verbandsgemeinde (insgesamt rund 10 000 Einwohner). Die nahen Eifelmaare sind ›der‹ Touristenmagnet der Eifel schlechthin und so ist die Region um Daun in der Saison ein gut besuchtes Reiseziel. Hier beginnt der Maare-Mosel-Radweg. Eine weitere Einkommensquelle der Dauner ist neben dem Tourismus die Heilquelle Dunaris, aus der magnesiumreiches Mineralwasser (Dauner Sprudel) gezapft wird. Daun ist heilklimatischer Kurort für Kneippkuren, der 2017 neu gestaltete Kurpark liegt 3 km südlich der Stadt.

Dauner Burg

Wegen des Panoramablicks lohnt es sich, auf den Burgberg zu steigen. Im Mittelalter residierte das Geschlecht derer von Daun auf dem senkrecht abfallenden Basaltfelsen. Doch 1352 zwangen die Kölner und Trierer Erzbischöfe den Regenten Gilles von Daun zur Zerstörung der Stadt und Öffnung der Burgtore. Damit begann die jahrhundertelange Trierer Vorherrschaft. 1407 erlosch das Dauner Grafengeschlecht, die bisherigen Verwalter (Burgmannen) übernahmen. Nach den Zerstörungen von Stadt und Burg in den Kriegen des 16. und 17. Jh. wurden die letzten Reste der Burg 1689, wie andernorts in der Eifel, endgültig ›unschädlich‹ gemacht. Sie konnten aber dank der gut gefüllten Dauner Grafenschatulle im frühen 18. Jh. durch Barockgebäude ersetzt werden.

In das stattliche ehemalige **Kurtrierische Amtshaus** von 1712 ist Spitzengastronomie eingezogen (s. Übernachten, Essen) und einige historische **Burgmannenhäuser** stehen noch in der Burgfriedstraße. Das spitztürmige Gotteshaus gegenüber der Burg ist eine Besonderheit: Der neugotische Bau war 1867 die erste **evangelische Kirche** im Kreis Daun.

Eifel-Vulkanmuseum/ GEO-Zentrum Vulkaneifel

Leopoldstr. 9, Tel. 06592 98 53 53 oder 06592 933 321, www.eifel-vulkanmuseum.de, Ostern–Okt. Di–So, Fei, Juli/Aug. tgl. 11–16.30 Uhr, 3 €

In dem klassizistischen Krüppelwalmdachbau des ehemaligen Landratsamts (1830/1831) sind Stücke aus der Mineralien- und Fossiliensammlung zu sehen. Modelle der in den letzten 600 000 bis 10 000 Jahre entstandenen vulkanischen Landschaftsformen wie Schlackenkegel und Maare werden zeitweise ›in Aktion‹ gezeigt – ein guter Einstieg zur Erforschung des Vulkanismus in der Westeifel auf eigene Faust.

Wild- und Erlebnispark Daun

Wildparkstr. 1, Tel. 06592 31 54, www.wildpark-daun.de, Mitte März–Mitte Nov. tgl. 10–18 Uhr, 9,50 € Kinder 4–15 J. 8 €, Familienkarte 33 €

Entlang einem verschlungenen Autoparcours (8 km), der mit eigenem Fahrzeug oder mit einem der vor Ort ausleihbaren Quads befahren wird, reihen sich Aussichtsplattformen zum Beobachten der Tiere in der Art eines Safariparks. Es gibt eine Affenschlucht mit über 50 Berberaffen, daneben tummeln sich heimisches Schwarz- und Rotwild, exotische Dam- und Sikahirsche sowie Lamas, Esel, Yaks und Wildpferde. Ein Falkner führt seine Vögel vor und es gibt eine **Sommerrodelbahn** (1 Fahrt 2,50 €, Kinder 1,50 €). Im Café-Restaurant Waldhaus Hirschberg gibt es Hirsch- oder Wildschweinbraten (12,90 €; auch günstige Gerichte für Kinder).

Übernachten, Essen

Gediegen – **Schlosshotel Kurfürstliches Amtshaus:** Burgfriedstr. 28, Tel. 06592 925-0, www.daunerburg.de. Hotel mit Burgflair (DZ 138–150 €, EZ 70–80 €), inkl. 4-Gänge-Abendessen 125–145 €/ Pers. Sauna, Dampfbad, Solarium, Felsenschwimmhalle. Das Restaurant Graf Leopold im noblen Speisesaal ist mit seiner französisch inspirierten Küche (Hauptgerichte ca. 38 €) Anlaufpunkt für Gourmets (Michelinstern). Toller Blick von der Schlossterrasse.

Essen

Süße Verführung – **Café-Konditorei Schuler:** Leopoldstr. 1, www.cafeschuler.de, Mo–Fr 9.30–18, Sa ab 10, So ab 12 Uhr. Spezialitäten: Vulkantorte und feine Pralinen, z. B. Dauner Morcheln.

Einkaufen

Käse ab Hof – **Ulmenhof:** Hauptstr. 17, 54552 Sarmersbach (rund 8 km nordöstl. von Daun), Tel. 06592 37 12, www.eifler-bauernkäserei.de, Hofladen Fr 15.30–18, Sa 10.30–14 Uhr. Der Biolandbetrieb mit Allgäuer Milchkühen und Ziegen produziert leckere Käse.

Aktiv

Radwandern – **Maare-Mosel-Radweg:** s. a. S. 206, Beginn vor dem Viadukt in Daun: 58 km bis Bernkastel-Kues. **Kosmosradweg** nach Meerfeld: Start am Kurpark, s. S. 220.

Fahrradverleih – **Fun Bike R. Nöllen:** Trierer Str. 1, Tel. 06592 38 83, www.fun-bike-daun.de, März–Sept. Mo–Fr 9–13, 14–18, Sa 9–13 Uhr, Okt.–Febr. Di geschl. Trekkingrad 12 €/Tag, Elektrofahrräder 29 €. Beim Busbahnhof und dem Startpunkt von Kosmos- und Maare-Mosel-Radweg, Reparaturservice.

Unser Tipp

Beef & Burger

Das **Landgasthaus Beim Brauer** serviert vor allem Leckeres vom Rind aus eigener Ochsenhaltung. Nicht nur Rumpsteak, sondern echte Raritäten wie Ochsenwade sautiert oder Ochsennieren in Rotweinsauce sind zu haben – oder bei 800 °C gegartes Beef aus aller Welt. Freundlich und hell gestaltete Gästezimmer (DZ ab 100 €, EZ ab 62 € inkl. Sauna) und Ferienwohnungen (Steinborner Str. 5, Daun-Steinborn, Tel. 06592 29 41, www.beim-brauer.de, Mo–Fr 12–14 u. 17.30–21, Sa, So 12–21 Uhr).

Ballonfahrten – **Eifel-Ballooning:** Wirichstr. 8, Daun, Tel. 06592 98 54 65, www.eifel-ballooning.de. Ein unvergessliches Erlebnis ist es, in der Gondel unter dem Heißluftballon über die Eifelvulkane und Maare zu schweben. Nur bei ruhigem Wetter.

Fliegen – **Segel- und Motorsportflugplatz Senheld:** www.flugplatz-daun.de. Rundflüge mit Motorkraft oder auch segelnd im Ultraleichtflugzeug.

Sommerrodelbahn – s. Wild- und Erlebnispark S. 202.

Abends & Nachts

Veranstaltungsort – **Forum Daun:** Adresse s. Tourist Information, www.forum-daun.de. Kulturevents aller Art wie Konzerte, Kleinkunst oder im Rahmen des Krimifestivals »Tatort Eifel«.

Infos & Termine

Tourist Information Daun: Leopoldstr. 5, 54550 Daun, Tel. 06592 951 30,

Buchungen 95 13 70, www.gesundland-vulkaneifel.de.
Bus: tgl. Linie 300 Manderscheid–Wittlich–Bernkastel-Kues und Linie 500 Gerolstein–Cochem (April–Okt. beide Linien als RegioRadler mit Fahrradtransport), Mo–Fr zusätzlich Verbindungen in umliegende Orte.
Termine: Klassik auf dem Vulkan, Chor-, Rock- und Akustikmusik openair am Gemündener Maar oder anderswo in Daun, Theater, Tel. 06592 95 13 12/13, www.klassikaufdemvulkan.de. **Tatort Eifel:** www.tatort-eifel.de, s. S. 34.

Die Dauner Maare !

Gemündener, Weinfelder und Schalkenmehrener Maar liegen eins neben dem anderen. Das Trio der Dauner Maare ist eine Reihe von Vulkankratern, die sich mit Wasser gefüllt haben.

Weinfelder Maar (Totenmaar) ▶ D 7

Das romantische Maar war ein Lieblingsmotiv des Eifelmalers Fritz von Wille, der die melancholische Stimmung des von einer Kapelle gekrönten Maarrandes einfing (s. S. 65). Vom Dorf Weinfeld, das im 16. Jh. von der Pest heimgesucht wurde, blieb nur die trutzige kleine Kirche, das Dorf wurde verlassen und zur Wüstung. Zwischen Weinfelder und Schalkenmehrener Maar verläuft auf dem Kraterrand die Straße (zwei Parkplätze). Der Höhenunterschied im Gelände ist beeindruckend; ein kurzer Spaziergang führt zur Kapelle.

Am Gemündener Maar ▶ D 7

Der **Mäuseberg** (561 m) mit dem **Dronketurm** trennt das Weinfelder vom Gemündener Maar. Zur Erinnerung an den Gründer des Eifelvereins Adolf Dronke (1837–98) wurde 1902 der 10,50 m hohe

Genug Wasserfläche zum Baden oder Bootfahren: das Gemündener Maar bei Daun

Aussichtsturm mit der Bronzetafel im wilhelminischen Stil gebaut. Der Parkplatz Gemündener Maar nahe dem Dronketurm ist beliebt als Ausgangspunkt einer 10 km langen **Rundwanderung um die drei Maare;** eine Etappe des Eifelsteigs führt hier entlang. Bis an die steil abfallenden Ufer des Gemündener Maars reicht der Laubmischwald heran und bildet die romantische Kulisse für das **Naturfreibad** (Juni–Sept. tgl. 11–19 Uhr, 3,50 €) in dem bis zu 38 m tiefen Maarsee. Für Nichtschwimmer ist ein eigenes Becken abgegrenzt.

Am Schalkenmehrener Maar ▶ D 7

Das nur 21 m tiefe **Schalkenmehrener Maar** war ursprünglich ein Doppelmaar, der verlandete Zwilling ist heute wegen seiner Moorflora Naturschutzgebiet. Der See mit **Badebereichen** (Mitte April–Sept. tgl. 11–18 Uhr, 3 €) sowie Tret- und Ruderbootverleih liegt inmitten der offenen Feld- und Wiesenlandschaft bei **Schalkenmehren.** Das Dorf war im 20. Jh. bekannt für seine Stoffweberei. »Maartuch« lautete der Markenname der Produkte einer 1926 gegründeten Genossenschaft – ein frühes Beispiel wirtschaftlicher Selbstbestimmung auf dem Land. Im **Heimweberei-Museum** sind die großen Webstühle ausgestellt (Mehrener Str. 5, 54552 Schalkenmehren, Tel. 06592 17 39 39, www.heimweberei-museum.de, April–Mitte Okt. So 15–17 Uhr, 2 €).

Rund um die Dauner Maare

Observatorium Hoher List ▶ D 7

Bei Schalkenmehren, Tel. 06592 95 13 70, www.hoher-list.de

Die Gebäude der Sternwarte auf dem Hohen List (549 m) aus den Jahren 1950 bis 1954 stehen unter Denkmalschutz. Die markanten drei Kuppeltürme nutzt seit 2013 die Astronomische Vereinigung Vulkaneifel (AVV) für Veranstaltungen, etwa interessante Vorträge, Führungen und Kunstausstellungen.

Steineberger Ley ▶ E 7

www.steineberg.de

Der heute bewaldete Berg vulkanischen Ursprungs entstand vor rund 35 Mio. Jahren und trägt auf seiner Basaltkuppe einen keltischen Ringwall. Er wurde vermutlich vor rund 2500 Jahren mörtellos aus Bruchsteinen errichtet und umfasst ein Areal von 2,2 Hektar. Die **Vulcano-Infoplattform** auf der Steineberger Ley (557 m) eröffnet in 24 m Höhe Aussicht über die Baumwipfel.

Buerberg bei Schutz ▶ D 7

Wanderweg 6 ab Ortszentrum Schutz oder per Pkw bis Parkplatz (ca. 1,5 km), weitere 600 m zu Fuß; nur für Trittfeste, Schwindelfreie und auf eigene Gefahr

Dies ist einer der schönsten Aussichtspunkte der Eifel – kein Wunder, dass die Römer hier eine Fliehburg anlegten: Der Buerberg bietet ungehinderte Sicht über weite Strecken, ein idealer Standort für eine Signalstation. Nach Süden blickt man auf die markante, in der Mitte ›gesattelte‹ Doppelspitze des Mosenbergs und nach Norden zum Ernstberg. Funde von Keramik- und Glasscherben sowie Münzen belegen die römische Besiedlung. Serpentinenreich windet sich die Straße vom **Dorf Schutz** im Tal hinauf zum Parkplatz, zu Fuß geht es weiter auf breitem, doch stetig und steil ansteigendem Weg bis zu den ›Zinnen‹ der Burg. Sie sind weitgehend ein Werk der Natur aus lotrecht bis zu 50 m aufragendem Basalt, Resten eines ›jungen‹ Vulkankegels aus dem Tertiär.

Tour auf dem Maare-Mosel-Radweg

Fahrradtour auf dem Maare-Mosel-Radweg

Start: Daun, Länge: 38 km, April–Okt. Fahrradtransfer per Bus möglich, Infos: www.regioradler.de, www.eifel.info/maare-mosel-radweg.htm

Gleich der Auftakt des Bahntrassenwegs ist der wohl schönste Abschnitt: In **Daun** folgt nach dem beeindruckenden 103 m langen **Viadukt** in 28 m Höhe ein **Tunnel** (560 m lang), **Großes Schlitzohr** genannt. Nach einem Anstieg bei **Mehren** rollt man gemächlich vorbei an verlockenden Möglichkeiten für Abstecher, z. B. zum vogelreichen Naturschutzgebiet Sangweiher oder zum Holzmaar (6,5 km). In **Gillenfeld** lockt das **Pulvermaar** (ca. 3 km) zum Bad, in **Eckfeld** das Bauernhofcafé Morgenfelderhof (s. S. 214) zur Rast. Die letzten 21 km bis Wittlich radeln sich wie von selbst, bevor es per RegioRadlerBus zurück nach Daun geht.

Wallenborn ▸ D 7

Siehe Entdeckungstour s. S. 208.

Übernachten, Essen

Genuss ländlich-rustikal – **Hotel Landgasthaus Krebs:** Am Weyersberg 18, 54552 Mehren, Tel. 06592 31 80, www.landgasthauskrebs.de. Ein modernes Gebäude in toller Aussichtslage; Zimmer mit Balkon (DZ ab 85 €) oder ›Sternenblickzimmer‹ mit Dachterrasse. Entspannen können Gäste auch in der Gartensauna. Im Restaurant (Mo geschl., Mi–So mittags, Di–So 17.30–20.30 Uhr) kreative Küche. Hauptgerichte 15–20 €, Vegetarisches aus der Region (um 10 €), wie Döppekooche, guter naturtrüber Apfelsaft.

Aktiv

Baden – **Naturfreibäder:** am Pulvermaar, s. S. 201, Gemündener Maar, s. S. 205, Schalkenmehrener Maar, s. S. 205, und Meerfelder Maar, s. S. 219. Infos: www.dauner-bäder.de.

Spielwiese für Mountainbiker – **Koulshore:** In einer ehemaligen Lavagrube oberhalb von Üdersdorf-Trittscheid anspruchsvolle Single Trails mit Abfahrten über Holzrampen, Steilhänge, Steinfelder, Baumwurzeln. **Trailpark Vulkaneifel:** www.vulkan.bike. Auf der interaktiven Karte sind geeignete Routen verzeichnet.

Für Pferdefreunde – **Reiterhof Stolz:** Barninerhof, 54552 Schalkenmehren (2 km außerhalb), Tel. 06592 25 54, www.reiterhofstolzschalkenmehren.de. Ponyreiten, Tagesritte in wunderschöner Umgebung, Pension (20 €/Pers.), Tagesritt mit Leihpferd 75 €.

Neroth und Umgebung ▸ D 7

Neroth ist ein gemütliches Dorf mit rund 250 Einwohnern, das sich im Schatten seines Hausbergs Nerother Kopf breitmacht. Der Berg steht unter Naturschutz, während sein südlicher Zwilling Kalenberg teilweise dem Abbau von Lavasand zum Opfer gefallen ist.

Nerother Kopf

Auf dem 647 m hohen Nerother Kopf ragt nicht nur ein Sendemast auf, sondern hier stehen auch die Ruinen einer Burg aus dem 14. Jh., **Freudenkoppe** genannt, von der Teile des Burggrabens und Bergfrieds erhalten sind. Bauherr um 1340 war der blinde Luxemburger König Johann von Böhmen. Bekannt als Wiege der Wandervogelbewegung ist die **Mühlsteinhöhle,** wo 1921 der Nerother Wandervogelbund gegründet wurde.

Hinterweiler ▸ D 6

Hinterweiler liegt im Schutz des mächtigen **Ernstbergs** (699 m), des höchsten Vulkans der Westeifel und zweithöchsten Eifelbergs überhaupt. Früher wurden hier Mühlsteine abgebaut. Im Winter ist die Gegend beliebt zum Langlaufskifahren.

Kirchweiler Rohr ▸ D 6

Zwischen Hinterweiler und Kirchweiler, Hinterweiler Ortsausgang K 35 Richtung Hohenfels

Das 40,5 ha große Naturschutzgebiet ist mit seinen Feuchtwiesen und zahlreichen Vogelarten besonders im Frühsommer einen Abstecher wert. Im Mai/Juni blühen blauer Storchschnabel, rosaroter Wiesenknöterich und gelbe Sumpfdotterblumen. Auch die sonst seltenen Schwarz- und Braunkehlchen fühlen sich in diesem einzigartigen Biotop wohl.

Einkaufen

Imkerei – **Thomas Körsten:** Heltenbergstr. 2, Tel. 06591 77 37, 06591 30 63, www.eifelimker.de. Hervorragende durch Bioland zertifizierte Honige, Met und Bienenprodukte. Bio-Imkermeister Thomas Körsten führt nach telefonischer Vereinbarung gern durch seinen Imkerbetrieb.

Aktiv

Drachenfliegen – **UL-Sonderlandeplatz:** Bei Hinterweiler zwischen B 410 und Kirchweiler Rohr herrscht beste Thermik, www.dfc-vulkaneifel.de.
Wintersport – **Ski-Langlaufzentrum Ernstberg:** Hinterweiler (an der K 35 Hinterweiler–Waldkönigen), Tel. 06595 90 17 60, www.slv-ernstberg.de. Vier Loipen (0,8–3,3 km) rund um den zweithöchsten Berg der Eifel (gebührenfrei). Skiverleih, Bewirtung auf der Skihütte.

Unser Tipp

Mausefallenmuseum in Neroth

Das kleine Museum erinnert an die Zeiten, als sich die findigen Nerother auf die Drahtwarenfertigung verlegten. Landauf, landab gingen die Männer hausieren und verkauften die in Heimarbeit gefertigten Ratten- und Mausefallen. Der letzte Betrieb schloss 1979; seine Maschinen sind im Museum zu sehen, ebenso die unterschiedlichen Modelle der Fallen (Mühlenweg 1, 54570 Neroth, www.mausefallendorf.de/museum, April–Okt. Mi 14–16, Fr 15–17 Uhr, 3 €).

Auf Entdeckungstour: Wasser aus der Tiefe – Mineralquellen in der Vulkaneifel

Die vulkanische Tätigkeit in der Eifel sorgt bis heute dafür, dass Wasser und Gase aus der Tiefe des Erdinnern aufsteigen – mehr oder weniger eruptiv. Spektakulär ist der kalte Geysir in Wallenborn. Die meisten Brunnen (Dreese) sind Anlaufstellen für Durstige und liefern gesundes Mineralwasser.

Reisekarte: ▶ D 6/7
Länge: ca. 23 km
Wallender Born: Eintritt 1,50 €/Person.
Tipp: Noch mehr zum Thema Mineralwasser erfahren Sie bei einer Führung im **Gerolsteiner Brunnen** (s. S. 222).

Nicht nur zum Trinken

Einen Sauerbrunnen, in der Eifel Drees genannt – das Wort ist verwandt mit gotisch *thriasan* (fließen) –, gibt es an vielen Orten am Fuß erloschener Vulkane, sei es im Dorf als gefasste Quelle, sei es mitten im Wald. Die Einwohner der Eifeldörfer schätzten die Dreese immer als Trinkwasserquellen: Sie bieten ein gesundes und dank des Kohlendioxidgehalts keimfreies Alltagsgetränk. Als wohltuend erlebt man es auch heute, hat man sich erst einmal an den leichten Eisengeschmack gewöhnt. Direkt am Drees abgefülltes Mineralwasser ist nicht enteisent, das Eisen fällt aus und sorgt für den braunen Belag in der Flasche. Wegen der konservierenden Wirkung des CO_2 ist das Wasser in Glasflaschen mehrere Wochen lagerfähig. Das Wasser ist nicht nur zum Trinken gut: Sprudel benutzte man früher gern, um Buchweizenpfannkuchen leicht und locker zu machen, und auch der Sauerteig kam mit seiner Hilfe gut in Gang. Als Heilwasser kamen die mineralienreichen Quellen erst ab dem 18. Jh. zum Einsatz.

Der Brubbel in Wallenborn

Der **Wallende Born** im Dorfzentrum von **Wallenborn** ist eher etwas fürs Auge als für den Gaumen – eine spektakuläre Sehenswürdigkeit: Etwa alle halbe Stunde lässt sich in dem mit Steinen eingefassten Wasserloch des ›Brubbels‹ ein leichtes Blubbern vernehmen, kurz darauf schießt eine rund 4 m hohe Fontäne in die Luft. Es folgen noch einige kleinere Eruptionen, bis sich der kalte Geysir wieder schlafen legt. Während sich ein leichter Schwefelgeruch ausbreitet, fließt das trüb-schlammige Wasser ›geordnet‹ in Rinnen ab. Die Wassertemperatur liegt bei ca. 9–15 °C. Echte Geysire, wie sie in Island anzutreffen sind, haben eine Temperatur von um die 90 °C.

Der Name Wallenborn geht zweifellos auf die ungewöhnlich lebhaften Mineralquellen zurück, die es hier schon immer gab. Sie waren bereits Mitte des 19. Jh. eine Sehenswürdigkeit. Doch der heute so spektakuläre kalte Geysir entstand erst durch eine Bohrung in den 1930er-Jahren, die der Quelle auf die Sprünge helfen sollte. Wie im benachbarten Daun strebten die Wallenborner eine Mineralwasserabfüllanlage an. Als die Bohrung in 30 m Tiefe angekommen war, traf sie auf eine mit explosivem Gas gefüllte Kammer, die sich entlud und den Bauarbeiten ein vorzeitiges Ende setzte. Seitdem entlädt sich das Gas in Intervallen von ca. 30–35 Minuten.

Vom Brubbel führt der ca. 3,5 km lange ausgeschilderte **Brubbelpfad** zu weiteren Sauerbrunnen und Mofetten rund um Wallenborn – aus acht Quellen im Wallenborner Talkessel entweicht u. a. Kohlendioxid. Wallenborns Klimabilanz sieht somit schlecht aus, egal wie viel die Bewohner für Wärmedämmung ausgeben mögen.

Dörfer und ihre Dreese

Auch am südlichen Ortsrand (an der L 27) von **Niederstadtfeld** ist ein guter dorfeigener **Sauerbrunnen** zu finden. Die Analyse des Mineralwassers kann man, wie sonst auch, einer Infotafel entnehmen.

Wieder auf der B 257 kann man kurz nach Pützborn nach **Steinborn** am Fuß des Ernstbergs abbiegen. Hier liegt die überdachte Zapfstelle des Sauerbrunnens **Steema-Drees** mitten im Dorf und spendet Wasser bester Qualität.

In **Daun** findet sich eine andere viel besuchte Quelle, deren Wasser sich die Bewohner aus der Umgebung gern in Flaschen abfüllen: Direkt unterhalb des Burgbergs 400 m steiler Fußweg vom Zentrum Daun sprudelt der **Hotzendrees** (neben der B 257/B 421).

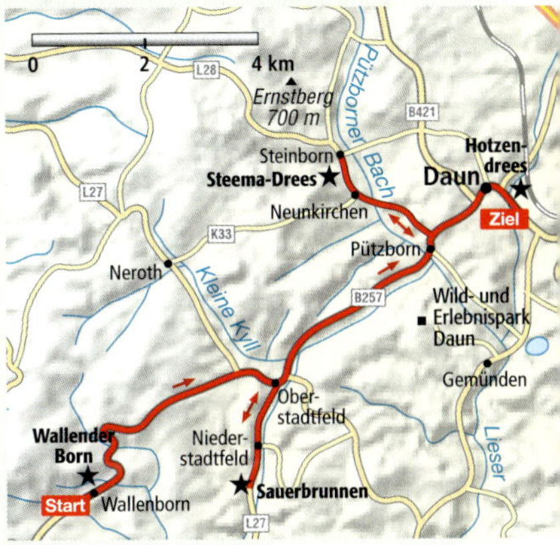

Termine

Eierlage: am Ostersonntag in Neroth (s. S. 32). **Radschiveln:** 1. So nach Karneval (›Schewe Sonnich‹).

Ulmen ▸ E 6

Dem netten Städtchen (ca. 3300 Einw.) sitzt die Autobahn A 48 trotz Lärmschutzwänden im Nacken. Ein Trost ist der idyllische Maarsee in Ortslage (s. Lieblingsort S. 213). Auf dem **Marktplatz** erinnert ein Brunnen an Episoden aus der Stadtgeschichte: Oberhalb des Maars standen spätestens seit dem 12. Jh. zwei Burgen, eine ist noch erkennbar und gilt als Kreuzritterburg, denn Ritter Heinrich von Ulmen nahm 1202–1204 am Kreuzzug nach Konstantinopel teil. Die Burg wurde später von Kurtrier übernommen, 1679 von den Franzosen im Erbfolgekrieg geschleift und nach dem Stadtbrand 1831 von den Bürgern als Steinbruch zum Wiederaufbau genutzt.

Ulmener Maar und Jungferweiher

Auf dem nahezu ebenen **Rundweg um das Ulmener Maar** (1 km, ca. 30 Min.) passiert man den Eingang zu einem Tunnel, der zwecks Regulierung des Wasserspiegels im 18. Jh. und erneut im 19. Jh. durch den Tuffwall des Maars zu dem heute jenseits der Autobahn liegenden **Jungferweiher** gegraben wurde. Auch dieser ist ein Maar, wenn auch zehnmal älter und inzwischen dabei zu verlanden, ein Naturschutzgebiet mit reichem Vogelleben: Neben Feldlerchen brüten hier Krickente, Haubentaucher, Rohrsänger, Braun- und Schwarzkehlchen, dazu kommen zur Zugvogelzeit immer wieder seltene Gäste wie Orfeusspötter oder Odinshühnchen. Ein **Rundwanderweg** (3,5 km) startet am Bahnhof Ulmen bzw. Campingplatz.

Übernachten, Essen

Nostalgisches Flair – **Bürgerstube:** Alter Postplatz 3, Tel. 02676 367, www.hotel-buergerstube.metro.rest. Di–So 17–23, Fr–So auch 11–14.30 Uhr. Nostalgisch eingerichtetes Lokal mit Eifeler Bier und Spezialitäten der Region: Kartoffelsuppe (Krumperezopp) 5,30 €, oder Rumpsteak vom Eifelrind ab 19,90 €, leckere Desserts, wie Apfelringe im Ausbackteig. Zum Übernachten gibt es individuelle urig-nostalgisch designte Zimmer (EZ ab 55 €, DZ ab 90 €).

Aktiv

Mountainbike-Touren – **MTB Xpert Bikestation Eifel/Vulkaneifel:** Winkelstr. 3, www.mtb-xpert.de. Touren auf den Trails der Vulkaneifel und bis an die Mosel. Auch Kurse in Fahrtechnik.

Infos & Termine

Im Internet: www.gesundland-vulkaneifel.de.
Bus: nach Mayen, Gerolstein, Daun, Lutzerath, Koblenz, Buslinie 500 von Gerolstein und Cochem nach Ulmen, www.vrminfo.de.
Termine: Appelfest, alle zwei Jahre (zuletzt 2017) Anfang Okt., www.eifelverein-ulmen.de.
Weihnachtsmarkt, am 1. Advent auf dem Marktplatz.

Brockscheid ▸ D 7

Hätte August Mark nicht vor fast 200 Jahren eine erstklassige Lehmgrube entdeckt, wäre Brockscheid heute nicht das, was es ist: das Glockengießerdorf in der Vulkaneifel. Damals wanderten Glockengießer noch von Ort zu Ort, denn Glocken wurden in

Aufbau der Form in der Glockengießerei Mark in Brockscheid

der Regel dort gegossen, wo sie läuten sollten. Der Brockscheider Lehm war jedoch von solch besonderer Qualität, dass August Mark seinetwegen in Brockscheid blieb, um von hier aus Glocken in alle Welt zu liefern.

»Fest gemauert in der Erden« stehen auch heute noch wie in Schillers Gedicht die Formen mit gestampfter Erde umgeben in den Brockscheider Glockengießereien. Sie werden aus ebendiesem Superlehm unter Zusatz von Rinderdung und -haaren in wochenlanger Arbeit geformt, in stundenlangem Brand gehärtet, mit Gießöffnung und Windpfeifen versehen. Dann wird rund 1100 °C heiße Zinnbronze in die Form geleitet. Diese wenigen Minuten sind entscheidend. Erst wenn nach dem Abkühlen die Glocke aus der Hülle befreit wird und nach der Reinigung die Prüfung mit der Stimmgabel ergibt, dass die Glocke auch ›glockenrein‹ klingt, wissen die Glockengießer, dass sich die monatelange Arbeit gelohnt hat.

Die Glockengießereien

Die beiden Brockscheider Glockengießereien sind ganzjährig zu besichtigen. Glockengüsse finden allerdings nur wenige Male im Jahr statt. Meist wird man den Gießern und Formern bei den nicht minder spannenden Formarbeiten zusehen und vielleicht für zu Hause eine kleine Glocke oder andere Kunstgussarbeit kaufen.

Die **Eifeler Glockengießerei Mark** (Glockenstr. 51, Tel. 06573 99 03 30, www.glockengiesser.de, 30-minütige Führungen April–Okt. Mo–Sa stdl. 10–12, 14–16, Nov.–April Mo–Fr 15 Uhr. 3 €, mit Cafeteria) ist die größte Glockengießerei im Ort. Hier wirkt die einzige Glockengießermeisterin Europas, Cornelia Mark-Maas. Hauptanlaufstelle für Besuchergruppen ist der Laden mit einem großen Sortiment an Souvenirs.

Der Betrieb **Glocken- und Kunstguss Hermann Schmitt** (Glockenstr. 14, Tel. 06573 18 17, www.glocken-schmitt.de, Mo–Sa Besichtigung nach tel. Anfrage, Eintritt frei) stellt neben

Lieblingsort

Jung und spiegelglatt – das Ulmener Maar ▶ E 6

Das fast 37 m tiefe Ulmener Maar ist nur knapp 11 000 Jahre alt und damit das jüngste Eifelmaar. In einer Tiefe von unter 4 m steigen auch heute noch Gasblasen auf – Zeichen eines aktiven Vulkanismus. Besonders schön ist der Spaziergang um den See mit Blick auf die Burgruine und den alten Ortskern von Ulmen mit der Kirche.

Glocken auch Kunstgussobjekte und geschmiedete Metallgegenstände für Haus und Garten her.

Essen & Trinken

Landlust – **Bauernhofcafé Morgenfelderhof:** Brunnenstr. 37, 54531 Eckfeld, Tel. 06572 21 49, www.bauernhofcafe-morgenfelderhof.de, So vor Ostern–1. Nov. Di–So 12–18, 2. Nov.–So vor Ostern (Palmsonntag) Fr–So 14–18 Uhr. In gepflegter ländlicher Atmosphäre genießt man köstliche hausgebackene Kuchen – besonders empfehlenswert ist die Stachelbeerbaisertorte. Auch Ferienwohnungen.

Aktiv & Kreativ

Zum Bildhauer in die Lehre – **Atelier AAK 1:** Zum Aak 1, 54531 Eckfeld, Tel. 06572 23 39, www.aak1.de. Für alle, die sich mit Flex, Hammer, Säge und Meißel an Stein oder Holz versuchen wollen, veranstaltet Bildhauer Michael Hussmann Seminare in der alten Schule.

Manderscheid ▸ D 7

Die ehemalige Tuchmacherstadt im Herzen der Ferienregion Vulkaneifel hat als Stammsitz eines der wichtigsten Adelshäuser der Eifel einen klangvollen Namen. Heute sind der Kneipp-Kurort Manderscheid (1400 Einw.) und das benachbarte **Bettenfeld** beliebte Standorte für Wanderer auf dem Lieserpfad oder für Geologieinteressierte, die den Mosenberg-Vulkan studieren möchten (s. Entdeckungstour S. 216).

Ein Bummel durch die Gassen des netten Städtchens lohnt sich. Den Blick fangen kleine, feine Sandsteinskulpturen an historischen Hausfassaden ebenso wie die Schaufenster von ein, zwei Kunsthandwerkerläden.

Eine Stippvisite im **Heimatmuseum** (Kurfürstenstr. 24, www.maarmuseum.de) in einem historischen Haus gegenüber dem Rathaus entführt in die ›gute alte Zeit‹. In der nahen **Steinkiste** (Am Markt, Mo 18–19, Do, So 11.30–12.30 Uhr, Eintritt frei) sind Mineralien, Gesteine und Fossilien aus der ganzen Welt zu sehen, die ein Privatsammler zusammengetragen hat.

Maarmuseum

Wittlicher Str. 11, www.maarmuseum.de, März–Okt. Di–Sa 10–12, 14–17, So 13–17 Uhr, 3 €, Kombiticket mit Niederburg 3,50 €

Nicht versäumen sollte man einen Besuch des Maarmuseums in der ehemaligen Turnhalle mit einem begehbaren Maarmodell, das, audiovisuell untermalt, einen Vulkanausbruch simuliert. Hauptsehenswürdigkeit ist aber das nur rund 50 cm große »Eckfelder Urpferdchen«. Es ist 45 Mio. Jahre alt und wurde in dem trockengefallenen Eckfelder Maar gefunden, das den Tieren der savannenartigen Landschaft der Urzeit als Tränke diente.

Die Manderscheider Burgen

Oberburg jederzeit zugänglich, Niederburg: www.niederburg-manderscheid.de, Osterferien–Okt. Mo, Mi–So 10.30–17 Uhr, 3 €, Burgcafé

Einen romantischen Anblick bieten die beiden Manderscheider Burgen, die ruinös, aber schön hintereinandergestaffelt vor bewaldeter Bergsilhouette aufragen. Was man nicht sieht: Die beiden Bergsporne trennt das tiefe Tal der Lieser – die beiden Burgherren waren sich spinnefeind. Zwischen **Niederburg** (Luxemburg) und **Oberburg** (Trier) verlief seit Mitte des 12. Jh. an der Lieser die Grenze. Die eindrucksvollere der beiden ist die Niederburg. Das Bollwerk der Manderscheider Grafen, das den Trierern so lange standhielt, wirkt beim Weg aus dem Liesertal steil hinauf unbezwingbar. Mehrere Reihen Sperrmauern riegeln die Burg ab, die lotrecht abfallenden Felsen bieten besten Schutz für den Burgkern: den 18 m hohen Bergfried (12. Jh.), in den Fels gehauenen Treppen, Zisterne und Resten des romanischen Palas sowie dem kleinen Burgort **Niedermanderscheid** mit den Ruinen der Stadtmauer.

Wacholdergebiet Bleckhausen

Abzweig von der L 46 7 km nördl. von Manderscheid, ca. 500 m südlich von Bleckhausen, Parkplatz nach ca. 2 km

Auf den mageren Flächen an einem steilen Hang oberhalb des tief eingeschnittenen Bachtals haben sich die Wacholder zu viele Meter hohen Bäumen entwickelt. Unten im Tal plätschert leise die Lieser.

Wanderung auf dem Lieserpfad

Start: Manderscheid, Länge (Kurzvariante): ca. 14 km (zurück per Bus, Linie 300, tgl. Halt an der L 62, Abzweig Karl, Mo–Fr auch Busse ab Karl Linie 511 Manderscheid–Wittlich und 303 nach Großlittgen, Wengerohr), Komplettstrecke bis Wittlich: 24 km

Manchen gilt der Lieserpfad als schönster Wanderweg überhaupt. Leicht ist er nicht zu gehen, gerade der untere Lieserpfad zwischen Manderscheid und Wittlich erfordert gute Kondition und Trittsicherheit – das Naturerlebnis ist es wert. Besonders an heißen Sommertagen ist es herrlich, im schattigen Liesertal zu wandern. Von Daun bis ca. 13 km hinter Manderscheid verläuft auch der Eifelsteig entlang der Lieser.

Auf den ersten Kilometern hinter **Manderscheid** bieten sich immer wieder wunderbare Blicke auf das Burgenpanorama, dann bestimmt das felsige Tal das Bild und die schwierigen steinigen Wegstücke erfordern volle Aufmerksamkeit. Zwei Brücken queren auf diesem Stück den Fluss, **Falbachbrücke** und **Karl-Kaufmann-Brücke.** Bevor man die Brücke erreicht, ist ein Abstecher zum **Mausloch** möglich, einem Stollen mit ungeklärter Funktion. Vielleicht diente er zur Wasserregulierung und dazu, die Talwiesen kontrolliert zu fluten. Ein weiterer steiler Abstecher (1 km) führt zu den spärlichen Resten der nur bis ins 14. Jh. genutzten **Biederburg** am anderen Flussufer. Wer nicht die gesamte Strecke bis Wittlich schafft (24 km), kann das Tal nach etwa 10 km auf dem hier abzweigenden **Eifelsteig** bis zur L 62 (4 km) verlassen und vom Abzweig **Karl** mit dem ▷ S. 218

Wanderung auf dem Lieserpfad

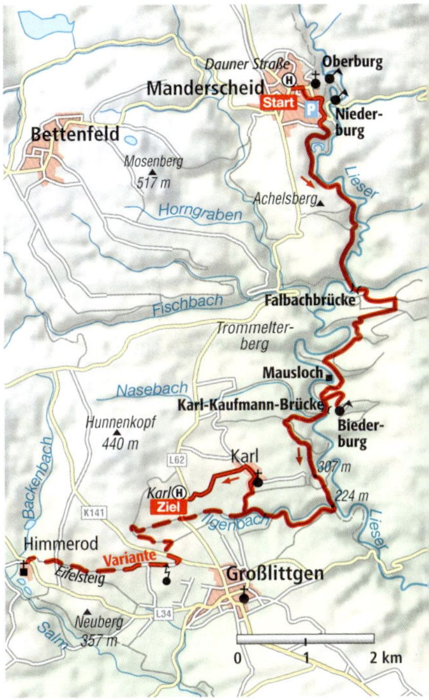

Auf Entdeckungstour: Dem Vulkan ins Auge geschaut – rund um den Mosenberg

Kaum irgendwo sind die Spuren des Eifelvulkanismus so deutlich zu sehen wie am Mosenberg: schroffe Zacken verwitterter Lava, Schlackebrocken verschiedener Größe und zwei Maare, die keine sind, sondern echte Kraterseen.

Reisekarte: ▶ D 7
Start: Parkplatz Hinkelsmaar (zwischen Bettenfeld und Manderscheid).
Alternative: 3-stündige Wanderung von Manderscheid (9,4 km).
Länge: 3 km Rundwanderung, 6 km mit Mosenberggipfel und Vulkanerlebnispark.
Sehenswert in der Nähe: Zum Mosenberg-Vulkansystem gehört auch das **Meerfelder Maar** (1,8 km; s. S. 219). Empfehlenswert ist ein Besuch des **Maarmuseums** in Manderscheid (s. S. 214).

Das Szenario: Vor rund 30 000 Jahren begann eine Serie vulkanischer Eruptionen, die erst vor etwa 10 000 Jahren endete; die fünf Ausbruchstellen von Nordwest nach Südost: Hinkelsmaar, Windsborn, zwei Mosenbergkrater und die Stelle eines späteren Steinbruchs.

Geschütztes Torfmoor

Unterhalb vom **Parkplatz** liegt, in der Wiese kaum auszumachen, das **Hinkelsmaar.** Es ist kein Maar, sondern der Kratersee eines Schichtvulkans. Um 1840 wurde ein Stollen gegraben, um das Wasser zum Versickern zu bringen und Torf zu gewinnen. Durch die danach einsetzende Verlandung ist ein Torfmoor mit einer ganz eigenen Pflanzen- und Tierwelt entstanden, das mit den angrenzenden Flächen unter Naturschutz steht.

Ein Maar, das keines ist

Der Rundweg führt zunächst zum **Windsborn-Kratersee.** Das Besondere am Windsborn: Er ist kein Maar! Die Dauner Maare sind in den Trichtern entstanden, die nach einer Explosion eingebrochen sind und sich mit Wasser gefüllt haben. Der Windsborn dagegen ist ein echter Kratersee – der einzige nördlich der Alpen –, eine Rarität. Mit ca. 1,70 m Wassertiefe ist er ein Flachgewässer und die Verlandung nur eine Frage der Zeit. Den See speisen ausschließlich Niederschläge, im Gegensatz zu anderen Gewässern hat er keinen Zufluss, der Mineralien und Nährstoffe herantragen könnte. In dem sauren Milieu leben spezielle Pflanzen und Tiere, zwar keine Fische, aber dafür eine außerordentliche Vielfalt an Libellen.

Eine ganz bestimmte Magerflora gedeiht in und am See: Fieberklee bildet im Frühsommer Teppiche weißer Blüten auf der Wasseroberfläche und das rot blühende Sumpfblutauge setzt Farbakzente. Um die trittempfindlichen Schwingrasen zu schützen, verläuft der Pfad um den See mit etwas Abstand, großteils auf dem Wall aus rotbrauner Asche und Schweißschlacke, die der Vulkanausbruch aufgeworfen hat. Wer dem Rundweg um den stillen See folgt, bewegt sich auf dem 20–30 m hohen Schlackenwall. Man kann Stellen entdecken, wo der Bewuchs fehlt und die bizarr zerfetzte raue Oberfläche der Schlacken zu sehen ist – man bekommt hier noch einen Eindruck von dem dramatischen Geschehen während der Vulkanausbrüche.

Wie aus dem Geologie-Lehrbuch

Vom Windsborn geht es über einen Sattel zum Gipfel des **Mosenberg** (517 m). Der 15 Stufen hoch über den Bäumen platzierte **Aussichtspavillon** ermöglicht einen Blick über die Baumkronen nach Osten Richtung Manderscheid. Als der Eifelmaler Fritz von Wille um 1920 den Mosenberg und seine Umgebung in etlichen Gemälden verewigte, hatte er noch Rundumblick und eine etwas andere Eifellandschaft vor Augen als wir: eine kahle Magerrasenfläche, baumlos und nur durchbrochen von windzerzaustem Ginster und niedrigen Büschen, aus der schroffe schwarzgraue Schlacken aufragten, erkaltete Lavafetzen. Heute wird vielerorts von Wald bedeckt, was damals so anschaulich die Erdgeschichte der Eifeler Vulkanlandschaft vor Augen führte. Zu Füßen liegt uns der zweite Mosenbergkrater, an seinem Rand wurden in den 1970er-Jahren Lapillituffe abgebaut. Dabei entdeckte man die fünfte Ausbruchstelle der Vulkankette. Auf seiner Südseite wurde ein **Vulkanerlebnispark** (500 m ab Pavillon) mit Gesteinslehrpfad eingerichtet.

Unser Tipp

Spezialität: Forelle
Die **Heidsmühle** in Manderscheid, eine ehemalige Getreidemühle, ist mit ihrem Wasserpark ein populäres Ausflugslokal. Hier gibt es klappernde Mühlen, Skulpturen, Brunnen und Blumenrabatten, Futterautomaten fürs Forellenfüttern und einen Kleintierzoo (Ziegen). Spezialitäten im Restaurant (tgl. 11.30–20.30 Uhr) sind fangfrische Forellen, ob blau oder Müllerin-Art (13,50 bzw. 15,50 €), Lokales, wie Döppekooche (9,90 €), sowie Kuchen der hauseigenen Konditorei. Abends finden gelegentlich Events statt (Mosenbergstr. 22, unterhalb der Kurklinik, Tel. 06572 747, www.heidsmühle-mander scheid.de; auch Hotel mit Aufzug, ca. 20 helle Zimmer, manche mit Balkon, DZ 98 €).

Bus nach Manderscheid zurückfahren. Alternative: Folgt man dem Eifelsteig weiter, steigt der Weg nach 5 km zum **Kloster Himmerod** ab (s. S. 219).

Übernachten

Kreativ – **Hotel Haus Sonneck:** Burgstr. 20, 54531 Manderscheid, Tel. 06572 93 36 44, www.haus-sonneck-eifel.de, DZ 96 €, EZ 58 € zzgl. Kurtaxe. Wirtin und Fotografin Gaby Trosdorff hat viel Sinn für Farben. So freundlich sonnengelb, wie das Haus von außen ist, fühlt man sich direkt wohl. Von dem hübschen kleinen Garten geht der Blick zu den Burgen.
Einladend – **Gasthaus Weiler:** Holzbeulstr. 8, 54533 Bettenfeld, Tel. 06572 46 11, www.gasthaus-weiler.de, DZ 50 €, EZ ab 28 €. Auch schön hell eingerichtete Ferienwohnungen (55 m^2, 47–64 €/2 Pers., je nach Buchungsdauer). Nettes Gasthaus, Familienbetrieb seit 1850, nicht weit von Manderscheid und Mosenberg, mit Wandermöglichkeiten.

Essen & Trinken

Schickes Bistro – **Wein-Café De Port:** Kurfürstenstr. 13, Manderscheid, Tel. 06572 93 20 92, www.weincafe-deport.de, Sommer Fr–Mi 12–21, sonst 13–18 Uhr, Do geschl. Modernes Café-Bistro, Kuchen, auch Flammkuchen und kleine Gerichte (Gulaschsuppe). Tische draußen lassen mediterranes Flair aufkommen. Auch einige Gästezimmer (30 €/Pers. ohne Frühstück).

Aktiv

Schwimmbad – **Familienfreibad Manderscheid:** Cusanusstraße, Manderscheid, Tel. 0160 666 16 91, Mai–Sept. 10–19 Uhr, Erw. 4 €, bis 16 J. 2,50 €. Mit Wasserrutsche und Sprunganlage.
Wandern – **Manderscheider Burgenstieg:** 6 km rund um Manderscheid.

Einkaufen

Kerzen – **Wachsmanufaktur Kerzen Moll:** Kurfürstenstr. 39, Mo–Sa 9.30–13, Mo–Fr 14–18 Uhr, www.kerzenmoll.de. Hier wird das Handwerk des Kerzenziehens noch geübt; schöne Souvenirs: Lavakerzen mit schwarzer Lavaerde. Di und Do 11 Uhr Werkstattführungen.

Infos & Termine

Tourist Information Manderscheid: Kurhaus, Grafenstr. 21, 54531 Manderscheid, Tel. 06572 998 90 05, www.ferienregion-daun.de.
Historisches Burgenfest: am letzten Aug.-Wochenende in Manderscheid.

Im Salmtal

Kloster Himmerod ▸ D 8

Himmerod 3, 54534 Großlittgen, Tel. 06575 9513-15, http://abtei-himmerod.de, Gästezimmer auf Anfrage
Elf Mönche waren es, die Bernhard von Clairvaux 1134/1135 ausschickte, um in der Einsamkeit der Eifelwälder nach dem Motto »Ora et labora« zu leben. Die letzten Mönche verließen Himmerod 2018 aus Altersgründen, doch Klosterladen, Fischerei und Gaststätte werden unter der Ägide eines Fördervereins vorerst weiter bewirtschaftet.

Die von den Ordensregeln geforderte Schlichtheit beim Kirchenbau erschöpfte sich in Himmerod darin, dass das Gotteshaus turmlos blieb. Heute begeistern sich Barockfans an der Westfront der Abteikirche (1751), die, renoviert, wie ein Fremdkörper aus dem Grün des Waldes ragt. Zu verdanken ist der opulente Westgiebel dem Architekten Christian Kretzschmar, der im Auftrag des Ordens den Neubau der Klosterkirche im damals zeitgemäßen Stil des Barock übernahm. Nach der Säkularisation blieb die Westfront erhalten und wurde im 19. Jh. als Ruine ein romantisches Sujet für Gemälde.

Interessant als Randnotiz deutscher Nachkriegsgeschichte: In Himmerod stand die Wiege der Bundeswehr. 1950 trafen sich hier in aller Stille unter der Regierung Adenauer 15 ehemalige Wehrmachtsoffiziere zu einer Geheimklausur und beschlossen die Wiederbewaffnung, sechs Jahre später wurden die ersten Rekruten eingezogen.

Essen & Trinken

Klösterlich einkehren – **Klostergaststätte Himmerod:** Tel. 06575 95 13 44, http://abteihimmerod.de, Mi–So 11–21 Uhr. Die ideale Einkehrstätte für Ruhesuchende und Wanderer gleichermaßen. Klostereintopf 7,50 €, saisonal wechselnde Gerichte 10–15 €.

Meerfelder Maar ▸ D 7

Kostenpflichtiger Parkplatz am Maar, Rundweg um den See knapp 3 km
Das Meerfelder Maar ist mit einem Kesseldurchmesser von 1,5 km Relikt eines der größten Vulkane der Westeifel. Die Wände des – nur zum geringsten Teil mit Wasser gefüllten – Maarkessels ragen rund 200 m darüber auf.

Eine fantastische Aussicht bietet der Aussichtsturm **Landesblick** auf 515 m Höhe. Das 18 m tiefe Maar ist ein erstklassiges Angelrevier mit abgetrennter Ruhezone für laichende Fische und die Entwicklung eines natürlichen Gleichgewichts. Mitte der 1980er-Jahre war der See kurz davor ›umzukippen‹, durch Überdüngung und Viehhaltung auf den umliegenden Flächen.

Übernachten, Essen

Schlafen im Vulkan – **Ringhotel Maarium:** Meerbachstr. 50, 54531 Meerfeld, Tel. 06572 44 26, www.maarium.de, DZ je nach Saison und Größe ab 54 € pro Person, Panoramazimmer 74 € pro Person inkl. Besuch der ›Magmakammer‹ (Sauna), diverse Pauschalangebote. Das ambitionierte Restaurant u. a. Rumpsteak (25,90 €), Hauptspeisen ab ca. 15 €. Zum Maarium gehört auch das beliebte Ausflugscafé am Maar mit Aussichtsterrasse; Kaffee und Kuchen aus der Konditorei.

Ruhig und familiär – **Gasthaus Brunnenstübchen:** Brunnenstr. 15, 54531 Meerfeld, Tel. 06572 927 17, www.brunnenstuebchen-meerfeld.de. Zimmer um 37 €/Pers. Restaurant Di Ruhetag. Die freundlichen Gastwirte sorgen mit selbstgebackenem Brot und Gemüse aus Eigenanbau für ihre Gäste.

Aktiv

Radfahren – **Kosmosradweg:** www.kosmosradweg.de. Der fast steigungsfreie Radweg nach Daun (bis Kurpark, 21 km) beginnt in Meerfeld an der Zufahrt zum Maar-Parkplatz mit dem »Urknall«, einer Steinskulptur, deren Aussehen an die Quadratur des Kreises erinnert. Planeten begleiten den im Sommer angenehm schattigen Weg.

Naturfreibad – **Meerfelder Maar:** Baden an ausgewiesenen Stellen, Preise für Liegeweise und Bootbenutzung auf Anfrage.

Infos

www.meerfeld.org: auf der Website gute Wandervorschläge.

Gerolstein ▸D 6

Mit Gerolstein verbinden viele vor allem Sprudel – »Gerolsteiner« ist wohl Deutschlands bekanntestes Mineralwasser. Es wird 2 km nördlich der Stadt am Rand des Gerolsteiner Maares gefördert – das Trockenmaar wird fast vollständig vom Gewerbegebiet eingenommen. An der **Helenenquelle** im **Stadtpark** am Kyllufer kann man seinen Durst gratis mit gutem Mineralwasser stillen.

Das alte Ortszentrum mit der **Pfarrkirche St. Anna** (1813), engen Gassen und Treppenwegen liegt am Steilhang unterhalb der Löwenburg. Dank eines Aufzugs (im Rondell) ist es vom Parkplatz aus gut zu erreichen. Zur **Burgruine Löwenburg** muss man aus eigener Kraft weiterklimmen. Der Aufstieg zur Burg, die Gerhard VI. von Blankenheim (1314–1350) errichten ließ, lohnt wegen der Aussicht zum Nerother Kopf und zur Dietzenley. Seit der Zerstörung im pfälzischen Erbfolgekrieg 1691 ist sie Ruine. Die bis zu 11 m hohe Schildmauer steht noch (frei zugänglich).

Naturkundemuseum

Hauptstr. 72, Tel. 06591 989 94 59, www.naturkundemuseum-gerolstein.de, April–Okt. Mo, Di, Do–Sa 14–17, So 11–17 Uhr, Erw. 3 €, erm. 2 €,

Gerolsteiner Panorama: links Erlöserkirche und Auberg, rechts die Dolomiten

So, Fei 11 Uhr Multivisionsshow zur Entstehung der Eifel
Im Naturkundemuseum im alten Rathaus macht man Bekanntschaft mit der Welt der Fossilien und Mineralien, für die Gerolstein und seine Umgebung weltweit bekannt sind. Zu den Highlights gehören der Schädel eines Höhlenbären, wie sie auch archäologische Grabungen in der Buchenlochhöhle zutage gefördert haben, sowie der Abguss der versteinerten Überreste eines *Eifelosaurus,* der in einem Steinbruch nördlich von Gerolstein bei Oberbettingen entdeckt wurde.

Telefonmuseum

Hauptstr. 72, April–Okt. Di, Do, Fr 14–17 Uhr, Erw. 2 €, erm. 1 €
Ein Kuriosum für Technik-Fans! Das Telefonmuseum im Nebenhaus des Alten Rathauses zeigt Ausstellungsstücke aus Heribert Schirmers umfangreicher Sammlung. Allein über 400 Fernsprechgeräte sowie Radios und Phonogeräte hat der Museumsgründer gesammelt.

Die Gerolsteiner Dolomiten

Die Felsen rund um Gerolstein tragen zu Recht den Namen Gerolsteiner Dolomiten. Sie bestehen aus Dolomitkalk, der besonders hart und von kristalliner Struktur ist – ein idealer Baustein, da er kein Wasser aufnimmt. Gebildet wurde das Gestein vor ca. 300 Mio. Jahren aus Korallenstöcken. Wegen seiner Härte konnten die Kräfte der Erosion ihm nichts anhaben, weshalb die Kalksäulen heute so markant aus der Landschaft ragen. Die Überreste von Stromatoporen, Ammoniten und anderen Urzeitwesen, Bewohnern eines urzeitlichen Tropenmeeres, die sich in großer Zahl rund um Gerolstein finden, versetzen seit Generationen Fossiliensammler aus aller Welt in Entzücken. Sportliche Kletterer reizen die senkrechten Felswände der **Hustley** mit präpariertem Kletterpfad und natürlich auch Ornithologen, denn in den senkrecht aufragenden Felsen brüten Wanderfalken und Mauersegler.

Erlöserkirche und Villa Sarabodis

Sarresdorfer Str. 15, Führungen April–Okt. Mi, Sa 11, Mi, Sa 15 Uhr, Erw. 3,50 €, Kinder 1,50 €

Zur Einweihung der 1913 in prächtigstem wilhelminischem Historismus errichteten evangelischen **Erlöserkirche,** die mit ihrem italienisch inspirierten Campanile aus rotem Sandstein im Kylltal aufragt, reiste seinerzeit sogar der Kaiser aus Berlin an. In der Vorhalle sind die Porträts Wilhelms II. und seiner Gemahlin Auguste Victoria nur ein Vorgeschmack auf die goldglänzenden Mosaiken im Innern, u. a. eine imposante Darstellung des segnenden Christus in der Chorkuppel – eine zweite Fassung: Die erste, zunächst für Gerolstein bestimmte, lieferten die Mosaizisten auf Betreiben der Kaiserin nach Jerusalem in die Himmelfahrtskirche.

Bei einer Führung kann man auch einen Blick in das benachbarte kleine **Museum** mit Funden aus der beim Bau der Kirche entdeckten **Villa Sarabodis** werfen, einer bedeutenden römischen *villa rustica* aus dem 1. Jh. Im Garten der Kirche lassen sich die Fundamente und die Hypokaustenfußbodenheizung der Villa betrachten.

Kreisheimatmuseum

Sarresdorfer Str. 25, Tel. 06591 94 96 93, Mai–Sept. Fr–So 11–18 Uhr, Erw. 2 €, erm. 1 €

Das Museum im restaurierten Sarresdorfer Pfarrhaus aus der Mitte des 16. Jh. zeigt altes Bauernhofmobiliar, Takenplatten u. v. m. und dokumentiert in zehn Räumen, wie man früher auf dem Dorf wohnte. Dem hübschen Steinhaus hätte man einen ruhigeren Standort gewünscht als so nah an der Bundesstraße mit ihrem Verkehrsgewühl. Nebenan stehen zwei in den 2010er-Jahren hierher transferierte Fachwerkbauten, die im Sommer als Café und Weinstube fungieren.

Am Ortsrand

Lokschuppen

Kasselburger Weg 16, Tel. 06591 94 99 87 40, www.lokschuppengerolstein.de

Das museale Bahnbetriebswerk wurde bekannt durch Liveauftritte bekannter Comedy-Stars, Bands und Solomusiker nicht nur aus der Kölner Szene. Zwar finden seit 2018 keine Musikevents mehr statt, aber das restaurierte Lokkarussell der einstigen Eifelquerbahn und die historischen Schienenbusse können im Rahmen von Führungen im Juli/Aug. besichtigt werden. Termine auf der Homepage.

Gerolsteiner Brunnen

Vulkanring (ca. 2 km nördlich im Gewerbegebiet), Tel. 06591 142 38, www.gerolsteiner.de, Führungen für Spontanbesucher (bis 5 Personen ohne Anmeldung) Mo–Fr 15 Uhr, für Gruppen nur nach Anmeldung, kostenlos

Bei der kenntnisreichen Führung durch den Abfüllbetrieb erfährt man Erstaunliches und Kurioses über Entstehung, Alter und Herkunft des Mineralwassers sowie seine Wirkung – und nicht zuletzt, wie es in die Flasche kommt. Am Ende gibt es natürlich auch eine Kostprobe, mit oder ohne Geschmack.

Juddekirchhof (gallorömisches Heiligtum Caiva-Tempel)

Zugang s. Wanderung s. S. 223 oder hinter dem Industriegebiet östlich der K 47, ca. 1 km nördlich von Gerolstein

Beim Namen Juddekirchhof könnte man zwar an einen Judenkirchhof denken, er rührt aber wahrscheinlich von ›Gode‹ für Matronengöttin oder auch Patin her. In der Kultstätte, die durch eine Inschrift ins Jahr 124 datiert ist, fand man u. a. eine Statuette der keltischen Göttin Caiva, Beleg dafür, dass in dieser Region eine keltisch-römische Mischkultur bestand. Außer einer Rekonstruktion der Grundmauern erinnert am Fundort nichts mehr an die bedeutende Tempelanlage von stattlichen Ausmaßen (63 x 46 m), als deren Stifter der Besitzer der Villa Sarabodis vermutet wird.

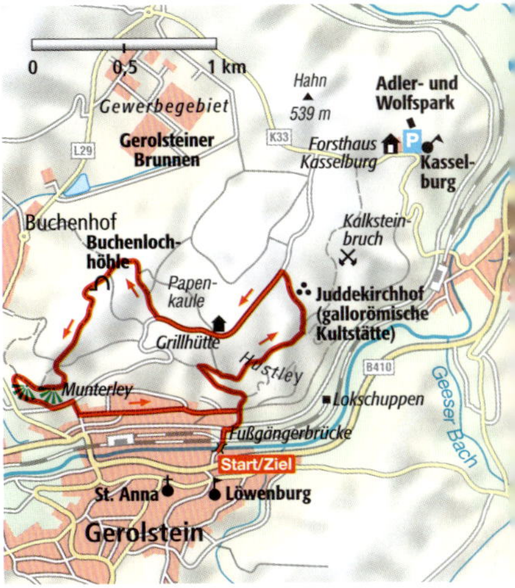

Rundwanderung in den Gerolsteiner Dolomiten

Rundwanderung in den Gerolsteiner Dolomiten

Start/Ziel: Felsenpfad-Start, Fußgängerbrücke an der B 410, Länge: 8 km

Wir halten uns an die Beschilderung »Felsenpfad« und überqueren die Bahngleise auf der schmalen Fußgängerbrücke (›Eselsbrücke‹), vor uns ragt das versteinerte Riff der **Gerolsteiner Dolomiten** auf. Besonders schön ist es hier im Frühsommer, wenn es in dem trocken-warmen, geradezu mediterranen Kleinklima zeitig grünt, blüht und sprießt. Vorbei an der lotrecht aufragenden **Hustley** führen steile Serpentinenpfade aufwärts. Oben dann Szenenwechsel: eine weite flache offene Landschaft. Hier liegt der gallorömische Tempelbezirk **›Juddekirchhof‹** (s. oben). Nach Passieren der **Papenkaule,** eines kreisrunden, 20 m tiefen Eruptionskraters, der heute ganz unspektakulär mit Gras bewachsen ist, sehen wir unter uns das gigantische Areal des **Gerolsteiner Brunnens,** wo am Rand des Maars Mineralwasser abgefüllt wird (Führungen s. S. 222). Kurz darauf entdecken wir im Wald den Eingang zur **Buchenlochhöhle**. Der klimatisch günstige Ort in Südlage im Kylltal lockte schon in der Altsteinzeit Menschen hierher, wie zahlreiche Funde in der Karsthöhle – von Höhlenbärenknochen bis zu Neandertalerwerkzeugen – gezeigt haben. Von der Höhle ist es nicht weit zum **Munterley-Plateau** mit herrlichen Aussichten auf das Panorama der Eifelberge südlich von Gerolstein. Der Abstieg führt z. T. über Treppen in den Ort.

Selbst als Ruine noch imposant: die Kasselburg

Dietzenley

Wanderweg ab Dorfzentrum Büscheich, 1 km, ab Gerolstein 4,5 km

Der 617 m hohe Basaltgipfel ›bewacht‹ den Übergang vom Kylltal in die östliche Vulkaneifel. Reste eines keltischen Ringwalls und einer Fliehburg aus der Römerzeit (1.–4. Jh.) zeugen von der strategischen Bedeutung dieses Ortes. Über allem thront heute ein **Aussichtsturm** mit bestem Blick ins Land.

Burg Lissingen ▶ D 6

Prümer Str. 1, 54568 Gerolstein, Unterburg: geöffnet bei Veranstaltungen, Führungen auf Anfrage www.unterburg-lissingen.de; Oberburg: Führungen Mai–Sept. Fr–So nach Vereinbarung: Kreisheimatmuseum, Tel. 06591 94 96 93, www.oberburg-lissingen.de, 2,50 €, s. a. Übernachten

Die im 13. Jh. erstmals urkundlich als Prümer Besitz erwähnte Lissinger Burg ist eine der wenigen erhaltenen Wasserburgen der Eifel. Sie wurde nie zerstört – aber geteilt: Infolge einer Erbstreitigkeit wurde der Besitz im Jahr 1559 in Unterburg (Niederburg) und Oberburg aufgeteilt, die auch heute verschiedene Besitzer haben.

Die Gebäude der **Unterburg**, der jüngere Teil der Anlage, stammen aus der Renaissance und sind bei gelegentlich stattfindenden Mittelaltermärkten (Ostern, Weihnachtsmarkt Anfang Dez.) oder dem sommerlichen Burgfest näher zu betrachten. Nach der Zwangsversteigerung ist der neue Besitzer seit 2017 dabei, die wichtigsten Restaurierungsarbeiten durchführen zu lassen.

Es lohnt sich, an der Burgmauer entlang herumzugehen und an der Südwestecke das Portal der **Oberburg** zu bewundern, datiert mit »1624«. Teile der Oberburg werden als Ferienapartments vermietet. Die historischen Räume u. a. mit gotischen Kaminen und Kreuzgratgewölbe mit Wandmalereien im früheren Turmwächterzimmer sind sehenswert.

In der Umgebung

Adler- und Wolfspark Kasselburg ▶ D 6

54570 Pelm, Tel. 06591 42 13, www.adler-wolfspark.de, März–Okt. tgl. 10–18, Nov.–Febr. nur Sa, So 11–16 Uhr, Erw. 8 €, Kinder 5,50 €, Burgführung: Mai–Sept. 3. Mi im Monat 13.30–14.30 Uhr (3,50 € extra), Tel. 06591 59 01

Sie ist ein echter Hingucker: Die Kasselburg thront auf einem Basaltkegel hoch über den Gleisen der Eifelbahn – ihr zinnenbekrönter, fast 40 m aufragender Donjon macht sie zu einer der schönsten Burgen der Eifel. Der Doppelturm stammt wie der Rest der Anlage im Wesentlichen aus dem 13.–15. Jh. und wurde Mitte des 19. Jh. im Zuge des Bahnstreckenbaus restauriert. Die Burg kann nur zusammen mit dem Adler- und Wolfspark besichtigt werden – der bietet viele Attraktionen: **Greifvogelflugschauen** April–Okt. Di–So, **Wolfsfütterungen** Aug.–Okt. Mo 15, Di–So 15.45 Uhr, **Wolfsnächte** (mit Fütterung).

Rockeskyll ▶ D 6

Der ehemalige Basaltsteinbruch am **Rockeskyller Kopf** (554 m) nordöstlich von Gerolstein hinterließ eine 40 m hohe Steilwand, die einen erstklassigen Einblick in den Schichtaufbau gibt: Erkaltete Lava, Schlacken und Vulkanaschen liegen Schicht um Schicht übereinander, mustergültig wie im Geologielehrbuch. Ein knapp 5 km langer **Geo-Rundweg** startet in der Mitte des hübschen Dorfes um die spätgotische **Kirche** (im 19. Jh. umgebaut).

Übernachten

Feriendorf in schöner Lage – **Bungalowpark Feriendorf Felsenhof:** Am Stausee 1, Gerolstein, Tel. 06591 3129, www.felsenhof.de. Frei stehende, großzügig im Areal verteilte Bungalows am Eifelsteig mit Ausblick auf die Gerolsteiner Dolomiten bzw. den Auberg. In der Nähe liegt das Einkaufszentrum Sarresdorfer Straße. Bungalows (4–10 Pers., 52 m^2–117 m^2 über zwei Geschosse), 4-Pers.-Chalet ca. 250–450 €/Woche. Für Familien mit Kindern: Sommerbungalow mit Reetdach ab 235 €. Auch Camping: 9 € zzgl. 3,50 €/Pers.

Wellness in ruhiger Lage – **Seehotel am Stausee:** Am Stausee 2, Gerolstein, Tel. 06591 222, www.seehotel-am-stausee.de, DZ 71–81 €, EZ 44–49 €. Der Familienbetrieb existiert seit 1968. Modern, komfortabel und hell eingerichtete Zimmer, teils mit Seeblick und Balkon; Hallenbad und Wellnessangebote. Mit Restaurant.

Wohnen im Burgturm – **Burg Lissingen, Oberburg:** Christine und Christian Engels, Prümer Str. 3, Gerolstein-Lissingen, Tel. 02227 39 09, mobil 0162 864 39 45, www.oberburglissingen.de, 2–6 Pers., pro Nacht 30 €/Pers. zzgl. Endreinigung. Wie ein Burgherr vor 800 Jahren

Unser Tipp

Wasserspiele im Forsthaus

Ein sehenswertes Schauspiel sind die Wasserspiele im Ausflugslokal **Forsthaus Kasselburg:** Der schwarze Vorhang geht auf und schwungvolle Walzermusik setzt das effektvoll beleuchtete Springbrunnen-Ensemble in Gang. Aber auch der Blick bei einem Tässchen Kaffee oder einem Eisbecher von der Sonnenterrasse auf Gerolstein und das Kylltal tief unten ist nicht zu verachten (Auf der Kasselburg 1, 54570 Pelm, Tel. 06591 98 51 76, www.forsthaus-kasselburg.de).

kann sich fühlen, wer die stilvoll mit antiken Möbeln eingerichtete Ferienwohnung im Burgturm mietet. Treppensteigen (historische Sandsteinwendeltreppe) muss man können, da die drei Räume plus Bad übereinander angeordnet sind. Eine zweite Ferienwohnung befindet sich im Haupthaus, auch als DZ mit Frühstück zu mieten (80 €).

Aktiv

Angelteich – **Angelpark Oosbachtal:** Schauerbachstr. 2 (Richtung Müllenborn), Gerolstein, Tel. 0160 445 95 73, www.angelparkoosbachtal.de, Mi geschl., Dez.–Jan. 8–16, Febr., März 7–17, April–Sept. 6–17, Okt.–Nov. 7.30–17 Uhr, Tageskarte 27 €, inkl. Schwedenhütte und Frühstück 48 Std. 160 €.
Klettern – An der **Hustley,** gebührenpflichtige Erlaubnis erforderlich, erhältlich bei der Tourist Information Gerolsteiner Land (s. unten, Infos).
Ziplining – **EifelAdventures:** Mühlenstr. 7, 54570 Berlingen (ca. 5,5 km nordöstl. von Gerolstein), Tel. 06591 819 90 14, http://eifeladventures.de. Am Seil durch die Bäume schnurren oder anderen dabei zusehen vom Café in der Holzhütte aus. Erw. 35 €, Jugendl. 10–17 J. 31 €. Auch Zip-Lining bei Nacht und Übernachten im Baumzelt in 3 m Höhe!

Infos & Termine

Tourist Information: Bahnhofstr. 4 (im Bahnhof), 54568 Gerolstein, Tel. 06591 94 99 10, www.hillesheimer-gerolsteiner-land.de.
Bahn: Bhf. Gerolstein an der Eifelstrecke Köln–Trier.
Bus: tgl. Regiobus über Daun nach Cochem (Linie 500; April–Okt. mit Radtransport, www.regioradler.de) und nach Prüm (Linie 411); Mo–Fr Mitfahrt in Schulbussen in die Dörfer möglich.
Kylltal Aktiv: 3. So im Juli, autofreier Sonntag, www.kylltalaktiv.de, s. S. 230.

Birresborn ▸ C 7

Südlich von Gerolstein wird das Kylltal mal enger, mal weiter gerahmt von waldbedeckten Hängen, eine sehr schöne Strecke, ob auf dem Kyll-Radweg, per Bahn oder auf der Landstraße. In Birresborn spendeten früher mindestens zwei Quellen Mineralwasser, die Adonisquelle wurde 2003 geschlossen, aber im **Quellpavillon der Lindenquelle** (1834) an der L 33 kann man sich heute kostenlos Mineralwasser abfüllen.

Der Lavastrom des Vulkans **Kalem** (509 m) hat die Landschaft nördlich von Birresborn geprägt, Richtung Kopp verläuft die Straße über **Eigelbach** entlang eines Trockenmaars. Zwischen Birresborn und Kopp führen **ausgeschilderte Wanderwege** zu den einst zur Mühlsteingewinnung genutzten **Eishöhlen** (3 km) und zu Baumveteranen: den rund 200 Jahre alten Kiefern **Adam und Eva** (ca. 3,5 km). Beide Wanderungen lassen sich zu einer Rundwanderung verbinden.

In der Umgebung

Hundsbachtal

In dem wildromantischen Schluchtenwald des Hundsbachtals, das schon 1948 unter Naturschutz gestellt wurde, blühen Ende Mai/Juni u. a. die Mondviolen. Hirschzungenfarn und Eisenhut kommen ebenfalls vor. Wer dem Pfad bis zum Ende des immer steiler werdenden Tals folgt, das hier den Lavastrom des Kalem-Vulkans durchschneidet, stößt auf Blockschutthalden und einen kleinen Wasserfall.

Bertradaburg in Mürlenbach ▶ C 7
Burgring 11–13, www.bertradaburg.de, Burgführungen nach Absprache
Wo das Tal sich wieder verengt mit vor allem im Westen äußerst steilen Hängen und wo im Osten der wilde Salmwald anschließt, ragt über dem **Dorf Mürlenbach** die Bertradaburg auf. Das beeindruckende, 30 m hohe, in den 1990er-Jahren restaurierte Doppelturmtor ist ihr Markenzeichen. Besonders schön ist der Blick, aus dem Salmbachtal kommend, von Osten auf die Burg. Ihren Namen hat sie nach Bertrada der Älteren, zu deren Besitz Mürlenbach im 8. Jh. gehörte und die hier ihren Altersruhesitz hatte. Sie war die Urgroßmutter von Kaiser Karl dem Großen – dass er hier geboren wurde, ist jedoch eine Legende. Die heutige Burg wurde erst ein paar Jahrhunderte später, im 13. Jh., gebaut, »als Landesfestung der Reichsabtei Prüm«. Man kann heute in der Burg wohnen (s. Übernachten).

Densborner Wassermühle ▶ C 7
http://densbornerwassermuehle.de
In Densborn sind an der Kyll Reste einer Wasserburg zu finden. Spannender ist aber eine original mit der Technik von 1911 bzw. 1962 erhaltene Wassermühle (auch Kniemühle genannt). Sie überstand als einzige im Umkreis das Mühlensterben der 1960er-Jahre und wurde 2008 von den neuen Besitzern reaktiviert. Mit der Wasserkraft aus dem Treisbach erzeugen sie heute Strom. Neben dem rauschenden Bach und dem riesigen Mühlrad sitzt man nett im Bistro im Hof.

Naturschutzgebiet Remmelbachtal ▶ D 7
Schmal und kurvig schraubt sich die K 77 von Birresborn hoch in den Salmwald. Etwa 1 km vor den wenigen Häusern von **Rom** kann man anhalten und zu einer Wanderung ins Remmelbachtal aufbrechen. Im Juni/Juli sind die Wiesen übersät mit Wiesenmargeriten, Kuckuckslichtnelken, Storchenschnabel und zahlreichen Kräutern und Gräsern, die nur auf ungedüngten Wiesen wachsen. Das Naturschutzgebiet umfasst u. a. das einzige Kalkmoor in Rheinland-Pfalz. Früher war der einsame Salmwald dichter besiedelt, wie die Ruinen der **Wüstung Altenacker** zeigen.

Übernachten

Burgherr für drei Nächte – Ferienwohnungen **Bertradaburg:** Burgring, Mürlenbach, Buchung über www.fewo-direkt.de. Zwei modern eingerichtete Ferienwohnungen im Erdgeschoss und Obergeschoss stehen zur Verfügung. Mindestaufenthalt drei Nächte, um 100 €/Nacht für 2–3 Pers.

Aktiv

Paradies der Fliegenfischer – Die **Kyll zwischen Pelm und Densborn** ist ein ausgezeichnetes Forellengewässer mit schneller und langsamer fließenden Abschnitten. Ein gültiger Bundesfischereischein ist erforderlich; Tagesscheine sind in Gerolstein und Birresborn erhältlich, Infos: www.fliegenfischen-kyll.de.
Höhlentouren – **Birresborner Eishöhlen:** Tel. 06553 32 89, www.brunhilde-rings.de. April–Okt. jeden 2. Fr im Monat, Anmeldung erforderlich. Mit Gästeführerin Brunhilde Rings erkunden Besucher die Eishöhlen und erfahren Wissenswertes aus dem Leben der Fledermäuse und der Eifler.

Infos

Bahn: DB-Strecke Köln–Trier bis Bhf. Birresborn, Mürlenbach, Densborn.

Das Beste auf einen Blick

Südeifel mit Trier

Highlights !

Echternach: Das überschaubare Zentrum des Städtchens, wo eine der mächtigsten Abteien des Mittelalters in Europa wirkte, ist architektonisch aus einem Guss. Überregional bekannt ist die alljährlich zu Pfingsten stattfindende Springprozession. S. 238

Trier: Von der Porta Nigra bis zu den Kaiserthermen – in Trier begegnen uns die alten Römer auf Schritt und Tritt. S. 249

Auf Entdeckungstour

Schlösser an Kyll, Nims und Sauer: Das Bitburger Gutland war im 18. Jh. doppelt gesegnet – von der Natur und von der Politik. In langer Friedenszeit konnte Wohlstand wachsen und so wurden aus Burgen Wohnpaläste von barocker Pracht. Heute kann man in manchen von ihnen Tafelfreuden genießen oder übernachten. S. 232

Kultur & Sehenswertes

Bitburger Marken-Erlebniswelt: Eine blitzeblanke Multimedia-Show rund um das bekannte Getränk aus Hopfen und Malz. S. 236

Schloss Beaufort: Versteckt in der Kleinen Luxemburger Schweiz liegt ein bildschönes Schloss mit malerischer Ruine. S. 243

Wasserfälle bei Irrel: Die romantischen Stromschnellen der Prüm locken nicht nur Kanuten an. S. 246

Zu Fuß unterwegs

Ferschweiler Plateau: Wandern zu Vorzeitdenkmälern und skurrilen Felsen, mit herrlichen Ausblicken ins Sauertal – abwechslungsreich! S. 244

Von Burg Ramstein zur Genovevahöhle: In der wildromantischen Schlucht des Butzerbachs wandert man über Brückchen und vorbei an Felsen und weiter zur Genovevahöhle. S. 255

Genießen & Atmosphäre

Mittelalter in Dudeldorf: Unwiderstehliches historisches Flair verströmt das Ensemble aus Stadtmauer und Stadttoren. S. 237

Ofen- und Eisenmuseum Hüttingen bei Lahr: Viel schönes altes Eisen gibt es in dem kleinen Privatmuseum zu sehen und das Café Ofenstube serviert leckere Waffeln. S. 244

Abends & Nachts

Bahnhofsgaststätte Kyllburg: Einladend zur Etappe auf dem Kyll-Radweg oder zum Abschluss einer Wanderung. S. 231

Trierer Nächte in der Tufa: Ein buntes Kulturprogramm wartet in der Tuchfabrik – Tanz, Musik, Kleinkunst, bildende Kunst. S. 255

Kyllburger Waldeifel

Südlich von St. Thomas verengt sich das Tal der Kyll und die steilen Buntsandsteinhänge sind von Wald bedeckt. Der im Bereich des mittleren Kylltals zwischen St. Thomas und Wilsecker abgebaute rote Buntsandstein lässt sich hervorragend bearbeiten und gibt den Häusern in Kyllburg und im Umland eine besondere Note. Aufmerksamkeit verdienen z. B. die barocken Hausportale. Auch die beim Bau der Bahnstrecke an der Kyll um 1870 entstandenen mit Rotsandsteinquadern verblendeten und mit gotisierenden Elementen geschmückten Bahnhöfe sind sehenswert.

Bei Kyllburg gibt es die stärkste Steigung auf dem **Kyll-Radweg,** weshalb viele Radler bis Bitburg-Erdorf lieber den Zug nehmen.

Infobox

Touristeninformation

Verkehrsverein Kyllburger Waldeifel: Marktplatz 8, 54655 Kyllburg, Tel. 06563 93 02 44 oder mobil 0171 832 70 75, www.eifel-kyllburg.de.

Veranstaltung

Kylltal Aktiv: 3. So im Juli. Das Kylltal zwischen Lissingen und Malberg ist einen Tag für Motorfahrzeuge gesperrt.

Aktiv

Kyll-Radweg: s. S. 194.

Verkehr

Bahn: Köln–Gerolstein–Trier u. a. mit Halt in Kyllburg, nur bei Bedarf auch in Usch-Zendscheid und St. Thomas.
Bus: www.vrt-info.de.

Kyllburg und Umgebung ▸ C 7/8

Schmal und steil sind die Straßen und Gassen in dem verschlafenen Städtchen (ca. 900 Einw.) über der tief eingeschnittenen Flussschleife der Kyll. Die Eisenbahn unterquert Kyllburg in einem 218 m langen Tunnel, Autofahrer sowie die Radfahrer auf dem Kyll-Radweg brauchen mehr Zeit, um von einem zum anderen Ende zu kommen. Aus Kaiser Wilhelms Zeiten blieben Kyllburg u. a. der Neorenaissancebau des **Eifeler Hof** (1890, Hochstr. 2) und die neogotische **Mariensäule** (1866) hoch über der Stadt (1 km steiler Fußweg).

Stiftsberg

Steil führen die Gassen hinauf zum Stiftsberg. Oben wacht der 24 m hohe Turm der Burg, die dem Ort den Namen gab. Der Trierer Erzbischof ließ die **Kyllburg** als Stützpunkt gegen die Fürstabtei Prüm im Norden und gegen das Luxemburger Malberg im Westen ab 1239 errichten. Nicht weit davon ragt die ab 1276 errichtete **Stiftskirche** auf (www.stiftskirche.kyllburg.net, Kirche und Kreuzgang tgl. 8–18 Uhr). Pikanterweise war das Kollegiatsstift eine Gründung der verfeindeten Luxemburger. In dem von Mauern umgebenen Stiftsbezirk (auch Stiftsfreiheit) lebten die Stiftsherren unbehelligt und ließen sich Häuser bauen. Der monumentale Kirchenbau, eine schlichte Hallenkirche, wirkt mit den auf der Westseite unverputzten roten Sandsteinquadern eher abweisend – Architekt war ein Zisterzienser aus Himmerod. Im Innern fällt an der Nordwand eine Reihe von Sandsteinreliefs auf. Interessant sind zwei Frontaldarstellungen von Rittern in voller Rüstung. Der 1370 verstorbene Johann von Brandscheid, ein Kyllburger Stifter, trägt eine kostbare, taillierte Schutzweste.

Ein Lichtblick in der trotz der fröhlich-pastellfarbenen Rokokokanzel düster wirkenden Kirche ist das Renaissancefenster im Chor mit Szenen aus dem Leben Christi. Die 1533/34 gestifteten Glasmalereien füllen die drei hohen schlanken Segmente. Seltenheitswert hat auch der Kreuzgang mit gotischem Maßwerk auf der Südseite der Kirche.

Schloss Malberg ► C 8

Siehe Entdeckungstour S. 232

St. Thomas an der Kyll ► C 7

Von dem ehemaligen Kloster St. Thomas stehen noch die romanische Klosterkirche und die barocken Klostergebäude, die heute als Exerzitienhaus des Bistums Trier genutzt werden. Dahinter, in der weitläufigen Gartenanlage, beginnt der 2,5 km lange **Waldlehrpfad** am Heilbach entlang bis Neidenbach.

Zendscheid und Usch ► C 7

Die 128-Einwohner-Gemeinde Zendscheid und der Nachbarort Usch liegen sich an den Ufern der Kyll gegenüber. Von **Zendscheid** führen einsame **Wanderwege** durch den dichten Kyllwald entlang sprudelnder Bäche. **Usch** liegt inmitten offener Wiesenlandschaft. Verkehrsgünstig ist die Lage für Urlauber ohne Auto: Die Züge der Eifelstrecke halten hier.

Übernachten, Essen

Komfort am Waldrand – **Hotel Haus Kylltal:** Dorfstr. 4, 54655 Zendscheid, Tel. 06563 28 10, www.kylltal.com, DZ/EZ 33–41 €/Pers.. Schöne Zimmer, davon viele mit Balkon zum Kylltal, sowie neun Ferienwohnungen. Hallenbad, Fahrradverleih. Häufig ausgebucht, daher rechtzeitige Reservierung ratsam. Auch gute Küche.

Am Wasser – **Hotel Müller Kyllburg Eifel:** Mühlengasse 3, 54655 Kyllburg, Tel. 06563 969 60, www.mueller-kyllburg.de, DZ ab 68 €, EZ ab 37 €. Unkomplizierte Bleibe an der Kyllbrücke. Ideal für Aktivurlauber und Biker. Schöne Kyllterrasse.

Gastfreundlich – **Hotel Gasthaus Zur Post:** Bahnhofstr. 30, 54655 Kyllburg, Tel. 06563 519 31 86, www.hotelzurpostkyllburg.de, EZ/DZ 34–38 €/Pers. Restaurant Mo, Mi, Do ab 17 Uhr, Fr–So ab 11.30 Uhr. Hotelzimmer mit nostalgischem Charme. Gute Küche aus frischen Zutaten (ca. 13–20 €).

Essen & Trinken

Verlässlich – **Bella Italia:** Bademer Str. 4 (an der Kyll), 54655 Kyllburg, www.bella-italia-kyllburg.de. Italiens Küche, wie man sie kennt: Pizza, Pasta u. v. m.

Einkaufen

Lokal und global – **Shop-in-Shop:** Hochstr. 9, 54655 Kyllburg, Mi–Fr 10–17, Sa 10–14 Uhr. Selbstgemachtes von Eifelkünstlern und schöne Dinge aus aller Welt.

Aktiv

Golf – **Golfanlage Lietzenhof:** 54597 Burbach, Tel. 06553 20 07, www.golf-lietzenhof.de.

Abends & Nachts

Gemütlich auf den Zug warten – **Bahnhofsgaststätte Kyllburg:** E. Tietze, Tel. 06563 23 40, Do Ruhetag. Eine so heimelig eingerichtete Bahnhofsgaststätte findet man selten.

Auf Entdeckungstour:
Schlösser an Kyll, Nims und Sauer

Das Bitburger Gutland war im 18. Jh. doppelt gesegnet: von der Natur und von der Politik mit der Herrschaft der Luxemburger. In langer Friedenszeit konnte Wohlstand wachsen und aus Burgen wurden Wohnpaläste von barocker Pracht. Heute kann man in manchen Tafelfreuden genießen oder übernachten.

Reisekarte: ▶ B/C 8/9
Schloss Malberg: www.schloss-malberg.de, Führungen April–Sept. Sa 14.30 Uhr, 4 €.
Schloss Niederweis: Tel. 06568 969 64 50, http://schloss-niederweis.de.
Schloss Wolsfeld: Tel. 06568 96 64 81, www.schloss-wolsfeld.de, Ferienwohnungen s. Website.
Burg Bollendorf: s. S. 242.
Schloss Weilerbach: an der K 19 rund 4 km südöstlich von Bollendorf, nur Außenbesichtigung, Café s. S. 234.

Residenz in der Eifel-Toskana

Anfang bis Mitte des 18. Jh., vor allem die Regierungszeit Maria Theresias (reg. 1717–1780), gelten als goldenes Zeitalter in der Südeifel. Aus dieser Zeit stammt **Schloss Malberg.** Weithin sichtbar auf einem Bergsporn über der Kyll thronend, hat es einen Gutteil seiner einstigen Ländereien, darunter das komplette Dorf, bestens im Blick.

Hinter dem Ehrfurcht gebietenden Portal öffnet sich eine andere Welt: Der Eiserne Garten verdankt seinen Namen den eisernen Staketen und dem rankenreich geschmiedeten Eisengittertor. Dahinter liegen hübsche, mit bis zu 300 Jahre alten Buchshecken eingefasste Blumen- und Kräuterbeete. Die drei Flügel um den Schlosshof ersetzten bzw. erweiterten Anfang des 18. Jh. Bauten aus Mittelalter und Renaissance, sodass eine zeit- und standesgemäße Residenz entstand. Bauherr war der Kölner Weihbischof und Generalvikar Johann Werner von Veyder, der dank seines Amtes nahezu unvorstellbar finanzkräftig war. Im Innenhof stehen sich das Alte Haus, in dessen ecktürmchenverziertem früherem Glockenturm noch der viereckige mittelalterliche Donjon ›steckt‹, und das Neue Haus gegenüber. Am schönsten aber ist die Gartenseite, deren halbrunde Terrasse um 1730 angelegt wurde. Das eher schlichte Schloss Malberg orientiert sich am Klassizismus eines berühmten Architekten des 16. Jh.: Andrea Palladio. Seine nach antiken Vorbildern konzipierten Villen, z. B. in der Toskana, begeisterten die jungen Architekten des 18. Jh. in ganz Europa. So auch den Venezianer Matteo Alberti, nach dessen Plänen das Neue Haus errichtet wurde. Es war wohl der Wunsch des Bauherrn, seiner Residenz in der Kyllburger Waldeifel das Aussehen einer Villa in der Toskana zu verleihen.

Schlafen im Schloss

Zwischen Bitburg und dem Sauertal kann man für die Tour auch aufs Rad steigen. Auf dem Nims-Radweg (s. S. 237) sind es bequeme 10 km flussabwärts bis **Wolsfeld.** Wer eine standesgemäße Bleibe sucht, kann eine Ferienwohnung im Kutschenhaus von **Schloss Wolsfeld** mieten und das hübsche Wasserschloss aus dem frühen 17. Jh. länger betrachten. Die Inneneinrichtung spiegelt 400 Jahre Schlossgeschichte. Es gibt alles, was ein Schloss braucht: riesige offene Kamine mit Takenplatten, einen Brunnen, Wandtäfelungen, Stuckdecken, antike Möbel sowie eine Schlossküche mit 6 m langem ›Kochfeld‹.

Tafeln in der Scheune

Wenige Kilometer weiter südlich im Nimstal lockt **Schloss Niederweis** nicht nur als Augenweide, sondern auch mit Tafelfreuden. In der Scheune, einem riesigen stimmungsvoll beleuchteten Raum, im Winter mit flackerndem Kaminofen, wird Gutes aus der Region aufgetragen. Das Schloss mit der barocken Prachtfassade in Gelb-Weiß wird privat bewohnt. Über dem Portal steht das Erbauungsjahr: 1751. Über den beiden Wappen der Eheleute sieht man die Freiherrenkrone – je mehr Perlen, desto niedriger der Adel, hier sind es sieben. Bauherr war Franz Eduard Anton Freiherr von der Heyden (1693–1755), der zum ranghöchsten Beamten in Luxemburg aufstieg. Bis Ende des 18. Jh. war

Schloss Niederweis in Luxemburger Besitz, es gehörte der Propstei Echternach.

Rokokoschloss mit Eisenhütte

Echternachs letzter Abt Emmanuel Limpach ließ 1780 in Weilerbach nicht nur eine große Eisenhütte errichten, sondern genehmigte sich dazu noch das prachtvolle Lustschloss im Echternacher Stil als Sommerresidenz und Verwaltungssitz der Hütte. **Schloss Weilerbach** an der Sauer ist ein prunkvolles Werk des Tiroler Architekten Paul Mungenast, der es im Jahr 1780 im Rokokostil für die Abtei baute. Damals erreichte deren Prachtentfaltung ihren Höhepunkt. Das 1944 schwer beschädigte Gebäude ist heute teilrestauriert und wird für Trauungen, Konzerte usw. genutzt. Auch wenn das Schloss innen nicht zugänglich ist: Es lohnt der Spaziergang durch den schönen Barockgarten mit der großen Freitreppe. Auch die Ruinen der Eisenhütte kann man besichtigen. In der früheren Remise bietet ein **Museumscafé** Erfrischungen und eine sehenswerte Ausstellung von in Weilerbach erzeugten Eisengeräten, Taken- und Ofenplatten (Tel. 06526 13 33, Ostern–Mitte Okt. Di–So 11–18 Uhr).

Ein Tässchen Kaffee im Schlosshof

Auf **Burg Bollendorf** lässt sich opulent tafeln oder, je nach Tageszeit, im Burghof Tee oder Kaffee trinken. Echternacher Äbte waren maßgeblich verantwortlich für den barocken Ausbau der Burg. Sie ließen sie im 17. und 18. Jh. zu Wohnzwecken umbauen, ohne Kosten und Aufwand zu scheuen. Aus dem Mittelalter blieb nur ein Rundturm mit Schießscharten hinter der Burg. Beeindruckend ist der wappengeschmückte barocke Mittelrisalit des Hauptbaus in dem als Oval angelegten Innenhof. Die Seitenflügel dienen dem Burghotel heute als Restaurant und Gästebungalow. Die Zimmer im Burghaus hoch über der Sauer bieten zur Flussseite atemraubende Blicke.

Auch gut per Rad zu erreichen: das Rokokoschloss Weilerbach an der Sauer

Das Gutland

Im Gutland – der Name sagt es schon – ging es den Eifelern gut: Die fruchtbaren Kalkböden der leicht welligen Hochflächen bringen noch immer reiche Ernten hervor – riesige Äcker prägen das Bild. Der leicht zu bearbeitende Sandboden auf den Hochflächen zog schon in der Jungsteinzeit vor 6000 Jahren Siedler an. Bis in galloromische Zeit war die Region dicht besiedelt.

Der Boden besteht aus mächtigen Sedimentschichten, die das Meer und große Flüsse seit der Triaszeit Schicht für Schicht über einen langen Zeitraum abgelagert haben (s. S. 46), u. a. Muschelkalk und Keuper.

Ein weiterer Grund für den Reichtum: Die Region war jahrhundertelang fest in Luxemburger Hand und erlebte relativ lange Friedenszeiten. Behäbige Bauerndörfer inmitten reicher Feldfluren sind das Erbe einer alten Kulturlandschaft. Eifelbarock und Rokoko mit prunkvollen Schlössern (s. Entdeckungstour s. S. 232), reich geschmückten Kapellen und Kirchen prägen das Bild zwischen der Kreisstadt **Bitburg** und der altehrwürdigen Abteistadt **Echternach** jenseits der Grenze zu Luxemburg.

Im Südwesten des Gutlands beginnt der **Deutsch-Luxemburgische Naturpark** (s. S. 238) mit dem **Ferschweiler Plateau** und der **Kleinen Luxemburger Schweiz.** Hier erheben sich die Hochflächen aus Luxemburger Sandstein gut 150 m über die Täler. Am Rand erodiert der Sandstein durch Risse zu markant und skurril geformten Klippen und Säulen, gut zu sehen auf einer Wanderung von **Bollendorf** auf das Plateau (s. S. 244), in der **Teufelsschlucht** und an den **Irreler Wasserfällen.**

Bitburg ▸ C 8

In der Kreisstadt, mit rund 10 000 Einwohnern eine der größten Eifelstädte, stößt man auf zahlreiche römische Spuren. Hier befanden sich eines der wichtigsten Kastelle entlang der Römerstraße Köln–Trier und eine Siedlung: Beda Vicus. Die einst 13 Rundtürme zählende Mauer des Römerkastells, die sogenannte **Römermauer,** wurde teilweise rekonstruiert. Durch das Stadtzentrum führt ein **Archäologischer Rundweg** mit 16 Stationen. Start ist am Rathaus. Sogar die Nachbildung einer Jupitersäule, deren Reste bei Ausgrabungen gefunden wurden, ist zu bewundern.

Die **Liebfrauenkirche,** die an der Stelle eines römischen Tempels errichtet wurde, präsentiert sich nach zahlreichen Um- und Erweiterungsbauten heute in neugotischer Form.

Am oberen Ende der Fußgängerzone erfreut ein **Glockenspiel** die Passanten, gestiftet vom Gewerbeverein Bitburg. Einbußen für die Wirtschaft gab es nach der Verlegung der hier bis 1994 stationierten US-Truppen in den

Infobox

Aktiv

Kyll-Radweg: s. S. 194; **Nims-Radweg:** s. S. 237.

Verkehr

Bahn: Eifelstrecke Köln–Gerolstein–Trier, u. a. mit Halt in Bitburg-Erdorf.

Bus: www.vrt-info.de bzw. www.mobiliteit.lu (auf der luxemburgischen Seite).

benachbarten Stützpunkt Spangdahlem. Kontinuität sichert dagegen die Bitburger Brauerei, ein Familienunternehmen.

Haus Beda – Fritz-von-Wille-Sammlung

Bedaplatz 1, Tel. 06561 964 50, www.haus-beda.de, Ausstellungen Di–Fr 15–18, Sa, So, Fei 14–18, Fritz-von-Wille-Slg. Di 14–17, während Ausstellungen auch Sa, So 14–18 Uhr, 2 €
Das in den 1970ern eingerichtete Kulturzentrum mit Bibliothek, Volkshochschule und Galerie finanziert sich aus Mitteln der privaten Dr.-Hanns-Simon-Stiftung, benannt nach dem früheren Chef der Bitburger Brauerei. Ein Großteil des Œuvres, das der Eifelmaler Fritz von Wille hinterließ, ist hier untergebracht, darunter Hauptwerke wie die »Blaue Blume«, »Mosenberg«, »Burg Reifferscheid im Winter«. Darüber hinaus sind weitere Werke aus der Künstlerfamilie zu sehen – Vater August war Hofmaler, ein Sohn sowie Enkel Fritz von Willes wurden ebenfalls Maler. Gezeigt werden auch Wechselausstellungen lokaler Künstler.

Kreismuseum Bitburg-Prüm

Trierer Str. 15, Tel. 06561 68 38 88, www.kreismuseum-bitburg-pruem.de, März–Okt. Di, Mi 11–17, Do–So 14–17, Nov.–Febr. Sa, So 14–17 Uhr, 3 €
In der ehemaligen Landwirtschaftsschule von 1882 kann man der Lokalgeschichte auf den Grund gehen. Thema ist das Leben der Menschen in der Region in früheren Zeiten: Arbeit, Religion, Alltagskultur – die Ausstellung spannt den Bogen von der Römerzeit bis ins frühe 20. Jh.

Bitburger Marken-Erlebniswelt

Römermauer 3 (neben Hotel Eifelbräu), Tel. 06561 140, www.bitburger.de, Mo–Fr 10–19, Sa, Fei 10–17.30, So 11–16.30 Uhr, 9 €, 12–15 J. 4 €
Das 1817 gegründete Unternehmen ist weltweit ein Synonym für ein herbes, lange gezapftes Pils mit charakteristischer Schaumhaube. Im 2009 eröffneten hypermodernen Erlebniszentrum feiert die Biermarke sich selbst und bietet Besuchern Einblick in die Produktion eines Hightechbiers.

In der Umgebung

Burg Rittersdorf ▶ C 8

Bitburger Str. 30, 54636 Rittersdorf, Tel. 06561 96 57-0, www.burgrittersdorf.de, Restaurant Mi–So 12–14, 18–21.30 Uhr
Die ehemalige Wasserburg an der Nims aus dem 13. Jh. gehörte erst einer Abtei in Trier, dann den Luxemburgern. Ihr Bergfried entstand ab 1290 – nicht ohne die Genehmigung des Habsburgerkaisers Rudolf. Seit Abschluss der Restaurierung 1987 überragt der 26 m hohe Wohnturm als Schmuckstück das Dorf. Der Palas mit Eckturm und Rittersaal aus der Mitte des 16. Jh. wird für Events (Rittermahle) und als Restaurant genutzt. Sehenswert ist das kunstvolle, aus dem Jahr 1575 erhaltene Hoftor an der Oberseite.

Stausee Bitburg ▶ C 8

Biersdorf, 12 km nordwestl. v. Bitburg
Wo Islek und Gutland aufeinandertreffen, wurde 1970 bis 72 der 2 km lange Stausee angelegt, um das Wasser der Prüm, die häufig Hochwasser verursachte, besser regulieren zu können. Es gibt ein breites Freizeitangebot – von Angeln über Rudern bis Surfen. Über das Dorint-Hotel sind auch Aktivitäten wie Klettern und Bogenschießen möglich (auch Radverleih, Hallenbad 9 €/Tag für Nichtgäste). Man kann auf Spazierwegen um den See wandern (5 km).

Eifelpark Gondorf ▶ C 8
Weißstr. 12, 54647 Gondorf, www.eifelpark.com, Mitte März–Okt. tgl. 10–17 Uhr, im Winter nur Wildpark 10–16 Uhr, Erw. 25,50 €, unter 150 cm und Senioren 22,50 €, im Winter ermäßigt
Manche Familien kommen seit Generationen in den traditionsreichen Park: Rummelplatzattraktionen wie Kettenkarussell und Wasserscooter, aber auch Abenteuerspielplätze und Streichelzoo locken im Sommer. Der Wildpark ist auch im Winter zu besichtigen.

Römervilla Otrang ▶ C 8
Otranger Straße, 54636 Fließem, bis Abschluss der Bauarbeiten geschl., danach Eintritt zum Gelände frei
Villen gibt es viele in der Eifel, aber kaum eine besitzt ein so gut erhaltenes Mosaik wie die **Villa Otrang**. Der über dem Originalmosaik errichtete Museumsbau ist einer Römervilla nachempfunden. Die Anlage ist geschlossen und wird 2018 nach einem neuen Konzept umgestaltet.

Dudeldorf ▶ D 8
11 km östlich von Bitburg
Dudeldorf wenige Kilometer westlich des Stützpunkts Spangdahlem hat sich viel mittelalterliches Flair bewahrt: Eine **Stadtmauer** mit zwei Stadttoren, Ober- und Untertor, umgibt den alten Ortskern. Einen Blick wert sind der **Johannesbrunnen** mit einer Figur des hl. Nepomuk, ein **Breitgiebelhaus** (1723), der **Laufbrunnen** am alten Marktplatz (1859) und das **Treppengiebelhaus** (1700) nebenan.

Die eindrucksvolle **Burg** an der Nordwestecke der ehemaligen Stadtbefestigung wurde 1734 in ein Herrenhaus mit zwei Flügeln umgebaut, heute ist sie z. T. Privatbesitz und Schauplatz innovativer Kulturevents, wie ›Treckerkino‹ oder Theateraufführungen. Ein anderer Gebäudeteil gehört der Gemeinde und dient u. a. als Ort für Hochzeiten.

Unser Tipp

Originelle Kneipe, gute Küche
In der **Torschänke Dudeldorf** kocht die Chefin selbst, und das sehr lecker. Langweilig wird es auch Stammgästen nie, so häufig wechseln die Gerichte. Das alte Gasthaus liegt gleich neben dem südlichen Stadttor im alten Stadtkern von Dudeldorf. Im Sommer kann man auch in dem kleinen Biergarten tafeln (Philippsheimer Str. 1, 54647 Dudeldorf, Tel. 06565 20 24, www.torschaenke-dudeldorf.de, Mi Ruhetag, Mo/Di, Do–Sa ab 17, So auch 12–15 Uhr).

Auw an der Kyll und Umgebung ▶ D 8
In Auw an der Kyll lohnt ein Blick auf das **ehemalige Pfarrhaus** (1786), einen prächtigen Bau mit hohem Mansarddach unterhalb der Wallfahrtskirche. Es wurde 2010 zum Hotel-Restaurant umgebaut und ist ein guter Ausgangspunkt für kürzere oder längere **Wanderungen auf dem Buntsandsteinweg,** vorbei an Steinbrüchen, wo früher der rote Sandstein abgebaut wurde. Auf der Hochfläche rund um **Orenhofen** liegt der Hügel **Burgknopp** mit Burgruine.

Nims-Radweg ▶ C 6–9
www.eifel.info, Stichwort ›Nims-Radweg‹
Der bequemste und letzte Abschnitt des Nims-Radwegs, der in Weinsheim bei Prüm beginnt, begleitet auf 20 km den Unterlauf der Nims bis zur Mündung in die Prüm. Er verläuft fast durchweg auf der früheren Eisenbahntrasse der erst

1997 stillgelegten Nims-Sauertalbahn. Unterwegs stößt man gelegentlich auf Kunst: **Skulpturen** aus Eifeler Sandstein säumen den Radweg, Arbeiten von Teilnehmern eines Bildhauer-Symposiums.

Übernachten, Essen

Historisch – **Altes Pfarrhaus:** Marienstr. 16, 54664 Auw a. d. Kyll, Tel. 06562 965 40 90, www.pfarrhaus-auw.de, DZ 74 €, EZ 48 €. ganzj. Zimmer mit Komfort des 21. Jh. im denkmalgeschützten früheren Pfarrhaus, Restaurant (Di–So 11–21, Nov.–Mitte März Mi–Sa ab 17, So ab 11 Uhr, ab ca. 9 €) mit Eifeler Küche; Apfelsaft vom Bauernhof und Obstbrände.
Junge Küche – **Gasthaus Herrig:** Hauptstr. 20, 54636 Meckel (ca. 9 km südl. v. Bitburg), Tel. 06568 298, www.gasthaus-herrig.de, Di Ruhetag, Küche Mo, Mi–Sa ab 18 Uhr Küche, So ab 12 Uhr. Thomas Herrig serviert Döppekooche mit Dips und Gemüse oder Räucherforelle aus Himmerod (je 12,50 €). Auch Zimmer (62–76 €).

Aktiv

Erlebnisbad – **Cascade:** Talweg 4, Tel. 06561 968 30, www.cascade-bitburg.de, Di–Fr 10–22, Sa, So 9–21/22 Uhr, Tageskarte Bad 8,20 €, inkl. Sauna 18 €.
Eislauf oder Skaten – **Eissporthalle Bitburg/Funpark Bitburg:** Güterstr. 7, Tel. 06561 84 47, www.eissporthalle-bitburg.de. Mit Schlittschuhverleih. Mitte April–Mitte Sept. wird aus der Eissporthalle ein Funpark für Skater.
Golfen – **Golfclub Südeifel:** Auf Kinnscheid 1, 54636 Baustert (14 km westlich von Bitburg), Tel. 06527 93 49 77, www.golfclub-suedeifel.de.

Abends & Nachts

Bitte mal ein Bit – **Zum Simonbräu:** Markt 7, Tel. 06561 33 33, www.simonbraeu.de, Di–So 11.30–21 Uhr, So abends geschl. Brauerei-Ausschank mit guter Küche (3-Gang-Menü 39 €). Die ultimative Bitburger Kneipe, vor allem aber eine gepflegte Gaststätte mit ausgezeichneter Küche (ca. 10–20 €) sowie günstigen Tagesessen.

Infos & Termine

Tourist-Information Bitburger & Speicherer Land: Römermauer 6, 54634 Bitburg, Tel. 06561 943 40, www.eifel-direkt.de.
Bahn/Bus: Bhf. Bitburg-Erdorf und Bhf. Auw a. d. Kyll an der Strecke Gerolstein–Trier, von Bitburg-Erdorf Busse bis Bitburg-Zentrum (7 km).
Beda-Markt: 3. März-Wochenende, in Bitburg, mit Bauernmarkt.

Deutsch-Luxemburgischer Naturpark ▸ A–C 7–9

Der im Jahr 1958 gegründete Naturpark Südeifel ist der älteste Naturpark von Rheinland-Pfalz. Auf luxemburgischer Seite, südlich der Sauer, umfasst er als Deutsch-Luxemburgischer Naturpark zudem die Kleine Luxemburger Schweiz mit wildromantischen Sandsteinformationen und tiefen Schluchten. Kulturell prägendes Zentrum der Region war 1200 Jahre lang Echternach mit seiner Abtei.

Echternach ! ▸ C 9

In einer früheren Flussschleife der Sauer liegt perfekt vor kalten Winden geschützt das luxemburgische Grenzstädtchen Echternach, beherrscht von den Türmen seiner Kirche und der Abtei. Keimzelle der heutigen Stadt war eine römische Villa nahe der Sauer: 698 kam sie als Schenkung einflussreicher Adeliger und des fränkischen Hausmeiers Pippin an den iroschottischen Wandermönch Willibrord, der dort Kirchen bauen ließ. Um Willibrord entwickelte sich rasch ein Heiligenkult und Echternach wurde ein bedeutendes Wallfahrtsziel. Ein großes, später zur riesigen Barockabtei erweitertes Kloster entstand.

Marktplatz

Zentrum der Stadt ist der **Marktplatz** mit der **Urtsel** (Urteilssäule), Symbol dafür, dass der Abt Herr über das Recht war. Französische Revolutionstruppen und die deutsche Wehrmacht zerstörten die Säule, doch die Bürger errichteten sie immer wieder neu. Die Ostseite des Platzes dominiert der **Denzelt** (›Dingstuhl‹), der ehemalige Justizpalast aus dem 14. Jh., 1444 wurde er nach einem Brand neu aufgebaut. In der offenen Halle mit Spitzbögen wurde Gericht gehalten. Im Denzelt gab es auch eine Folterkammer und das Gefängnis.

Basilika

Auf den Grundmauern von Willibrords Kirche entstand 1031 die spätromanische Basilika. In der Revolutionszeit Ende des 18. Jh. war sie Ziel von Plün-

Alle Jahre zu Pfingsten findet sie statt: die Echternacher Springprozession

Echternacher Springprozession
Am Pfingstsonntag brechen die Pilger aus Prüm und anderen Willibrord'schen Missionsgebieten nach Waxweiler auf und marschieren, von Musik begleitet, am Pfingstmontag nach Bollendorf. Um 5.30 Uhr am Pfingstdienstag wird weiter nach Echternach gesprungen. Die eigentliche Prozession beginnt dort um 8 Uhr mit einem Gottesdienst im Abteihof. Dann bewegt sich die Schlange aus Tänzern, die nach bestimmtem Rhythmus von einem Bein auf das andere springen und sich an Taschentüchern halten, zu polkaähnlicher Musik durch die Stadt zur Basilika mit dem Grab Willibrords. Die Prozession wurde zuerst 1497 erwähnt, ist aber wohl viel älter und heidnischen Ursprungs.

derungen und wurde zur Fayencefabrik umfunktioniert. Mitte des 19. Jh. restauriert und 1944 von deutschen Truppen zerstört, wurde sie in der Nachkriegszeit in romanischem Stil rekonstruiert. Typisch ist u. a. der ›rheinische Stützenwechsel‹: Pfeiler und Säule folgen abwechselnd aufeinander. Anziehungspunkte sind die **Willibrord-Quelle** und **Willibrords Sarkophag** in der Krypta. Diese ist vermutlich noch karolingisch und mit Fresken aus dem 14. Jh. geschmückt. Am Ende des linken Seitenschiffs gibt es ein **Dokumentationszentrum der Springprozession.**

Abtei Echternach

11, parvis de la basilique, https://web.cathol.lu, Stichwort ›Abteimuseum‹, Abteimuseum April–Juni, Sept./Okt. 10–12, 14–17, Juli/Aug. 10–17 Uhr, 3 €
Die Karolinger und der fränkische Adel beschenkten die Abtei überreich; sie besaß Ländereien in Belgien, Holland, am Niederrhein und in Thüringen. Die alten Abteigebäude wurden 1727 bis 36 durch einen aufwendigen Neubau im lothringischen Stil ersetzt, der prägend für die Region wurde. 1797 wurde die Abtei aufgehoben, ein Teil dient seit 1899 als Gymnasium. Das **Abteimuseum** stellt Faksimiles der Handschriften aus, die die Mönche in Willibrords Kloster in der Tradition der keltischen Buchmalerei anfertigten, und widmet sich Leben und Werk des hl. Willibrord.

Hihof – Museum der Vorgeschichte

4 a, rue du Pont, www.museedeprehistoire.lu, April–Mitte Nov. Di–So 10–12, 14–17, Juli/Aug. 10–17 Uhr, 2 €
Das Museum im Hihof (15. Jh.) zeigt die Geschichte der frühen Bewohner der Region, u. a. steinzeitliche Geräte von Faustkeilen bis zu Dolchen, Harpunen und Mahlsteinen.

Stadtpark

Die Echternacher Äbte umgaben sich mit üppigen Gartenanlagen samt Orangerie. Der ehemalige Lustgarten an der Sauer ist heute der Stadtpark mit **Uferpromenade.** Im Park steht ein Rokoko-Kleinod von 1761: der fünfeckige **Pavillon** (April–Mitte Nov. Mi–So 10–18 Uhr). Über eine geschwungene Freitreppe betritt man den großen Saal im ersten Stock, wo per Audiovision über die Architektur der Abtei Echternach und ihre Wirkung informiert wird.

Stadtmauer

Die Stadtmauer mit ehemals 20 Türmen und vier Stadttoren ist nur teilweise erhalten. Die noch existierenden Türme wurden zu Wohnzwecken umgebaut, in drei Türmen befinden sich Ferienwohnungen (s. S. 241).

Römische Villa Echternach

Echternacher See, www.mnha.lu, Stichwort ›villa romaine de Echternach‹, April–Mitte Okt. Di–So 10–12, 13–17 Uhr, Eintritt frei

Die luxuriöse *villa rustica,* eine der größten Römervillen nördlich der Alpen und vom 1. bis ins 5. Jh. bewohnt, wurde 1975 entdeckt. Von der Dachterrasse des Besucherzentrums überblickt man die Mauerreste der Anlage, die sogar ein Außenschwimmbecken besaß. Begehbare Dioramen führen Besuchern den Alltag in der Villa vor Augen, ermöglichen den Blick in eine Römerküche, die Badeanlage sowie die prunkvollen Empfangs- und Speiseräume.

Übernachten

Im Mittelalter wohnen – **Ferienwohnungen:** je nach Turm 480, 750 oder 900 €/Woche, max. 5–6 Pers. In drei Türmen der Stadtmauer – Roud Haus, Hämelmaous und Langer Veit – sind Wohnungen eingerichtet, die sich über vier oder fünf Stockwerke erstrecken, Buchung über die Tourist Information.

Aktiv

Tretbootfahren, Klettern und mehr – **Echternacher See:** 1,5 km südwestlich, http://lac-echternach.lu. Großer See mit Tretbootverleih. Das Areal umfasst Outdoorangebote, u. a. einen Kletterpark.

Infos & Termine

Tourist Information Echternach/Office de Tourisme: 9–10, parvis de la basilique, L-6486 Echternach, Tel. 00352 720 230, www.echternach-tourist.lu.
Bus: Linie 401 Bitburg–Echternach (Mo–Sa).
Springprozession: Di nach Pfingsten.

Bollendorf und das Sauertal ▸ B/C 9

Bollendorf ist ein Standquartier zur Erkundung der Kleinen Luxemburger Schweiz und des Ferschweiler Plateaus. Der kleine Erholungsort auf der deutschen Seite der Sauer besticht durch seine Lage am Fluss: Hier kann man angeln und Kanu fahren oder einfach nur die baumbestandene Sauerpromenade entlangspazieren. Dominant erhebt sich die im 18. Jh. zum Barockschloss umgebaute **Burg Bollendorf** (s. Entdeckungstour s. S. 232) auf dem Felsen über der Sauer, in der heute ein Hotel-Restaurant logiert (s. S. 242). Nicht nur die Burg wurde auf römischen Grundfesten errichtet. Bollendorf war eine wichtige Siedlung der Römer und besaß vermutlich schon zu ihrer Zeit eine Flussbrücke. Außerdem gab es eine Hafenanlage und eine *villa rustica,* deren Reste man besichtigen kann.

Villa Rustica Bollendorf

An der Römischen Villa 1,
ganzj. tgl. geöffnet, kostenlos
Die vom 2. bis ins 5. Jh. genutzte bäuerliche Landvilla hatte einen überdachten Innenhof, einen beheizbaren

Unser Tipp

Kanu fahren auf der Sauer

Verschiedene Verleihstationen auf beiden Seiten des Grenzflusses bieten von April bis Oktober Kanus und Kajaks, manche auch Rafts an. Eine beliebte Paddelstrecke startet in Wallendorf, Dillingen oder Bollendorf und endet in Echternacherbrück (max. 18 km). Kanuverleih: Camping Altschmiede, Bollendorf, www.camping-altschmiede.de; Outdoor Freizeit, 10, rue de la Sure, L-6350 Dillingen Tel. 00352 86 91 39, www.outdoorfreizeit.lu; Ronn's Bikes and Kajaks, http://kanuverleihaufdersauer.de (s. a. Aktiv S. 242).

Wohnraum und eine vollständige Badeanlage. Erstaunlich gut erhalten blieben die Grundmauern und Reste der Hypokaustenheizung. Die Villa ist mit einem modernen Schutzbau versehen, der Aussehen und Ausmaße der Anlage erahnen lässt. Infotafeln erläutern die Geschichte der Villa und Bollendorfs römische Vergangenheit.

Schloss Weilerbach ▶ B/C 9
Siehe Entdeckungstour S. 232

Übernachten, Essen

Hoch über der Sauer – **Burg Bollendorf:** Tel. 06526 690, www.burg-bollendorf.de, Burg-DZ ab 106 €. Auch Bungalows. Die Zimmer zur Flussseite beeindrucken mit fantastischer Aussicht. Im Restaurant frische Küche mit regionalen Bezügen, Hauptgerichte ca. 15–20 €, im Sommer Tische im barocken Innenhof.

Aktiv

Bequem radeln – **Sauer-Radweg:** www.eifel.info, Stichwort ›Sauer-Radweg‹ Schöner und flacher Radweg am Fluss auf der ehemaligen Bahntrasse zwischen Echternach und Wallendorf-Pont. Im Sommer begleitet durch den RegioRadler-Bus 441 (Trier–Irrel–)Echternacherbrück–Bollendorf.
Fahrrad- & Kajakverleih – **Ronn's Bikes and Kajaks:** Camping du Rivage, 7, route de Echternach, L-9392 Wallendorf-Pont, Tel. 00352 83 65 16, http://kanuverleihaufdersauer.de, April–Okt. 1er-Kajaks ab 20 €/Tag, Kanadier 40 €. Mountainbike- und Trekkingradverleih.
Angeln – In der Sauer bei Bollendorf, **Fischereierlaubnisschein** bei der Tourist Information Bollendorf.
Schwimmen – **Freibad Bollendorf:** Sauerstaden, Mai–Sept. Mo–Fr 13–19, Sa, So 11–19 Uhr. Beheiztes Freibad in schöner Lage an der Sauer, mit Sprungturm und Beachvolleyballfeld.
Wandern – **Zwischen Bollendorf und Beaufort:** Routenübersicht und interaktive Karte: www.naturwanderpark. eu. In eine urtümliche Natur führen die Wege zu Kalktuffhöhlen und Schluchten im Luxemburger Sandstein, die teils nur 40 cm breit sind. **Wanderung zu den Menhiren und nach Weilerbach:** s. S. 244.

Infos

Tourist Information Bollendorf: Neuerburger Str. 6, 54669 Bollendorf, Tel. 06525 93 39 30, www.felsenland-sued eifel.de, www. bollendorf.de.
Bus: Bollendorf–Echternach (Richtung Wasserbillig); von Bollendorf über Irrel und Bitburg nach Trier.

Ferschweiler Plateau ▶ C 9

Rund 100 m überragt das 8 km lange und bis zu 5 km breite Plateau aus Buntsandstein die Täler von Prüm und Sauer. Oben im Ort **Ferschweiler** wirkt das Land vollkommen eben. Bei Bollendorf (s. S. 241) macht die Sandsteinschicht bis zu 80 m aus, gelagert auf einem Keuperuntergrund. Das unterschiedliche Erosionsverhalten der Gesteine führt zu skurrilen Gesteinsformationen (s. S. 245) und zu Felsstürzen, wenn der Sandstein auf dem weichen Keuper ins Rutschen kommt.

Tiefe, enge Klüfte, feuchte Schluchten, senkrechte Felswände – das Plateau ist ein herrliches Terrain für abwechslungsreiche Wanderungen, zumal es viel zu entdecken gibt. Nirgendwo in der Eifel findet man so viele vorzeitliche Relikte. Die Menschen der Stein-, Bronze- und Eisenzeit und auch die Galloрömer schätzten das auf drei Seiten steil abstürzende Plateau als natürliche Festung und guten Platz zum Leben.

Unser Tipp

Ein märchenhafter Anblick – Burg und Schloss Beaufort ▶ B 9
Romantisch spiegeln sich die Ruine von Burg Beaufort und daneben Schloss Beaufort im malerischen Teich – ein märchenhafter Anblick, wie schon Victor Hugo 1871 befand. Das Ensemble ist perfekt in den Schlosspark eingebettet, umgeben von Wald und den Felsformationen der Luxemburger Schweiz. Die mittelalterliche **Burg** über dem Haupeschbachtal entstand im 11. Jh. und wurde im 14. Jh. erweitert. Im 17. Jh. errichtete man nordöstlich der Burg ein Renaissanceschloss. Die Burg verfiel allmählich zur heutigen romantischen Ruine (s. Abb.), in der meist die Folterkammer mit den Foltergeräten besonderes Interesse weckt. Beeindruckend ist auch der Rundblick vom Hauptturm. Das gut erhaltene, gepflegte **Schloss** wurde 2012 dem Staat vermacht und kann so besichtigt werden, wie es zu Lebzeiten der letzten Besitzerin, Anne Marie Linckels-Volmer, ausgesehen hat. Auf einem Rundgang kann man den großen Salon, das Speisezimmer, das Schlafzimmer, die Küche, Stallungen und den Lustgarten in Augenschein nehmen. Auch eine Brennerei ist zu besichtigen – seit 1930 wird im Schlosskeller der Johannisbeerlikör »Cassero« hergestellt. Im Juli findet ein Schlossfest statt (10 km von Bollendorf, Châteaux de Beaufort, 24, rue du Chateau, L-6313 Beaufort, Tel. 003522 83 66 01, www.castle-beaufort.lu, Ostern–Okt., Ruine tgl. 9–17.30 Uhr, 5 €, Schloss Do–So 11 und 16 Uhr geführte Besichtigung, 1 Std., 10 €; jeweils inklusive eines Schlucks »Cassero«!).

Wanderung auf dem Ferschweiler Plateau

Wanderung zu den Menhiren auf dem Ferschweiler Plateau

Länge: ca. 12–15 km,
Start: Bollendorf

Von **Bollendorf** ist ein steiler Aufstieg zu bewältigen, um den Menhiren einen Besuch abzustatten, die vor ca. 4000 bis 5000 Jahren von den Menschen der Megalithkultur in der Gegend aufgestellt wurden. Vorbei an der **römischen Villa** (s. S. 241) und der **Hunolay,** einem riesigen Felsblock, geht man zur Wegkreuzung **Artistenplatz** und zur **Bildcheslay,** benannt nach der in den Stein geritzten Madonnennische. Vorbei an **Ossenlay** und **Wolfsschluff** gelangt man zum ersten Menhir, dem **Druidenstein,** und etwas weiter zum zweiten, dem **Fraubillenkreuz.** Dieser fast 3 m hohe Menhir verdankt seine Kreuzesform der Legende nach dem missionarischen Eifer des hl. Willibrord.

Vorbei am **Neudiesburger Hof** geht es zur Tanzkill, einem mit mächtigen Buchen bestandenen Ort, mit den **Kiesgräbern**. Die seltsamen Vertiefungen in den Sandsteinblöcken dienten in gallorömischer Zeit der Beisetzung von Urnen. Wir stoßen auf die **Niederburg,** den Rest einer Wallanlage aus keltischer Zeit, die das gesamte Plateau umzieht. **Heidenaltar** oder Bärenstein heißt ein weiterer 3 m hoher und 5 m langer Menhir. Ein Stück weiter wird das **Diana-Denkmal** erreicht. Der Sage nach ließ der hl. Willibrord die bildliche Darstellung des Denkmals abschlagen, als er die Eifel im 7. Jh. rechristianisierte. Erhalten blieben der untere Teil der Jagdszene und die Inschrift, die besagt, dass es sich um einen Weihestein für die römische Jagdgöttin Diana handelt. An den Felsen des **Teufelslochs** entlang können wir über den **Artistenplatz** zum Startpunkt der Tour zurückwandern.

Eine längere, aber reizvolle **Alternative für den Rückweg:** über Schloss Weilerbach (s. Entdeckungstour S. 232) am Sauerufer und auf der holzgedeckten **Alfred-Töpfer-Brücke** aufs Luxemburger Ufer, wo der **Fischerei- und Gewässerlehrpfad** (2,5 km) zurück nach Bollendorf führt. Unterwegs erfährt man Wissenswertes über das Ökosystem Fluss sowie die Fischarten der Sauer.

Schankweiler Klause ▶ C 9

Schankweiler Höhe, Abzweig von der K 19 südlich von Holsthum

Das schlichte Äußere der 1762/63 errichteten Kapelle täuscht: Innen prangen Haupt- und Seitenaltäre sowie die Kanzel im Rokokostil. In der angebauten Klause lebte einst ein Einsiedler, heute pilgern Gläubige hierher, um sich bei der Muttergottes Rat zu holen.

Ofen- und Eisenmuseum

Am Römerberg 10, 54675 Hüttingen bei Lahr, Tel. 06566 85 42, www.ofen-und-eisenmuseum.de, Ostern–Okt. Mi–So 14–18 Uhr, 5 €

Im Hüttinger Museum lässt sich entdecken, wie unsere Vorfahren in der ›guten alten Zeit‹ gelebt haben. Neben rund 100 gusseisernen Öfen und Takenplatten vom 16. bis ins 20. Jh. sind auf engstem Raum viele Tausend Alltagsgeräte zu sehen, von Waagen und Gewichten über Kaminsägen, Bügel- und Waffeleisen bis zu Grammophonen und Uhren, alles fein nach Themen sortiert, z. B.: »Rund um den Tabak«, »Beim Friseur«, »Oma's Waschküche«. Leckere Waffeln serviert das **Café Ofenstube.**

Ernzen und Umgebung ▸ C 9

Am Ortsrand von Ernzen trifft man auf die **Rekonstruktion eines gallo-römischen Tempels** für den von den Treverern verehrten Gott Intarabus. Das Kultbild wurde allerdings nicht ausgegraben, nur eine Inschrift fanden die Archäologen.

Etwas weiter liegt in einer Schlucht der **Felsenweiher.** Die liebevoll gestaltete Teichanlage, vom Ernzener Pfarrer Mitte des 19. Jh. als Karpfenteich gebaut, lässt sich auf Stegen erkunden. Bänke laden zum Ausruhen ein.

Ein besonderer Ort ist auch die heute verlassene **Einsiedelei** südlich von Ernzen, die die Abtei Echternach seit dem späten 16. Jh. hoch über dem Tal der Sauer einrichtete. Der Einsiedler lebte in einer in den Sandstein gehauenen Felsgrotte von den Früchten seines steilen Hanggartens samt Weinberg. Von der **Liboriuskapelle** oberhalb der Klause hat man einen herrlichen Blick auf die Abtei tief unten im Tal.

Naturparkzentrum Teufelsschlucht ▸ C 9

Ferschweiler Str. 30 (K 20), Ernzen, Tel. 06525 933 93-0, www.teufelsschlucht.de, Ostern–Okt. tgl. 11–18, Nov., Dez. 11–17 Uhr, übrige Zeit nur in den Schulferien, Eintritt frei, mit Informationszentrum, Naturparkzentrum und Bistro. Spannend ist die als App herunterladbare Lauschtour

Die Verwitterung des Sandsteins hat am Rand des Ferschweiler Plateaus ein einzigartiges Schluchtenlabyrinth geschaffen. Beim Infozentrum kann man in einer begehbaren ›Erdzeitschnecke‹ Jahrmillionen durchwandern und den Blick für die Geologie schärfen: Welches Gestein entstand wann und wie sieht es aus? Dem Audioguide folgend geht es dann durch die ›Grüne Hölle‹ der Teufelsschlucht (7 km, s. Abb. S. 47). An manchen Stellen ist der Durchlass nur 1 m breit – Bauch einziehen! Moose, die leuchten, skurrile Felstürme, die überall aufragen wie Burgruinen und mehr oder weniger passende Namen tragen, gilt es zu entdecken.

Dinopark Teufelsschlucht ▸ C 9

Ferschweiler Str. 50 (K 20), www.dinopark-teufelsschlucht.de, März–Nov. tgl. 10–18 Uhr, Erw. 11,50, Kinder 4–12 J. 9,50 €

Urplötzlich steht man zwischen Sandsteinfelsen vor Exoten wie dem 26 m langen *Diplodocus* oder den *Dilophosaurus* oder entdeckt Einheimische, wie den *Eifelosaurus*, dessen fossile Skelettreste in der Eifel gefunden wurde. Eine spannende Zeitreise, bei der man viel über die Erdgeschichte der Region erfahren kann. Oder sich einfach an den lebensgroßen Dino-Figuren erfreut.

Einkaufen

Hochprozentiges – **Faber:** Büchelstr. 20, 54668 Ferschweiler, Tel. 06523 245, www.faber-eifelbrand.de. Der Familienbetrieb ist Hersteller erst-

Lieblingsort

Wildromantisch – die Irreler Wasserfälle ▶ C 9

Pittoresk und wildromantisch sind unterhalb der Teufelsschlucht die Stromschnellen der Prüm, die hier durch riesige Felstrümmer zum tosend-gischtenden Lauf gezwungen wird. Von einer überdachten Holzbrücke aus kann man das grandiose Schauspiel gefahrlos betrachten und sehen, wie die Urgewalt des Wassers an der Beseitigung eines Felssturzes arbeitet, der sich hier vor vielen Tausend Jahren ereignete. Damals rutschten oben an der Teufelsschlucht massenweise Felstürme aus hartem Luxemburger Sandstein auf dem glitschigen Keuperton ab und stürzten in die Prüm, die sich zu einem großen See staute. Der ist freilich längst leergelaufen, weil die Prüm unermüdlich ihren Weg durch die Felshindernisse freiwäscht (1,5 km nördlich von Irrel, an der L 4 Richtung Prümzurlay, Wanderparkplatz gegenüber den ›Wasserfällen‹).

klassiger Eifelbrände (Nelchesbirne, Apfel) und produziert sogar Eifeler Single Malt Whisky.

Infos

www.naturpark-suedeifel.de: ausgezeichnete Seite mit interaktiver Karte und umfassenden Informationen für das Gebiet des Deutsch-Luxemburgischen Naturparks.

Unteres Prüm- und Nimstal

Westwallmuseum Irrel ▶ C 9
Katzenkopf, 54666 Irrel, Tel. 06525 492, www.westwallmuseum-irrel.de, Karfreitag–3. Okt. So, Fei 14–17 Uhr, 3 €
Nach der Besetzung der entmilitarisierten Zone Rheinland durch deutsches Militär 1936 – eine Verletzung des Friedensvertrages von Versailles – wurde das Grenzgebiet systematisch militarisiert: Bunker, Luftabwehrstellungen und Panzersperren wurden gebaut (s. Entdeckungstour S. 274). 1939 entstand in Irrel zum Schutz der Straße Köln–Luxemburg mit dem ›Katzenkopf‹ eines von 32 Panzerwerken. In der dreistöckigen Bunkeranlage informieren heute Bilddokumente und Waffen der Zeit über die Geschichte des Westwalls. Im nur 10 °C kalten Bunker, besonders im engen Hohlgang zum Panzerturm, stellt sich leicht ein beklemmendes Gefühl ein.

Wasserfälle bei Irrel ▶ C 9
Siehe Lieblingsort S. 246

Infos & Termine

Touristinformation Irrel: Niederweiser Str. 31, 54666 Irrel, Tel. 06525 93 39 30, ganzj. Mi geschl.

Auch in der Südeifel lässt er sich wieder sehen: der scheue Schwarzstorch

Trier und das Trierer Land

Die Moselstadt Trier hat eine Hunsrücker und eine Eifeler Seite – Letztere prägen steile Sandsteinklippen. In Kehren und Windungen schraubt sich hier die B 51 ins Tal. Sandsteinfelsen prägen auch das untere Tal der Kyll kurz vor der Mündung in die Mosel bei Ehrang sowie das wildromantische Butzerbachtal bei Kordel und den Meulenwald zwischen Trier und der Wittlicher Senke. Die historisch eng mit Trier verbundene Stadt Wittlich in der Wittlicher Senke liegt klimatisch schon im Moseleinfluss.

Trier! ▶D 9

Im Jahr 16 v. Chr. von den Römern als Augusta Treverorum gegründet, bezeichnet sich Trier selbst stolz als »älteste Stadt Deutschlands«. Schon 30 v. Chr. gab es ein Militärlager auf dem Petrisberg. Trier war Hauptstadt bzw. Verwaltungsmetropole der römischen Provinz Gallia Belgica, später auch Kaiserresidenz. Die zahlreichen erhaltenen römischen Bauwerke brachten Trier 1986 auf die Liste des UNESCO-Welterbes. Den ersten Dom in Trier bauten im 4. Jh. noch (gallo-)römische Architekten, es ist der älteste nachgewiesene Bischofssitz auf deutschem Boden: 314 erhielt Bischof Agritius von Kaiserinmutter Helena deren Palast für den Dombau zum Geschenk. Bis heute ist die Stadt ein wichtiger Standort katholischer Einrichtungen. Überall trifft man auf Angehörige katholischer Orden.

Bei der Betrachtung des Modells der römischen Stadt im Landesmuseum sieht man: Viel größer ist Trier nicht geworden. Eine gemütliche Behäbigkeit charakterisiert die Stadt (105 600 Einw.). Daran ändern die rund 20 000 Studenten der 1970 gegründeten Universität nicht viel, zumal diese vor den Toren der Altstadt im Stadtteil Tarforst auf der Hunsrückseite der Mosel liegt.

Porta Nigra 1

www.trier-info.de/portanigra-info, April–Sept. tgl. 9–18, März, Okt. 9–17, Nov.–Febr. 9–16 Uhr, Erw. 4 €, erm. 2,50 €

An dem am besten erhaltenen römischen Stadttor in Deutschland kommt wohl niemand vorbei. Etwa 170 n. Chr. errichtet, diente die ›Schwarze Pforte‹ der römischen Stadt als Eingangstor nach Norden und war, von vierstöckigen Doppeltürmen flankiert, Teil der fast 8 m hohen Stadtmauer. Das Tor besteht aus klobigen, tonnenschweren Eifeler und Moseler Sandsteinblöcken, die, mit Baukränen in Position gebracht, ohne Mörtel nur durch bleivergossene Eisenklammern zusammengehalten werden. Der Bau scheint nicht ganz vollendet: Die Bossen der Quader sind stehen geblieben und die Oberflächen ungeglättet. Die grauschwarze Farbe geht auf Verwitterung zurück.

Dass das Stadttor fast vollständig erhalten blieb, ist dem griechischen Ere-

Infobox

Touristeninformation

Tourist Information Trier Stadt und Land e. V.: An der Porta Nigra, 54290 Trier, Tel. 0651 97 80 8-0, www.trier-info.de.

Trierer Land: www.lux-trier.info

Verkehr

Bahn: Eifelstrecke Köln–Gerolstein–Trier, u. a. mit Halt in Kordel.

miten Simeon zu verdanken, der sich hier einmauern ließ. Nach seinem Tod 1034 wurden er und später sein Gönner Bischof Poppo in dem zur Kirche umgebauten Stadttor beigesetzt. Bis ins frühe 19. Jh. blieb sie als Doppelkirche (d. h. mit zwei Etagen) bewahrt. 1803 begannen die Franzosen, der Porta Nigra zu ihrem alten Aussehen zu verhelfen – fast, denn sie beließen einen der Türme der ursprünglich streng symmetrischen Anlage ohne oberes Stockwerk.

Hauptmarkt

Rund um den **Marktbrunnen** 2 (1595) mit dem hl. Petrus, umgeben von den vier Kardinaltugenden, ist immer Betrieb. Das prächtige weiße Eckhaus **»Die Steipe«** 3 aus dem 15. Jh. ist nach den Pfeilern *(steipen)* der Arkaden benannt und war das Festhaus des Stadtrats. Die Steipe beherbergt heute ein Café, das **Rote Haus** 4 (1684), ein privates **Spielzeugmuseum** mit Puppen, Teddys, Zinnfiguren und Eisenbahnen (Dietrichstr. 51/Hauptmarkt 14, www.spielzeugmuseum-trier.de, Di–So 11–17 Uhr, Erw. 5 €, Kinder 2–2,50 €).

Dom 5

www.dominformation.de, April–Okt. tgl. 6.30–18, Nov.–März 6.30–17.30 Uhr, Eintritt frei, Führungen April–Okt. tgl. 14 Uhr, Erw. 5,45 €, erm. 3,25 €

Auch die Bischofskirche in Trier ist römisch. Glaubt man den Forschungen, stand hier die größte christliche Kirche der Antike, sie war etwa viermal so groß wie der heutige Dom. Nachdem Konstantin Trier verlassen hatte, riss man den Palast ab und errichtete an seiner Stelle ab dem Jahr 330 die Kirche. Schon die Kaiserinmutter hatte reiche Schenkungen an den ersten Bischof Agritius (seit 314) gemacht. Innen reichen die römischen Originalmauern im Dom heute noch bis zu einer Höhe von fast 26 m, erkennbar am Wechsel von Ziegel- zu Bruchstein. Berühmt ist der Dom für die **Heilig-Rock-Wallfahrt.** Die Reliquie, ein Teil der Tunika Jesu mit Kreuznagel, wird den Gläubigen nur alle paar Jahrzehnte in unregelmäßigen Abständen gezeigt, zuletzt 2015 – nicht zu verwechseln mit den Heilig-Rock-Tagen, dem alljährlichen Bistumsfest des Bistums Trier.

Liebfrauenkirche 6

Der antike Dom bestand aus zwei parallelen dreischiffigen Basiliken mit einer Länge von 150 m. Die südliche Hälfte dieser Doppelkirche machte um 1200 Platz für einen Neubau: die Liebfrauenkirche, mit anderer Raumaufteilung und in völlig anderem Baustil (Gotik) als der Dom (Romanik).

Museum am Dom 7

Bischof-Stein-Platz 1, www.bistum-trier.de/museum, Di–Sa 9–17, So 13–17 Uhr, Erw. 3,50 €, erm. 2 €

Auch wer sich nichts aus sakraler Kunst macht, findet hier Sensationelles: die **konstantinischen Deckenmalereien** aus der kaiserlichen Palastanlage. Bei Ausgrabungen in über 3 m Tiefe unter dem heutigen Dom entdeckt, konnten die mehr als 30 000 Fragmente aus dem Schutt wieder zusammengesetzt werden – ein gigantisches Puzzle. Sie schmückten einen Wohnpalast, der um 330 n. Chr. im Zuge des Ausbaus der großen frühchristlichen Kirchenanlage abgerissen wurde.

Konstantin-Basilika (Palastaula) 8

Konstantinstr. 11, www.konstantin-basilika.de, Nov.–März Di–Sa 10–12, 14–16, So 13–15, April–Okt. Mo–Sa 10–18, So 13–18 Uhr, Eintritt frei

Errichtet wurde der monumentale Bau zu Beginn der Ära Konstantins

Trier

Sehenswert

1 Porta Nigra
2 Marktbrunnen
3 Haus »Die Steipe«
4 Rotes Haus (Spielzeugmuseum)
5 Dom
6 Liebfrauenkirche
7 Museum am Dom
8 Konstantin-Basilika (Palastaula)
9 Kurfürstliches Palais
10 Rheinisches Landesmuseum Trier
11 Kaiserthermen
12 Viehmarkt-Thermen
13 Karl-Marx-Haus

Übernachten

1 Hotel ante porta
2 Stadtwaldhotel

Essen & Trinken

1 Weinstube Kesselstatt
2 Kartoffelkiste

Einkaufen

1 weinsinnig

Aktiv

1 Personenschifffahrt Kolb

Abends & Nachts

1 Tufa Trier
2 Wirtshaus Zur Glocke

als Thronsaal des Kaisers; er wird deshalb auch Palastaula (Aula Palatina) genannt. Nach den Römern residierten erst Merowinger hier, dann Trierer Erzbischöfe. Diese scheuten sich Mitte des 17. Jh. nicht, Teile des Baus abzureißen. Die Preußen rekonstruierten ihn ab 1844, so gut es ging, denn die Basilika sollte der neu eingerichteten evangelischen Gemeinde als Erlöserkirche dienen – das tut sie bis heute.

Die Palastaula ist das einzige Originalbeispiel des Bautyps der Basilika nördlich der Alpen, Vorbild war dabei die antike Markthalle. Außen ist das typisch römische Ziegelmauerwerk gut zu sehen. 28 m Breite und etwa 30 m Höhe schaffen im Innern einen monumentalen Raumeindruck. Unter den Marmorbodenplatten verbarg sich ein effizientes Heizsystem mittels Hypokausten – wer auf eine Audienz beim Kaiser wartete, sollte nicht frieren.

Kurfürstliches Palais 9

Willy-Brandt-Platz 3

Das Rokokoschloss selbst dient als Sitz einer Behörde und ist innen nur bei besonderen Veranstaltungen, wie Konzerten, zugänglich. Es hat einen hübschen, mit Skulpturen geschmückten **Garten,** wo man nach dem Besuch der Kirchen und Museen Luft schnappen kann.

Rheinisches Landesmuseum Trier 10

Weimarer Allee 1, www.landesmuseum-trier.de, Di–So 10–17 Uhr, Erw. 8 €, erm. 6 €, inkl. Show »Im Reich der Schatten« 10,50 €, AntikenCard Trier *s. S. 254*

Ausstellungsschwerpunkt ist zwar die Römerzeit, aber von der Steinzeit vor 300 000 Jahren bis zu den letzten Kurfürsten ist alles dabei. Zahlreiche **Funde aus der Eifel** sind hier zu sehen. Immer wieder können erstaunlich kunstvolle Stücke nach sorgfältiger Restaurierung ausgestellt werden. Von den Hochkulturen, die es vor den Römern in der Eifel gab, künden Funde keltischer Adelsgräber, u. a. aus den Prunkwägen der einst über 80 Hügelgräber bei Hillesheim. In die Römerzeit gehören der Nachbau der Igeler Säule im Innenhof, deren Original bei Igel an der Straße steht, sowie das Relief des Neumagener Weinschiffs, Teil eines Weinhändlergrabes aus dem 3. Jh. Der große Grabreliefsaal des Museums zeigt die eindrucksvolle Raumtheater-Show »Im Reich der Schatten« (www.im-reich-der- schatten.

de) zur römischen Religion. Die Mosaikensammlung des Museums ist die größte nördlich der Alpen.

Römische Thermenanlagen

In den größten und besterhaltenen Thermen in Deutschland wurde nie gebadet: den **Kaiserthermen** 11 (Weimarer Allee 2, April–Sept. tgl. 9–18, März, Okt. 9–17, Nov.–Febr. 9–16 Uhr, Erw. 4 €, erm. 3 bzw. 2,50 €. Unter Konstantin Anfang des 4. Jh. als Teil der Palastanlage gebaut, haben sie Ausmaße (250 m x 145 m), wie es sie sonst nur in Rom gibt. Spätere Kaiser ließen die Bauruine zu anderen Zwecken umgestalten. Übersichtlicher sind die **Viehmarkt-Thermen** 12 (Viehmarkt, Di–So 9–17 Uhr, Erw. 4 €, erm. 3 €) mit **Thermenmuseum.** In der von einem Glasbau überdachten Anlage aus dem 3. und 4. Jh. bekommt man den besten Einblick ins Badeleben der römischen Bewohner Triers.

Karl-Marx-Haus 13

Brückenstr. 10, Tel. 0651 97 06 80, www.fes.de/Karl-Marx-Haus, tgl. 9–18 Uhr, Erw. 5 €, erm. 2,50 €

Einladendes Flair des Südens in Trier: Hauptmarkt mit Caféterrasse vor der Steipe

AntikenCard Trier
Die Besucherkarte gibt es in den Varianten **Basic** (Landesmuseum Trier und zwei Römerbauten nach Wahl, 12 €) und **Premium** (Landesmuseum Trier, alle vier Trierer Römerbauten sowie Klause Kastel, 18 €).

Dass Trier im 19. Jh. eine Industriestadt mit Eisengießerei, Leder-, Keramik- und Tabakfabriken sowie Brauereien war, bemerkt man heute kaum noch. Karl Marx (1818–83) fände auch heute viele seiner Theorien bestätigt in den ärmeren Vierteln auf der anderen Moselseite. Sein Geburtshaus, das mit seiner Fassade von 1727 einladend charmant-bürgerlich wirkt, erinnert in der Dauerausstellung an Leben, Werk und vor allem Wirkung des großen Philosophen und bis heute wichtigsten Analytikers des Kapitalismus. Im Karl-Marx-Haus, das von der SPD-nahen Friedrich-Ebert-Stiftung betreut wird, kann man der Person von Karl Marx und seinen Ideen näherkommen. Ein ruhiges Plätzchen ist der Garten mit Marx-Skulpturen. Die größte steht allerdings nicht hier, sondern seit 2018 auf dem Simonstiftsplatz, ein Geschenk der Volksrepublik China zu Marx' 200. Geburtstag.

Spaziergang an der Mosel

Bei schönem Wetter lohnt immer ein Spaziergang zwischen der **Römerbrücke** mit Pfeilern aus dem 2. Jh. und der **Kaiser-Wilhelm-Brücke** die grüne Moselpromenade entlang, vorbei an den alten Kränen. Der **Alte Kran** (1413) ist der älteste Hebekran der Welt, der **Zollkran,** näher an der Römerbrücke, stammt von 1774. Am **Zurlaubener Ufer** angelangt, kann man in einem der Lokale einkehren. In dem ehemaligen Fischerdorf blieben viele Häuser aus dem 18./19. Jh. erhalten.

Übernachten

Modern und zentral – **Hotel ante porta** 1: Paulinstr. 66, www.hotel-anteporta.de, Tel. 0651 436 85-0, DZ ab 69 €, EZ ab 59 € zzgl. Frühstücksbüfett (9 €). Zweckmäßig eingerichtete Zimmer, bequeme Boxspringbetten.
Außerhalb – **Stadtwaldhotel** 2: Am Gillenbach 12, Tel. 0651 840 84-0, www.stadtwaldhotel.de, DZ ab 79 €, EZ ab 55 €. Moderne Gebäude mit komfortabel ausgestatteten Zimmern in schöner Lage.

Essen & Trinken

Wein vom Reichsgrafen – **Weinstube Kesselstatt** 1: Liebfrauenstr. 10, Tel. 0651 411 78, www.weinstube-kesselstatt.de, 10–0 Uhr. In dem Rokokopalais des Reichsgrafen von Kesselstatt mit wandhohen Flaschenregalen und alten Fässern, genießt man – im Sommer auch draußen vor dem Dom – die hauseigenen Gutsweine. Essen bestellt man am Tresen (Vesper 10–15 €).
Lokale Spezialitäten – **Kartoffelkiste** 2: Fahrstr. 13–14, Tel. 0651 979 00 66, mobil 0174 202 04 20, www.kiste-trier.de, Küche tgl. 11.30–22 Uhr, Gerichte bis ca. 15 €, Rumpsteaks ab ca. 17 €, Fischgerichte und Schnitzel aus der Pfanne, Spezialitäten wie Leberklöße auf Kappes-Terdisch oder gefüllte Kartoffelklöße.

Einkaufen

Kleine originelle Geschäfte findet man in der **Neustraße,** der Fortsetzung der Brotstraße nach Süden.
Wein kaufen und probieren – **weinsinnig** 1: Palaststr. 12, www.weinsinnig.com, Di–Sa ab 11 Uhr. Top-Winzerwei-

ne von Mosel und Saar. Flammkuchen und kleine Speisen. Weinproben.

Aktiv

Stadtführung – **Trier kurz und bündig:** Start an der Porta Nigra 1, Nov.–März Mo–Fr 13.30, April–Sept. tgl. 12 Uhr, Mo–Fr auch 17 Uhr, 75 Min., 6 €.
Schiffstouren – **Personenschifffahrt Kolb** 1: Ab Stadthafen Trier-Zurlauben, www.moselrundfahrten.de.

Abends & Nachts

Zahlreiche Gasthäuser säumen das **Zurlaubener Ufer,** auf einen Schoppen Elbling oder Riesling hereinschauen kann man z. B. bei Alt Zalawen (Zurlaubener Ufer 79) oder im Gasthaus Mosellied (Zurlaubener Ufer 86, http://gasthaus-mosellied.eu).
Kulturfabrik – **Tufa Trier** 1: Wechselstr. 4–6, www.tufa-trier.de. Landesweit bekanntes Kulturzentrum in einer ehemaligen Tuchfabrik. Musik, Theater, Ausstellungen und mehr.
Traditionelles Viezlokal – **Wirtshaus Zur Glocke** 2: Glockenstr. 12, Tel. 0651 999 88 00, www.glocke-trier.de, tgl. 11.30–0 Uhr. Hier ist immer gut einkehren auf eine oder zwei Porz Viez. Der naturtrübe Apfelwein wird in Steingutbechern (›Porz‹) serviert. Die Küche ist gut und deftig und sehr regional – auch Pferdesteak (17,50 €) steht auf der Speisekarte. Auch Romantikhotel (DZ ab 160 €).

Infos

Tourist Information: s. S. 249.
Stadtverkehr/Bus: www.vrt-info.de.
Bahn: Trier Hbf. ist Endstation der Eifelstrecke von Köln, Verbindungen auf der Moselstrecke über Cochem nach Koblenz, nach Luxemburg und Saarbrücken sowie über Perl nach Metz (Frankreich).

Kordel und Umgebung ▸ D 9

In Kordel (2300 Einw.) beginnt der Unterlauf der Kyll, hier durchbricht sie die Buntsandsteinhochfläche und bildet ein tief eingeschnittenes Tal. Schon die Römer betrieben hier fleißig Sandsteinabbau. Das hat Spuren in der Landschaft hinterlassen, etwa im Butzweiler Seitental, ebenso wie ihre Suche nach Kupfer (Pützlöcher). Mehrere vorzeitliche Burganlagen umzingeln den Ort: Burgberg und Hochburg sind mit keltischen Ringwallanlagen (5. Jh. v. Chr.) befestigt. Die Römer nutzten sie weiter und nannten den Ort Cortellum (›kleines Hofgut‹).

Burg Ramstein

2 km südlich von Kordel
Die Burgruine auf einem exponierten Sandsteinfelsen ist bei der Anfahrt von Süden schon von Weitem auszumachen. Erzbischof Balduin von Luxemburg ließ Anfang des 14. Jh. die Burg wiedererrichten, es muss also eine Vorgängerburg gegeben haben. Nach Zerstörungen im 15. Jh. erneut aufgebaut und schließlich sogar mit Quellwasser aus einer römischen Wasserleitung versorgt, war die Burg, inzwischen in Besitz des Trierer Domdechanten, ein guter Ort zum Leben. Bis zum Schicksalsjahr der meisten Eifelburgen, 1689, als die Truppen Ludwigs XIV. die Anlage sprengten. Die Ruine ist zu besichtigen. Sie gehört zum benachbarten Hotel-Restaurant (schöne Aussichtsterrasse, gutbürgerliche Küche, Wild, ca. 10–17 €, Tel. 06505 17 35, www.burg-ramstein.de, Do–Di 12–20 Uhr, DZ ab 76 €, EZ ab 48 €).

Rundwanderung: Von Burg Ramstein zur Genovevahöhle

Länge: 11 km (ohne Abstecher), Start: Burg Ramstein, Karte s. S. 256

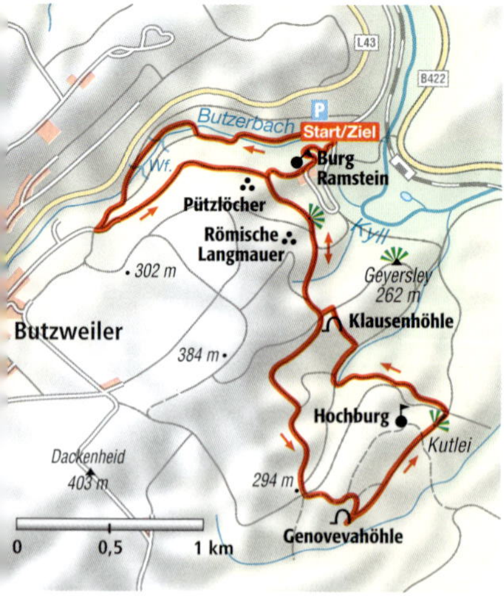

Rundwanderung zur Genovevahöhle

Von der **Burg** (Parkplatz) geht es durch das wilde **Tal des Butzerbachs,** den wir auf schmalen Brücken und Stegen immer wieder queren, vorbei an Wasserfällen und eigentümlich geformten Sandsteinfelsen. Moospolster und Farne säumen den Weg und verbreiten Urzeit-Atmosphäre. Wir passieren eindrucksvolle Relikte des römischen Kupferabbaus, die **Pützlöcher**, und die **römische Langmauer** aus der Zeit um 350 n. Chr., als zur besseren Bewirtschaftung des Bodens Latifundien (›ausgedehnte Grundstücke‹) eingerichtet wurden. Die Langmauer umfasste ein Gebiet von ca. 220 km² Grundfläche und erstreckte sich beiderseits der unteren Kyll nördlich von Trier. Als bis zu 1 m hoher Steinwall aus Sandstein ist sie erhalten. Ihre Gesamtlänge schätzt man auf ca. 72 km. Wir erreichen die **Genovevahöhle,** die sich 15 m breit und 30 m hoch im Buntsandstein öffnet und wohl schon in der Altsteinzeit Menschen Unterschlupf bot. **Abstecher** führen zur **Hochburg,** einer keltischen Fliehburg, und auf die aussichtsreiche **Kutlei.** Vorbei an der **Klausenhöhle** geht es zurück zu Burg Ramstein.

Aktiv

Kinderfreundliches Freibad – **Kylltalbad:** Kordel, Tel. 06505 13 08 (während der Saison). Beheiztes Schwimmbad im Meulenwald, mit Rutsche, Spielgeräten Beachvolleyball, Tischtennis u. a.

Infos

Deutsch-Luxemburgische Tourist-Information: www.lux-trier.info, zuständig für Kordel ist das Büro auf der deutschen Seite gegenüber Wasserbillig: Moselstr. 1, 54308 Langsur-Wasserbilligerbrück, Tel. 06501 60 26 66.
Bahn: Kordel ist Halt an der Strecke Gerolstein–Trier.

Wittlicher Senke

Das trocken-warme Klima des Moseltals macht sich in der Wittlicher Senke schon deutlich bemerkbar. An den nach Süden offenen fruchtbaren Hängen des Liesertals gedeihen Wein, Obst- und Nussbäume – früher wurde sogar Tabak angebaut. Den Weinbau brachten vermutlich bereits die Römer mit. Die aus dem 2. Jh. stammende **Villa urbana** an der Straße nach Altrich fristet heute unter der Autobahnbrücke ein trauriges Dasein. Dabei ist sie mit ihren Ausmaßen von 140 mal 28 m eine der größten *villae rusticae* nördlich der Alpen. In den 1960er-Jahren nahm man beim Autobahnbau keine Rücksicht auf die schon 1904 entdeckte Villa und legte die Trasse der A 1 über das Gelände. 1972 zerstörte man den Südflügel, um einen der Brückenpfeiler zu errichten.

Wittlich ▸ E 8

Im Mittelalter lag Wittlich, heute Kreisstadt mit ca. 18 000 Einwohnern, stets im Einflussbereich der Trierer, was sich auch kulinarisch zeigt: Terdisch, ein ›Untereinander-Gericht‹ gehört wie in Trier zur lokalen Küche. Stadtrechte erhielt Wittlich 1291 unter Rudolf I. von Habsburg. Das 17. Jh. war eine Zeit der Katastrophen: 1630/32 wütete die Pest, 1647 der verheerende Stadtbrand, den die Explosion der nahen Pulvermühle auslöste. Das Schloss und zwei Drittel der Stadt fielen dem Feuer zum Opfer.

Säubrennerbrunnen

Beliebter Treffpunkt ist der Säubrennerbrunnen am Pariser Platz nahe dem Lieserufer. Er erinnert an die denkwürdige Begebenheit im Jahr 1397, die der Säubrennerkirmes zugrunde liegen soll: Der Hüter des Stadttors auf Himmeroder Seite habe mangels eines geeigneten Bolzens eine Rübe in den Riegel des Stadttors geschoben. Ein Schwein habe die Rübe gefressen, weshalb Feinde in die Stadt eindringen und sie ungehindert plündern konnten. Zur ›Strafe‹ kommen deshalb jedes Jahr jede Menge Säue auf den Spieß und werden gegrillt. Die Metzgereien verkaufen zudem ›Stäken‹, eine Art Dauerwurst.

Altes Rathaus und Türmchen

Am **Markt** steht neben Bürgerhäusern aus dem 17./18. Jh. das **Alte Rathaus**, ein hübscher Renaissancebau von 1652. Noch bis 1981 wurde von hier aus die Stadt verwaltet. Die Fassade ziert als Nischenfigur der Pestheilige Rochus, dem alljährlich zur Säubrennerkirmes in halsbrecherischer Kletterei ein Blumenstrauß angesteckt wird. Das Gebäude besitzt im Treppenhaus berühmte **Glasfenster von Georg Meistermann** (1911–1990), die in Erinnerung an den Zweiten Weltkrieg entstandenen »Apokalyptischen Reiter«. Die **Städtische Galerie für Moderne Kunst** im Rathaus zeigt wechselnde Ausstellungen (Di–Sa 11–17, So 14–17 Uhr). Ein Blickfang ist der im Kern über 600 Jahre alte Rest eines Stadttors, genannt **Türmchen** an der Ecke Burgstraße/Schlossstraße.

Synagoge

Himmeroder Str. 44, Di, Do–So 14–17, Mi 9.30–12 Uhr

Die Synagoge (1910) ist eines der Relikte jüdischer Geschichte in der Eifel. Es finden Führungen durch die ständige Ausstellung »Jüdisches Leben in Wittlich« und über den jüdischen Friedhof sowie regelmäßig Wechselausstellungen, Konzerte und Vorträge statt.

Einkaufen

Bio-Hofladen – **Demeter Hof Breit:** Paul und Eugenie Brandsma, Hinter der Breit, 54516 Wittlich (am südwestlichen Stadtrand, abseits der L 141), Tel. 06571 32 48, www.demeterhofbreit.de, Hofladen Do 16–20, Fr 9–18, Sa 9–12.30 Uhr. Spezialität der Hofkäserei ist Gouda, außerdem Quark, Eier, Apfelsaft und Produkte von Biohöfen der Region.

Infos & Termine

Tourist Information Moseleifel: Marktplatz 5, 54516 Wittlich, Tel. 06571 40 86, www.moseleifel.de.

Bahn: 3 km östl. im Stadtteil Wengerohr liegt Wittlich Hauptbahnhof, Halt an der Moselstrecke Trier–Koblenz.

Bus: Mit Regiobus Linie 300 nach Daun und Manderscheid (April–Okt. Radshuttle mit Maare-Mosel-Regioradler www.regio-radler.de).

Termine: Säubrennerkirmes, 3. Aug.-Wochenende.

Das Beste auf einen Blick

Westeifel

Highlight!

Vianden: Pittoresken Charme versprüht das luxemburgische Our-Städtchen samt Burg – im Sommer platzt es aus allen Nähten. S. 287

Auf Entdeckungstour

Drachenzähne, Bunker, Schützengräben – am Westwall: Der Grenzraum Ardennen ist übersät mit Relikten der Weltkriege. Zu Beginn des Zweiten Weltkriegs rüstete sich Nazideutschland mit dem Westwall, auch Siegfriedlinie genannt. Diese Tour führt zu Narben der Geschichte. S. 274

Gaumenfreuden im Dreiländereck – Genusstour an der Our: Wo drei Länder aufeinandertreffen, fehlt es im Idealfall nicht an kulturellem Austausch. Das gilt auch für das leibliche Wohl: Forellen frisch aus der Our, Apfelsaft aus Früchten von Streuobstwiesen oder Ourdaller Bier und als Digestif ein Obstbrand warten auf Grenzgänger. S. 284

Kultur & Sehenswertes

Schieferbergwerk Recht: In den heute als Besucherbergwerk barrierefrei zugänglichen Stollen baute man früher den schönen Rechter Blaustein ab. S. 271

Kirche St. Luzia in Eschfeld: Detailreich und hintersinnig hat der Dorfpfarrer im frühen 20. Jh. seine Kirche ausgemalt. S. 283

Zu Fuß & mit dem Rad

Grenzenloses Radeln von Prüm nach St. Vith: Das deutsch-belgische Radwegenetz auf alten Bahntrassen macht es möglich. S. 266

Panoramaweg bei Utscheid: Auf der Route wechseln sich windige Höhen mit Weitblick und tiefe Täler ab. S. 291

Genießen & Atmosphäre

Eisdiele in Waxweiler: Wenn die Sonne vom Himmel lacht und auch die Temperaturen stimmen, ist hier jede Menge los. Denn es hat sich herumgesprochen: Dieses Eis ist besonders lecker. S. 280

Auberge Altringer in Sinspelt: Einfache, doch raffinierte Eifeler Regionalküche mit Luxemburger Einschlag in der schlichten Gaststube – hier kehren auch Einheimische gern ein. S. 289

Abends & Nachts

St. Vither Triangel: Der Veranstaltungskalender der über Ostbelgien hinaus bekannten Bühne liest sich wie ein Who's who des Showbusiness. S. 272

Haus Mannertal in Binscheid: Nicht nur am Abend speist man hier gut; ab und zu Events wie Lesungen oder Livemusik. S. 284

Schneifel und Prümer Land

Unmerklich erhebt sich der lang gestreckte Höhenrücken der Schneifel über die umliegende Landschaft, ein breiter, von Nordost nach Südwest reichender Kamm ohne klar hervortretende Erhebungen und Talsenken. Das resultiert aus der Härte des Grundgesteins, schwer verwitternder Quarzit aus dem frühen Devon. Die schneereichen Winter ziehen Wintersportler an, begründeten aber auch den Ruf der Eifel als ›Preußisch-Sibirien‹. Mit Schnee hat der Name ›Schneifel‹ aber nichts zu tun; das Wort ist vermutlich verwandt mit ›Sch(n)eide‹ und bezieht sich auf das landschaftlich Trennende des Höhenrückens. Umgeben wird der Schneifelkamm von weicheren Schiefern und Grauwacken mit tiefen Tälern und artenreicher Wiesenflora; weite Flächen sind Weideland.

Die Schneifel hat viel mit dem Hohen Venn (s. S. 107) gemeinsam: Der wenig durchlässige Boden hält das Wasser lange, denn unter der Humusschicht liegt oft Tonboden; das führt zu Moorbildung. Von den vielen Mooren sind wegen Aufforstung und Entwässerung nur noch wenige übrig. Die von Fichten dominierten Wälder sind einsame Naturrefugien und ideal zum Wandern.

Die Schneifel war oft Grenzland und spielte im Zweiten Weltkrieg als Kriegsschauplatz eine Rolle. Zeugnisse der dunklen Seite der Geschichte sind noch als Narben in der Landschaft präsent (s. Entdeckungstour S. 274).

Am Südosthang der Schneifel entspringt die Prüm und mündet nach 95 km in die Sauer. Ihr Oberlauf durchschneidet unterdevonische Gesteine, durchquert aber bei Prüm auch die Prümer Kalkmulde. Hier sind die Böden besser und es entstanden reiche Talauen – ideal für die Mönche der berühmten Prümer Abtei.

Infobox

Verkehr

Bus: www.vrt-info.de

Aktiv

Radfahren: Beliebt, da nicht allzu anspruchsvoll, ist der Abschnitt des **Prüm-Radwegs** Prüm–Waxweiler (ca. 20 km). Wie der **Eifel-Ardennen-Radweg** (s. S. 266) nach St. Vith verläuft er auf einer früheren Bahntrasse, www.eifel.info, Stichwort Eifel-Ardennen-Radweg

Die Schneifel

Bleialf ▶ B 6

Wie Rescheid und Mechernich liegt Bleialf (1189 Einw.), ein betriebsames Unterzentrum für die Schneifelregion, in einer 60 km langen Zone mit bleierzhaltigen Gangzügen. Das hier abgebaute Blei zeichnete sich durch besondere Silberarmut aus, sodass es auch als wertvolles Glasurerz dienen konnte. Im 16. Jh. stand der Bleiabbau in Bleialf in höchster Blüte, doch 1886 war Schicht im Schacht, das Leerpumpen der häufig überfluteten Stollen wurde zu teuer.

Besucherbergwerk Mühlenberger Stollen
Ecke Brandscheider Weg (L 12) / Hamburg, Tel. 06555 12 27, http://besucherbergwerk.bleialf.org, Mai–Okt. Sa, So 14–17 Uhr, letzte Führung 16.15 Uhr, 4 €

In den 1980ern wurden Teile des Mühlenberg-Stollens restauriert, der größte Teil der Grube liegt heute aber unter Wasser. Bergmännisch eingekleidet und mit Lampe ausgerüstet geht es in die Tiefe. Bei der 45-minütigen Führung erlebt man hautnah die Enge, Dunkelheit und Feuchte im Stollen. Begleitet wird man von einem Führer, der sachkundig in den Arbeitsalltag der Bergleute einführt. Nach der Stollentour lässt sich im kleinen **Bergbaumuseum** allerlei ›Geleucht‹ und ›Gezäh‹ entdecken.

Beim Besucherbergwerk beginnt der **Bergbaupfad Bleialf** (6 km, kurze Variante 3 km) zu alten Schächten und Pingen. Er bietet einen umfassenden Überblick über die Bergbaugeschichte des Ortes.

Schwarzer Mann ▸ B 6

Am Schneifelhöhenweg, Parkplatz ca. 1 km südwestlich vom Blockhaus Zum Schwarzen Mann an der L 20

Keine Angst vor Geistern und Köhlern – der Schwarze Mann ist eigentlich nur ein Schneifelgipfel. Um die Fantasie anzuregen, wurde dort auf einem künstlichen Hügel die **Skulptur »Schwarzer Mann«** aufgestellt: Der hölzerne Riese wacht über die Schneifel. In der Nähe markierte der **Tranchotstein** einen Dreieckspunkt erster Ordnung für die französische Landvermessung unter Oberst Tranchot (s. S. 44). Die mit 699,1 m höchste Erhebung der Schneifel liegt unweit des **Blockhauses Zum Schwarzen Mann** – es ist das einzige Haus auf dem sonst unbesiedelten Bergkamm.

Wandern auf dem Moore-Pfad Schneifel

Start: Wanderparkplatz (Südende) am Blockhaus Zum Schwarzen Mann

Im Bragphenn und im Rohr- und Eschvenn gibt es noch Moorflora aus Wollgras, Binsen, Heidekraut, Moor-, Preisel- und Moosbeere. Erkunden kann man die Feuchtbiotope auf dem knapp 13 km langen **Moore-Pfad Schneifel,** der durch die Quellgebiete des Alfbachs verläuft, meist auf Forst-, teils auf Bohlenwegen. Höhepunkt ist der **Aussichtspunkt Dreiländerblick** bei Buchet.

Essen & Trinken

Der Duft der weiten Welt – **Weltenbummler:** Bahnhofstr. 52, Tel. 06555 373 30 90, www.restaurant-weltenbummler.com, Hauptgerichte 10–18 €. Der alte Bahnhof von Bleialf vereint Weltküche besonders bei Suppen und Vorspeisen (5–14 €) mit traditioneller Schnitzel- und Steakküche (11–24 €).

Allein auf weiter Flur – **Blockhaus Zum Schwarzen Mann:** Schwarzer Mann 1, 54595 Gondenbrett, Tel. 06551 32 52, www.blockhaus-schwarzer-mann.de. Gutbürgerliche Küche (5–25 €), Kaffee und Kuchen zu angemessenen Preisen.

Einkaufen

Hochwertig – **Natur-Fleischerei Peters:** Hauptstr. 12, 54616 Winterspelt, Tel. 06555 471, www.eifel-fleisch.de, Di–Fr 8–13, 14–18, Sa 7–13 Uhr. U. a. Fleisch und Wurst von rückgezüchteten Weideschweinen (s. S. 113) und dem Our-Rind, alles vom eigenen Ourtal-Bauernhof. Vorbestellung ratsam, herkömmliche Wurstwaren und Fleisch bester Qualität immer vorrätig.

Aktiv

Wintersport und Wandern – **Schwarzer Mann:** Wintersportgebiet mit zwei Abfahrtspisten, Rodelbahn, Loipen und Skiverleih. Startpunkt vieler Wanderwege, Streichelzoo, Pferdeparkplatz. Infos: www.blockhaus-schwarzer-mann.de und www.pruem.de.

Perle des Eifelbarock und Stolz der Stadt: St.-Salvator-Basilika in Prüm

Schwimmen – **Freizeitbad Bleialf:** Im Brühl 4 (beim Campingplatz), Tel. 06555 10 59, www.camping-bleialf.de, Mitte Juni–Mitte Sept. tgl. 13–18 Uhr, 2,50 €.
Fahrradverleih – **Automobile Hansen:** 54608 Bleialf, Auwer Str. 41, Tel. 06555 10 00, Trekkingräder 9 €/Tag.

Infos & Termine

Schneifel-Touristik e. V.: Auwer Str. 2, 54608 Bleialf, Tel. 06555 302, http://touristik-bleialf.de.

Bus: Linie 417 Prüm–Bleialf via Gondenbrett, Wascheid, Linie 418 von Prüm u. a. nach Winterspelt, Buchet, Bleialf (jeweils Mo–Fr), www.vrt-info.de.
Pfingstkirmes Bleialf: Pfingstsamstag bis zum darauffolgenden Dienstag.

Prümer Land

Die Region um Prüm blickt auf eine große Vergangenheit zurück. Der Ort Prüm bildete sich um die im 8. Jh. gegründete Reichsabtei und entwickelte sich rasant. Er wurde Marktort und, zum Ärger der Trierer Erzbischöfe, Zentrum des kleinen Fürstentums Prüm. Als die Abtei 1576 dann doch zum Trierer Erzbistum kam, verloren Prüm und das Prümer Land ihre politische Bedeutung.

Prüm ▸ C 7

Die einstige Kreisstadt (5880 Einw.) liegt in einer breiten Talaue, beherrscht vom pracht- und machtvollen Bau der **ehemaligen Benediktinerabtei** – dem Stolz der Stadt. Sie entstand nach Plänen von Balthasar Neumann ab 1748. Abtei und Basilika bilden zusammen mit dem **Pfarrhaus** (Hahnplatz 17), einem barockisierenden Mansardwalmdachbau, ein denkmalgeschütztes Ensemble.

Im Zweiten Weltkrieg wurde Prüm zu 80 % zerstört, doch auch noch nach Kriegsende kam es zu einer fatalen Katastrophe (s. Entdeckungstour S. 275). Heute ist die Stadt ein geschäftiges Zentrum der Region mit Einkaufs- und Freizeiteinrichtungen.

Mit rund 5000 Jahren ist der **Prümer Menhir** oder **Weissenstein** (Bahnhofstraße gegenüber Friedhof) das wohl älteste Kulturdenkmal der Stadt. Der ungewöhnlich spitz auslaufende Kultstein stand ursprünglich in Schloßheck, wo er die Bauern jedoch störte.

Päpstliche Basilika St. Salvator

Hahnplatz 17, www.basilika-pruem.de, bis voraussichtlich Mitte 2019 wegen Renovierungsarbeiten geschlossen

Die Basilika, ein Prunkstück des Eifelbarock, wurde 1721 im Auftrag des Trierer Kurfürsten gebaut. Faszinierend ist die kunstvoll und reich mit Nischen und Skulpturen geschmückte **Fassade** mit dreigliedrigem Schaugiebel zwischen zwei mit hoch aufragenden Hauben bekrönten **Türmen.**

Im Innern sind ein riesiger barocker **Hochaltar** aus Bad Kreuznach, das von Kaiser Wilhelm 1878 gestiftete **Grab Kaiser Lothars I.** und der prächtige **Reliquienschrein** von 1896 Hauptanziehungspunkte. Im Schrein befinden sich die von Pippin geschenkten Sandalen Jesu – der Grund dafür, dass die Kirche Sankt Salvator, Heiliger Erlöser, heißen darf. Bei den ›Sandalen‹ handelt es sich allerdings vermutlich eher um reich verzierte fränkische ›Pantoffeln‹.

Sehenswert sind auch das detailreich geschnitzte **Chorgestühl** (1731), der **Taufstein** von 1520 und im Nordturm die **Drei-Ärzte-Kapelle** mit den seit dem 8. Jh. verehrten Reliquien der Heiligen Drei Ärzte in einem 1891 von den Ärzten und Apothekern Prüms gestifteten gotisierenden Reliquiar. Ein Kleinod ist der barocke **Marienaltar,** der ursprünglich aus der Kapelle von Schloss Malberg (s. S. 232) stammt.

Unser Tipp

Käse vom Bioland-Ziegenhof

In der modernen Käserei von **Hof Steinrausch,** einem Demonstrationsbetrieb für ökologischen Landbau, wird die Milch von rund 200 eigensinnigen Hornträgern zu leckerstem Hart- und Weichkäse verarbeitet (s. a. S. 69, Zamescheid 12, 54595 Wascheid, 8 km nördl. v. Prüm, Tel. 06551 98 41 73, www.hof-steinrausch.de, Verkauf Mo–Fr 10.30–12 oder zur Melkzeit 16.30–18 Uhr).

Übernachten

Wellness inklusive – **Haus am Kurpark:** Hotel Garni, Teichstr. 29, Tel. 06551 950 20, www.haus-am-kurpark-pruem.de, DZ 67–72 €, EZ 44 €, auch Apartments und Ferienwohnung (75–106 €/Nacht). 3-Sterne-Komfort mit Sauna und Hallenbad.

Einkaufen

Metallkunst – **Brunnen- und Skulpturenpark:** St. Vither Str. 62, 54595 Niederprüm, Tel. 06551 98 16 38, www.skulpturenpark-kruft.de, Verkauf Mo–Fr 10–17, Sa 10–14 Uhr. Originelle Tierfiguren, Brunnen, Windspiele etc. Der zwei Hektar große Skulpturenpark (tgl. 10–17 Uhr, 2 €) mit Teichen und Bepflanzung ist der perfekte Rahmen für die Metallkunstwerke von Hubert Kruft.

Aktiv

Wintersport – **Skigebiet Wolfsschlucht:** Wolfsschlucht 1, 54595 Prüm, Skihütte, Tel. 06551 45 45, www.ski-klub-pruem.de, Dez.–Mitte März bei winterlicher Witterung (Schneekanone) jeweils So ab 11/12 Uhr Lift- oder Rodelbetrieb, kein Ski-, jedoch Schlittenverleih (5 €/2 Std.), Lift 10er-Karte 6 €.

Hallenbad & Sauna – **Kurcenter Freizeitbad Prüm:** Teichstr. 20, Tel. 06551 965 40, www.schwimmbad-pruem.de, Erw. 5 €, Kinder 3 €. Whirlpool, Rutschbahn. Angegliedert ist die **Kurparksauna Natur Pur,** Tel. 06551 96 54 25, www.kurparksauna-natur-pur.de, Mo geschl., Erw. 15 €/Tag.

Freibad – **Waldfreibad Prüm:** Prümtalstraße, Tel. 065513400, www.schwimmbad-pruem.de, Mitte Mai–Sept. nur bei guter Witterung Mo–Fr 10–19.30, Sa, So, Fei 10–18 Uhr, Erw. 4 €, Kinder 2,50 €. Sprungturm, Kinderbereich, Breitrutsche im Nichtschwimmerbecken.

Abends & Nachts

Lichtspiele – **Eifel-Kino-Center:** Tiergartenstr. 41, Tel. 06551 952 50, www.eifel-kino.de, 8,50 €, Di 6,50 €.

Infos & Termine

Tourist-Information Prümer Land: Haus des Gastes, Hahnplatz 1, 54595 Prüm, Tel. 06551 505, www.pruem.de.

Bus: u. a. nach Gerolstein Linie 411, nach Bitburg und Kyllburg. 407 Prüm–Dasburg–Ettelbrück (L): www.vrt-info.de.

Termine: Prümer Sommer, Ende Juni-Aug., www.pruemer-sommer.de, u. a. Märkte, Musik, Wettbewerbe, Fahrrad-Sternfahrt. **Grenz-**

Unser Tipp

Erstklassige Eifelküche

Spezialität des **Landgasthofs Wenzelbach** sind Rindfleischgerichte (eigene Angus-Rinderzucht), ob in Ahrrotwein geschmort, als Roulade mit Ziegenfeta gefüllt (16,90 €), als Sauerbraten oder Steak (22,90 €) – als Beilage Döppekooche, wie er sein soll: knusprig und mit ein paar Lagen Speck. Neben Ahrwein und Eifelbier vom Fass gibt es eine breite Auswahl lokaler Säfte, Viez und Obstbrände. Nicht verpassen: Aperitifs und Cocktails mit Holunder oder in Rotwein eingelegte Walnüsse – verführerisch. Kulinarische Souvenirs zum Mitnehmen wie hausgemachte Marmeladen, Honig und Wurstkonserven (Kreuzerweg 30, 54595 Prüm, Tel. 06551 953 80, www.wenzelbach.de, Do geschl., Fr–Mi 17–21, So, Fei 12–14 Uhr).

landschau Prüm, April/Mai, 5 Tage, www.gls-pruem.de, Messe für Handel, Handwerk, Industrie und Landwirtschaft mit Rahmenprogramm. **Pferdemarkt,** 1. Sa im April und Okt. 7–18 Uhr, www.rvpl.de. Größter linksrheinischer Pferdemarkt, ca. 200 Pferde aller Rassen, Kleintier- und Bauernmarkt mit Eifeler Regionalprodukten; großes Showprogramm. **Lustiges Prümtal,** 1. So im Sept., autofreier Erlebnistag zwischen Olzheim und Waxweiler.

Prümer Mulde ▶ B/C 6/7

Prüm liegt am Rand jener Region, die bei Geologen Hochstimmung erzeugt: der Prümer Mulde. Sie ist die größte und tiefste der nach ihrem vorherrschenden Gestein benannten Eifeler Kalkmulden. Die Prümer Mulde erstreckt sich von Lünebach bis Duppach und von Prüm bis Seiwerath. In Büdesheim und Wallersheim gibt es lokale Kleinmulden. Das Besondere: Nur in der Prümer Mulde sind noch die jüngsten oberdevonischen Schichten vorhanden: die Ooser Plattenkalke und die Büdesheimer Goniatiden- und Cypridinenschiefer. Häufig stößt man hier auf Fossilien: Bei **Schwirzheim** und **Gondelsheim** kommen nach dem Pflügen auf den Äckern Versteinerungen von Korallen und Urzeittieren zum Vorschein.

Geopfad Prümer Held

Länge: ca. 2 km, Start: am Parkplatz an der B 410 Richtung Gerolstein ca. 500 m östlich von Prüm

Da sich die Prüm hier rund 200 m tief in die Schichten der Prümer Mulde eingeschnitten hat, lassen sich bei einer geologischen Wanderung auf der ›Held‹ fast die gesamten Schichtenfolgen des Unter- und Mitteldevons durchwandern und anhand von Aufschlüssen ihre Eigenarten erkennen.

Rommersheim ▶ C 7

Das Bauerndorf Rommersheim ist älter als Prüm und steht zur Abtei Prüm in einem besonderen Verhältnis: Irmina von Oeren, frühfränkische Adlige aus Trier, besaß hier eine römische Villa, zu der Wiesen im Prümtal gehörten. Diese stiftete sie 721 für den Bau eines Klosters, der späteren Fürstabtei Prüm. Tatsächlich sind an mehreren Stellen des Ortes römische Siedlungsreste gefunden worden. Im Dorf gibt es schöne **Bauernhäuser aus dem 18. und 19. Jh.,** z. T. mit alten Hausbäumen, ein Dorfbild wie aus früheren Tagen. Die auf romanischen Fundamenten errichtete spätgotische **Kirche St. Maximin** von 1498 steht am Rand des Dorfes, inmitten des zur Grünanlage umgestalteten Friedhofs.

Schönecken ▶ C 7

Den ›Burgflecken‹ dominiert nach wie vor die im 13. Jh. auf einem Dolomitfelsen hoch über dem Nimstal errichtete stolze und stattliche **Burg Schönecken.** Sie gehörte den Grafen von Vianden, ging Ende des 14. Jh. an Luxemburg und war zuletzt im Besitz der Erzbischöfe von Trier, bis der Stadtbrand 1802 sie zur Ruine machte. Statt die Burg wieder zu errichten, nutzte man ihre Steine zum Wiederaufbau des Dorfes.

Nördlich, Richtung Rommersheim, geht es durch den westlichsten Ausläufer der Kalkeifel. Gleich am nördlichen Ortsausgang von Schönecken beginnen Wege durch das **Altburger Bachtal** und das **Schalkenbachtal.** Die beiden Seitentäler der Nims lassen sich zu einer **Rundwanderung** kombinieren (je nach Variante 10–15 km). Sie führt vorbei an Dolomitfelsen, Wacholderheiden und orchideenreichen Kalkmagerwiesen der **Schönecker Schweiz.**

Radtour von Prüm nach St. Vith

Der **Wetteldorfer Richtschnitt** (ca. 650 m südöstlich der Ortsmitte von Schönecken-Wetteldorf, Beschilderung an der L 10) ist für Geologen weltweit Referenzpunkt für die Grenze zwischen Unter- und Mitteldevon. Über dem Richtschnitt wurde ein Blockhaus errichtet – ein Blick durchs Fenster auf die Schichtgrenze ist möglich.

Der Menhir von Wallersheim ▸ C 7

9 km nordöstl. von Schönecken über die L 16/110 und L 30, Parkplatz 350 m nördlich von Wallersheim, 200 m Feldweg

Eine Rarität findet sich oberhalb von Wallersheim: An einem alten Weg steht einer der wenigen nicht zerstörten Menhire der Eifel. Von hier geht der Blick weit übers Land.

Radtour von Prüm nach St. Vith ▸ A–C 6/7

Länge: 36 km, Infos: www.achim-bartoschek.de, www.pronsfeld-eifel.de

Die Tour auf dem **Eifel-Ardennen-Radweg** führt zunächst gemächlich von **Prüm** durchs Prümtal bis **Pronsfeld** (8,2 km), wo beim Eisenbahnmuseum (s. S. 278) eine Rast lohnt. Weiter geht's ins Alfbachtal mit seinen Bibern und hoch zum alten **Bahnhof** (10,8 km) von **Bleialf**, wo eine Einkehr beim Weltenbummler (s. S. 261) möglich ist. Der **Bleialfer Tunnel** (401 m, im Winter Umfahrung) führt ins Ihrenbachtal und hinunter zur **Grenzbrücke** über die Our (6,7 km). Durch das Braunlauftal aufwärts (Tunnel Lommersweiler 130 m) gelangt man zur **Bartholomäus-Kapelle in Wiesenbach** (s. S. 270) und nach **St. Vith** (8,3 km) mit einem Heimatmuseum (s. S. 269). Lohnend ist ein Abstecher nach **Born,** wo die **Korff-Brücke** (s. S. 272) beeindruckt, und weiter nach **Montenau** (9,6 km, s. S. 273).

Infos & Termine

Bus: Linie 404, 407, 413 ab Prüm nach Rommersheim, Schönecken, Pronsfeld und Lünebach.

Schönecker Eierlage: am Ostermontag, s. S. 32.

Die Belgische Eifel

Die Belgische Eifel ist ein typisches Grenz- und Übergangsland. Die Gegend um Rodt, Recht und Montenau ist dabei der am stärksten westlich Richtung Ardennen orientierte Raum. Im Osten ist die Landschaft kleinräumig und durch Taleinschnitte stark gegliedert, im Westen dagegen breiträumig mit flacheren Übergängen zwischen Berg und Tal.

Durch die Belgische Eifel verlaufen nicht nur die Wasserscheide zwischen Rhein/Mosel und Maas und die deutsch-wallonische Sprachgrenze, sondern auch eine tektonische Grenze und – mit der 900-mm-Niederschlag-Grenze – eine Wetterscheide zwischen eher atlantischem und eher kontinentalem Klima. Sogar die Haustypen variieren zwischen Trierer und Ardenner Haus. Die Belgische Eifel gehört zum deutschsprachigen Ostbelgien, also der Deutschsprachigen Gemeinschaft mit Parlament und Regierung in Eupen.

Oberes Ourtal

Die Region Oberes Ourtal, in keltischer und römischer Zeit dicht besiedelt und von bedeutenden Fernstraßen durchzogen, war auch ein wichtiges Zentrum fränkisch-karolingischer Kultur. Der Hof von Kaiser Karls Mutter Bertrada soll sich in **Berterath** bei Manderfeld befunden haben. Ihre große Vergangenheit merkt man der verschlafen wirkenden Gegend kaum mehr an.

Die Our und die Flüsschen Ulf und Braunlauf erschließen eine wald- und wiesenreiche Hügellandschaft mit uralten Wegen, winzigen, verstreuten Dörfern sowie vielen alten Wegkreuzen, Kapellen und Kirchen.

Manderfeld und Umgebung ▸ B 6

Manderfeld, ein kleiner Einkaufsort im oberen Ourtal, kann als ältester Luftkurort der Eifel gelten: König Lothar I. soll hier eine Residenz unterhalten haben, »weil die gute Luft der Gegend der Gesundheit des Körpers zuträglich und förderlich ist«, wie der Prümer Mönch Otler schreibt. 882 wurde der Manderfelder Hof von Wikingern zerstört und das Umland verwüstet.

Bei der Besichtigung der **Kirche St. Lambertus** sollte man der Verwendung des roten Sandsteins besondere Beachtung schenken. Manderfeld gehörte wie Schönberg (s. S. 268) 400 Jahre lang, bis 1794, zum Trierer Kurfürstentum. Daher wurde zum Bau der Kirche statt des nur wenige Kilometer entfernt in Recht im ›Luxemburger Ausland‹ gewonnenen Blausteins Buntsandstein aus weit entfernten Steinbrüchen im Trierischen angekarrt. Zu sehen ist er z. B. an der Außenfassade und bei den Figuren der Grablegungsgruppe im sogenannten Siebenschläferhäuschen. Die kleine Kapelle bildet die Endstation eines Kreuzwegs (1765).

Infobox

Infos im Internet
www.ostbelgien.eu: offizielle Seite der Belgischen Eifel, u. a. Veranstaltungskalender, Unterkünfte.

Verkehr
Bus: www.infotec.be.

Elsen-Denkmal ▶ B 6
Im Ortsteil Medendorf, Weg Richtung Eimerscheidermühle, nach 450 m
Die Armut im 19. Jh. zwang viele Eifeler zur Emigration. Eine weiße Marienstatue erinnert an die Geschichte von Christian Elsen, der 1882 als Zwölfjähriger in die USA auswandern musste. Auch als vermögender Selfmademan vergaß er seine Heimat nicht und brachte bei einem Besuch das Denkmal aus Amerika mit: Per Schiff, Bahn und Pferdekarren gelangte es an den Platz, wo sein Elternhaus gestanden hatte.

Krippana in Hergersberg ▶ B 6
Im Grenzdorf Hergersberg ziehen neben dem belgischen Supermarkt, einer Bäckerei, einem Restaurant, einem Imbiss und einer Tankstelle diverse Attraktionen, die unter der Bezeichnung ›Ardenner Cultur Boulevard‹ zusammengefasst sind, Touristen an, die oft busweise kommen. Hier sind Ausstellungen zu den Themen Krippen **(ArsKrippana),** Modelleisenbahnen **(ArsTecnica)** und Puppen **(ArsFigura)** zu sehen (Hergersberg 4, B-4760 Büllingen-Manderfeld, Tel. 06557 92 06 30, www.a-c-b. eu, Di–So, Fei 10–18 Uhr, ab 7,50 €).

Schönberg ▶ B 6

Das weitläufige Dorf an der Our entstand um die einstige **Burg.** Sie wurde im 12. Jh. zum Schutz des westlichen Teils des Prümer Bannwaldes erbaut. Verblieben sind nur spärliche Reste: Wallgraben, Ringmauer und Turmfundament. Schönberg bietet sich als Basis für einen Wander- oder Radwanderurlaub an der oberen Our an. Es gibt u. a. einen Lebensmittelladen und Gaststätten.

Gemeinde Burg-Reuland ▶ A/B 7

Zahlreiche eisenzeitliche Hügelgräber zeugen von der keltischen Besiedlung der Gegend um Burg-Reuland. Ein Grab befand sich auf dem **Hochthumsknopp** rechts der N 827, die hier die Trasse einer Römerstraße nutzt (2 km hinter Maldingen). Beim heutigen Ortsteil **Weweler** wurden Reste von Wohngruben gefunden. Die Siedlungsfunde reichen kontinuierlich über die römische in die fränkische Zeit, als das Gebiet zum Königshof Thommen gehörte, um den nach und nach die Dörfer entstanden. Die Kriege und Grenzänderungen der letzten Jahrhunderte trafen die Region hart. Der Ortsteil **Stubach/Stoupach** ist seit 1815 zweigeteilt, was dank der europäischen Einigung heute keine so große Rolle mehr spielt.

Burg-Reuland (Ort)
Der hübsche, kleine Ort (ca. 300 Einw.) im steilen Ulftal ist das südliche Zentrum der Belgischen Eifel und bei Radlern auf dem **Fernradweg RAVeL-Ligne 47** (mit Anschluss an den Eifel-Ardennen-Radweg nach Prüm) beliebt. Bei einer Rast empfiehlt sich die Besichtigung der gleichnamigen Burg.

In den Alltag von Oma und Opa entführt die Ausstellung des **Heimatmuseums** (Kulturhaus 135, Tel. 0032 80 32 97 12, Mo–Fr 13–16, Sa 10–16, So 10–12 Uhr, Eintritt frei) im Kulturhaus. Gezeigt werden Haushaltsgeräte, Werkzeuge und landwirtschaftliches Gerät.

Burg Reuland
Tel. 0032 80 32 91 31, www.reuland-ouren.be, Mai, Juni 11–17, Juli–Mitte Sept 11–18, Mitte Sept.–Mitte Okt. 10–16 Uhr, Eintritt frei
Sie war eine der größten Burgen der Eifel: Außer mehreren Wehrterrassen

und starken, bis zur Ulf reichenden Mauern mussten Angreifer noch einen bis zu 20 m breiten Wassergraben überwinden, bevor sie in den 60 x 55 m großen, durch dicke Mauern und fünf Türme geschützten Innenhof gelangten. Schon die Römer hatten an dieser Stelle ein Kastell errichtet. Ab dem 12. Jh. entstand dann die Wehrburg, die im 16. Jh. eine Umwandlung zum Schloss erfuhr. Nachdem sie, bereits herrenlos, 1794 Opfer eines Brandes geworden war, wurde sie 1830 größtenteils abgebrochen. Es blieben nur einige Ruinen um den Innenhof und Reste des Bergfrieds. Im Infopavillon im Burghof gibt es eine kleine Ausstellung mit Fundstücken.

Übernachten, Essen

Mit Whiskybar am Kamin – **Zur Alten Schmiede:** Bleialfer Str. 6, B-4782 Schönberg, Tel. 0032 80 54 88 25, www.zuraltenschmiede.be, Hauptgerichte 10–22,50 €. Regionale und saisonale Gerichte (z. B. Wild, Spargel, Bärlauch). Auch belgisch-deutsche Küche: Schnecken, Schnitzel, Steaks u. v. m. In der Bar am Kamin kann man aus 70 Whiskys wählen. Acht hübsch eingerichtete Zimmer (DZ 90 €, EZ 61 €).

Essen & Trinken

Kaffee und Reuländer Backwaren – **Cafeteria Richter:** Dorf 128, B-4790 Burg-Reuland, Tel. 0032 80 32 91 40, www.reulaenderbackwaren.be. Do–Di 7–19 Uhr. Kaffee und Kuchen, Bier und belegte Brötchen. Gemütlich sitzt man unter Bäumen an der Dorfstraße.

Aktiv

Thema Wasser – **Wassererlebnispfad Manderfeld:** 3 km, Start: Kreuzung N 634/Weg nach Weckerath. An acht Mitmachstationen erfährt man Interessantes über den Wasserkreislauf etc.

Angeln in der Our – **Hopper-Shop:** K.-F.-Schinkel-Str. 1a, B-4782 Schönberg, Tel. 0032 80 33 80 33, Info und Angelscheine, 5 €/Tag.

Infos & Termine

Tourist Info Büro Burg-Reuland – Ouren: Burg-Reuland 106 A, B-4790 Burg-Reuland, Tel./Fax 0032 80 32 91 31, www.reuland-ouren.be.

Termine: Reuländer Burgfest, Mitte Juli. **Hillclimbing Andler,** letztes Aug.-Wochenende in Andler/Schönberg, www.hillclimbing.be, Motorradrennen.

Amel und Warche

Die Region Amel und Warche ist ein von Altstraßen durchzogenes Altsiedelland, in dem Kelten, Römer, Franken und Wallonen Spuren hinterlassen haben – eine idyllische Landschaft mit Bruchsteinhöfen, alten Kirchen, winzigen Weilern, stillen Tälern und großen Wäldern. Einige der ältesten Eifelorte liegen hier: St. Vith, Amel, Büllingen.

St. Vith und Umgebung ▸ A 6

St. Vith lag am äußersten Grenzpunkt des Wildbanns des Kölner Erzbischofs, der hier sämtliche Nutzungsrechte inklusive Jagd, Fischfang und Rodung besaß. Am Weg Köln–Reims und auf halber Strecke zwischen den Abteien Malmedy und Prüm entstand ein bedeutender Marktort, in dem Korn, Salz, Tuch und Wein gehandelt wurden. Wegen seiner Lage und seines Reichtums wurde St. Vith oft Opfer von Krieg und Brandschatzung. Zuletzt geriet die Stadt im Zweiten Weltkrieg in die

Frontlinie, auch wegen des strategisch wichtigen Bahnknotens. Weihnachten 1944 wurde St. Vith von den Alliierten bombardiert, es gab zahlreiche Opfer unter der Zivilbevölkerung. Der **Büchelturm** blieb als einziger Rest der mittelalterlichen Befestigung inmitten einer Trümmerwüste erhalten. An die Befreiung der Stadt erinnert am Kreisel vor dem Turm ein **Panzer der US-Army.**

Außen neoromanisch, innen in modernem Stil, bewahrt die **Pfarrkirche St. Vitus** (1954–1959) bei aller Modernität der Innenarchitektur und -ausstattung mit zeitgenössischer religiöser Kunst auch einige Relikte aus der im Krieg zerstörten gotischen Kirche, u. a. das Taufbecken und die Statue des hl. Vitus.

Beim Wiederaufbau der Stadt nach dem Krieg wurde der mittelalterliche Stadtgrundriss weitgehend beibehalten. Heute lockt das traditionsbewusste Marktstädtchen mit attraktiven Einkaufsmöglichkeiten, bester Gastronomie und jeder Menge Kultur.

Heimatmuseum Zwischen Venn und Schneifel (ZVS)

Schwarzer Weg 6, Tel. 0032 80 22 92 09, www.zvs.be, Mo–Do 13–17, Fr 13–16, Sa 14–16, So 14–17 Uhr, 2 €

Das Ziegelsteingebäude des alten Bahnhofs zeugt von der Eisenbahnära der Stadt. Neben Personenzügen in alle Richtungen kamen in der Blütezeit gut 100 Güterzüge pro Tag hier durch, es gab 26 Gleise. Mehr als 1000 Menschen hatten Arbeit bei der Bahn, die entscheidend zur Entwicklung der Stadt beitrug. 1982 wurde der Bahnbetrieb eingestellt und die Trassen wurden zu Fernradwegen des RAVeL-Netzes ausgebaut. Im Bahnhof zeigt heute das Heimatmuseum archäologische Funde, Wohnkultur des 19. Jh., sakrale Kunst und vor allem Eifeler Eisenbahngeschichte sowie die wechselvolle Geschichte der belgischen Eifel bis heute.

St.-Bartholomäus-Kapelle ▶ B 6

In Wiesenbach, an der N 646, 2 km südöstlich von St. Vith, tgl. ganzj., falls geschlossen: Joseph Dries, Wiesenbachstr. 56, Tel. 0032 80 22 88 29

Unter alten Lindenbäumen steht die schiefergedeckte Kapelle am Friedhof von Breitfeld-Wiesenbach. Das älteste Gotteshaus der Gegend, erbaut im 9. Jh., mit 1982 entdeckten einzigartigen gotischen Wandmalereien (15. Jh.) und einem Altarbild von 1688 war einst ein Wallfahrtsort. Gerber und Bauern pilgerten an Bartholomäi (24. Aug.) hierher und brachten Schweinsköpfe oder Hühner als Opfergaben mit. Nach dem Gottesdienst fand in der Vorhalle eine Art Börse für Saatgut, Vieh, Land etc. statt und es wurde Gericht gehalten. An dem Tisch mit den zwei Bänken saßen Richter und Schöffen, in der Tischmitte steckte das Wappen der Gerichtsherren von St. Vith.

Marienkirche in Neundorf ▶ A 6

St. Vith-Neundorf, 3 km SW St. Vith

In die Vorhalle der Neundorfer Marienkirche ist eine Bank mit Tisch aus Blaustein (s. S. 271) eingebaut. An dieser **›Zehntbank‹** stand an bestimmten Tagen die Bevölkerung Schlange, um ihre Kirchensteuer, den ›Zehnten‹, zu entrichten. Über der Bank ist in einer Muschelnische die Namenspatronin der Kirche, Maria, als Patronin des Friedens mit Zepter dargestellt. Sie wachte darüber, dass alles friedlich zuging. Im Kircheninnern fasziniert die bemalte **Kanzel,** ebenfalls aus Rechter Blaustein.

Rodter Buchen ▶ A 6

Buchenberg, B-4780 St. Vith-Rodt, 1 km nordwestl. der Ortsmitte, Abzweig auf die Buchenallee am Kreisverkehr bei der Rodter Skihütte

Kostbare gotische Wandmalereien: Bartholomäuskapelle in Wiesenbach bei St. Vith

Alte Bäume sind gerade in der einst kriegsumkämpften Eifel höchst selten, denn in Notzeiten wurde gnadenlos abgeholzt. Obwohl der Name Rodt signalisiert, dass das Dorf eine Rodungssiedlung des 11. Jh. ist, blieb hier ein ganzer Hain sehr alter Buchen erhalten. Einige Baum-Methusaleme sind älter als 500 Jahre. Der Hain markiert eine Wegkreuzung alter Straßen. Der gesamte Buchenhain steht unter Naturschutz.

Schieferbergwerk Recht ▶ A 6

Zum Schieferstollen 9 A, B-4780 St. Vith-Recht, Tel. 0032 80 57 00 67, www.schieferstollen-recht.be, ganzj. Di–So 10–17 Uhr, Rundgang mit Audioguide, letzter Einlass 16.30 Uhr, 8 €, Familie max. 22 €, Parkplatz ca. 300 m entfernt, Parken für Gehbehinderte am Eingang

Der in Recht abgebaute Blaustein ist typisch für die Region. Er ziert Hauseingänge und lässt sich an Skulpturen, Grab- oder Wegkreuzen bewundern. Der Rechter Blaustein ist ein seltener Phyllit-Schiefer, der vor 480 Mio. Jahren entstand – wie, das erläutert ein Film im Besucherzentrum. Der wertvolle Blaustein wurde erst jahrhundertelang im Tagebau, seit 1880 dann auch unter Tage gewonnen. Wegen seiner Witterungs- und Säurebeständigkeit war er hoch geschätzt als Material für Sauerkrauttröge, Tränken, Wasserrohre, aber auch als Gebäudeschmuck. Zudem ist er ideal für Grabsteine und Skulpturen, da er sich sehr fein schnitzen und polieren lässt. Der kurz vor dem Ersten Weltkrieg aufgegebene Stollen wurde in ein modernes, rollstuhlfreundliches Industriemuseum umgewandelt. Mit Helm und wasserfestem Umhang versehen, gehen die Besucher ca. 800 m durch riesige unterirdische Stollen und Hallen. Nachgestellte Szenen und Audiostationen (u. a. auf Deutsch) erläutern und illustrieren den Alltag im Bergwerk.

Essen & Trinken

Bier im Blick – **Biermuseum und Skihütte:** Tomberg, Rodt 77, B-4780 St. Vith-Rodt, Tel. 0032 80 22 63 01, http://biermuseum.be. Außer Leffe, Palm oder dem Tomberger Hausbier können noch rund 40 weitere Biere verkostet werden. Gute Küche – wenige Gerichte, aber lecker, z. B. belgische Bouletten, Schnitzel (8–10 €) und natürlich Fritten mit Mayo, dazu der Blick auf gut 4600 (meist leere) Bierflaschen aus aller Welt.

Einkaufen

Nette kleine Fachgeschäfte, Bäckereien und Metzgereien um die **Hauptstraße von St. Vith** laden zum Stöbern ein.

Aktiv

Wintersport – **Rodter Skihütte:** Langlaufski-Verleih, s. Essen & Trinken.
St. Vith entdecken – **Stadtführung:** 1,5 Std., jeden So 10.30 Uhr, Treffpunkt Büchelturm, 3 €.
Per Rad – **Vennbahnradweg:** s. S. 109.

Abends & Nachts

Traditionsreich – **Corso-Kino:** Bahnhofstr. 14, B-4780 St. Vith, www.kinocorso.be. Lichtspielhaus von 1948 mit moderner Technik und Bestuhlung, vielfältiges deutschsprachiges Programm.
Spitzenarena – **Triangel:** Vennbahnstr. 2, B-4780 St. Vith, Tel. 0032 80 44 03 20, www.triangel.com. Konzerte, Theater, Kabarett, Ausstellungen, Partys, regionale und internationale Events. Hier treten auch deutsche Top Acts auf.

Infos & Termine

Touristinfo St. Vith: Rathausplatz 1, B-4780 St. Vith, Tel. 0032 80 28 01 30, www.st.vith.be.
Bus: Linie 394 Eupen–St. Vith (www.infotec.be).
Termine: Katharinenmarkt, 3. Di im Nov., großer Herbstmarkt, **Internationales Theaterfest,** eine Woche Ende Okt., www.theaterfest.net.

Amel und Umgebung ▸ B 6

Der Ort Amel ist nach dem Flüsschen Amel (frz. Amblève) benannt, das über die Ourthe in die Maas fließt. Er wurde bereits 670 erwähnt und war Sitz eines fränkischen Königshofs. Bei Amel fand 716 die für den Aufstieg der Karolinger entscheidende Schlacht statt, in der Karl Martell den neustrischen Adel besiegte. Von Amels Bedeutung als Marktort zeugt das **Marktkreuz** (1722).

Auf der alten Bahntrasse führt der **Vennbahnradweg** durch die Gemeinde Amel (ca. 5500 Einw. in 18 Orten).

Freiherr-von-Korff-Brücke ▸ B 6

Die große Eisenbahnbrücke ist das Wahrzeichen von **Amel-Born.** In nur acht Monaten ließ das deutsche Militär sie während des Ersten Weltkriegs von gut tausend Kriegsgefangenen errichten, um die für den Nachschub an die Front wichtige Ost-West-Verbindung auszubauen. Seit die Bahnlinie Vielsalm–St. Vith stillgelegt wurde, verfällt das ungenutzte Großbauwerk. Die Vennbahntrasse unterquert die Brücke.

St.-Sebastian-Kapelle in Eibertingen ▸ B 6

B-4770 Amel-Eibertingen, 1 km nordwestl. von Amel (N 676), tagsüber geöffnet, man muss am Türknauf drehen

Versäumen Sie es nicht, den Knochenreliquien der 81 Heiligen von Eibertingen in der Sebastian-Kapelle einen

Besuch abzustatten. Fein säuberlich sind sie am Hochaltar hinter Glas ausgestellt: Insgesamt 168 Relikte von Heiligen, darunter so berühmte wie Jakobus, Franziskus und Sylvester, sind hier versammelt – eine so große Zahl an einem Ort ist außergewöhnlich.

Essen & Trinken

Schinken & mehr – **Brasserie Terminus:** Am Bahnhof 28, B-4770 Amel-Montenau, Tel. 0032 80 34 13 44, www.terminus-montenau.be, Di, Mi Ruhetag, sonst ab 11 Uhr. Hauptgerichte 11–23 €, kleine Gerichte ab 5 €. Montenauer Schinkenplatte (12 €), Rindersteak 20,50 € – ostbelgische Küche vom Feinsten.

Unser Tipp

Original Ardenner Schinken

In dem Familienbetrieb **Montenauer Schinkenräucherei** wird nach alter Tradition mit Buchenholz, Lorbeerblättern und Wacholderbeeren geräucherter Schinken hergestellt (Am Bahnhof 19, B-4770 Amel-Montenau, Tel. 0032 80 34 95 86, www.montenauer.com, Mo–Fr 10–17, Sa 9–16 Uhr. Rundgang kostenlos, Verkaufsstand). Er darf das Siegel »Jambon d'Ardenne Appellation d'Origine« tragen. Verkostet werden kann er in der Brasserie Terminus (s. links).

Infos & Termine

Im Internet: www.amel.be.
Hubertusmarkt: 11. Nov. in Amel, großer Herbstmarkt.

Büllingen und Umgebung ▸ B 5

Der Marktort Büllingen zählte im frühen Mittelalter zu den wichtigen Orten des fränkischen Reichs: Wie Amel war er Sitz eines Königshofs, d. h. einer Herberge für fahrende ›Regierungschefs‹, an der Straße Köln–Arlon–Reims. Von diesem Hof ging die Besiedlung des zugehörigen großen ›Dreiherrenwaldes‹ aus. Den größten Teil des Gebiets besaß der Graf von Vianden; dem Grafen von Schleiden gehörte Mürringen und dem Trierer Kurfürsten Hünningen. 1788 konnten die Bewohner der inzwischen zahlreichen Rodungsdörfer zwei Drittel der Waldrechte an sich bringen. Noch heute ist die Holzwirtschaft ein bedeutender Wirtschaftsfaktor. Bekannt ist Büllingen für seine Eichenmöbelfabriken und -geschäfte.

Lohnend ist ein Blick in die gotische Einstützenkirche **St. Eligius:** Das Netzgewölbe wird von einem starken achteckigen Mittelpfeiler getragen. Sehenswert ist auch das frühromanische Taufbecken (10. Jh.).

Rocherath-Krinkelt ▸ B 5

Bei Rocherath-Krinkelt fanden 1944/45 erbitterte Grabenkämpfe um Elsenborn statt, die entscheidend für das Scheitern der deutschen Ardennenoffensive waren. Die **Gedenkstätte Hasselpath** erinnert an diese dunklen Tage (s. Entdeckungstour S. 274). Achtung: Wenn die in Elsenborn stationierten NATO-Truppen das Schießen und den Bombenabwurf unter ›realistischen Bedingungen‹ üben, wird die N 658 Rocherath–Wahlerscheid mit Ampeln gesperrt. Von einer ganz anderen Seite zeigt sich die Gegend, wenn im Frühling der Schnee geschmolzen ist und die Talwiesen um Rocherath-Krinkelt und weiter südlich bei Hünningen mit gelben **Wildnarzissen** übersät sind. ▷ S. 276

Auf Entdeckungstour: Drachenzähne, Bunker, Schützengräben – am Westwall

Der Grenzraum Ardennen ist übersät mit Relikten der Weltkriege. Zu Beginn des Zweiten Weltkriegs rüstete sich Nazideutschland mit dem Westwall: Panzersperren (Höckerlinien) und zahlreiche Bunker wurden errichtet.

Reisekarte: ▶ B/C 5–7
Start: Gedenkstätte Hasselpath, 2,5 km nördlich von Rocherath-Krinkelt (N 658, nach 1,5 km leicht rechts abbiegen).
Länge: 50 km
Abstecher: Auch am Hollerather Knie (s. S. 105) trifft man auf Höckerlinien.

Die Alliierten hatten nach der Landung in der Normandie im Sommer 1944 bis zum Herbst weite Teile Westeuropas befreit, darunter das 1940 von Deutschland besetzte Belgien. Dann kam Hitlers bis zuletzt geheim gehaltene Ardennenoffensive. Am 16. Dezember setzte das deutsche Kommando auf einer Linie zwischen Monschau und Echternach drei Armeen in Marsch, um die Maas zu erreichen und Antwerpen, den Nachschubhafen der Alliierten, einzunehmen. Ihnen stand nur eine US-Division gegenüber. Wegen schlechten Wetters konnten fast zwei Wochen keine Flugzeuge die US-Truppen unterstützen. Doch nach Aufklaren des Himmels wendete sich das Blatt für die Alliierten; vier Monate später kapitulierte Deutschland und der Zweite Weltkrieg war zu Ende.

Grausamer Grabenkrieg im Wald

Im Wald lagen sich die feindlichen Soldaten gegenüber, bei eisiger Kälte, wie im **Hasselpath** bei Rocherath in Belgien, wo ein solches Schlachtfeld als Gedenkstätte bewahrt wurde. Man sieht verrostetes Metall, Stofffetzen, Schützengräben und die Stellungen, in denen zuerst Amerikaner, dann Deutsche bei Temperaturen von –10 bis –20 °C kauerten. Im notdürftigen Feldlazarett wurden verwundete Kämpfer und Gefangene gleichermaßen versorgt.

Naturschutz fürs Denkmal

Parallel zur B 265 zwischen **Kehr** und **Hergersberg** (Parkmöglichkeit an der Kirche in Kehr) sind die Höckerlinien (›Drachenzähne‹) in den Hecken auszumachen. 70 Jahre nach Kriegsende sind die Panzersperren immer noch da, von Moos überwuchert. Nach dem Abzweig Richtung **Schwarzer Mann** befindet man sich auf dem Schneifelrücken. Westlich liegen im Wald 1 km unterhalb der Straße Bunker, die man auf dem **Westwallweg** erwandern kann. Die Ruinen sind eingezäunt, gefährliche Abgründe tun sich in den halb gesprengten Bunkern auf. Einige stehen unter Wasser – in den Tümpeln blüht und krabbelt es. Zur Freude von Naturschützern sollen die Bunker nicht eingeebnet werden, sondern als Biotop und Denkmal zugleich erhalten bleiben.

Die Leiden der Eifelbevölkerung

Dem Dorf **Brandscheid** ist nicht mehr anzusehen, welche Trümmerwüste der Krieg hier hinterließ, ganz zu schweigen von den Opfern unter den Bewohnern. Das komplett zerstörte Dorf wurde genau so wieder aufgebaut, wie es vor dem Krieg ausgesehen hatte. Noch vor Brandscheid biegt man Richtung Prüm ab. Die **Marienkapelle** am Waldrand bei **Sellerich-Hontheim** erinnert an die Leiden der Zivilbevölkerung. 69 Einwohner hatten sich hier in einen Bunker des Reichsarbeitsdienstes (RAD) geflüchtet, während draußen die Front über sie hinwegging. Sie hatten Glück und stifteten zum Dank 1968 die Kapelle. Gegenüber steht ein Rest des Eingangstors zum RAD-Gelände.

Tückische Spätfolgen

Am Ortsrand von **Prüm** endet diese Fahrt beim **Explosionskrater** (nahe dem Krankenhaus). Er entstand, als am 15. Juli 1949 unter dem **Kalvarienberg** 500 Tonnen unterirdisch gelagerte Munition in die Luft gingen. Bei dem Unglück, das einen 20 m tiefen Krater in den Boden riss, starben zwölf Menschen, 60 wurden verletzt. An die Opfer erinnern die bei der Explosion zerstörte, an neuem Platz wieder aufgebaute **Kalvarienbergkapelle,** ein **Basaltkreuz** und der **Kreuzweg** auf den Berg.

Aktiv

Wintersport – **Skizentrum – Skihütte Zum Kornhof:** Am Kornhof 22, B-4761 Büllingen-Rocherath, Tel. 0032 80 64 31 11. Bei guten Schneeverhältnissen sind Loipen durch die Wald- und Heckenlandschaft gespurt.

Infos & Termine

Tourismusbüro Büllingen: Hauptstr. 16, B-4760 Büllingen, Tel. 0032 80 64 00 02, www.buellingen.be.
Termine: Markt jeden 1. Di auf dem Marktplatz von Büllingen. **Michelsmarkt,** in Büllingen, 1. Di im Okt.

Bütgenbach ▸ B 5

Der quirlige Marktort Bütgenbach (sprich Bütchenbach) liegt am **Warche-Stausee** mit dem **Freizeitzentrum Worriken** und am 2014 fertiggestellten **RAVel-Radweg L 45a** von Jünkerath/Losheimergraben nach Sourbrodt. Das Herz des Ortes ist der in den 1920er-Jahren angelegte **Marktplatz** (jeden 2. und 4. Di Markt) mit Schatten spendenden Bäumen, Pavillon, Minigolfanlage und Spielplatz.

Aktiv, Übernachten

Strandbad am See – **Zentrum Worriken:** Am Stausee, Worriken 9, B-4750 Bütgenbach, Tel. 0032 80 44 69 61, www.worriken.be. Strand Juni Sa, So, Juli, Aug. tgl. bei Sonne 10–19, bei Wolken 14–17 Uhr, Erw. 3,50 €/Tag, Kinder 6–12 J. 2,50 €/Tag. Man kann auch Ferienhäuser (74–94 €) mieten und den Campingplatz nutzen (19–29 €).

Infos

Tourist Info Bütgenbach: Marktpl. 13a, B-4750 Bütgenbach, Tel. 0032 80 86 47 23, www.butgenbach.info.

Elsenborn ▸ B 5

Herba Sana
Hinter der Heck 46, B-4750 Elsenborn, Juni–Sept. tgl. 9–20 Uhr, 2 € (2-€-Münze für das Drehkreuz erforderlich, die Tür schließt um 21 Uhr)
Der 2002 eröffnete Garten ist ein echtes Juwel. Ende Juni/Anfang Juli ist der Besuch besonders schön, wenn alles blüht. In dem sehr ansprechend mit einem Heckenlabyrinth gestalteten Arzneigarten werden Heilkräuter aus aller Welt nach Anwendungsgebieten sortiert vorgestellt. Fast noch schöner ist der ›wilde‹ Teil des Gartens, der die Venn-Landschaft nachbildet und Besucher auf einen Plankenweg zu Bärwurz und Blutauge führt. Bringen Sie sich ein Picknick mit; Tische und Bänke samt Sonnenschirm auf einer Terrasse mit Brunnen sorgen für eine vollendet entspannte Atmosphäre. Gesponsert wird die Anlage vom Unternehmen Ortis schräg gegenüber, das Produkte für die Phytotherapie herstellt.

Robertville ▸ A 5

Hauptattraktionen des kleinen Ortes oberhalb der Warche sind der **Robertville-Stausee** mit Freibad sowie **Burg Reinhardstein** (auch Burg Metternich genannt; Chemin du Cheneux 50, Tel. 0032 80 44 68 68, www.reinhardstein.net, Führungen frz., niederl. Sa, So stdl. 11–16 Uhr, Kartenverkauf 15 Min. vorher, nur zu Fuß vom 550 m entfernten Parkplatz zu erreichen, 8,50 €). Die Burg thront pittoresk auf einem Felsen über der Warche. Gebaut wurde sie um 1350 von Reinhard, Erbmeier von Weismes, auf Resten älterer Verteidigungsbauten. 1620 gelangte sie an die Metternichs. Anfang des 19. Jh. war sie aber so baufällig, dass sie 1812 auf Abbruch verkauft wurde. Im Jahr 1820 stürzte das Gebäude vollends zusammen. Ein enthusiastischer Professor baute es mit der Hilfe von Studenten 1969 wieder auf, wobei er Zeichnungen des 18. Jh. benutzte: spannend, wie der Fels in den Rittersaal integriert wurde.

Der Bach oberhalb der Burg soll von Kelten kanalisiert worden sein. Er ergießt sich im **höchsten Wasserfall Belgiens** 60 m tief in die Warche. Um die spektakuläre Lage der Burg auf dem Felsen zu würdigen, empfiehlt sich der Blick von der anderen Talseite.

Übernachten, Essen

Am See – **La Chaumière du Lac:** Rue du Barrage 23, B-4950 Waimes-Robertville, Tel. 0032 80 44 63 39, www.chaumieredulac.be, DZ 110–120 €. Zehn moderne Zimmer in einem strohgedeckten Bruchsteinhaus. Kreative belgofranzösische Küche, Saisonmenü 40 €.

Aktiv

Baden – **Freibad Robertville:** Route de Bains, Tel. 0032 80 44 64 75, Mai–Mitte Juni, Sept. tgl. 10.30–18, Mitte Juni–Aug. tgl. 9.30–19 Uhr, 4 €. Liegewiese und Sandstrand locken bei schönem Wetter zu Badefreuden an einem der saubersten Seen Belgiens.

Infos

Office du Tourisme de Robertville: Rue Centrale 53, B-4950 Robertville, Tel. 0032 80 44 64 75, www.robertville.be.

Ein Moment der Stille: Angler am Bütgenbacher Stausee

Islek

Der Islek (auch Ösling, Éislek oder Eeslek), eine nach Süden geneigte Hochebene im Dreiländereck Luxemburg–Belgien–Deutschland, ist ein rauer, überwiegend siedlungsarmer Landstrich. Tief und waldreich sind die Täler mit nur schmalen Flussauen, arm die Böden auf den Höhen, die einst höchstens Buchweizen trugen. Klare Bäche durchbrechen schroffe Schieferfelsen und stürzen in raschem Lauf zu den tiefen Tälern von Our und Prüm hinab. Hier ist vor allem Naturerlebnis wie Wandern, Radeln oder Angeln angesagt. Die Region hat keltische, römische und mittelalterliche Altertümer – historisch Interessierte kommen bei der Besichtigung von Burgen, Kirchen und Kapellen auf ihre Kosten. Das Multikulturelle der durch Grenzen geprägten Region war oft Ursache von Krieg und Leid. Im geeinten Europa profitiert sie davon. Islek-Besucher erleben eine enorme regionale Vielfalt in der Gastronomie, beim Einkauf oder im Gespräch mit den Menschen, ob auf Deutsch, Lëtzebuergesch oder Französisch – im Islek ist Europa schon Wirklichkeit und eine Verständigung immer möglich.

Infobox

Infos im Internet

www.naturpark-suedeifel.de: Website des Naturparks Südeifel (nur deutsche Seite) mit interaktiver Karte.
www.naturwanderpark.eu: Übersicht über die Nat'Our-Routen, z. T. auch jenseits der Grenze nach Luxemburg, Unterkunfts- und Einkehradressen.
www.naturpark-our.lu: Infos zu Aktivangeboten und Attraktionen entlang der Our vor allem in Luxemburg.

Verkehr

www.vrt-info.de (D); www.infotec.be (B); www.mobiliteit.lu (L).

Mittleres Prümtal

Zwischen Lünebach und Mauel durchfließt die Prüm die **Daleidener Kalkmulden.** Gute Böden förderten hier seit Römerzeiten die Besiedlung. Ab Mauel bis Echtershausen ist das Tal enger, waldreich und einsam, bevor die Prüm bei Biersdorf mit dem betriebsamen Feriengebiet am Stausee ins Bitburger Gutland eintritt (s. S. 235).

Pronsfeld und Lünebach ▸ B 7

Beide Dörfer sind Stationen am Prüm-Radweg (s. S. 260) und lohnen einen Stopp. In beiden Orten gibt es Gasthäuser und Cafés, in Lünebach einen Dorfladen, in Pronsfeld Ärzte, Apotheke und Banken. In Pronsfeld trennen sich **Prüm-Radweg** (Richtung Waxweiler) und **Enz-Radweg** (Richtung Neuerburg) vom **Eifel-Ardennen-Radweg** Richtung St. Vith. Am ehemaligen Bahnhof erinnert ein kleines **Open-Air-Eisenbahnmuseum** (frei zugänglich) mit Tafeln und Exponaten, z. B. einer alten Diesellok, an die Geschichte des Ortes als Eisenbahnknotenpunkt.

Waxweiler und Umgebung ▸ B 7

Waxweiler (ca. 1250 Einw.) ist Station am Prüm-Radweg mit Geschäften, Ärzten, Apotheke und Tankstelle. Wie viele Eifelorte gehörte es zur Prümer Abtei. Einer Legende nach soll der hl. Willibrord (657–739) hier missioniert haben, bei seiner Predigt durch heidnische Tänze aber so erzürnt worden sein, dass er die Waxweilerer zum Durchtanzen verfluchte. Schließlich erlöste er sie vom ewigen Veitstanz und verpflichtete sie stattdessen zur Durchführung der Echternacher Springprozession (s. S. 240). Seither genießen die Pilger aus Waxweiler das Privileg, die hüpfende Prozession anzuführen.

Von der Brücke über die Prüm im Zentrum des Städtchens bietet sich ein Blick auf das idyllische Ortsbild, geprägt von kleinen Kanälen und Brückchen, überall fließt und sprudelt es munter. Das kleinstädtische Straßenbild des frühen 19. Jh. ist weitgehend erhalten, vor allem in der Hauptstraße neben der **Pfarrkirche St. Johannes Baptist,** einem Saalbau von 1770, und dem **ehemaligen Pfarrhaus** (Nr. 51) von 1611. In der Bahnhofstraße vor Haus Nr. 2 zieht ein Jugendstil-Kleinod die Blicke an: ein kunstvoll verzierter **Pumpenstock,** heute ohne Funktion. Im **Pfarrgarten** (Nr. 5) lässt sich eine große alte Rosskastanie bewundern.

Römische Villa und kleines Römermuseum

Waxweilers römische Geschichte kam 2002 zutage, als eine schon lange bekannte, gut 1800 Jahre alte **römische Villa** (Am Hüttenberg, tgl. geöffnet, Eintritt frei) gehobener Ausstattung freigelegt wurde. Auf Initiative eines Gönners wurden ihre Mauern mitten im Neubaugebiet restauriert. Am Ortseingang aus Richtung Lünebach steht eine Replik der Kellermauer. Eine Bürgerinitiative kümmert sich vorbildlich um die Präsentation der Funde in einem kleinen **Römermuseum** im Haus des Gastes (Hauptstr. 28, www.waxweiler.com, Mo, Di, Fr 9–12, 13.30–16.30, Do 9–12, Juni–Aug. zusätzl. Sa 10–12, So 14–17 Uhr, Eintritt frei). Besucher können die Replik eines nahe der Mariensäule (s. S. 279) gefundenen Römerbechers erwerben – ein hübsches Souvenir.

Devonium Waxweiler

Hauptstr. 28, Tel. 06554 811, www.devonium.de, Mo, Di, Fr 9–12, 13.30–16.30, Do 9–12, Juni–Aug. zusätzl. Sa 10–12, So 14–17 Uhr, 2,50 € inkl. einer Lupe

Das Museum vermittelt großen und kleinen Besuchern faszinierende Einblicke in die Zeit des Devon vor 400 Mio. Jahren, als Waxweiler in einem tropischen Flussdelta lag und die Pflanzen gerade das Land zu erobern begannen. Anhand versteinerter Tiere und Pflanzen aus dem nahen Steinbruch Köppen erfährt man Wissenswertes über die Entwicklung der Erde und des Lebens, lernt die Arbeitswelt der Paläontologen kennen und macht Bekanntschaft mit Überlebenden des Devon.

Mariensäule ▶ B 7

2 km östl. v. Waxweiler an der L 10

Den besten Blick auf das tief unten im Prümtal liegende Waxweiler und über die Eifelhöhen hat man von der Mariensäule. Sie wurde 1948 von den Bürgern zum Dank dafür errichtet, dass der Ort während der Ardennenoffensive weitgehend verschont blieb. An der Andachtsstätte sind viele Votivtafeln angebracht und es gibt einen Freiluftaltar aus Sandstein.

Schloss Hamm ▶ C 8

54636 Hamm, Tel. 06569 962 90 www.schlosshamm.de, keine Besichtigung

In Hamm, mit 22 Einwohnern eine der kleinsten Gemeinden des Landes, dominiert die Schlossburg des Grafen von und zu Westerholt und Gysenberg

Wanderung durch das Prümtal

alles. Älteste Teile der ins 11. Jh. zurückgehenden Festung der Viandener und Klerfer sind die Fassade des Haupthauses mit zwei Wehrtürmen, die Kapelle, der Gotische Saal und die Wehrmauer des 14. Jh. sowie der Torbau des 16. Jh. Als Besitz belgischer Grafen blieb Hamm vor den Zerstörungen durch französische Truppen bewahrt und präsentiert sich als eine der größten und besterhaltenen mittelalterlichen Wehranlagen der Eifel. In Kapelle und Gotischem Saal werden Trauungen durchgeführt. Regelmäßig finden Kulturevents statt (Ferienwohnungen s. Übernachten).

Wanderung durch das Prümtal
Länge: 19,5 km, Start: Waxweiler, Rückfahrt mit VRT-Linie 432, Mo–Fr möglich ab Haltestelle Niederweiler um 14, 18.08 und 20.18 Uhr, letzte Fahrt nur als Rufbus 1 Std. vor Abfahrt bestellen, Tel. 06551-95 33 15
Der **Willibrordusweg** (Eifelverein-Hauptwanderweg 5) führt von **Waxweiler** nach **Mauel.** Von da an ist das idyllische Prümtal autofrei. Es geht vorbei an **Gut Merkeshausen** (keine Besichtigung) nach **Echtershausen** (13 km) mit Einkehrmöglichkeit (Gasthaus Kranz, Di geschl.). Dort steigt der Weg zum **Grambüsch** an (Hügelgräber, 18,7 km). Am höchsten Punkt am Waldrand sieht man den Ort **Niederweiler,** wo es nicht nur eine Bushaltestelle gibt (800 m auf Weg 69), sondern auch Ferienunterkünfte und Brennereien.

Übernachten, Essen

Ferienwohnungen im Schloss – **Schloss Hamm:** s. S. 279., zwei Ferienwohnungen (ab 2 Nächten, bis 8 Pers.), Försterwohnung ab 85 €, Renteiwohnung ab 65 €/2 Pers.
Kuchen & Kultur – **Landcafé Grube:** Gesotz 32, 54597 Plütscheid, Tel. 06554 495, So, Fei 14–19 Uhr. Serviert wird im alten Haus, wo auch Künstler ausstellen, oder im hübschen Bauerngarten: gute Kuchen, auch Herzhaftes. Auch Ferien auf dem Bauernhof: 3 Apartments (4–8 Pers.), ab 38 €/ Nacht, mind. 2 Nächte. Buchung über www.bauernhofurlaub.de.
Familienfreundlich – **Camping Heilhauser Mühle:** Heilhauser Mühle 1, 54649 Waxweiler-Manderscheid, www.campingplatz-heilhauser-muehle.de, Tel. 06554 805. Ruhig gelegener ebener und baumbestandener Wiesenplatz an der Prüm, moderne Sanitäranlagen, 2 Pers. inkl. Auto und Caravan 16 € zzgl. Strom.

Essen & Trinken

Eisige Köstlichkeiten – **Eisdiele Waxweiler:** Luxemburger Str. 21, Tel.

06554 90 02 02. Beliebter Treff für Leckermäuler. Aktuelles s Facebook.

Einkaufen

Hochprozentiges – **Brennerei Walter Becker,** Hauptstr. 24, 54636 Niederweiler, Tel. 06569 834, **www.hofbrennerei-becker.de**. Wer nach der Schnapsprobe schläfrig wird, kann hier gleich eine Ferienwohnung buchen; **Brennerei Hauer,** Bitburger Str. 2, 54636 Niederweiler, Tel. 06569 72 84, www.brennerei-hauer.de.

Aktiv

Schwimmen – **Freibad Waxweiler:** Schwimmbadstraße, Tel. 06554 290, Mitte Mai–Mitte Sept. Mo–Fr 13–19, Sa, So Fei 11–19, in den Ferien Fr–Mi 11–20, Do 11–19 Uhr, 3,50 €.

Infos & Termine

Touristinfo Waxweiler: Hauptstr. 28, 54649 Waxweiler, Tel. 06554 811, www.waxweiler.com. Mi geschl.
Lustiges Prümtal: 1. So im Sept., autofreier Erlebnistag zwischen Olzheim und Waxweiler.

Die Oureifel

Die Oureifel zwischen Stupbach und Wallendorf bietet Erholung auf Europäisch im Dreiländereck Deutschland–Luxemburg–Belgien. Das steil eingeschnittene Ourtal ist hier waldreich und einsam: vereinzelte Mühlen im engen Talgrund und winzige Dörfer, die sich eng an den Hangfuß drücken. An den wenigen Flussübergängen liegen die Burgorte: **Ouren, Dasburg** und das herrschaftliche **Vianden.** Das mittlere Ourtal birgt einen wahren Naturschatz: Hier leben Eisvogel, Reiher und Schwarzstorch. Die Höhen sind stärker besiedelt. Doch während links der Our entlang der deutschen L 1 nur kleine, verschlafene Bauerndörfer liegen, ergibt sich auf der Kammhöhe in Luxemburg ein ganz anderes Bild: Aufgereiht an der N 7 sind es hier aufstrebende Ortschaften mit besten Einkaufsmöglichkeiten, vielen Gewerbebetrieben und reicher Feld- und Weidewirtschaft.

Ouren und Umgebung ▸ A/B 7

Bis ins 19. Jh. stand die **Burg Ouren,** deren Geschichte als Luxemburger Lehen die kleine Burgfreiheit Ouren seit dem 11. Jh. teilte. Ihre spärlichen Überreste sind auf dem Hügel inmitten des kleinen Dorfes noch zu sehen. Vom Burgberg blickt man über den Burgbering auf den Ort, der pittoresk in einer Flussschlinge der Our liegt, umrahmt von den bewaldeten, steilen Hängen des Talkessels inmitten saftiger Wiesen – ein Anziehungspunkt für Erholungsuchende. Im Sommer vervielfacht sich die Einwohnerzahl, Hotels und Ferienhäuser sind schnell ausgebucht.
Im Ortsteil Peterskirche liegt die **Pfarrkirche St. Peter** aus dem 12. Jh. malerisch auf einem schmalen Sattel zwischen Hang und Straße. Richtung Oberhausen (700 m nördlich Ouren) an der wildromantischen **Felsgruppe Rittersprung** soll der Sage nach ein Ritter mit gestohlener Braut und Pferd auf der Flucht über die Our gesprungen sein.

Monument des trois Frontières – Europadenkmal Ouren ▸ B 7

1,5 km südlich von Ouren
Fünf Megalithen aus vier Ländern stehen für den Gedanken der europäischen Einigung seit 1977 nahe dem Punkt, wo im Ribbach und der Our

Lieblingsort

Ein Museum en miniature – wArtehalle Welchenhausen
Seit 2002 das Buswartehäuschen im Weiler Welchenhausen auf der deutschen Seite der Our zur wArtehalle umfunktioniert wurde, zeigt man hier mit großem Erfolg Kunst von Rang und Kulturgeschichte der Region in Wechselausstellungen – ein garantiert außergewöhnlicher Kunstgenuss (4 km nördl. von Ouren, 54617 Lützkampen-Welchenhausen, http://kult-our-tal-museum.de, tgl., Eintritt frei).

die drei Länder Luxemburg, Belgien und Deutschland aneinandergrenzen. Über die Georges-Wagner-Brücke führt ein abwechslungsreicher **Rundwanderweg** durch die drei Länder und das **Naturschutzgebiet Mittleres Ourtal** über unbefestigte Wege und schmale Felsenpfade zur **Tintesmillen** (Tintesmühle) und zum Aussichtspunkt **Königslei** (13 km, Nat'Our Route 1, www.naturwanderpark.eu).

Übernachten, Essen

Am Our-Ufer – **Landhotel Zur Alten Mühle:** Stupbach 7, 54617 Lützkampen, Tel. 06559 223, www.zuraltenmuehle. com, DZ ab 99 €. 14 komfortable Zimmer; Restaurant mit regional verwurzelten Speisen (Küche Fr–Di 12–13.45, 18–20.30 Uhr), Spezialität Forelle und Wild (Gerichte 18,50–34 €).

Aktiv

Angeln – **Angelsport Wangen-Steils:** Auf dem Gret, Ouren 22, B-4790 Burg-Reuland-Ouren, Tel. 0032 80 32 97 55. Angelscheine, Beratung, Angelsportartikel wie Köder. Infos zum Angeln in Belgien und Luxemburg: www.angelsport.be.

Infos

Tourist Info Büro Burg-Reuland – Ouren: s. S. 269.

Arzfelder Land

Verwaltungszentrum mit Einkaufsmöglichkeiten ist **Arzfeld**. Eine Tafel in Daleiden und ein Denkmal an der Pfarrkirche Arzfeld erinnern an den Klöppelkrieg 1798 (Klöppel = Knüppel). Der vom Klerus unterstützte Widerstand Eifeler Bauern gegen die französische Besatzungsmacht gipfelte in der Schlacht von Arzfeld. Doch die Bauern – einige Hundert – hatten keine Chance. Die Rädelsführer wurden hingerichtet.

Wanderung im Irsental ▶ B 7

Start: Wanderparkplatz 1 km v. Irrhausen Richtung Daleiden an der B 410

Besondere Perlen sind die Ginsterheiden, Talauen und Bruchwälder im Irsental. Das ›**Tal der 1000 Schmetterlinge**‹, klimatisch begünstigt nach Südwesten ausgerichtet, weist eine blütenreiche Heideflora auf. An sonnigen Sommertagen schwirren zahllose Insekten, Schmetterlinge und Vögel umher. 544 Falterarten, davon 145 bedrohte, wurden beobachtet. In den Niederwaldzonen der Flussaue sind Biber heimisch, deren Fraßspuren besonders an jungen Bäumen nicht zu übersehen sind. Namengebend für die Ginsterheiden ist der Behaarte Ginster *(Genista pilosa)*, der anders als der als ›Eifelgold‹ berühmte Besenginster dicht am Boden wächst.

Eschfeld ▶ B 7

Wer in Eschfeld die **Kirche St. Luzia** (Kirchweg, tagsüber geöffnet) betritt, kommt aus dem Staunen nicht mehr heraus. Über und über ist sie innen bunt und prachtvoll ausgemalt, eine aufgeschlagene Bilderbibel – das Lebenswerk des Pfarrers und Malers Christoph März. Zwischen 1906 und 1921 malte er an seinem Traum. Auf dem Hauptbild, der »Eschfelder Sintflut«, ist eine Hochzeitsgesellschaft zu sehen, die von der Flut überrascht wird. Der humorvolle Pfarrer war in seiner Pfarre beliebt, bei den Kirchenoberen jedoch umstritten. Sein Leben endete tragisch: Er starb 64-jährig, weil er beim Malen vom Gerüst fiel.

Rund 500 m nördlich von Eschfeld (nahe dem Sportplatz) ▷ S. 286

Auf Entdeckungstour: Gaumenfreuden im Dreiländereck – Genusstour an der Our

Wo drei Länder aufeinandertreffen, fehlt es im Idealfall nicht an kulturellem Austausch. Das gilt auch für das leibliche Wohl: Forellen frisch aus der Our, Apfelsaft von Streuobstwiesen oder Ourdaller Bier und als Digestif ein Obstbrand warten auf Grenzgänger.

Reisekarte: ▶ A/B 7
Länge: 51 km
Obstkelterei Am Wässerchen: bei Eschfeld, Tel. 06559 857, www.obstweinkellerei-waesserchen.de, Verkauf Mo, Di 9–12, Mi 9–12, 15–18, 1. Sa im Monat 10–12 Uhr, Jan. geschl.
Cornelyshaff: Heinerscheid (L) mit Ourdaller Brauerei, www.ourdaller.lu.
Weweler Mühle: bei Burg-Reuland (B), Tel. 0032 80 32 90 75, www.weweler-muehle.be.
Haus Mannertal: Binscheid, Mannertalstr. 1, Tel. 06559 660, www.haus-mannertal.de, Mi–Fr ab 17.30, Sa, So ab 10 Uhr, Vier-Gänge-Menü 38,90 €; 3 schöne DZ ab 78 €.

Gutes von der Obstwiese

Zur Saft- und Obstweinprobe findet man sich am besten nach vorheriger telefonischer Anmeldung bei der **Obstkellerei Am Wässerchen** nahe **Eschfeld** ein. Während der Erntesaison, wenn das Obst von den umliegenden Streuobstwiesen angeliefert wird und die Obstpresse im Dauereinsatz ist, herrscht hier auch am Wochenende Hochbetrieb. Zur Verkostung kommen naturtrüber Apfelsaft, auch vergoren in Eichenfässern als Viez zu haben, oder Rhabarberwein sowie Liköre und ›Aufgesetzter‹ aus anderen Obstsorten. Natürlich wird auch Obstbrand angeboten; Autofahrer sollten die Probe dem Beifahrer überlassen.

Süffiges Bier aus Luxemburg

Von der deutschen geht es auf die luxemburgische Seite der Our, die ihr Tal hier tief in den Schiefer eingeschnitten hat. Die Straße führt in Serpentinen abwärts, vorbei an **Tintesmillen** nach Heinerscheid auf der Höhe. Im Islek wurde früher viel Buchweizen angebaut. Das Getreide, anders als Weizen und Roggen ein Knöterichgewächs, ist sehr genügsam. Die Samen liefern das graue Mehl für Buchweizenpfannkuchen und andere Spezialitäten. Buchweizen war die Grundlage nahrhafter Gerichte der weniger reichen Islek-Bewohner.

In **Heinerscheid** trifft man auf die viel befahrene N 7 und direkt an der Straße auf den großen Bau des **Gasthofs Cornelyshaff** (*haff* = Hof). Die Ourdaller Brauerei schenkt hier ihr Hausbräu aus – süffiges naturtrübes Bier. Es gärt in den Stahltanks nebenan, die durch die Glasfenster zu sehen sind. Wer mag, bestellt einen Imbiss zum Bier. Den Hunger sollte man sich für die Weweler Mühle aufheben.

Forelle aus der Our

Um die Weweler Mühle zu erreichen, biegt man von der N 7, an der Heinerscheid liegt, erneut tief hinab ins Ourtal, diesmal nach Belgien. Dabei passiert man das Europadenkmal **Monument des trois Frontières** (s. S. 281). In der **Weweler Mühle** kurz vor Burg-Reuland kommen köstliche Forellen auf den Tisch – ob blau oder Müllerin, frisch sind sie in jedem Fall und mindestens fünf Wochen in Ourwasser geschwommen. Sonst darf der Fischzuchtbetrieb sie nicht als »Appellation d'Origine Contrôlée« deklarieren. Gut zum Fisch schmecken ein Glas spritziger Luxemburger Weißwein von der Mosel oder das starke belgische Bier. In dem Gastraum mit unverputzten Bruchsteinwänden sitzt man sehr gemütlich. Auf der Speisekarte des Mühlenrestaurants stehen übrigens auch Fleischgerichte.

Geruhsame Einkehr im Mannertal

Wer mag, kann Siesta im Schatten der Bäume am Ufer der leise plätschernden Our halten, um anschließend auf die deutsche Seite zurückzukehren. Über Lützkampen erreicht man **Binscheid** und trifft rechtzeitig zum Abendessen in **Haus Mannertal** ein, wo man die Produkte vieler ausgezeichneter lokaler Erzeuger, die man an diesem Tag nicht besuchen konnte, lecker und fantasievoll zubereitet aufgetischt bekommt (z. B. langsam, bei niedriger Temperatur gegarten Braten vom Wild oder Lamm).

stellte sich bei der Sprengung eines Bunkers 1948 die Bunkerdecke senkrecht auf. Jahrzehntelang stand sie wie ein Mahnmal in der Landschaft. Ende des 20. Jh. wandelte die Pfarrei Eschfeld den Ort in eine **Gedenkstätte** um, an der um Frieden und Versöhnung gebetet werden kann. Ein **Bunkerkreuzweg** führt um die riesige graue Bunkerdecke herum (ganzjährig geöffnet).

Wandern im Naturschutzgebiet Ourschleife ▶ B 8

14 km, Nat'Our Route 4, Start in 54673 Keppeshausen an der Ourbrücke, http://naturpark-suedeifel.de
Ein 280 ha großes Waldgebiet oberhalb der Ourschleife bildet ein intaktes Laubwaldökosystem mit Felsen, Trockenrasen und Heideflächen. Der Schwarzspecht liebt die alten Buchen. Auf einem Bergsporn über der Our wachte **Burg Falkenstein** seit dem 11. Jh., nach der Zerstörung 1679 blieben ein Wohnhaus und Ruinen (Privatbesitz), die man vom Wanderweg aus bewundern kann.

Übernachten, Essen

Idyllische Lage im Irsental – **Machtemes Mühle:** 54689 Preischeid (Post: Bachstr. 1, 54689 Dasburg), L 1/K 51, Tel. 06524 855, www.machtemes-muehle.com. Restaurant, Zimmer (DZ ab 60 €) und Ferienwohnungen in der alten Lohmühle des 17. Jh. Bodenständige, leckere Gerichte, gemütlich-rustikale Zimmer und Ferienwohnungen. Auch zwei Campingplätze (16 €/Pkw, Wohnwagen inkl. 2 Pers.).
Eifelgenuss kreativ – **Landgasthof Haus Mannertal:** s. S. 284.

Infos

Tourist-Information der VG Arzfeld: Luxemburger Str. 5, 54687 Arzfeld, Tel. 06550 96 10 80, www.islek.info.
Bus: Linie 407 Prüm, Dasburg und Ettelbrück (L), www.vrt-info.de.

Klierf (Clerf/Clervaux) und Umgebung ▶ A 8

Das charmante Städtchen Klierf (Clerf/Clervaux) in Luxemburg schmiegt sich malerisch ins Klierf-Tal. Nach einem Bummel durch die Grand Rue lohnt das Schloss, dessen Anfänge im 12. Jh. liegen, den Besuch.

Schloss

Nach wechselvoller Geschichte und Zerstörungen beherbergt die prächtig restaurierte Anlage heute drei Museen: das **Museum der Modelle der Burgen und Schlösser Luxemburgs** (www.clervaux.lu/de/museen-im-clerfer-schloss.html, Nov.–April Sa, So, Mai–Okt. Di–So 10–18 Uhr, 3,50 €) mit erstaunlich detailreichen Modellen von 22 Luxemburger Burgen; das **Museum der Ardennen-Offensive** (Öffnungszeiten u. Eintrittspreis wie oben, Kombiticket mit Burgenmuseum 5 €) mit Erinnerungen an die Winterschlacht 1944/45 und die Fotoausstellung **The Family of Man** (s. Tipp S. 287).

Landmuseum Binsfeld ▶ A 7

8 Ëlwenterstrooss, L-9946 Binsfeld, Tel. 00352 97 98 20, www.museebinsfeld.lu, Ostern–Okt. tgl. 14–18 Uhr (letzter Einlass 17 Uhr), 4 €, verschiedene Veranstaltungen s. Webseite
Im restaurierten Bauernhaus A Schiewesch (Bei Schäfers), einer ehemaligen Schäferei aus dem 15. Jh., blickt man in 13 authentisch eingerichtete Räume von elf Generationen: u. a. Küche, Stube, Schlafzimmer, Schusterwerkstatt und Webstube. Schwerpunkt ist die Dorfkultur nach 1725, illustriert durch über 1100 Exponate.

Museum »A Robbesscheier«

Frummeschgaass 1, L-9766 Munshausen, Tel. 00352 921 74 51, www.robbesscheier.lu, Sommer tgl. 10–18, Winter 10–17 Uhr. Eintritt ins Gelände frei. Aktivitäten (als Tagesprogramm, auch für Einzelpersonen buchbar) ab 12 €/Pers.; Restaurant (Snacks, lokale Spezialitäten und gutbürgerliche luxemburgische Küche, Hauptgerichte 10–22 €, tgl. 8–1 Uhr nachts, Küche 11–14.30 und 18–21 Uhr)

Das Munshauser Bauernhofmuseum A Robbesscheier (Roberts Scheune) veranschaulicht das ländliche Leben und Arbeiten in der ›guten alten Zeit‹. Die 6 ha große Anlage mit Tiergehegen und Bauerngärten lockt mit vielen Aktivitäten, von Kutschfahrten, Eselreiten, Hoftierefüttern über Backen und Töpfern bis zu Kerzenziehen. Auch Workshops, z. B. zu Imkerei, Schäferei, Wald- und Feldarbeiten, Wollverarbeitung und Korbmacherei. Hauptattraktion sind die Ardenner Kaltblutpferde, die heute wieder als Rückepferde in der nachhaltigen Forstwirtschaft unentbehrlich sind. Im **Museumsladen** gibt es regionale Produkte und Kunsthandwerk.

Unser Tipp

Porträt der Menschheit

Nicht auslassen sollte man im **Schloss von Klierf** (s. S. 286) die Fotoausstellung **The Family of Man**. Im Jahr 1955 zuerst im MoMA New York gezeigt, wanderte die vom Luxemburger Edward Steichen als »Porträt der Menschheit« konzipierte Ausstellung durch mehr als 150 Museen in der ganzen Welt: 503 Fotografien von 273 Fotografen aus 68 Ländern sind zu sehen (Tel. 00352 92 96 57, http://steichencollections-cna.lu, März–Dez. Mi–So, Fei 12–18 Uhr, ab 21 J. 6 €).

Infos

Tourist Center Clervaux: 11, L-9710 Grand Rue, Tel. 00352 92 00 72, www.destination-clervaux.lu.

Vianden (Veianen) ! und Umgebung ▸ B 8

Mittelalterliches Flair herrscht in den schmalen Gassen des Städtchens Vianden im engen Tal der Our, umgeben von einer Ringmauer mit Wehrtürmen. Hoch oben sitzt auf lotrecht aufragenden Schieferfelsen seit mehr als 1000 Jahren sein Bewacher, die Burg Vianden. Während Vianden im Sommer von Touristen überlaufen ist, erlebt man es von Neujahr bis Ostern als ruhiges charmantes Provinzstädtchen.

Musée littéraire Victor Hugo

37, rue de la gare, www.victor-hugo.lu, Di–So 12–18, Nov.–Mitte April 11–17 Uhr, 5 €, Audioguide u. a. in Dt.

Das pittoreske Orstbild lockte schon im 19. Jh. berühmte Reisende an. Einer von ihnen war Victor Hugo, der Vianden sogar ein Gedicht widmete. Im Haus an der Our-Brücke, heute ein Museum, fand der Autor des Romans »Der Glöckner von Notre-Dame« im Jahr 1871 als politischer Flüchtling nach der Unterdrückung der Pariser Kommune fast drei Monate lang Zuflucht. Sein Zimmer mit Originalmöbeln ist zu sehen, ebenso einige seiner fantastischen Tuschezeichnungen sowie Briefe und Texte.

Veiner Musée

96–98, Grand Rue, Juli/Aug. tgl., Ostern–Okt. Di–So 11–17 Uhr, 4 €

Trutzig wacht die Schloss-Burg über das Our-Städtchen Vianden

Das lokalhistorische Museum der Stadt ist eine Stippvisite wert. Hier erfährt man viele Details über diesen geschichtsträchtigen Ort.

Sessellift (Télésiége)

39, rue du Sanatorium, April–Okt. tgl. 10–17/18 Uhr, hin/zurück 5,10 €

Auf die Höhe schweben – und das ganz bequem ohne schweißtreibenden Aufstieg: Der Sessellift (Télésiège) macht's möglich. Von 220 m im Ourtal geht es auf 440 m Höhe mit herrlichen Aussichten.

Schloss-Burg Vianden

Tel. 00352 834 10 81, 00352 849 29, www.castle-vianden.lu, tgl. 10–16, März, Okt. bis 17, April–Sept. bis 18 Uhr, Audioguides u. a. in Dt., 7 €

Ausgrabungen belegen, dass sich schon in römischer Zeit eine Befestigung an dieser Stelle befand. Die Grafen von Vianden gehörten zu den mächtigsten Adelsgeschlechtern der Eifel. Sie bauten die seit der Karolingerepoche bestehende Burg zu ihrer prächtigen Residenz aus. 1417 gingen Burg und Besitz – darunter 136 Dörfer und weitere 30 Burgen – an das Haus Oranien-Nassau. Ab dem 17. Jh. wurde die Burg, längst nicht mehr Stammsitz, vernachlässigt. Zu Zeiten Victor Hugos, im 19. Jh., war sie eine Ruine. Heute gehört sie dem Großherzogtum Luxemburg und ist mustergültig restauriert. Hat man ihre drei Tore durchschritten, gelangt man zur Waffenhalle. Diese und andere Säle bilden den feierlichen Rahmen für Kunstausstellungen. Besonders sehenswert: die zweistöckige **Pfalzkapelle,** deren ›adliges‹ Obergeschoss nach Originalresten restaurierte Wandmalereien schmücken, die **Große Küche** mit einem riesigen Herd sowie die **Byzantinische Galerie** mit hübschen, von Kapitellen geschmückten Kleeblattfenstern.

Pumpspeicherwerk Vianden ▶ B 8
An der N 10 ca. 4,5 km südlich von Vianden, Besichtigung der Pumpen, Turbinen etc. tgl. 10–16, Ostern–Sept. 10–20 Uhr, Eintritt frei
Das 1964 gebaute Pumpspeicherwerk ist das größte Europas. Zur Speicherung elektrischer Energie wird das Wasser des Our-Stausees bei geringer Stromauslastung nachts ins obere Becken gepumpt und kann zur Energieerzeugung über Turbinen abgelassen werden, um Verbrauchsspitzen zu anderen Zeiten abzufangen.

Kupfermine Stolzembourg ▶ B 8
7 km nördlich von Vianden, Rue Principale 5A, L-9463 Stolzembourg, Tel. 00352 84 93 25 27, www.stolzembourg.lu, Juli, Aug. tgl. 14 Uhr, Ostern–Anfang Juli, Sept., Okt. nur So, Fei, Führung (meist in Lëtzebuergesch, Franz., z. T. auch in Dt.) 2–3 Std., 7,50 €
Die kupferhaltigen Erzadern des ›Klangbaachs‹ wurden schon vor 500 Jahren abgebaut. Im **Museum** werden Besucher mit der Geologie der Region und der Geschichte der Grube vertraut gemacht. Auf dem 1,5 km langen **geologischen Lehrpfad** wandert man zur Mine und erfährt bei der Führung 50 m unter der Erde, wie schwer die Arbeit im Kupferbergwerk war.

Roth an der Our ▶ B 8
Auf einem steilen Bergsporn über der Our neben dem schlossartigen, ehemaligen Wohngebäude der Johanniterkommende Roth (privat) thront die romanische **Johanniterkirche St. Peter** (Johanniterstraße, nur So ab 9 Uhr). An ihrer Fassade lassen sich einige für die rheinische Romanik ungewöhnliche französische Ornamentmotive, Reliefs, Blendarkaden und Kapitelle entdecken.

Gegenüber dem Abzweig zur Kirche mündet in der Kurve der B 50 ein **Waldweg** (Markierung R). Folgt man ihm 2 km hangaufwärts bis zur Schutzhütte, trifft man auf die **älteste Eiche der Westeifel.** Die »Königseiche«, eine Traubeneiche von 38 m Höhe, ist mehr als 400 Jahre alt und hat einen Umfang von 4,75 m.

Essen, Abends

Regionale Küche – **Restaurant-Traiteur Veiner Stuff:** 26, rue de la Gare, L-9420 Vianden, Tel. 00352 83 41 74, Mitte Jan.–Dez. Di geschl. Gemütlich mit offenem Kamin, vorzügliche regionale Küche, 3-Gänge-Tagesmenü um 13 €, Menüs 28–35 € (auch Einzelgerichte), So Reservierung empfohlen.
Kulturkino – **Ancien Cinéma Café-Club:** 23, Grand Rue, L-9410 Vianden, Tel. 00352 26 87 45 32, www.ancien cinema.lu, Nov.–Mai Mi–Fr 15–0, Sa, So 13–0 Uhr, sonst auch Di. Café-Bar im besonderen Ambiente mit original Kinosesseln, gemütlichen Sofas und

Unser Tipp

Ambitionierte Küche
Zu empfehlen ist die Eifeler Küche mit Luxemburger Einschlag in der **Auberge Altringer** in Sinspelt (▶ B 8). Lassen Sie sich z. B. Ham (eine Luxemburger Schinkenspezialität) mit Fritten und Salat (13,80 €) oder Sauerbraten (11,80 €) schmecken, leckere Desserts, z. B. Honigeis, und Longdrinks; Mo–Fr preiswertes Mittagsgericht, abends 3-Gänge-Menü 23,80 € (54675 Sinspelt, Tel. 06522 712, www.auberge-altringer.de, auch bikerfreundliche Bleibe mit Park am Enzbach, DZ 68 €, EZ 37 €).

60er-Jahre-Möbeln; 16 Sorten Kaffee, Schokolade sowie Eis, Milchshakes, Smoothies, große Teeauswahl. Fingerfood und leckere Spezialitäten aus der polnischen Heimat der Café-Betreiber. Kino, Ausstellungen, DJ-Musik.

Infos & Termine

Tourist Information: 1A, rue du vieux marché (an der Ourbrücke), L-9419 Vianden, Tel. 00352 83 42 57, www.vianden-info.lu, Mo–Fr 10–12, 13–18, Sa, So 10–15 Uhr.
Termine: Mittelalterfest Vianden, eine Woche Ende Juli/Anfang Aug. **Viandener Nussmarkt,** 2. So im Okt.

Neuerburg ▸ B 8

Das pittoreske Burgenstädtchen im romantischen **Tal der Enz** bildet mit seinen engen Gassen, den Resten der Stadtmauer, Burg und Pfarrkirche ein sehenswertes Ensemble mit hübschen Hausfassaden aus der Zeit um 1750. Um den Marktplatz, den Geschäfte, Cafés und Restaurants säumen, bieten sich Einkehr- und Einkaufsmöglichkeiten. Neuerburg ist eine gute Urlaubsbasis.

Stadtrundgang

Nicht nur von außen ist die spätgotische **Pfarrkirche** (1492) ein Schmuckstück. Innen beeindrucken die kunstvollen Netzgewölbe, deren Schlusssteine bunte Wappen zieren. Der Tor- und Glockenturm daneben bildete im Mittelalter den Zugang zum ersten Burgabschnitt. Auffällig ist der weiße zinnengekrönte ehemalige Burgfried am Lehnshaus, dem heutigen Pfarrhaus.

Im **Stadtpark** kann man am schönen Teich spazieren gehen und Kinder können den Spielplatz mit Riesenrutsche, Karussell, Schaukel und natürlich Sandkasten ausprobieren. Beeindruckend sind die zwei **Wasserfälle** an der alten Mühle. Zu beiden Seiten eines schroffen Felsens, auf dem ein Haus steht, stürzt das Wasser der Enz sprudelnd und gurgelnd hinab – ein romantischer Ort.

Die im 12. Jh. errichtete **Burg Neuerburg** erlebte im 14.–17. Jh. mehrere Erweiterungen und war Residenz mächtiger Adelsfamilien, der Neuerburger, Kronenburger, Rodemaker, Virneburger und Manderscheider. 1692 wurden große Teile bei der Sprengung durch französische Truppen zerstört. Der Innenhof und die Schlosskapelle (ehemaliger Rittersaal) können besichtigt werden.

Der **Beilsturm** auf der gegenüberliegenden Talseite, Vorwerk der mittelalterlichen Stadtbefestigung, kontrollierte das von der Burg nicht einsehbare Beilsbachtal. Später wurde er als Feuerwachturm genutzt. Von der Plattform aus bietet sich ein herrlicher Blick.

Die barocke **Kreuzkapelle** liegt östlich der Stadt und ist auf einem steilen Fußweg erreichbar. Auch das **Schwarzbildchen** (Waldweg 200 m über der Burg von der Burgstraße links, dann 250 m), eine Schwarze Madonna in der Ruine einer 700 Jahre alten Eiche, zieht bis heute Gläubige, Pilger und Wanderer in den Bann.

In der Umgebung

Dorflinde in Niederraden ▸ B 8
54675 Niederraden, Ortsmitte
Mitten in Niederraden im Radertal, einem Seitental des Enzbachs, steht eine gut 600 Jahre alte Dorflinde. In ihrem hohlen Stamm hat ein Mini-Marienaltar Platz gefunden. In Brust-

höhe hat der Baummethusalem einen Durchmesser von 1,80 m!

Wanderung auf dem Panoramaweg bei Utscheid ▶ B 8

Länge: 19 km, Start/Ziel: Parkplatz Segelflugplatz Utscheid, Markierung »Nat'Our-Route« (Blatt/Baum), Schwierigkeitsgrad: schwer, große Höhenunterschiede!

Die Wanderung führt an die Grenze des Islek – dorthin, wo er in das 300 m tiefer liegende Gutland übergeht. Es geht durch abwechslungsreiche Landschaft über offene Höhen, durch Wald und Wiesentäler. Von den Aussichtspunkten bieten sich überwältigende Blicke über das Gutland bis in den Hunsrück und sogar nach Frankreich. Am Weg liegen die **Wallfahrtskirche Mariä Empfängnis von Weidingen** aus dem 14. Jh. und die malerisch auf einem Felssporn thronende **Fischbacher Kapelle.** Nach dem Aufstieg zum **Hungerberg** kann man, statt durchs Radenbachtal über **Burscheid** zu gehen, die Tour über den Ortswanderweg (M) auf 13 km abkürzen und die halbe Steigung einsparen.

Wanderung: Panoramaweg bei Utscheid

Übernachten

Denkmalgeschützter Gutshof – **Heyenhof:** s. Essen. Vier 4-Sterne-Ferienwohnungen, 60–100 m², 50–72 €/Tag zzgl. Strom/Wasser, Aufpreis unter 5 Tage.

Essen, Einkaufen

Bauerncafé und Hofladen – **Heyenhof:** In der Gracht 4, 54675 Sinspelt, Tel. 06522 512, www.heyenhof.de, Café Winter Sa, So, Sommer Do–So 14–18 Uhr. Limousinrind Vorbestellung), Premiumobstbrände aus der eigenen Brennerei, Säfte und Kuchen. Am 1. So im Monat 10–12 Uhr Bauernfrühstück (reservieren!).

Aktiv

Schwimmen – **Freibad Aqua Fun:** Neuerburg, Tel. 06564 29 55, www.neuerburg-eifel.de, Ende Mai–Anfang Sept. tgl. 12–20, in den Sommerferien Mo 12–20, Di–So 10–20 Uhr, Eintritt 4 €. Mit Großrutsche, Strömungskanal und Massagedüsen; die Wassertemperatur beträgt 24–27 °C.

Rundflüge – **Segelflugverein Südeifel:** Segelfluggelände, 54675 Utscheid, Tel. 06564 44 44, www.flugplatz-utscheid.de. Flüge mit Segel- oder Motorflugzeug, z. B. 15 Min. ab Motorsegler 22,50, Segelflugzeug 25 €.

Infos & Termine

Infopunkt: Post & Presse-Shop Johann Roos, Herrenstr. 18, 54673 Neuerburg, www.felsenland-suedeifel.de.

Musikalischer Sommer, Juni–Aug. am Wochenende Markt, Tänze, Konzerte (Klassik, Jazz, Folk) etc.

Die Autoren: Ulrich Berger und Petra Juling wohnen seit über 15 Jahren in der Eifel. Ulrich Berger beschäftigt sich als zertifizierter Gästeführer Eifel (IHK) intensiv mit der Region und ihrer Geschichte. Die beiden Reisebuchautoren sind auch viel auf den Britischen Inseln unterwegs; im DuMont Reiseverlag erschienen von ihnen das »Reise-Taschenbuch Wales«. An der Eifel schätzen sie neben der ländlichen Ruhe vor allem die einzigartige Natur und die Vielfalt der Kultur.

Abbildungsnachweis
Corbis, Berlin: S. 61 (Eurasia Press/Vidler)
Fotolia, New York (USA): S. 152 li., 176 (kuegi)
Klaus Gehlen, Monschau-Mützenich: S. 71
Glow Images, München: S. 258 li., 288 (Superstock)
Haus Beda, Bitburg: S. 65 (BohnFoto&Design, Trimport)
Huber-Images, Garmisch-Partenkirchen: S. 7, 38/39, 204, 228 li., 243 (Eiben); 114 (Klaes); 13 o. re.,184/185 (Merten); 16/17 (Ritterbach); 26, 77 li., 108, 153 li., 158/159, 165, 173 (R. Schmid)
iStock.com, Calgary (Kanada): S. 76 re., 102 (Hanf)
Petra Juling, Lissendorf: S. 10, 12 u. li., 12 o. li., 13 u. re., 13 u. li., 43, 58, 96, 127 li., 130, 139, 140, 166/167, 170, 180, 224, 232, 271, 282
Dominik Ketz, Bad Neuenahr: S. 21, 195, 234
laif, Köln: S. 124 (Gollhardt); 13 o. li., 229 li., 246/247 (Hirth); 68, 152 re., 188/189, 193 li., 211, 228 re., 252/253 (Specht)
Look, München: S. 76 li., 80 (age fotostock); 51 (Engel & Gielen); 200/201 (Johaentges); 29 (Koschel); 12 o. re., 12 u. re., 88/89, 126 (2x), 134, 147, 148/149, 192 re., 212/213, 220/221 (Merz); 8, 34, 92, 98/99 (Wohner)
Mauritius Images, Mittenwald: S. 53, 74/75, 118, 258 re., 274, 277 (Alamy); 48, 262 (Bahnmüller); 9 (imagebroker/Movementway); 248 (Jegen)
Museum Zitadelle Jülich: S. 63
Natur- und Geopark Vulkaneifel GmbH, Daun: S. 192 li., 208, 216
picture alliance, Frankfurt a. M.: S. 67; 54 (blickwinkel/Gerth); 72 (Ebener); 49, 239 (Frey); 144 (Haas); 57 (Tittel)
Schapowalow, Hamburg: Titelbild (Eiben)
Erika E. Schmitz, Köln: S. 6, 111, 155, 296
Sigrid Wagner, Eschfeld: S. 259 li., 284
Ingo Wandmacher, Bad Schwartau: S. 46/47

Kartografie
DuMont Reisekartografie, Fürstenfeldbruck
© DuMont Reiseverlag, Ostfildern

Umschlagfoto: Brücke über die Stromschnellen von Irrel

Hinweis: Autoren und Verlag haben alle Informationen mit größtmöglicher Sorgfalt geprüft. Gleichwohl erfolgen alle Angaben ohne Gewähr. Bitte schreiben Sie uns! Über Ihre Rückmeldung und Ihre Verbesserungsvorschläge freuen wir uns: **DuMont Reiseverlag,** Postfach 3151, 73751 Ostfildern, info@dumontreise.de, www.dumontreise.de

3., aktualisierte Auflage 2019

Redaktion/Lektorat: Erika E. Schmitz
Grafisches Konzept: Groschwitz/Blachnierek, Hamburg
Printed in China

MIX
Papier aus verantwortungsvollen Quellen
FSC® C124385